Brennpunkte der Theologiegeschichte

Sven Grosse

Brennpunkte der Theologiegeschichte

Gesammelte Aufsätze Bd. 2

EVANGELISCHE VERLAGSANSTALT
Leipzig

Sven Grosse, Prof. Dr., geb. 1962, Studium der evangelischen Theologie und Studien in der Philosophie und katholischen Theologie in München und Tübingen, promoviert und habilitiert in Erlangen, seit 2008 Professor für Historische und Systematische Theologie an der Staatsunabhängigen Theologischen Hochschule Basel.

Bibliographische Information der Deutschen Nationalbibliothek
Die Deutsche Nationalbibliothek verzeichnet diese Publikation in der Deutschen Nationalbibliographie; detaillierte bibliographische Daten sind im Internet über http://dnb.dnb.de abrufbar.

© 2022 by Evangelische Verlagsanstalt GmbH · Leipzig
Printed in Germany

Das Buch wurde auf alterungsbeständigem Papier gedruckt.

Cover: Zacharias Bähring, Leipzig
Satz: 3w+p, Rimpar
Druck und Binden: Hubert & Co., Göttingen

ISBN 978-3-374-07205-7 // eISBN (PDF) 978-3-374-07206-4
www.eva-leipzig.de

Inhalt

Einführung

Wurde in der Einführung zu dem ersten Band dieser gesammelten Aufsätze gesagt, dass die christliche Lehre auf dreierlei Weise entwickelt werden könne – als Schriftkommentar, als systematisch geordnete Dogmatik und in Studien zu bestimmten Gesprächssituationen der Theologiegeschichte – so soll in diesem Band die Theologiegeschichte selbst zum Thema werden. Mit ihrem In-der-Geschichte-Sein erweist sich die christliche Lehre als etwas noch unabgeschlossenes, als *theologia viatorum* auf dem Weg zu ihrem Ziel und ihrer Vollendung (1. Kor 13,12). Zugleich aber zeigt sich, dass die Positionsbeziehungen, die in immer neuen und nicht vorausschaubaren Gesprächssituationen erfolgen, eine Kontinuität entwickeln können, dass sich also das ergibt, was man Tradition nennt: ein Weitergeben, das mit dem Finden und Sich-Einverleiben von etwas Neuem verbunden ist. Dies zeigt sich gerade dann, wenn in einer Zusammenschau verschiedene solcher Gesprächssituationen wie in einem Brennglas gebündelt werden. Es können dabei auch Gefährdungen der christlichen Lehre eingeschätzt werden: sie ist nicht beliebig abwandelbar, sondern wird in ihrem Fortlauf immer wieder vor die Entscheidung gestellt, ob sie sich weiter entwickelnd fortbestehen soll oder ob sie in Auflösung gerät. In der Auswahl dieser Aufsätze wird an einigen Stücken die klassische Tradition der christlichen Theologie vorgestellt werden; dabei wird man sehen können, wie die Reformation sich dieser Tradition anschließt; man wird aber auch, vor allem in der Diagnose der Neuzeit, die Kräfte erkennen, welche eine existentielle Bedrohung des Christentums darstellen. Nachdenken über die Theologiegeschichte dient der Schulung in der Wahrnehmung der Verantwortung für den weiteren Gang von Theologie und Kirche.

Die Reihe bringt zunächst einige Aufsätze, welche sich Stoffen der klassischen Tradition zuwenden, angefangen mit ›Hermeneutik und Auslegung des Römerbriefs bei Origenes, Thomas von Aquin und Luther‹. In diesem Brennpunkt werden also Standortbestimmungen der Alten Kirche, des Mittelalters und der Reformation gebündelt und im Medium der Schriftauslegung Gemeinsamkeiten und Differenzen sichtbar gemacht, die sich nicht nur der Verschiedenheit der

Gesprächssituationen verdanken, sondern auch einer Verschiedenheit in der Sache, d. h. im Verständnis der Schrift: wie tief die Erlösungsbedürftigkeit des Menschen einzuschätzen ist. Das Gemeinsame ist dabei aber nicht zu übersehen: Jesus Christus als der eigentliche Inhalt der Schrift und das Bewusstmachen des Aspektes, was er »für uns«, d. h. für die zu Erlösenden bedeutet.

›Wendepunkte der Mystik. Bernhard – Seuse – Luther‹ widmet sich dem vieldiskutierten Thema, was überhaupt Mystik ist und ob und unter welcher Bedingung von christlicher Mystik zu sprechen ist. Dabei wird herausgearbeitet, dass im Verlauf der Geschichte die christliche Mitte nie beharrlich gehalten wird, sondern dass es immer wieder »Wendepunkte« bedarf, an denen eine Bewegung, die ins Extrem ging, zurückgebogen wird. Dieser Aufsatz ist auch eine Klärung der Grundlagen, auf welchen auch der längere Aufsatz ›Der junge Luther und die Mystik. Ein Beitrag zur Frage nach dem Werden der reformatorischen Theologie‹ beruht, der in diese Sammlung nicht aufgenommen worden ist.

Das Thema des »pro me«, das schon in dem ersten Aufsatz aufschien, wird aufgenommen in dem dritten Aufsatz ›Die Nützlichkeit als Kriterium der Theologie bei Philipp Melanchthon‹, hier von der Seite her, wie der junge Melanchthon als Humanist sich diesem entscheidenden Punkt Lutherscher Theologie genähert hat. Es wird in der Ausbildung des Lehrstücks von der Schöpfung und der Providenz auch die Bedeutung freigelegt, die Melanchthon für die lutherische Orthodoxie hatte.

Genau dieses Lehrstück von der Schöpfung und der Providenz war aber eine der Stellen, an denen der Bruch einsetzte, in welchem die neuzeitliche Bewegung sich von der klassischen christlichen Tradition abzusetzen begann: ›Abgründe der Physikotheologie: Fabricius – Brockes – Reimarus‹. Mit diesem Aufsatz und den folgenden wird die Problematik der Neuzeit und der Auflösung des Christentums immer wieder erörtert.

Darum ist auch kritisch die Frage zu stellen ›Gehört Schleiermacher in den Kanon christlicher Theologen?‹ und im Vergleich dieses Denkers mit der klassischen christlichen Tradition zu beantworten.

Ist Karl Barth nun hingegen trotz allem ein moderner Theologe im Sinne der von Schleiermacher gewiesenen Richtung? ›Die Wendung im theologischen Denken Karl Barths zu Beginn des Ersten Weltkriegs‹ kommt zum Ergebnis, dass dem nicht der Fall ist und dass Karl Barth sich der klassischen christlichen Tradition wieder zuwandte, doch so – Tradition heißt ja nicht unveränderte Fortsetzung –, dass er diese neu akzentuierte.

›Radical Orthodoxy. Darstellung und Würdigung einer herausfordernden Theologie‹ widmet sich einer zeitgenössischen Strömung englischer Theologie, die es unternimmt, die christliche Theologie wieder aus dem Sog der Neuzeit-Bewegung herauszuführen, freilich in einer ganz anderen Art, als Karl Barth es getan hatte. Man kann sich aber auch fragen, ob sich beide nicht gegenseitig ergänzen bzw. sich konstruktiv kritisieren. Zugleich wird hier bisherige Theologiegeschichte reflektiert und beurteilt: die immer neue Aktualität der patristischen Theologie, das Gegenüber Thomas versus Scotus, die Stellung der Reformation und die Diagnose der Neuzeit-Bewegung.

Diese ist dann auch das übergeordnete Thema der drei diesen Band abschließenden Aufsätze, die gemeinsam schon einmal (2010) veröffentlicht worden sind unter dem Titel ›Das Christentum an der Schwelle der Neuzeit‹. Sie sollen auch hier wieder in einer Folge erscheinen, auch wenn damit der chronologische Ablauf der Aufsätze von neuem beginnt.

›Die Neuzeit als Spiegelbild des antiken Christentums‹ hat das gleiche Thema wie Charles Taylors großes Werk ›A secular Age‹ (‚Ein säkulares Zeitalter‹), das etwa zur selben Zeit (2009) erschien, geht aber so vor, im konzentrierten Eingehen auf einige wenige überschaubare Texte den Geist zu erfassen, aus dem diese Texte hervorgegangen sind, vergleichbar mit der Methode in Auerbachs ›Mimesis‹. Der Aufsatz fängt nun wieder bei der Alten Kirche an (Tertullian und Augustin) und weist an einigen Punkten ihre synthetische Leistung auf. Es wird sodann an entsprechenden Punkten die einsetzende Neuzeit (angefangen mit Cherbury) gegenübergestellt und gezeigt, dass dort, wo die Alte Kirche zusammengefügt hat, die Neuzeit-Bewegung nun auflöst. Das »Spiegelbild« ist also eines, das eine Verkehrung aufweist. ›Abgründe der Physikotheologie‹ kann als eine weitere Exemplifizierung der hier aufgestellten These gelesen werden. Die Neuzeit hat dann nicht ein kohärentes Wesen, sondern besteht aus zentrifugalen Absetzbewegungen von der christlichen Einheit, die untereinander entgegengesetzt sind und nicht imstande sind, ein Ziel zu erreichen, über das man dann nicht wieder mit einer neuen Orientierung hinausgehen will. Damit ist der These von Blumenbergs ›Die Legitimität der Neuzeit‹ widersprochen.

›Konkurrierende Konzepte von Toleranz in der frühen Neuzeit‹ wendet sich einem zentralen Thema der Neuzeit zu: der Toleranz. Es wird herausgearbeitet, dass es mehrere Begriffsbestimmungen und Konzepte von Toleranz seit dem 16. Jahrhundert gab. Entgegengesetzte Paradigmen sind das Konzept des jungen Luther und das des Sebastian Castellio. Dieses wurde, in mehreren Etappen weiterentwickelt, zu einem der stärksten Motoren der Säkularisierung bis auf den heutigen Tag; jenes stellt ein christliches, d. h. mit dem christlichen Glauben, ohne dass dieser an Substanz verliert, vereinbares, aber auch von Menschen mit anderer Haltung in Glaubensdingen vertretbares Konzept war.

›Christentum und Geschichte: Troeltsch – Newman – Luther – Barth‹ stellt zum Abschluss eine Meta-Reflexion dar: Gibt die Geschichte des Christentums überhaupt Aufschluss darüber, was Christentum ist? Zugleich wird aber eine materiale theologische Diskussion geführt, in der es wieder um die Frage geht, ob der sogenannte Neuprotestantismus, der eine bestimmte Säkularisierungsrichtung verfolgt, als legitime Fortsetzung des reformatorischen Protestantismus angesehen werden kann (Troeltsch), welche Argumente der römische Katholizismus gegenüber dem reformatorischen Christentum gerade dadurch gewinnt, dass er den konsequent angewandten Entwicklungsgedanken für sich in Anspruch nehmen kann, und wie eine Position, der zufolge das eigentlich Christliche sich nicht durch den Verlauf der Geschichte festlegen lässt, sich demgegenüber darstellt (Luther, Barth). Es zeigt sich, Einsichten Newmans von dieser Position aufgegriffen werden können und sollen. Damit wird aber nochmals erhellt, wie das Christentum aufgefasst werden muss, wenn es gegen die fortschreitende Säkularisierung Bestand haben soll.

Hermeneutik und Auslegung des Römerbriefs bei Origenes, Thomas von Aquin und Luther

Origenes, Thomas von Aquin und Martin Luther setzen mit ihren Auslegungen des Briefs des Paulus an die Römer Marksteine. Der Rang dieser drei Theologen und ihr Gewicht in der Geschichte des christlichen Denkens muß nicht weiter begründet werden. Alle drei haben auch den Römerbrief ausgelegt. Aus der Feder des Origenes stammt der erste Kommentar überhaupt zu diesem Brief. Thomas zeigt sich hier nicht bloß als der Verfasser der beiden Summen, sondern auch als Ausleger der Schrift. Die Bedeutung von Luthers Auslegung für die Formierung der reformatorischen Theologie ist bekannt. Ich will hier erkunden, (a) welche Gesamtauffassung der Heiligen Schrift und welche Hermeneutik der Schrift der Exegese des Römerbriefs zugrundegelegt wird, und (b) welche Möglichkeiten des Verständnisses dieses Briefes sich in den Exegesen dieser drei Meister aufweisen lassen, welche Gemeinsamkeiten, Zusammenhänge, aber auch Unterschiede und Grenzen sich hier zeigen. Der Vergleich dieser drei Ausleger ergibt einige Orientierungspunkte für die Perspektive, in der Luther sich dem Römerbrief und der Bibel als ganzer nähert, und damit eine Perspektive für den Blick auf die reformatorische Bibelauslegung überhaupt.

Ich will mich dabei auf Origenes und Luther als die beiden Eckpunkte konzentrieren; gegen Schluß aber auch auf Thomas eingehen.

1. Die Einheit der Heiligen Schrift mit Christus

Für Origenes wie auch für Luther bildet die Bibel eine Einheit. Die Bibel ist also – jedenfalls letztlich und im Entscheidenden – keine kontigente Zusammenschichtung von sehr ungleichartigen Zeugnissen verschiedener historischer Situationen, welche Zeugnisse wiederum durch verschiedene historische Situationen geprägt sind, sondern sie ist eine Einheit. Schriftexegese soll demnach nicht voraussetzungslos geschehen, sondern vielmehr mit einer solchen Voraussetzung, daß es gestattet und geboten ist, sie als Einheit aufzufassen.[1]

Die Vorraussetzung, die gemacht wird, lautet, daß die Bibel eine Einheit ist, weil sie mit *Jesus Christus* eine Einheit bildet.

Die Schrift hat nach Origenes ihre Einheit darin, daß sie Evangelium ist. Evangelium definiert er in seinem Johanneskommentar als »eine Rede, die für den Glaubenden die Gegenwärtigkeit eines Gutes enthält, oder eine Rede, die verkündet, daß das erwartete Gut da ist.«[2] Die Schriften der Bibel sind aber nur Evangelium, weil sie auf Jesus Christus bezogen sind und weil das ewige Wort Gottes in Jesus Christus Fleisch geworden ist: »Der Erlöser ließ, wie er kam, das

---

[1]   Diese Eingangsüberlegungen sind verwandt mit denen von Hans-Georg Gadamer, aber doch von ihnen unterschieden, s. Hans-Georg Gadamer, Wahrheit und Methode, Tübingen 1960, 261 ff. Gadamer geht es um das Verstehen eines beliebigen alten Textes und er erkennt, daß es in gewisser Weise dazu nötig ist, überlieferte Vorurteile – Vorurteile der Autorität – anzuerkennen. Hier geht es darum, in eins mit dem Verstehen die Autorität anzuerkennen, kraft derer ein bestimmter Text die Wahrheit sagt. Diese Autorität – nämlich Gott – will, daß man versucht, diesen Text – die Bibel – aufgrund bestimmter Voraussetzungen zu verstehen, die Gott selbst gesetzt hat. So und nur so teilt sich Gott durch diesen Text mit. Richard Muller und John L. Thompson haben bestimmte Merkmale der sogenannten »vor-kritischen« Exegese zusammengestellt, wonach (als zweites Merkmal) »the meaning of a text is governed by the scope and goal of the biblical book in the context of the scope and goal of the canonical revelation of God«, (als drittes) »the primary reference of the literal or grammatical sense of the text ... [is] ... the believing community that once received and continues to receive the text«, (viertens) die Arbeit des Exegeten ist »an interpretive conversation in the context of the historical community of belief.« Richard Muller/John L. Thompson, The Significance of Precritical Exegesis: Retrospect and Prospect, in: Biblical Interpretation in the Era of the Reformation. Essays Presented to David C. Steinmetz in Honor of His Sixtieth Birthday, hg. v. Richard Muller und John L. Thompson, Grand Rapids, MI, 1996, 340–342. Das erste Merkmal ist übrigens »the *historia* ... [is] ... resident in the text and not under or behind it«, ebd., 339. Diese Merkmale sind Aspekte des Autoritätsverhältnisses, das Gott als der Urheber des Textes zwischen sich und demjenigen setzt, der den Text verstehen soll.

[2]   »Ἔστι τοίνυν τὸ εὐαγγέλιον λόγος περιέχων ἀπαγγελίαν πραγμάτων κατὰ τὸ εὔλογον διὰ τὸ ὠφελεῖν εὐφρανόντων τὸν ἀκούοντα, ἐπὰν παραδέξεται τὸ ἀπαγγελλόμενον«; »[...] λόγος περιέχων ἀγαθοῦ τῷ πιστεύοντι παρουσίαν ἢ λόγος ἐπαγγελλόμενος παρεῖναι τἀγαθὸν προςδοκώμενον.« Origenes, Jo. I,v, 27, in der Ausgabe: *Origène*, Commentaire sur Saint Jean. Texte grec, avant-propos, traduction et notes par Cécile Blanc, Bd. 1, 2., durchges. Aufl. Paris 1996 (SC 120bis) [zit.: SC 120bis], 70,3–6; 72,9–11; Übersetzung nach: Origenes, Das Evangelium nach Johannes, übers. u. eingef. v. Rolf Gögler, Einsiedeln u. a. 1959 (MKZU, NF 4), 101 [zit.: Gögler]. Umfassend zur Bibeltheologie des Origenes: Rolf Gögler, Zur Theologie des biblischen Wortes bei Origenes, Düsseldorf 1963, und Henri de Lubac, Geist aus der Geschichte. Das Schriftverständnis des Origenes, übertr. u. eingel. v. Hans Urs von Balthasar, Einsiedeln 1968 (franz.: Histoire et Esprit, Paris 1950).

Evangelium Leib werden und machte durch das Evangelium gleichsam alles [in der Schrift] zum Evangelium.«[3] Weil der Logos einen Leib annimmt, wird das Heil gegenwärtig: das Evangelium wird Leib; das erwartete Gut ist eingetroffen. Die Rede, die das verkündet, wird selber Vergegenwärtigung dieser Ankunft des Heils und dadurch Heilsrede, Evangelium. Weil das Wort Fleisch geworden ist, darum, aber nur darum sind auch das Gesetz und die Propheten, also die Schriften des Alten Testaments, überhaupt Evangelium.[4]

In seiner Römerbriefvorlesung erklärt Luther, die ganze Schrift sei »von Christus zu verstehen, vor allen Dingen dort, wo sie prophetisch ist. Sie ist aber überall prophetisch, wenn auch nicht nach der oberflächlichen, buchstäblichen Bedeutung.«[5] Und in ›De servo arbitrio‹ erklärt er kurz und bündig: »Nimm Christus aus den Schriften, was wirst du sonst weiter in ihnen finden?«[6] In dem Namen »Christus« faßt Luther dabei folgende Sachverhalte zusammen: »Christus, der Sohn Gottes, ist Mensch geworden, Gott ist dreieinig und einer, Christus hat für uns gelitten und wird in Ewigkeit herrschen.«[7] An anderer Stelle spricht er von einem »verbatus« bzw. »praedicatus deus id est verbum dei«,[8] und er kann schließlich sagen: »die heilige Schrift, das ist Gott selbst«.[9]

---

[3]   »ὁ δὲ σωτὴρ ἐπιδημήσας καὶ τὸ εὐαγγέλιον σωματοποιηθῆναι ποιήσας τῷ εὐαγγελίῳ πάντα ὡσεὶ εὐαγγέλιον πεκοίηκεν.« Origenes, Jo. I,vi, 33, SC 120bis, 74,10-12 / Gögler, 102.

[4]   Origenes, Jo. I,vi, 33f., SC 120bis, 74,7-76,22 / Gögler, 10f. Vgl. Henri de Lubac, Geist aus der Geschichte, 320f.

[5]   »[Scriptura Sacra] tota de Christo sit intelligenda, maxime Vbi est prophetica. Est autem vbique prophetica, licet non secundum superficialem sensum litere.« › WA 56, 5,10f. In den ›Dictata in Psalterium‹ bereits: »Jede Prophetie und jeder Prophet muß vom Herrn Christus verstanden werden, sofern nicht mit offenkundigen Worten deutlich wird, daß er von anderem spricht.« / »Omnis prophetia et omnis propheta/ de Christo domino debet intelligi, nisi ubi manifestis verbis appareat de alio loqui.«, folgt Berufung auf Joh 5,39. Martin Luther, Vorrede zu den Dictata, WA 55/I, 6,25-8,1 / WA 3, 13,6f. / BoA 3, 47,9f.

[6]   »Tolle Christum e scripturis, quid amplius in illis invenies?«, WA 18, 606,29 / BoA 3, 101,29.

[7]   »Christum filium Dei factum hominem, Esse Deum trinum et unum, Christus pro nobis passum et regnaturum aeternaliter«, WA 18, 606,26-28 / BoA 3, 101,26-28 .

[8]   Kleinere Arbeiten über die Psalmen, 1530-32, über Ps 51, WA 31/I, 511,29, im Unterschied zu »in natura sua deus«, ebd., WA 31/I, 511,28. Vgl. Luther Handbuch, hg. v. Albrecht Beutel, Tübingen 2005, 362f. (Albrecht Beutel).

[9]   Vorrede zum Bd.1 der Wittenberger Ausgabe seiner Werke, 1539, WA 50, 657,26f. Das ist in der Tat eine Aussage, die jener anderen in ›De servo arbitrio‹ entgegengesetzt ist: »Duae res sunt Deus et Scriptura Dei, non minus quam duae res sunt Creator et creatura Dei.« WA 18, 606,11f. Armin Buchholz hat von dieser Stelle aus seine Deutung von Luthers Schriftlehre entwickelt. Bereits in ›De servo arbitrio‹ findet sich aber auch das »Tolle Christum e scripturis, quid amplius in illis invenies?«, und mir scheint, man muß Luthers Äußerungen hier dialektisch betrachten, s. Armin Buchholz, »Duae res sunt Deus et Scriptura Dei«. Theologische Implikatinen eines Lutherwortes im Vergleich mit der Sichtweise des Erasmus und der origenischen Tradition,

Für einen ersten Schritt kann resümiert werden: Origenes und Luther fassen also beide die Schrift und Christus als etwas auf, das voneinander unterschieden, aber aufeinander bezogen werden kann und soll, so daß sie eine Einheit bilden. Das, wodurch diese Einheit zustande kommt, ist die Menschwerdung Gottes. Um die ganze komplexe Struktur dieser Einheit angemessen zu erfassen, muß indes noch ein weiterer Aspekt beachtet werden.

2. Das ›pro me‹ bei Origenes und bei Luther

In seiner Schrift zur Verteidigung des Christentums gegen den heidnischen Philosophen Celsus, Buch II, Kapitel 69, kommt Origenes zu folgender grundsätzlicher Erklärung:

> »Das, was geschrieben ist über die Dinge, die mit Jesus sich ereignet haben, enthält nicht in dem bloßen Wortlaut [der ψιλή λέξις] und in der Geschichte die volle Schau der Wahrheit. Denn jedes von ihnen deutet für die verständigeren Leser auch ein Gleichnis an.«

Origenes sucht also erklärtermaßen danach, über den bloßen Wortlaut, die λέξις, hinauszusteigen. Er erläutert dies dann aber mit folgendem Beispiel:»So enthält die Kreuzigung eine Wahrheit, die ausgesprochen ist in den Worten: »Ich bin mit Christus gekreuzigt« (Gal 2,20)[...]«. Origenes fügt daran Gal 6,14; Röm 6,10; Phil 3,10 und 2. Tim 2,11 an,[10] lauter Stellen, in denen die Einheit des Sterbens Christi mit dem heilsamen Sterben des jeweiligen Ich des Menschen ausgedrückt wird: »Mir aber komme es nicht bei, mich zu rühmen, außer des Kreuzes meines Herrn Jesus Christus, durch den *mir* die Welt gekreuzigt ist und *ich* der Welt.« (Gal 6,14), »*Ich* nehme seines Todes Gestalt an.« (Phil 3,10), »Wenn *wir* mit ihm gestorben sind, so werden *wir* auch mit ihm leben.« (2. Tim 2,11).[11]

---

in: Christine Christ-von Wedel/Sven Grosse (Hg.), Auslegung und Hermeneutik der Bibel in der Reformationszeit, Berlin/Boston 2017, 47–67.

[10]   »Τὰ συμβεβηκέναι ἀναγεγραμμένα τῷ Ἰησοῦ οὐκ ἐν ψιλῇ τῇ λέξει καὶ τῇ ἱστορίᾳ τὴν πᾶσαν ἔχει θεωρίαν τῆς ἀληθείας· ἕκαστον γὰρ αὐτῶν καὶ σύμβολόν τινος [αὐτῶν] εἶναι παρὰ τοῖς συνετώτερον ἐντυγχάνουσι τῇ γραφῇ ἀποδείκνυται. Ὥσπερ οὖν τὸ σταυρωθῆναι αὐτὸν ἔχει τὴν δηλουμένην ἀλήθειαν ἐν τῷ ›Χριστῷ συνεσταύρωμαι‹ [...]«, Cels. II,69, ed. M. Marcovich, Leiden u. a. 2001 (SVigChr 54) [zit.: SVigChr 54], 139,7–11 / Übersetzung nach: Des Origenes acht Bücher gegen Celsus. Aus dem Griech. übers. v. P. Koetschau, II. Teil, München 1926 (= Des Origenes ausgewählte Schriften, Bd. 2, = BKV² 52), 189. Ähnlich Jo. I,ix,58–x,63, SC 120bis, 88–90 / Gögler, 106 f., mit 1. Tim 6,11; Röm 6,1;1. Kor 1,30; Kol 1,19; 2,9.

[11]   SVigChr 54, 139,11–17 / BKV² 52, 189 f. Mit Röm 6,10, »Denn was er gestorben ist, das ist er ein für allemal der Sünde gestorben«, wo nicht von dem Ich des Menschen die Rede ist,

Die vorangehende grundsätzliche Erklärung des Origenes bietet ein Beispiel für das, weswegen Luther an ihm einen solchen Anstoß nahm, daß er ihn,
zusammen mit Hieronymus, den beinahe schlechtesten Ausleger der Schrift
nannte.[12] Wie Origenes diese Regel an dieser Stelle konkretisiert, zeigt aber eine
überraschende Übereinstimmung zwischen dem alexandrinischen Theologen
des dritten Jahrhunderts und dem Wittenberger des sechzehnten.

Zunächst das Anstoßerregende. In ›De servo arbitrio‹ formuliert Luther eine
hermeneutische Grundregel:

> »So lehren wir vielmehr, daß weder eine Folgerung noch ein Tropus an irgendeiner
> Stelle der Schrift zuzulassen ist, es sei denn, die offenkundigen Umstände der Worte
> erzwingen dies, oder der Widersinn der am Tage liegenden Sache, die gegen einen
> Artikel des Glaubens verstößt, sondern überall muß man an der einfachen, reinen und
> natürlichen Bedeutung der Wörter hängen, wie es die Grammatik und der Sprach-
> gebrauch halten, den Gott unter den Menschen geschaffen hat. Denn wenn es jedem
> gestattet ist, nach seinem Gefallen Folgerungen und Tropen in den Schriften zu er-
> dichten, was wird die Schrift dann sein, wenn nicht ein Schilfrohr, das im Winde
> bewegt wird oder irgendein Vertumnus [der Gott des Wandels und des Wechsels]?«[13]

Das Paradebeispiel für ungehemmte Tropologien ist Origenes: »Siehe, wie ist es
jenem Tropologen Origenes beim Auslegen der Schriften ergangen? Welch passende Gelegenheiten bietet er dem Verleumder Porphyrius [...]«.[14]

---

deutet Origenes wohl den folgenden Vers an (Röm 6,11): »Ebenso sollt auch ihr überzeugt
sein, daß ihr der Sünde gestorben seid und für Gott lebt in Christus Jesus.«

[12]   De servo arbitrio, WA 18, 703,26–28 / BoA 3, 197,25–27.

[13]   »Sic potius sentiamus, neque sequelam neque tropum in ullo loco scripturae esse ad-
mittendum, nisi id cogat circumstantia verborum evidens, et absurditas rei manifestae in
aliquem fidei articulum peccans; sed ubique inhaerendum est simplici puraeque et naturali
significationi verborum, quam grammatica et usus loquendi habet, quem Deus creavit in
hominibus. Quod si cuivis liceat, pro sua libidine, sequelas et tropos in scripturis fingere, quid
erit scriptura tota nisi arundo ventis agitata, aut vertumnus aliquis?«, WA 18, 700,31–701,1 /
BoA 3, 194,29–34.

[14]   »Vide, quid acciderit tropologo illi Origeni in enarrandis scripturis? quam dignas praebet
occasiones calumniatori Purphyrio [...]«, WA 18, 701,4–6 / BoA 3, 195,1–3. Der Satz geht so
weiter: »ut Hieronymo quoque videantur parum facere, qui Origenem tuentur«. Hier spielt
Luther vielleicht auf den Brief 62,2 des Hieronymus an Tranquillus an, wo er meint, daß
diejenigen übertreiben, die keinerlei Irrtümer bei Origenes wahrnehmen wollen (MPL 22,
606 / CSEL 54 (Editio altera), 583f. / BKV 2. Reihe 18, 190f.), sowie auf Brief 49,13 (nach
anderer Zählung 48,13) an Pammachius, wo Hieronymus schreibt, daß Origenes in seiner
Apologie gegen Celsus in einem solchen freien Stil argumentiere, daß man meinen könne,
daß er selber ein Heide sei: MPL 22, 502 / CSEL 54 (Editio altera), 368f. / BKV 2. Reihe 18,
168f. Im Hintergrund steht wohl zugleich der Bericht Eusebs, wonach Porphyrius dem

Die überraschende Übereinstimmung zwischen dem Alexandriner und dem Wittenberger ist aber nun diese: Origenes formuliert hier in seiner Weise genau das, was man bei Luther als das »pro me« bezeichnet: das Aufweisen des Aspekts, daß alle Glaubensaussagen, also letztlich alle Lehraussagen der Bibel, ein Handeln Gottes zur Sprache bringen, daß *für* denjenigen geschehen ist, der davon erfährt. Jeder Mensch soll also von sich sagen können, dies sei »für mich« geschehen und »für mich« gesagt. Der Begriff des Glaubens wird so gefaßt, daß dieser Aspekt notwendig mit eingeschlossen ist. Das Heilshandeln Gottes und seine Heilsrede, das Evangelium, erreichen ihr Ziel im Menschen nur dann, wenn sie mit einem solchen Glauben aufgenommen werden.[15]

Luther hat diesen Grundsatz seines Theologieverständnisses das erste Mal womöglich in der Römerbriefvorlesung von 1515/16 vorgetragen, wo er in der Auslegung von Röm 8,16, »Der Geist selbst bezeugt unserem Geist, daß wir Gottes Kinder sind.« erklärt, daß dieses Zeugnis die Vergebung der Sünden, die guten Werke und das ewige Leben betrifft, daß es aber nicht genügt, *lediglich* die Vergebung der Sünden usw. *an sich* zu glauben. Das ist nur der Anfang oder das Fundament des Glaubens,[16] nicht aber der Glaube in der Fülle, wie er dem Glaubenden zu seinem Heil vonnöten ist.

> »*Das* ist das Zeugnis, das der Heilige Geist in unserem Herzen ablegt, wenn er spricht: ›Es sind *deine* Sünden vergeben.‹ Das nämlich meint der Apostel mit dem Satz, daß der Mensch durch Glauben gerechtfertigt werde [Röm 3,28]: mit Verbindlichkeit *von dir selbst* und nicht nur von den Erwählten glauben, daß Christus für *deine* Sünden gestorben ist und genug getan hat.«[17]

Origenes den Vorwurf machte, unter dem Mantel des Bibelauslegung mittels seiner Allegorese nichts anderes zu treiben als platonische Philosophie: Eusebius, h. e. VI, 19,4-8.

[15]   Vgl. Oswald Bayer in seinen Ausführungen über Luthers Lehre von der Schrift: »Denn wenn ich die Schrift lese und höre, dann merke ich, dass diese Geschichten von mir erzählen, ja, dass sie *mich* erzählen.« Oswald Bayer, Martin Luthers Theologie. Eine Vergegenwärtigung, Tübingen 2003, 63 [Hervorhebung O. B.], im Kontext von 62–65, sowie Bayers Ausführungen über die konstituierende, performative Sprechweise des Evangeliums, ebd., 46–53, denen ich zustimme, auch wenn ich meine, daß die Wendung zu einer solchen Auffassung von Theologie sich schon vor 1518 vollzogen hat.

[16]   »Verum hęc non omnino sufficiunt, sed magis initium quoddam et velut fundamentum fidei habenda sunt.«, WA 56 › 370,5-7 / BoA 5, 261,8-10.

[17]   [Hervorhebungen S. G.] »Hoc est testimonium, quod perhibet in corde nostro spiritus sanctus dicens: Dimissa sunt tibi peccata tua. Sic enim arbitratur Apostolus hominem Iustificari per fidem (assertive de te ipso etiam, non tantum de electis credere, quod Christus pro peccatis tuis mortuus sit et satisfecit).« WA 56, 370,10-14 / BoA 5, 261,13-17. Luther beruft sich auf Bernhard von Clairvaux, den er hier auch zitiert: Bernhard: De Annunciatione Dominica Sermo Primus. De versu Psalmi: Ut inhabitet gloria in terra nostra, 1.3 f., in: S. Bernardi Opera, hg. v. Jean Leclercq, H. M. Rochais und C. H. Talbot, Bd. 5, Rom 1968, 13,10-13. Er

Der späte Luther von 1535 spricht dann in seiner Disputation über Röm 3,28 von der *fides apprehensiva* im Unterschied zu der *fides historica*, welche *nur* die historischen Tatsachen glaubt, nicht aber ihre Beziehung auf den Glaubenden.[18]

Im Zusammenhang welchen Konzeptes steht bei Origenes und bei Luther dieser Einbezug des hörenden oder lesenden Ich in das Verständnis des Schrift? Es ist landläufig bekannt, daß Origenes bei dem Hinaustreten über den bloßen Wortlaut und über die bloße Geschichte an ein Hinübertreten in das Rein-Geistige denkt, in das Körperlose. Gott ist ihm zufolge in *diesem* Sinne Geist (Joh 4,24). Er sagt das besonders nachdrücklich in Περι ἀρχῶν / *De principiis*,[19] doch sind die Zusammenhänge bei ihm aber doch komplexer.[20] Dies zeigt sich, wenn wir die Stelle in *Contra Celsum* oder den Johanneskommentar einbeziehen. Wir müssen hier in ihrem Zusammenhang drei Ebenen unterscheiden.

Auf der ersten Ebene ist Gott zu betrachten. Gott der Sohn, der wie der Vater körperlos ist,[21] wird Mensch. »Dieser Logos« wird, wie Origenes sagt »,allen alles, um alle zu gewinnen‹ und wird ›den Schwachen ein Schwacher, um die Schwachen zu gewinnen‹ [1. Kor 9,22]«.[22] Die Menschwerdung Gottes geschieht

---

steht hier in einer Tradition, die ihm wohl in den ersten Klosterjahren vermittelt worden ist. Zu diesen Zusammenhängen s. Sven Grosse, Der junge Luther und die Mystik. Ein Beitrag zur Frage nach dem Werden der reformatorischen Theologie, in: Gottes Nähe unmittelbar erfahren. Mystik im Mittelalter und bei Luther, hg. v.. Berndt Hamm und Volker Leppin, Tübingen 2007, 189–193.

[18]   Erste Disputation über Röm 3,28 (1535), These 12–14, WA 39/I, 45,21–26: »Haec est autem fides apprehensiva [...] Christi, pro peccatis nostris morientis, et pro iustitia nostra resurgentis [...] quae intelligat caritatem Dei patris, per Christum, pro tuis peccatis traditum, te redimere et salvare volentem«. Von der *fides historica* ist in der vorangehenden These 2 die Rede.

[19]   Princ. I Praef. 8 (14,6–13). In Klammern angegeben wird die Seiten- und Zeileneinteilung der Ausgabe von: Origenes. Werke, Bd. 5: De principiis (ΠΕΡΙ ΑΡΧΩΝ), hg. v. P. Koetschau (GCS 22); diese Angaben sind auch abgedruckt in der Ausgabe hg., übers., mit krit. Anm. vers. v. H. Görgemanns u. H. Karpp, Darmstadt 1976 (TzF 24). Die Aussage, die Origenes hier trifft, »esse quidem omnem legem spiritalem«, wird von ihm sogleich in Überlegungen überführt, I Praef. 8–I, 1,6 (14,16–21,11), welche in die Aussage münden »Non ergo corpus alidquod aut in corpore esse putandus est deus, sed intellectualis natura simplex«. Vgl. Princ. IV, 2,4 und 3,11.

[20]   Hans Urs von Balthasar, Einführung von: Origenes, Geist und Feuer. Ein Aufbau aus seinen Schriften, hg. v. Hans Urs von Balthasar, 3. Aufl., Freiburg 1991, 15, rät, Origenes nach seinen Schriftkommentaren zu beurteilen und nicht nur nach seine Frühschrift *De principiis*.

[21]   Princ. I, 2,2 (28,17–21).

[22]   »Hoc ergo verbum [...] ›omnibus fit omnia, ut omnes lucri faciat‹, et fit ›infirmis infirmus, ut infirmos lucri faciat‹ [...] Denique Corinthiis, qui ›infirmi‹ erant, Paulus ›nihil se iudicat scire inter ipsos nisi Iesum Christum, et hunc crucifixum‹.«, princ. IV, 4,4 (355,7–13), s. Hal

also um der Akkommodation willen: Gott paßt sich dem beschränkten Fassungsvermögen des Menschen an.

Auf der zweiten Ebene befindet sich die Schrift. Sie wird nun eben durch die Menschwerdung des Logos zum Evangelium, zu einer Heilsrede, durch die der Logos sich als das Heilsgut den Menschen mitteilt.

Auf der dritten Ebene geht es aber nun um den Menschen als Hörer oder Leser der Schrift. »Das Wort«, erklärt Origenes, ist dann »,Evangelium‹, wenn es in seiner Beziehung zum Hörer bestimmt ist.«[23] Die Botschaft bringt nämlich dann und nur dann das Heil, wenn sie der Hörer im rechten und nicht im falschen Sinne aufnimmt.[24] Es gibt also, wenn man es so nennen will, eine objektive und eine subjektive Bedingung für das Evangelium-Sein der Schrift. Die objektive Bedingung besteht darin, daß die Schrift mit Christus eine Einheit bildet. Er ist *in ihr*; er ist ihr eigentlicher Inhalt. Die subjektive Bedingung: der Leser muß die Schrift *auf sich* beziehen, und zwar so, daß er sie *als Rede von Christus* auf sich bezieht. Nur so gelangt das Evangelium zu ihm und nur so erreicht die Inkarnation des Logos ihr beabsichtigtes Ziel.

Im Horizont dieses Konzeptes wird klar, warum in Contra Celsum II, 69 die Schau, die $\theta\varepsilon\omega\rho\iota\alpha$, der Wahrheit unvollständig wäre, würde sie sich auf das Lesen einer $\iota\sigma\tau\upsilon\rho\iota\alpha$ beschränken. Denn es gehört noch das Ich des Lesenden dazu, so daß er die Aussage »Christus ist gestorben« so auffaßt: »*Ich* bin mit ihm gestorben.« *Und* es gehört dazu, daß Christus nicht bloß ein Mensch ist, sondern der inkarnierte Logos, daß also mit dem Lesen und in dem Lesen der Aussage »Christus ist gestorben.« der Leser den *geistigen* Logos und damit Gott Vater selbst erfaßt.[25]

Koch, Pronoia und Paideusis. Studien über Origenes und sein Verhältnis zum Platonismus, Berlin/Leipzig 1932, 65-74.

[23]   Vgl. Jo. I,v,27, SC 120 bis, 70,6-72,2: »οὐδὲν δ' ἧττον ὁ τοιοῦτος λόγος εὐαγγέλιόν ἐστιν, ἂν καὶ πρὸς τὴν σχέσιν τοῦ ἀκούοντος ἐχετάζηται.« / Gögler, 101.

[24]   »Ἕκαστον γὰρ εὐαγγέλιον, σύστημα ἀγαγγελλομένων ὠφελίμων τῷ πιστεύοντι καὶ μὴ παρεκδεξαμένῳ τυγχάνον ὠφέλειαν ἐμποιοῦν, κατὰ τὸ εὔλογον εὐφραίνει«, Origenes, Jo. I,v, 28, SC 120bis, 72,13-15 / »Jedes Evangelium ist eine Sammlung für den Gläubigen heilsbedeutender Botschaften, die dem Heil bringen, der sie nicht in falschem Sinne aufnimmt.« / Gögler, 101.

[25]   Origenes stellt sich dies so vor, daß der Logos im inkarnierten Zustand nur ein Schatten des fleischlosen Logos ist, welcher Gott gleich ist (Phil 2,7): Jo. II, vi,50, SC 120 bis, Paris 1996) 242; comm. in Rom. VI,3, in der Ausgabe von Caroline P. Hammond Bammel, Der Römerbriefkommentar des Origenes. Kritische Ausgabe der Übersetzung Rufins, 3 Bde., Freiburg 1990-1998 (Vetus Latina 16; 33; 34) [zit.: Vetus Latina], Bd. 2 (Freiburg 1997), 467 f. / in der Ausgabe Origenes, Commentarii in epistulam ad Romanos / Römerbriefkommentar, übers. u. eingel. von Theresia Heither, 6 Bde., Freiburg 1990-1999 (FC 2/1-2/6)

Bei Luther haben wir in den Grundzügen ein vergleichbares Konzept, wenngleich es auch tiefgreifende Unterschiede zu bedenken gibt. Auf die Notwendigkeit, das eigene Ich einzubeziehen, also die dritte Ebene, habe ich bereits hingewiesen. Doch auch die erste Ebene kommt in Luthers Denken vor: »Wer da will heilsam über Gott denken oder spekulieren«, erklärt er, »der setze alles andere hintan gegen die Menschheit Christi.«[26] »Wenn solcher Weg nicht geachtet wird«, fährt er fort, »dann bleibt nichts anderes als ein Absturz in den ewigen Abgrund.«[27] Dieser Weg führt aber über die Menschheit Christi hinaus, so daß wir »durch sie [die Menschheit Christi] hingerissen werden in den unsichtbaren Vater [...]«.[28]

So wie Gott sich in der Menschwerdung an den Menschen akkommodiert, so tut er es auch, indem er durch Worte, die von Menschen gesprochen werden, sich an Menschen wendet. Dies gilt für das geschriebene Wort der Bibel wie für das gesprochene Wort der Predigt.[29]

Origenes kommt nun genauso wenig wie Luther auf dieses Gott, die Schrift und den Menschen umfassende Konzept dadurch, daß er es von außen durch Tropologie in die Bibel hineinträgt. Der bei ihm nicht abzustreitende Platonismus ist ein Element, das er in dieses Konzept einträgt, aber nicht mehr. Es ist ein gelegentlich durchaus störendes Element, mitunter aber auch eines, das der Klärung biblischer Sachverhalte dient.[30] Die Aussagen, mit denen er den Sinn

---

[zit.: FC], welche den Text von Migne Patrologie Graeca Bd. 14 abdruckt, Bd. 3 (FC 2/3), Freiburg 1993, 208–210.
In diesem Schatten hat der Glaubende aber schon dasjenige, was den Schatten wirft, und *durch den* Schatten gelangt er mit wachsender Einsicht zu ihm hin. Siehe dazu Sven Grosse, Der Messias als Geist und Sein Schatten. Leiblichkeit Christi und Mystik in der Alten Kirche und bei Bernhard von Clairvaux, in: Analecta Cisterciensia 58 (2008), 175 f. und 179–187.

[26]   »quicunque velit salubriter de Deo cogitare aut speculari, prorsus omnia postponat praeter humanitatem Christi.« WA Br 1, 329,50–52, in der Auslegung von Joh 6,37 in dem Brief Luthers an Spalatin vom 12. Februar 1519, WA.Br 1, 327–331; Vgl. im Kontext der Hebräerbrief-Vorlesung, 1517/18, WA 57/III, 99,1–10 / BoA 5, 345,1–11: »Deus ipse humiliavit se, ut fieret cognoscibilis«, WA 57/III, 99,8 f. / BoA 5, 345,10, und die Weihnachtspredigt von 1514 über Joh 1,1, WA 1, 20–29.

[27]   »Ista via neglecta non restat aliud nisi praecipitium in ęternum Barathrum.« Brief Luthers an Spalatin vom 12. Februar 1519, WA Br 1, 329,58 f.

[28]   »per eam [humanitatem Christi] in invisibilem patrem rapiamur«, ebd., WA Br 1, 328,43 f.

[29]   Für die mündliche Rede und für die Sakramente ausgeführt: Luther, Von den Konziliis und Kirchen, 1539, WA 50, 647,7–27.

[30]   Siehe Sven Grosse, Koreferat zu Emil Angehrn, Zur Begründung des metaphysischen Denkens bei Platon, in: Sven Grosse/Gianfranco Schultz (Hg.), Möglichkeit und Aufgabe christlichen Philosophierens, Zürich u. a. 2011 (Studien zu Theologie und Bibel 6), 32–36, mit *Contra Celsum* VI, 64 und VII, 39 als Fallbeispielen. Die Bedenklichkeiten, die sich durch den

des Satzes »Jesus Christus ist gekreuzigt worden.« tropologisch erweitert oder
vertieft, sind nämlich selber Aussagen der Bibel, die er selbst nicht noch einmal
tropologisch liest, sondern nach ihrer einfachen λέξις: wie Gal 2,20 »Ich bin
mit Christus gekreuzigt.« usw. Origenes vollzieht also *nicht an allen* Aussagen der
Bibel eine tropologische oder typologische Deutung. Sein Konzept, seine Ge-
samtschau der Bibel ergibt sich aus Aussagen, die, so wie Luther es fordert, nach
der »einfachen, reinen und natürlichen Bedeutung der Wörter« verstanden
werden. Diese Aussagen kommentieren sich gegenseitig: (1) Aussagen, die innerhalb einer erzählten Geschichte bleiben, (2) Aussagen, welche den Hörer oder
Leser dieser Geschichte in das Erzählte mit hineinnehmen, (3) Aussagen, die
Gott, welcher der Geschichte gegenüber transzendent ist, mit der Geschichte
verweben. Durch dieses gegenseitige Kommentieren von Aussagen ergibt sich
ein Gewebe, eben ein »Text«. Die Typologie ist dann der Aufweis einer Mehrfach-
Deutbarkeit einzelner Aussagen. Das, was dann für den Text als Ganzes gilt, gilt
auch von einer einzelnen Aussage. Eine Aussage, die nach ihrer unmittelbaren
Bedeutung gelesen, nur eine Geschichte erzählt, kann dann zusätzlich eine
Aussage bedeuten, die sich, ihrer unmittelbaren Bedeutung nach, auch anderswo
in der Schrift findet. Sie kann dann wie in Contra Celsum II, 69, eine Aussage
bedeuten, in der das Ich des Lesers mit der Erzählung verknüpft wird: Gal 2,20.
Oder sie kann eine Aussage bedeuten, die von der geistlichen Gemeinschaft
spricht, die Gott mit den Menschen aufnimmt. Origenes nennt ein Beispiel, das
der Apostel Paulus selbst gibt (1. Kor 10,4): der Felsen, aus dem Mose während
der Wüstenwanderung des Volkes Israel Wasser schlug, ist ein Typos für das
Abendmahl, mit dem Jesus Christus die Kirche tränkt. Dieser Fels ist darum ein
»geistiger« Fels.

3. Der Sinn der Typologie bei Origenes – der Sinn der *littera* bei Luther

Nun ist aber doch zu fragen: warum zeigt Origenes eine solche Leidenschaft zur
Typologie, zum Mehrfach-Deuten biblischer Aussagen? Und warum polemisiert
Luther so stark dagegen und hat im Gegenteil eine Leidenschaft für die *littera*, die
λέξις, wie Origenes sagen würde, die einfache und unmittelbare Bedeutung?
    Folgendes kann hier wohl gesagt werden: Origenes übt, so weit es geht, an
allen Aussagen der Bibel typologische Auslegung, weil er alles Sinnliche auf den
Gott beziehen will, der rein geistig ist, und weil er alles Geschichtliche auf den

---

Platonismus bei Origenes ergeben, sind summarisch aufgeführt bei Sven Grosse, Der Messias
als Geist und sein Schatten. Leiblichkeit Christi und Mystik in der Alten Kirche und bei
Bernhard von Clairvaux, in: Analecta Cisterciensia 58 (2008), [zit.: Geist und Schatten], 187–
189.

Gott beziehen will, der jenseits der Geschichte ist. Nichts Sinnliches, keine Etappe der von der Bibel erzählten Geschichte darf ausgelassen werden.[31] Wenn Luther zu Beginn seiner Vorrede zum Alten Testament von 1523 an Origenes kritisiert, er meine, genug zu haben am Neuen Testament und darum nur geistlichen Sinn im Alten Testament suche,[32] geht er an der Intention des Origenes vorbei. Origenes hat eben nicht genug am Neuen Testament, sondern will das Alte Testament auch noch haben und sucht *deswegen*, seinen geistlichen Sinn aufzuweisen – ein Unternehmen, das Luther selbst am Schluß dieser Vorrede auch noch vollzieht.[33] In seiner Exegese des Römerbriefs werden wir auf diese Intention des Origenes wieder stoßen.

Luther, seinerseits, hat ein solches Interesse am litteralen Sinn der biblischen Aussagen, weil er in ihnen die Wahrheit findet, die Gott kraft der Inkarnation des Logos und kraft der Inspiration der Schrift bis in die Worte mit ihrer »einfachen, reinen und natürlichen Bedeutung« hineingetragen hat, die »Gott unter den Menschen geschaffen hat«. 2. Tim 3,16 besagt, daß die *ganze* inspirierte Schrift nützlich sei zur Belehrung. Darauf beruft sich Luther, um zu zeigen, daß es falsch ist, den Literalsinn lediglich *allein* auf die »unnütze Geschichte« zu beziehen.[34] Damit wird dann aber auch deutlich, daß Luther nicht an der »sola historia« interessiert ist, sondern an der Geschichte in ihrer Beziehung »pro me« und an dem, was sie vor Gott, »coram Deo«, darstellt. Litteral lesbare Stellen der Bibel, in denen dies möglichst komprimiert ausgedrückt wird, sind für Luther darum *die* Stellen, von denen aus er die ganze Schrift erschließt, so wie die so oft

---

[31]   »Wollte man in einem Wort den Geist der origenistischen Exegese zusammenfassen, so könnte man sagen: Sie ist ein Versuch, den Geist in der Geschichte zu fassen, oder der Geschichte den Übergang zum Geist zu ermöglichen. Beides ist unterscheidbar und doch eins: indem die Geschichte überstiegen wird, wird sie zugleich in ihrem Sinn begründet.« de Lubac, Geist aus der Geschichte, 327.

[32]   WA DB 8, 10,1–6.

[33]   WA DB 8, 28,24–30,18. Vgl. die oben zitierten Aussagen zur Einheit der Schrift mit Christus oder eine Aussage wie in der Auslegung des dritten und vierten Kapitels Johannis in Predigten, 1538–40, WA 47, 66,23 f.: Christus ist das »mittel punctlein im Circkel, und alle Historien in der heiligen schrifft, so sie recht angesehen werden, gehen auff Christum«.

[34]   »Nonne impiissimum est sic partiri scripturas, ut literae neque fidem neque mores neque spem tribuas, sed solam historiam iam inutilem? Sic allegoriae fidem, non mores, neque spem. Tropologiae mores, Anagogae spem, quasi non Paulus dicat 2. Timo. 3. Omnis scriptura divinitus inspirata utilis est ad docendum, ad arguendum, ad corripiendum et ad erudiendum in iustitia, ut perfectus sit homo dei ad omne opus bonum instructus.« Operationes in Psalmos, 1519–21, WA 5, 644,39–645,4. Zu der Kritik Luthers an der Lehre vom vierfachen Schriftsinn, die er hier vorträgt, siehe Johann Anselm Steiger, Fünf Zentralthemen der Theologie Luthers und seiner Erben. Communicatio – Imago – Figura – Maria – Exempla. Mit Edition zweier christologischer Frühschriften Johann Gerhards, Leiden u. a. 2002 (Studies in the History of Christian Thought 104), 147–151.

von ihm angerufene Stelle Röm 3,28, »Der Mensch wird aus Glauben gerechtfertigt, ohne die Werke des Gesetzes.« Wie dieses Erschließen geschieht, zeigt Luther beispielhaft in seiner Vorrede zum Alten Testament[35]: er geht summarisch vor allem den Pentateuch nach dem litteralen Sinn durch. Wenn man den Pentateuch zusammenfassen will, dann geht es in ihm, nach verschiedenen Aspekten hin betrachtet, um das Amt des Gesetzes, von dem auch Paulus 2. Kor 3 spricht. Das Gesetz steht wiederum in dialektischem Widerspiel zum Evangelium. Die übrigen Bücher der Propheten und der Geschichtserzählungen sind, Luther zufolge, auch nichts anderes als das, was Mose ist, und treiben sein Amt.[36] Die Geschichte des Volkes Israel wird also durchsichtig gemacht als eine Botschaft Gottes für den gegenwärtigen Leser, in welcher er als »Gesetz« seine eigene Erlösungsbedürftigkeit erkennen soll, um sich nach dem »Evangelium« als dem Zuspruch seiner Erlösung zu sehen.

Origenes nimmt die Wahrheit der Schrift in der Weite ihres Umfangs wahr – deswegen will er über die bloße Geschichte hinausgehen und legt sie allegorisch aus. Luther hingegen, für den die Allegorese mehr die Funktion einer *zusätzlichen* Bekräftigung des Glaubens erhält und einen ästhetischen, rhetorischen Charakter hat,[37] achtet auf den Punkt, an dem sich die Wahrheit der Schrift faßbar gemacht hat: an der Oberfläche des Buchstabens.

4. Origenes' Verständnis des Römerbriefs

Nun aber zum Römerbrief. Wie Origenes und Luther ihn auffassen, zeigt sich in den Summarien, die sie von diesem Brief geben. Origenes, der dem Römerbrief nicht wie wir, in sechzehn Kapitel unterteilt, sondern dessen Kommentar, in der lateinischen Übersetzung Rufins in zehn Büchern überliefert ist, sagt zu Beginn des neunten Buches, d.h. zu Beginn der Auslegung des zwölften Kapitels, in einem Rückblick auf den vorangegangenen Teil des Briefes und einer Vorschau auf das noch vor ihm liegende Stück:

---

[35]   WA DB 8, 10–30.

[36]   WA DB 8, 28,12–18.

[37]   Dazu Steiger (s. Anm. 34), 152–164. Die Begründung, die Konstitution des Glaubens ruht hingegen alleine auf dem litteralen Sinn: »figura nihil probat«, WA 44, 109,9 (Genesis-Vorlesung 1535–45, zu Gen 32,29–32); WA.TR 6, 308,13–15 (Nr. 6989). Vgl. »allegoriae nihil probant«, WA 42, 539,10 f. (Genesis-Vorlesung 1535–45, zu Gen 14,18); auch schon WA 2, 224,20 (Resolutio Lutherana super propositione XIII. de potestate papae 1519). Dies vertraten aber auch schon Augustin und Thomas: »cum omnes sensus fundentur super unum, scilicet litteralem: ex quo solo potest trahi argumentum […]«, Thomas von Aquin, S. Th. I, q.1, a.10, ad 1. Thomas verweist auf Augustin, Epist. 93 Ad Vincentium Donatistam, c. 8, 24, MPL 33, 334.

»Nachdem der Apostel im ganzen bisherigen Text des Briefes gelehrt hat, wie die gesamte Religion *übertragen wird* von den Juden zu den Völkern, von der Beschneidung zum Glauben, vom Schatten zur Wahrheit, von der fleischlichen zur geistlichen Praxis, [...] macht er sich nun daran, die Lebensweise und die Einrichtungen dieser geistlichen Praxis anzuordnen, zu welcher der Ritus der Gottesverehrung, wie er lehrt, übertragen worden ist [...].[38]

Zentrales Thema des Römerbriefs ist also eine *translatio*, ein Hinüber-Tragen, ein Übergang. Dieser Übergang wird von Origenes anhand von vier Begriffspaaren beschrieben: (a) Juden – Völker, (b) Beschneidung – Glauben, (c) Schatten – Wahrheit, (d) fleischliche – geistliche Praxis. In dem ersten Begriffspaar, Juden – Völker, geht es um eine Entgrenzung. In der jüngeren Zeit hat die sogenannte »Neue Paulus-Perspektive« darauf hingewiesen, daß dies ein zentrales Thema bei Paulus sei.[39] Wir sehen, es handelt sich hier um keine Erstentdeckung.

Wie Origenes sich diese Entgrenzung denkt, wird vor allem deutlich, wenn man sie mit dem dritten Begriffspaar verknüpft: vom Schatten zur Wahrheit. Diese Betrachtungsweise kann sich auf Kol 2,16 f. und Hebr 8,5 und 10,1 berufen.[40] Sie ist also nicht etwas ausschließlich platonisches. Der Gedanke der Anteilhabe, der μέθεξις, läßt sich bildlich mit dem Gegenüber vom Schatten und dem Körper, der den Schatten wirft, ausdrücken.[41] Dieses Gegenüber ist aber nun

---

[38] [Hervorhebungen S. G.] »Cum per omnem textum epistulae in superioribus docuisset apostolus quomodo a Iudaeis et gentes a circumcisione ad fidem a littera ad spiritum ab umbra ad ueritatem ab obseruantia carnali ad oberuantiam spiritalem religionis summa translata sit, ... nunc spiritalis huius oberuantiae ad quam cultus Dei ritum docuit esse translatum aggreditur mores et instituta sancire [...]«, comm. in Rom. IX, 1, Vetus Latina 34, 710,1–7 / FC 2/5, 22,1–8. Vgl. das Summarium im Vorwort des Kommentars: der Brief betrifft das Gesetz des Mose, die Berufung der Völker, das Israel nach dem Fleisch und das Israel, das nicht nach dem Fleisch ist, die Beschneidung des Fleisches und die des Herzens, das geistliche Gesetz und das Gesetz des Buchstabens, das Gesetzes des Fleisches und das Gesetz der Glieder, das Gesetz der Vernunft und das Gesetz der Sünde, den inneren und den äußeren Menschen: Vetus Latina 16, 41,91–98 / FC 2/1, 70,6–12.

[39] Siehe etwa Nicholas Thomas Wright, The Climax of the Covenant. Christ and the Law in Pauline Theology, Minneapolis, MN, 1993, 137 ff.; 242 ff. und 250 f.; ders., Paul. In a fresh Perspective, Minneapolis 2005, 108 ff. Wrights Thesen finden sich zusammengefaßt bei Jacob Thiessen, Gottes Gerechtigkeit und Evangelium im Römerbrief. Die Rechtfertigungslehre des Paulus im Vergleich zu antiken jüdischen Auffassungen und zur Neuen Paulusperspektive, Frankfurt a. M. 2014, 37 f. Zu dem *translatio*-Gedanken des Origenes s. insbes. Theresia Heither, Translatio religionis. Die Paulusdeutung des Origenes in seinem Kommentar zum Römerbrief, Köln 1990 (Bonner Beiträge zur Kirchengeschichte 16).

[40] Was Origenes auch tut, z. B. comm. in Rom. II, 9 (FC 2/1, 226); V,1 (FC 2/3, 78–80); VI,7 (FC 2/3, 242), princ. III, 6,8 (290,1) usw.

[41] Dazu Sven Grosse, Geist und Schatten (s. Anm. 30), 172–189, sowie 198–206.

kein Gegensatz, bei welchem die eine Seite die andere ohne Einschränkung ausschließt. Denn das, was im Schatten gefunden wird, ist auch in der Wahrheit enthalten, nur in viel höherem, man kann sagen: im absoluten Maße. Man kann also im Schatten schon die Wahrheit haben. Die *translatio* von den Juden zu den Völkern ist somit keine Abwendung, sondern ein Voranschreiten. Dies zeigt sich gerade in den Erläuterungen, die Origenes dem Begriff »Gesetz« gibt. Paulus erklärt er, ruft beide, die Juden und die Griechen, zum Glauben und »lädt sie ein, und zwar so, daß er weder die Juden beleidigt, indem er gänzlich die jüdischen Riten niederreißt, noch die Heiden in die Verzweiflung treibt dadurch, daß er auf der Befolgung des Gesetzes dem Buchstaben nach besteht.«[42]

Die jüdischen Riten werden durch das Evangelium *darum* nicht gänzlich niedergerissen, weil das Evangelium nichts anderes tut, als zu einem *geistigen* Verständnis des mosaischen Gesetzes zu führen. So ist das mosaische Gesetz »für den, der es geistig versteht, ein geistiges Gesetz und lebensspendender Geist. Wer es aber fleischlich versteht, für den ist es das Gesetz des Buchstabens und damit tötender Buchstabe«, wie Origenes unter Verweis auf 2. Kor 3,6 sagt.[43]

Rückblickend in die Vergangenheit des Volkes Israel kann Origenes darum sagen, daß Mose durch die Opfer, die er auf den Befehl Gottes hin einführte, Sündenvergebung schuf, jedenfalls für einen Teil der Menschheit, nämlich für die Glieder des Volkes Israel und jeden, der sich diesem anschließen wollte.[44] So gab es im »ersten Volk«, also in Israel, auch eine geistige Erkenntnis und Schau der Herrlichkeit, so wie es in Joh 12,41 von Jesaja gesagt wird.[45] Der Vers Röm 1,17b = Hab 2,4, von Origenes so gelesen: »Der Gerechte lebt aus meinem Glauben«, wird von ihm so verstanden: entweder der im Gesetz Lebende glaubt auch den Evangelien, oder der in den Evangelien Lebende glaubt auch dem Gesetz und den Propheten.[46]

Das Gesetz des Mose tötet nur dann, wenn man nicht die geistige Wahrheit wahrnimmt, die in ihm enthalten ist. Hier sehen wir, wie Origenes die grundsätzlichen hermeneutischen Überlegungen über den Rang des bloßes Wortlautes, der λέξις, und des Geschichtsfaktums, der ἱστορία, auf das Verständnis des

---

[42]   »inuitat ut neque Iudaeos offendat penitus destruendo Iudaicos ritus neque gentibus iniciat desperationem confirmando obseruantiam legis et litterae«, comm. in Rom II, 14, Vetus Latina 16, 176,8–11 / FS 2/1, 300,21–24.

[43]   »Ipsa [lex Mosei] namque est quae his qui spiritaliter intellegunt lex spiritalis est et spiritus uiuificans, qui uero carnaliter lex litterae et littera occidens esse memoratur.« Comm. in Rom. VI, 9, zu Röm 7,14–25a, Vetus Latina 33, 508,42–509,1 / FC 2/3, 270,17–20.

[44]   Comm. in Rom. V, 1, zu Röm 5,12–14, FC 2/3, 68,4–16.

[45]   Comm. in Rom. VI, 7, zu Röm 7,1–6, FC 2/3, 238,17–20.

[46]   Comm. in Rom I, 15, FC 2/1, 134,6–1 / Vetus Latina 16, 80,8–11: »‹quia iustus ex fide mea uiuit;‹siue qui in lege est tu etiam euangeliis credat siue in euangeliis est ut etiam credat et profetis. Alterum enim sine altero integritatem non habet uitae.«

mosaischen Gesetzes anwendet. Man *muß* das Gesetz tropologisch verstehen. Ansonsten bleibt einem die Wirklichkeit des Heils vorenthalten, die in ihm beschlossen liegt.

Hier gibt es also einen kontradiktorischen Gegensatz, nämlich zwischen fleischlichem oder buchstäblichen Verständnis des Gesetzes und geistigem Verständnis des Gesetzes. Röm 7,1-4 wird hier für Origenes zu einer Schlüsselpassage.[47] Der Mensch geht aus der gleichsam ehelichen Bindung an das Gesetz im litteralen Verständnis hinüber in die Bindung an Christus, und das heißt zugleich: in die Bindung an das Gesetz im geistigen Verständnis. Man kann also wohl sagen, daß das Gesetzeswort stirbt. Es stirbt aber nur dem Buchstaben nach. Anders ausgedrückt: das geistige Verständnis des Gesetzes tötet das leibliche.[48]

Parallel zu diesem Gedankengang, in dem es um die Hermeneutik des mosaischen Gesetzes geht, gibt es in der Römerbriefauslegung des Origenes einen anderen Gedankengang. Er betrifft die Sünde. Origenes legt die Bemerkung des Paulus, Röm 7,5, von den Lastern der Sünden, die durch das Gesetz da waren und in unseren Gliedern wirkten, so aus: dieses Gesetz könne *nicht* das Gesetz des Mose sein, nicht einmal das nur dem Buchstaben nach verstandene, sondern es sei das »Gesetz in den Gliedern«, von dem Paulus in Röm 5,20 und später in Röm 7,23 spricht.[49] Dieses ist ein Ausdruck für die fleischlichen Begierden, welche die Seele der Sünde unterwerfen.[50]

Die Ausführungen des Paulus Röm 7,7-13 übersieht Origenes dabei nicht: Die Sünde tötet *durch das Gesetz*, und dieses Gesetz ist seinem Verständnis nach das *natürliche* Gesetz, von dem in Röm 2,14-16 die Rede ist.[51] Es ist auch das natürliche Gesetz, das anklagt und durch das Erkenntnis der Sünde kommt, wie Origenes in seinen Erläuterungen zu Röm 3,9 und 3,20 erklärt.[52] Diese

---

[47]   Comm. in Rom. VI, 7, FS 2/3, 236-246. Dazu Theresia Heither, Einleitung zu Buch 5 und 6, FC 2/3, 22-25.

[48]   Comm. in Rom. VI, 7, FS 2/3, 242,8-14.

[49]   Comm. in Rom. VI, 7, FC 2/3, 248,3-250,5, vgl. V, 6, als Deutung von Röm 5,20 f., FC 2/3, 122,3-21, sowie, in der Deutung von Röm 4,14: Comm. in Rom. IV, 4, FC 2/2, 200.

[50]   Comm. in Rom. VI, 9, FC 2/3, 280,2-4.

[51]   Comm. in Rom. VI, 8, FC 2/3, 252-266. Der Kommentar des Origenes zu Röm 2,14: Comm. in Rom. II, 9, FC 2/1, 226-229.

[52]   Comm. in Rom. III, 2, FC 2/2, 60, zu Röm 3,9: Das Gewissen klagt alle Menschen an, daß sie nicht nach dem Gesetz handeln. Das Gesetz hat dabei eine Funktion wie eine medizinische Diagnose: Comm. in Rom. III,6, FC 2/2, 94: zu Röm 3,20. Es handelt sich auch bei den Juden um das natürliche Gesetz. Denn Paulus, der als Kind jüdischer Eltern geboren und am achten Tage beschnitten wurde, konnte nicht im Blick auf das mosaische Gesetz in Röm 7,8-10 sagen, er hätte zu einer Zeit seines Lebens ohne das Gesetz gelebt. Das natürliche Gesetz wird aber erst wirksam, so daß Sünde angerechnet werden kann, wenn der Mensch das früheste

Sündenerkenntnis ist darum aber eine Leistung des natürlichen Menschen. Die Offenbarung der Gerechtigkeit Gottes kann hingegen nicht durch das Gesetz, d. h. das natürliche Gesetz kommen, wie Röm 3,21 sagt. Denn, so Origenes: »Gottes Gerechtigkeit übersteigt bei weitem alles, was der menschliche Geist allein durch natürliches Denken erforschen kann.«[53]

Diese Begründung gibt einen Hinweis darauf, daß Origenes auch hier, in diesem Gedankengang, wo es um die Sünde und die Überwindung der Sünde geht, die ontologische Unterscheidung zwischen dem Schatten und der Wahrheit, dem unvollkommenen Sein und dem vollkommenen Sein, dessen Abbild es ist, zugrunde legt. So erläutert er die Aussage Röm 3,10 (= Ps 14,1) »Keiner ist gerecht« damit, daß es durchaus relative Gerechtigkeit unter den Geschöpfen gibt, so daß etwa Aaron im Vergleich mit Miriam gerecht ist, Mose aber im Vergleich mit Aaron, daß aber alle diese Gerechtigkeit keine Gerechtigkeit ist im Vergleich mit der Gerechtigkeit Christi, der in absolutem Sinne gerecht ist.[54]

Hier liegt eine grundlegende Positionierung des Origenes vor. Die Schwäche des Menschen gegenüber der Sünde ist somit nur eine relative Schwäche: er vermag *etwas*, aber nicht genügend. Die Kraft der Sünde ist dementsprechend gegenüber dem Menschen auch nur von relativer Stärke: sie vermag zwar mehr als er, aber nicht so viel, daß er ihr ganz erliegen würde. Konsequent ergibt sich aus dieser Positionierung die Beantwortung der Frage, wer in Röm 7,14–25 spricht.[55] Nach Origenes liegt hier eine *Prosopopoia* vor: Paulus spricht an der Stelle eines anderen Menschen, nämlich eines schwachen Menschen, der versucht, den Lastern jedenfalls ein wenig Widerstand zu leisten und zwar durch den Antrieb des natürlichen Gesetzes.[56] Paulus wird den Schwachen ein Schwacher (1. Kor 9,22), um ihnen aufzuhelfen. Darum spricht er so, als sei er selbst ein solcher Schwacher, der noch nicht zum Glauben gelangt ist.[57] An sich

---

Kindesalter hinter sich hat und zwischen Gut und Böse unterscheiden kann: Comm. in Rom. VI, 8, FC 2/3, 256,24–258,7. Vgl. Comm. in Rom.V, 1, FC 2/3, 58–60, zu Röm 5,13. Diese Erklärung hat auch Augustinus, Contra Julianum II, 5,12, MPL 44,682. Luther übernimmt sie in seiner Römerbriefvorlesung WA 56, 348 f., in der Auslegung von Röm 7,8. Er macht aber in seinen folgenden Ausführungen deutlich, daß es nicht eine Erkenntnis der Sünde aufgrund der natürlichen, mit dem Alter gereiften Fähigkeiten des Menschen geben kann, sondern daß hier eine übernatürliche, nämlich teuflische Verblendung des Menschen überwurden werden muß.

[53] »iustitia autem Dei supergreditur et satis eminet hoc quodcumque mens humana solis naturalibus sensibus potest rimari.« Comm. in Rom. III, 7, Vetus Latina 16, 229,53 f. / FC 2/2, 100,9–11, im Zusammenhang von 98,17–100,16.

[54] Comm. in Rom. III, 2, FC 2/2, 64.

[55] Comm. in Rom. VI, 9, FC 2/3, 268–284.

[56] Comm. in Rom. VI, 9, FC 2/3, 272,11–15.

[57] Comm. in Rom. VI, 9, FC 2/3, 270,21–272,1.

würde es sich keineswegs mit der Würde eines Apostels vertragen, so zu reden.[58] Würde man annehmen, der Apostel würde – ohne *Prosopopoia* – so von sich selbst reden, würde man alle Menschen in die Verzweiflung treiben.[59]

Was Origenes vom Glauben und vom freien Willen sagt, fügt sich ebenfalls in diese Struktur von Schatten und Wahrheit, Relativem und Absolutem. Zwar bekennt sich Origenes in der Kommentierung von Röm 3,27 f. klar dazu, daß allein der Glaube, ohne die Werke rechtfertigt. »Glaube« wird dabei beschrieben durch einen Vergleich mit Wachs; es schreibt sich durch ihn die Gnade in die Seele. Er ist also die der Gnade entsprechende *dispositio* in der Seele.[60] Er verbindet dies aber mit folgenden Gedanken: der rechtfertigende Glaube muß ein vollkommener Glaube sein, so wie der Glaube Abrahams es war. Er ist aus einer Vielzahl von Glaubensakten erwachsen.[61] Nicht nur der Glaube, sondern auch andere Tugenden, wie Weisheit, Erkenntnis, Sanftmut, Demut könnten zur Gerechtigkeit angerechnet werden.[62] Damit wird das *sola fide* wieder entkräftigt. In der Lehre von den Gnadengaben, Röm 12,6, wo Origenes den Glauben als Charisma offensichtlich nicht von dem rechtfertigenden Glauben unterscheidet, sagt er, daß sowohl von uns etwas getan werden muß, um Gnade zu empfangen – das ist die eine Seite des Glaubens – als auch von Gott der Glaube geschenkt wird – das ist die andere Seite. Gott schenkt die Gnade nach dem Maß des Glaubens in uns, so wie im künftigen Leben nach dem Maß der Verdienste.[63] Nachdem sie sich bekehrt und Vergebung empfangen hat, bedeckt die Seele selbst mit dem, was sie Gutes tut, ihre vorangegangenen bösen Taten.[64] Was die Willensfreiheit des Menschen betrifft, so wird sie von Origenes in seinen Ausführungen zu Röm 9,14 f. bekräftigt.[65]

---

58   Comm. in Rom. VI, 9, FC 2/3, 270,3–7.

59   Comm. in Rom. VI, 9, FC 2/3, 286,4 f.

60   Comm. in Rom. III, 9, FC 2/2, 130–140, insbes. FC 2/2, 132,18–20, sowie Comm. in Rom. IV, 5, FC 2/2, 210,5–27.

61   Comm. in Rom. IV, 1, FC 2/2, 166,27–168,20, vgl. 172,20–174,6.

62   FC 2/2, 168,21–170,1.

63   Comm. in Rom. IX, 3, FC 2/5, 52,24–56,22.

64   Comm. in Rom. IV, 1, FC 2/2, 176,12–26. Das alles wird von Theresia Heither in ihren Ausführungen FC 2/2, 20–24, übersehen.

65   Comm. in Rom. VII, 16, FC 2/4, 148–158. Origenes stimmt in seinem Römerkommentar mit seinem Traktat über die Willensfreiheit in De principiis III,1 überein, auf welchen sich Erasmus in seiner Schrift ›De libero arbitrio‹ beruft. Siehe etwa bei Erasmus, III a 3; III a 6; III a 10; III a 14 f; III c 1, in der Ausgabe: Erasmus von Rotterdam, Ausgewählte Schriften, hg. v. Werner Welzig, Bd. 4, Darmstadt 1969 [zit.: Schriften], 94; 98; 106; 112–114; 136–138. Auf den Römerbriefkommentar des Origenes beruft sich Erasmus in III a 3 f, Schriften 4, 94. Es handelt sich eben um die Passage in Comm. in Rom. VII, 16. Außerdem verwendet Erasmus in

Wir können nun dem Summarium, das Origenes vom Römerbrief gibt, und seiner Entfaltung das Summarium am Beginn von Luthers Römerbrief-Vorlesung gegenüberstellen.

5. Luthers Summarium des Römerbriefs und seine Auslegung von Röm 7

»Die Summe dieses Briefes ist: zu zerstören und auszureißen und zunichte zu machen alle Weisheit und Gerechtigkeit des Fleisches (so groß sie auch sein mag in der Sicht der Menschen, und auch vor uns selbst), obgleich sie von Herzen und aufrichtig geschehen mag, und zu pflanzen und zu begründen und großzumachen die Sünde (obgleich sie nicht existiert oder man meint, daß sie nicht sei).«[66]

Diese Stelle zeigt bereits, daß Luther seine Auslegung des Römerbriefs ganz anders anlegt. Er bestimmt die zentrale Thematik anders als Origenes. Der Gedankengang, von dem ich gesagt habe, daß er bei Origenes parallel durchgeführt wird zu demjenigen, den Origenes als den zentralen bestimmt, nimmt nun das Summarium ein: die Sünde und ihre Überwindung. Luther formuliert ihn aber am Anfang mit bewußter Einseitigkeit nur von der Sünde her. Erst in einem zweiten Einsatz spricht Luther dann von der Gerechtigkeit, und zwar der fremden Gerechtigkeit, durch welche der Mensch gerecht wird.[67] Luther formuliert diesen ersten Einsatz auch in einer bewußten Übertreibung, einer *Hyperbole*. Wie er in dem Glossentext sich selbst erläutert, will er nicht die Sünde pflanzen und großmachen, sondern er will bewirken, daß man *erkenne*, daß die Sünden noch immer bestehen und viel und groß sind.[68] Genau an der Stelle, wo der große Origenes – man muß es zugeben – untief wird, bohrt Luther in die tiefste Tiefe. Es ist nicht so, daß der Mensch aus seinen natürlichen Kräften zwar nicht genügend,

---

II a 1, Schriften 4, 36, die Auslegung von Sir 15,14–18, die Origenes in Comm. in Rom. I, 18, FC 2/1, 150 vorträgt.

[66] »Summarium huius Epistolę Est destruere et disperdere omnem sapientiam et Iustitiam carnis (id est quantacunque potest esse in conspectu hominum, etiam coram nobis ipsis), quantumvis ex animo et synceritate fiant, Et plantare ac constituere et magnificare peccatum (quantumvis ipsum non sit aut esse putabatur).« WA 56, 157,2–6 / BoA 5, 222,1–6. Dies ist der Scholientext. Der Glossentext formuliert mit Erläuterungen der Hyperbolen: »Summa et intentio Apostoli in ista Epistola est omnem Iustitiam et sapientiam propriam destruere et peccata/ atque insipientiam/, quę non erant (i. e. propter talem Iustitiam non esse putabantur a nobis), rursum statuere, augere et magnificare (i. e. facere, vt agnoscantur adhuc stare et multa et magna esse) ac sic demum pro illis/ vere/ destruendis Christum et Iustitiam eius nobis necessarios esse.« WA 56, 3,6–11.

[67] WA 56, 158,10–24 / z. T. in BoA 5, 222,7–223,15.

[68] »i. e. facere, ut agnoscantur adhuc stare et multa et magna esse«, WA 56, 3,9 f.

aber doch immerhin etwas gegen die Sünde vermag. Er vermag *nichts* gegen sie. Die Gerechtigkeit ist eben deshalb eine ganz von außen kommende Gerechtigkeit.

Konsequent ist darum die Auslegung von Röm 7 genau entgegengesetzt.[69] Paulus redet keineswegs in der Person eines fleischlichen Menschen, sondern in eigener Person, d. h. als geistlicher Mensch.[70] Das erste Argument Luthers dafür ist, daß das Ich von Röm 7 ganz offensichtlich gegen das Fleisch kämpft und das Gesetz liebt. Das aber ist bei dem fleischlichen Menschen keineswegs der Fall.[71] Daß dieses Ich aber dann von sich behauptet, es würde das Böse und nicht das Gute tun, liegt gerade an dem erhabenen Maßstab, den der geistliche Mensch hat. Er tut zwar schon etwas Gutes, eben weil er ein geistlicher Mensch ist. »Er will aber das Gute ganz rein, ganz frei und ganz fröhlich tun, ohne beschwert zu sein von dem widerstrebenden Fleisch. Aber das kann er nicht [...]«.[72]

6. Thomas, Origenes, Luther und der Wandel der Perspektiven

Luthers Positionierung wird noch deutlicher, wenn man nun auch noch die Auslegung des Thomas von Aquin betrachtet.[73] Im Unterschied zu den Auslegungen des Origenes und der Luthers ist der Römerbriefkommentar des Thomas

---

[69] WA 56, 339–354.

[70] WA 56, 339–352 / z. T. in BoA 5, 255,22–260,31. Luther beruft sich dabei auf Augustinus: Contra duas epistolas Pelagianorum I, 10,17, MPL 44, 559 / CSEL 60, 439. In den Retractationes 1, 23, MPL 32, 620 / CSEL 57, 67,9-19 berichtet Augustin von seinem Umschwung in der Deutung von Röm 7, daß die Stelle *auch* vom Apostel selbst verstanden werden könne. Augustin bezieht sich hier auf seine Expositio quarundam propositionum ex epistula ad Romanos (dort cap. 43, MPL 35, 2071 / CSEL 84, 23 f.) und verweist auf seine Schriften gegen die Pelagianer.

[71] WA 56, 340 / BoA 5, 255,33–256,3. Vgl. zu Röm 3,9: daß alle unter der Sünde sind, ist eine Erkenntnis im Geist: WA 56, 234–237 / BoA 5, 236,27.

[72] »Vult enim purissime, liberrime et lętissime, sine molestiis repugnantis carnis agere, quod non potest [...]«, WA 56, 341,31 f. / BoA 5, 256,22–24.

[73] Es gibt zu dieser offenbar wenig Literatur. Steven Boguslawski konzentriert sich auf die Auslegung von Röm 9–11 durch Thomas: Steven Boguslawski, Thomas Aquinas, in: Jeffrey P. Greenman/Timothy Larsen (Hgg.), Reading Romans through the Centuries. From the Early Church to Karl Barth, Grand Rapids, MI, 2005, 81–99; ders., Thomas Aquinas on the Jews. Insights into his Commentary on Romans, New York 2008. Der Römerbriefkommentar des Thomas wird zitiert nach: Thomae Aquinatis ... Opera omnia, hg. v. Stanislaus Eduardus Fretté, Bd. 20, Paris 1876 [zit.: Fretté]. Die deutsche Übersetzung liegt vor unter dem Titel: Des Heiligen Thomas von Aquin Kommentar zum Römerbrief, übers. v. Helmut Fahsel, Freiburg 1927 [zit.: Fahsel]. Der Kommentar ist wohl zwischen 1260 und 1265 entstanden, s. Fahsel, VI.

kein Werk, in dem er seine Gedanken am Gegenstand des Paulusbriefes entwickelt. Die Gedanken, die Thomas hier vorträgt, findet man meist in der Summa Theologica ausgearbeitet. Sie werden in den Kommentar eingetragen, der selber eine sehr knappe, den Gedankengang des Paulus logisch analysierende Exegese darstellt. Mit Luther hat Thomas eines gemeinsam, das ihn von Origenes trennt. Es ist die frontale Wendung Augustins gegen Pelagius und seine Anhänger. Die Paulus-Auslegung, die Augustin in seinen antipelagianischen Schriften vorgetragen hat, ist auch für Thomas grundlegend. So vertritt auch er die Lehre von einer Erbsünde. Sie wird von Adam als dem Prinzip der menschlichen Natur begangen, deswegen wird sie auf jeden als Schuld übertragen, der Anteil an der menschlichen Natur hat, d. h. Mensch ist.[74] Die Aussage des Paulus Röm 3,9 f., »keiner ist gerecht«, muß darum so verstanden werden, daß jeder aus sich ein Sünder ist und nur allein aus Gott hat er seine Gerechtigkeit.[75] Die Macht der Sünde wird aber dann durch die Taufe eingeschränkt, und zwar in der Weise, daß die Menschen, die getauft werden, von der Erbsünde gereinigt werden, so daß keine Sünde mehr bleibt. Was bleibt, ist die Ansteckung der Sünde in Bezug auf das Fleisch.[76] Diese wird von Thomas »der Zunder der Sünde«, *fomes peccati*, genannt. Thomas ersetzt konsequent an Stellen wie Röm 6,12, wo Paulus von dem Menschen in der Gnade spricht, den Begriff »Sünde« durch »fomes«.[77] Er kann gelegentlich aber auch von Sünde sprechen, und zwar in dieser Eingrenzung, daß die Gnade Christi dem Geist innewohnt (Röm 8,10), nicht aber dem Fleisch.[78] »Unter dem Fleisch«, erläutert Thomas, »werden hier zugleich die sinnlichen Kräfte verstanden. Denn das Fleisch wird insofern vom Geiste un-

---

[74]   Zur Erbsündenlehre siehe die Ausführungen zu Röm 5,12: cap.5, lect.3, Fretté, 450b–452a / Fahsel 166–169. Bei Origenes hingegen fehlt diese Lehre, s. FC 2/3, 76f., Anm. 40.

[75]   »ex se quilibet est peccator, ex solo autem Deo habet justitiam«, zu Röm 3,9 f., cap. 3, lect. 2, Fretté 427b / Fahsel 114. Thomas erwägt daneben noch eine Auslegung (b): keiner ist in Bezug auf alle Dinge gerecht, und (c), daß nur die Bösen gemeint sind. Er meint dann, daß die ersten beiden Deutungen mehr der Meinung des Paulus entsprechen: Fretté 427b–428a / Fahsel 114 f.

[76]   Thomas nennt einen Einwand gegen die Totalität der Erbsünde: »Videtur ulterius quod peccatum originale non transeat in omnes: quia baptizati a peccato originali purgantur per baptismum; et ita videtur quod non possint in posteros peccatum transmittere. quod non habent.« und antwortet darauf: »Dicendum est autem, quod per baptismum homo liberatur a peccato originali quantum ad mentem: sed remanet peccati infectio quantum ad carnem ...« [folgt Röm 7,25], cap. 5, lect. 3, zu Röm 5,12, Fretté 453b / Fahsel 173.

[77]   Cap.6, lect.3, in der Auslegung von Röm 6,12 und 6,13: Fretté 466a / Fahsel 201 f. Cap. 7, lect. 2, zu Röm 7,13: Fretté 477b / Fahsel 226.

[78]   Gegen diese Verteilung der Gerechtigkeit auf die Vernunft, der Sünde – die gar keine Sünde im strengen Sinne mehr ist – auf die Sinnlichkeit wendet sich Luther entschieden an mehreren Stellen seiner Auslegung von Röm 7, etwa WA 56, 350,1–4; 350,21–351,2; 352,12–20.

terschieden und widerstreitet demselben, als das sinnliche Begehren (*appetitus sensitivus*) sich auf das Gegenteil von dem richtet, was die Vernunft anstrebt.«.[79]

Bei der Auslegung von Röm 7 gelangt dann Thomas zu einer konsequenten Doppeldeutigkeit, einer doppelten Lesbarkeit des Textes. Es ist Thomas dabei bekannt, daß Augustin sich von der Einschätzung, hier rede Paulus vom Menschen in der Sünde, zu der Einschätzung zuwandte, er rede vom Menschen in der Gnade. Thomas meint auch, die zweite Einschätzung sei die bessere. Doch grundsätzlich, meint er, könnte hier vom Menschen in dem einen *und* in dem anderen Zustand die Rede sein.[80] Diese Doppeldeutigkeit ist für Thomas möglich aufgrund seiner realen Unterscheidung zwischen Geist, d. h. durch die Taufe gereinigte Vernunft, und Fleisch, d. h. sinnliches Begehren des Menschen.

Wenn es beispielsweise in Röm 7,15 heißt »Denn was ich tue, das erkenne ich nicht«, dann heißt das bei dem Menschen in der Sünde: er tut das, wovon er im allgemeinen einsieht, daß es nicht getan werden darf.[81] Diese Einsicht ist bereits eine Einsicht aufgrund des Naturgesetzes, wie Thomas in seinem Kommentar zu Röm 7,9 sagt.[82] Von dem Menschen in der Gnade kann dieses Wort so verstanden werden: Der Mensch in der Gnade handelt zwar nicht im strengen Sinne schlecht, aber gemeint ist: er empfindet aufgrund der Leidenschaft seines sinnliche Begehrens die Sünde. Er erkennt dieses Begehren, das hier ein »Handeln« genannt wird, aber nicht, weil, als dieses Begehren entstand, sich sein Verstand *noch nicht* entschieden hat, ob er ihm zustimmen soll oder nicht.[83]

Wenn es dann so weitergeht: »Denn nicht das Gute, das ich will, vollbringe ich«, dann heißt das, auf den Menschen in der Sünde gedeutet, daß er im all-

---

[79]   »Carnem enim hic accipit simul cum viribus sensitivis. Sic enim caro distinguitur contra spiritum, et ei repugnat, inquantum appetitus sensitivus tendit in contrarium ejus quod ratio appetit [...]« [folgt Gal 5,17], Cap. 7, lect. 3, zu Röm 7,18, Fretté 479b–480a / Fahsel 232. Vgl. Fretté 479b / Fahsel 231: »unde motus concupiscentiae qui non sunt a ratione, sed a fomite, non operatur homo, sed fomes peccati, qui hic peccatum nominatur.«

[80]   Cap. 7, lect. 3, Fretté 477b / Fahsel 227. Für die anfängliche Position Augustins wird auf ›De 83 quaestionibus ad Simplicianum‹, qu. 66, für die spätere auf Contra Julianum III, 25 verwiesen. Vgl. Anm. 65.

[81]   Cap. 7, lect. 3, Fretté 478a / Fahsel 228.

[82]   Cap. 7, lect. 2, Fretté 474a / Fahsel 219. Zwar fügt Thomas hinzu, daß wegen der Formulierung »der alte Buchstabe«, Röm 7,6, das alte Gesetz, d. h. das mosaische Gesetz gemeint sei. Doch schließt er damit nicht aus, daß durch das Naturgesetz die Sünde erkannt werden könnte. Er sagt auch an dieser Stelle, daß ohne das (mosaische) Gesetz die Sünde erkannt werden könnte, insofern sie im Gegensatz zur Vernunft steht, nur nicht, insofern sie eine Beleidigung Gottes ist, so daß er sie obendrein verbietet und mit Strafen belegt.

[83]   Cap. 7, lect. 3, Fretté 478a / Fahsel 228 f. Thomas bringt hier sogar ein Argument gegen seine eben vorgetragene Deutung der Stelle auf den Menschen in der Sünde. Denn er sagt, es heiße hier gerade nicht »Was zu tun ist, erkenne ich nicht.« Sondern: Was ich tue, erkenne ich nicht.«

gemeinen das Gute will. Sein Wille ist indes nur ein unvollständiger Wille. Sein konkreter Wille ist verdorben. Aus diesem Willen geht die Handlung hervor, die dem allgemeinen Willen widerspricht. Umgekehrt: der Mensch in der Gnade hat einen Willen, der vollständig auf das Gute ausgerichtet ist. Die Handlung, der dieser Wille widerspricht, ist nur die *unvollständige* Handlung, *die* Handlung nämlich, welche nur im sinnlichen Begehren besteht und bei der davon abgesehen wird, ob die Vernunft zustimmt oder nicht. Dieses sinnliche Begehren kann der Mensch, der in der Gnade ist, nicht völlig austreiben.[84]

In gleicher Weise verhält es sich mit Röm 7,18b: »Das Wollen liegt mir nahe, aber das Vollbringen des Gutes finde ich nicht.« Es kann auf den Menschen unter der Gnade gedeutet werden. Dann heißt es: »[...] ich finde nichts in meiner Gewalt, wodurch ich jenes Gute vollende, daß ich nämlich die Begierlichkeit gänzlich austilge.« Der Satz wird so verstanden, daß der fehlgeleitete *appetitus sensibilis* zu Lebzeiten nicht gänzlich richtig gestellt werden kann. *Oder* es spricht der Mensch, der in der Sünde lebt. Sein Wille ist wie bei allen Sündern durch den Antrieb der Natur auf das Gute gerichtet, aber zu schwach.[85]

Trotz des ausdrücklichen Anschlusses an Augustin kommt Thomas hier zu einem Ergebnis, das die Macht der Sünde ähnlich gering einschätzt wie Origenes. Der Mensch ist noch unter der Sünde imstande, sich als Sünder zu erkennen.[86] Das abstrakte Wollen des Guten, das auch Luther im Sünder vorhanden sieht, wird als eine Möglichkeit der Deutung von Röm 7 verstanden, was Luther keinesfalls in den Sinn käme.[87] Was den getauften Menschen, für Thomas also den Menschen in der Gnade, betrifft, reduziert Thomas die verbleibende Sünde darauf, daß das sinnliche Streben des Menschen seiner Vernunft nicht völlig untertan wird, und nennt dies nur noch im uneigentlichen Sinne Sünde.[88]

---

[84]   Cap. 7, lect.3, Fretté 478b / Fahsel 229.

[85]   Cap. 7, lect.3, Fretté 480b / Fahsel 233., »non invenio in mea potestate quomodo istud bonum perficiam, ut scilicet totaliter concupiscentiam excludam.«

[86]   Hingegen, ganz entgegengesetzt, Augustin in ›De civitate Dei‹: der Sünder ist wie ein Kranker, der nicht einsieht, daß er krank ist, und darum den Arzt abweist: ciu., X,29, in der Ausgabe hg. v. Bernhard Dombart u. Alfons Kalb, Stuttgart 1924 [Teubner], 5. Aufl., Darmstadt 1981, Bd. 1, 451,5–10.

[87]   Die *syntheresis*, das Bewußtsein, daß einer ewiger und mächtiger Gott sei, unauslöschlich in allen Menschen existiere, in der Auslegung von Röm 1,20, WA 56, 177 / BoA 5, 225f. Luther zeigt, daß dies geradezu die Voraussetzung ist für das Sündigwerden des Menschen, weil der Mensch dieses abstrakte Wissen von Gott auf die Götzen überträgt.

[88]   Vergleiche hier Origenes: er erläutert Röm 8,1 f. so, daß der Mensch sich in den meisten Fällen noch in einem Prozeß befindet, in dem er teilweise noch unter dem Gesetz der Sünde steht, teilweise aber schon unter dem Gesetz des Geistes. Es gibt also ein teilweises und allmählich voranschreitendes Eintreten in den Bereich der Gerechtigkeit und der Gnade,

In diesen verschiedenen Auslegungen des Römerbriefs werden auch die historischen Situationen sichtbar, in denen sie entstanden sind. Für Origenes sind hier zwei Umstände bezeichnend. Erstens ist es wohl die Nähe, die Origenes, sowohl in Alexandria wie auch in Caesarea, zu den Juden hatte, und eine nicht nur zeitliche, sondern auch sachliche oder existentielle Nähe zu Paulus, was dessen Anliegen betraf, nicht nur den Heiden, sondern auch den Juden das Evangelium zu vermitteln.[89] Zweitens ist es seine Frontstellung gegen die gnostische, insbesondere die marcionitische Häresie, von der er auch ausdrücklich spricht. Dieser gegenüber betont er, daß das Gesetz, von dem Röm 5,20 gesprochen wird, die Sünde nicht hervorbringt.[90] Es gibt vielmehr eine Kontinuität zwischen dem Gesetz des Mose und dem Evangelium.

Luther hingegen hat mit einer Christenheit zu tun, die sich einer trügerischen Sicherheit überlassen hat. Diese Diagnose, die er übrigens von Bernhard von Clairvaux übernimmt, äußert er bereits in der ersten Psalmenvorlesung.[91] Das gegenwärtige Leiden der Kirche, erklärt dort Luther, besteht in dem

»Erstarken der Lauen und Bösen – Frieden und Sicherheit. Denn die Trägheit herrscht schon so sehr, daß [zwar] überall viel Verehrung Gottes ist, aber nur dem Buchstaben nach, ohne Hingabe und ohne Geist, und nur ganz wenige haben Eifer. Und das alles geschieht, weil wir meinen, daß wir etwas seien und genügend täten. Und so wagen wir nichts, haben keinen Schwung [Mt 11,12] und erleichtern uns sehr den Weg zum Himmel: durch Ablässe, durch leichte Lehren, es genüge [schon] ein Seufzer. Und hier

---

Comm. in Rom. VI, 11, FC 2/3, 286–292. Nur schließt Origenes aus, daß man Röm 7 auch auf diesen Menschen beziehen könnte.

[89]   Dazu: Theresia Heither, Einführung zu: Origenes, Römerbriefkommentar, FC 2/1, 26–32; dies., Einleitung zu Buch 1 und 2, FC 2/1, 48–52; dies., Einleitung zu Buch 3 und 4, FC 2/2, 17–20; dies., Einleitung zu Buch 7 und 8, FC 2/4, 19–28; dies., Einleitung zu Buch 9 und 10, FC 2/5, 9–11, und die von ihr dort angegebene Literatur, insbes. Nicholas Robert Michael de Lange, Origen and the Jews. Studies in Jewish-Christian Relations in Third-Century Palestine, Cambridge 1976, und Hans Bietenhard, Caesarea, Origenes und die Juden, Stuttgart u. a. 1974.

[90]   Comm. in Rom. V, 6, zu Röm 5,20 f., FC 2/3, 118–120, vgl. Praefatio, FC 2/1, 62,4–10 zum Thema der Willensfreiheit; vgl. auch Theresia Heither, Einführung zu: Origenes, Römerbriefkommentar, FC 2/1, 27.

[91]   Dictata in Psalterium, Scholien zu Ps 68 Vulgata, 69 masor., WA 55/II, 383–385 / WA 3, 416 f. / BoA 5, 133 f. Die Berufung auf Bernhard findet sich WA 55/II, 384,40–385,2 / WA 3, 417,7 f. / BoA 5, 133,17. Es handelt sich um Sermones in Cantica Canticorum 33,16, S. Bernardi Opera, hg. v. Jean Leclercq, H. M. Rochais und C. H. Talbot, Bd. 1, Rom 1957, 244,20 f. 23 f.

erwählt Gott gerade ›das, das nichts ist, um zu zerstören, was etwas ist.‹ [1. Kor 1,28] Denn wer mit aufrichtigem Herzen meint, nichts zu sein, der ist ohne Zweifel voller Eifer und eilt zur Besserung und zum Guten.«[92]

Luther vertieft seine Kritik an der Zivilisation Europas, die seit Jahrhunderten christlich ist – jedenfalls dem Buchstaben nach – und getauft ist und sich dementsprechend in Sicherheit wiegt, durch sein Studium des Römerbriefs. Gerade angesichts einer solchen Situation der Kirche *muß* die Sünde »groß gemacht werden«. Und der einzig feste Trost gegen die Sünde, deren Macht nicht mehr unterschätzt werden darf, besteht in der Tiefe der Herabkunft Gottes in der Inkarnation und in der Eindeutigkeit des untersten, des litteralen Sinns der Schrift, in dem sich die Wahrheit Gottes faßbar gemacht hat – in ihm, dem litterale Sinn,

> »der allein die ganze Substanz des Glaubens und der christlichen Theologie ist, die in der Bedrängnis und der Versuchung alleine Stand hält und die Pforten der Hölle mit der Sünde und dem Tode besiegt und triumphiert zum Lob und zur Ehre Gottes.«[93]

---

[92]   »Tercia nunc [passio Ecclesiae] Est Inualescentia tepidorum et malorum (pax et securitas), Quia accidia iam regnat adeo, vt vbique sit multus cultus Dei, scil. literaliter tantum, sine affectu et sine spiritu, Et paucissimi feruentes. Et hoc fit totum, quia putamus nos aliquid esse et sufficienter agere, ac sic nihil conamur et nullam violentiam adhibemus et multum facilitamus viam ad cęlum, per Indulgentias, per faciles doctrinas, quod vnus gemitus satis est. Et hic proprię Deus eligit ea que non sunt, vt destruat ea quę sunt. Quia qui ex vero corde sese nihil esse putat, sine dubio fervet et festinat ad profectum et bonum.« WA 55/II, 384,13–22 / WA 3, 416,17–25 / BoA 5, 133,27–36.

[93]   »qui solus tota est fidei et theologiae Christianae substantia, qui in tribulatione et tentatione solus subsistit et portas inferi cum peccato et morte vincit atque triumphat in laudem et gloram dei«, Deuteronomium Mosi cum annotationibus, 1525, WA 14, 560,14–17.

Wendepunkte der Mystik

Bernhard – Seuse – Luther

1. Problementwurf

»In der ›Theologia mystica‹ [...] ist er auch im höchsten Grade verderblich, denn er treibt mehr den Platonismus als das Christentum [...] Christus lernst du dort so wenig kennen, dass du ihn, wenn du ihn bereits kennst, wieder verlierst. Ich rede aus Erfahrung. Paulus wollen wir lieber hören, auf dass wir Christus, und zwar als den Gekreuzigten kennenlernen [1. Kor 2,2]. Der ist nämlich der Weg, das Leben und die Wahrheit: das ist die Leiter, auf der man zum Vater kommt, so wie er gesagt hat: ›Niemand kommt zum Vater, außer durch mich.‹ [Joh 14,6]«.[1]

Mit diesen Worten urteilte Martin Luther über denjenigen, der den Begriff einer ›mystica theologia‹ geprägt hat und als »Erzvater« christlicher Mystik gilt, Dionysius Areopagita.[2] Dieses Wort stellt darum nicht nur Dionysius in Frage,

---

[1] »In ›Theologia‹ vero ›mystica‹, quam sic inflant ignorantissimi quidam Theologistae, etiam pernitiosissimus est, plus platonisans quam Christianisans, ita ut nollem fidelem animum his libris operam dare vel minimam. Christum ibi adeo non disces, ut, si etiam scias, amittas. Expertus loquor. Paulum potius audiamus, ut Iesum Christum et hunc crucifixum discamus. Haec est enim via, vita et veritas: haec scala, per quem venitur ad patrem, sicut dicit ›Nemo venit ad patrem nisi per me.‹« De captivitate Babylonica ecclesiae praeludium (1520), WA 6, 562,8–14, vgl. Adolf Martin Ritter, Gesamteinleitung von: Pseudo-Dionysius Areopagita, Über die Mystische Theologie und Briefe, eingel., übers. u. mit Anmerkungen vers. v. Adolf Martin Ritter, Stuttgart 1994 (BgrL 40), 48 f. Zu dem »Expertus loquor«: »Along with Bernhard of Clairvaux, Bonaventure, and more recent authors as John Tauler and Jean Gerson, Dionysius belonged to a serious monk's spiritual diet.« Karlfried Froehlich, Pseudo-Dionysius and the Reformation of the Sixteenth Century, in: Pseudo-Dionysius. The Complete Works, übers. u. hg. v. Colm Luibheid u. a., New York 1987 (The Classics of Western Spirituality), 41, insges. 41–43, vgl. Ritter, 48 f. Vgl. die Bonaventura und Dionysius zugleich treffenden Bemerkungen, WA.TR 1, 72 (Nr. 153), 302 f. (Nr. 644).

[2] Zu der Prägung des Begriffs »mystische Theologie« s. Ritter, ebd., 62. Der Rang, den Dionysius Areopagita für die christliche Mystik hat, kann schon daraus ermessen werden,

sondern die gesamte Tradition von Mystik in der Kirche, die sich auf ihn berief und in seinen Bahnen dachte. Der Punkt, der angegriffen wird, ist dabei ein entscheidender: Jesus Christus, die Mitte des Christentums, wird außer Acht gelassen.

Dieses Urteil setzt die Frage ins hellste Licht, ob Mystik und Christentum miteinander vereinbar seien, das Christentum gerade in dem Sinne, in dem die lutherische Reformation es hat verstanden haben wollen. Wollte man demgegenüber dafür eintreten, dass es durchaus Mystik geben könne, die christlich legitim ist, müsste man zeigen, dass unter »Mystik« wesentlich anderes verstanden werden könnte als das, was offenbar von Dionysius in exemplarischer Weise dargestellt worden ist. Eine entgegengesetzte Möglichkeit bestünde darin, zu zeigen, dass das Christentum so verstanden werden kann oder muss, dass es Mystik, in einem gewissen Sinne jedenfalls, zulässt – oder sogar danach verlangt. Man kann abstreiten, dass diese protestantische Kritik der christlichen Mystik oder der Mystik überhaupt gerecht werde. Jedoch kann man auch die Frage aufwerfen, wie man Luther und die Reformation selber zu verstehen habe – und von welchem Gewicht sie für das Ganze des Christentums in seiner Geschichte sind. Dabei kann man an die offenbar bleibenden mystischen Elemente in der Theologie Luthers erinnern[3] und fragen, wie sie sich zu dieser radikalen Kritik der Mystik verhalten.

Hans Urs von Balthasar hat in seiner »Ortsbestimmung christlicher Mystik« erhellende Perspektiven zur Beantwortung dieser vielfach verschlungenen Fragen aufgewiesen.[4] Balthasar wendet sich gegen die populäre Position, christliche Mystik sei lediglich eine Variante eines Ganzen von Mystik, das man in verschiedenen Religionen finde und im Wesentlichen eins sei. Einer Nivellierung des Christlichen in der Mystik tritt er mit Entschiedenheit entgegen. Jedoch er-

---

dass Kurt Ruh seine umfassende ›Geschichte der abendländischen Mystik‹ mit ihm eröffnet, s. Bd. 1, München 1990, 31–82, insbes. 31, Anm. *. »Erzvater«: ebd., 9. Zu der Identität des Dionysius s. ebd., 32–41.

[3]   Dazu zählt Volker Leppin, Wie reformatorisch war die Reformation?, in: ZThK 99 (2002), 171–173: die mystische Rede von der heiligen Vermählung in der ›Freiheit eines Christenmenschen‹, die *unio* im Empfang des Abendmahls und das Motiv der Vergöttlichung. Vgl. Leppin, ›Omnem vitam fidelium penitentiam esse voluit‹ Zur Aufnahme mystischer Traditionen in Luthers erster Ablassthese, in: ARG 93 (2002), 7–15: Luthers Hinwendung zu einer mystischen Auffassung des Bußsakramentes vor dem Hintergrund seiner Rezeption der Predigten Taulers und der ›Theologia deutsch‹.

[4]   Hans Urs von Balthasar, Zur Ortsbestimmung christlicher Mystik, in: Werner Beierwaltes/Hans Urs von Balthasar/Alois Maria Haas, Grundfragen der Mystik, Einsiedeln 1974, 37–71. Einen Überblick über die Vielzahl von Definitionen und Theorien von Mystik bietet Bernard McGinn, Die Mystik im Abendland (engl. Original: The presence of God. A History of Western Christian Mysticism, New York 1991 ff.), Bd. 1, Freiburg u. a. 1994, 9–20; 381–481.

klärt er eine grundsätzliche Ablehnung von Mystik, wie er sie bei der Mehrheit neuerer protestantischer Theologen findet, für das entgegengesetzte Extrem. Es gibt eine wahrhaft christliche Mystik, jedoch nicht so, dass sie sich subsumieren lässt unter einem Oberbegriff von Mystik, sondern dass sie die Verwirklichung von Mystik überhaupt darstellt und darum »echte Mystik« ist. Sie steht von den Formen von »Mystik« in anderen Religionen, aber auch zu Fehlformen innerhalb der Kirche im Verhältnis einer Analogie, in welcher jede Ähnlichkeit durch eine noch größere Unähnlichkeit übertroffen wird.

Ich will hier in der gebotenen Knappheit dieser Festschrift versuchen, im Dialog vor allem mit Balthasars »Ortsbestimmung« ein Strukturprinzip aufzeichnen, das immer wieder in der Geschichte der Mystik innerhalb des Christentums sich bemerkbar macht. Es könnte daraus erhellt werden, sowohl, was Christentum als auch, was Mystik seinem Wesen nach ist, und schließlich, von diesem Blickwinkel aus betrachtet, welche Stelle die lutherische Reformation in der Kirchengeschichte überhaupt einnimmt.

Zu Beginn soll, ausgehend von einem klassischen Dictum des Irenaeus von Lyon, eine Reihe von Worten des Neuen Testaments aufgreifend, in einer ersten Annäherung ein Begriff von Mystik entwickelt werden, der sodann bei drei für die Geschichte der christlichen Mystik entscheidenden Theologen angewandt, überprüft und konkretisiert wird.

2. Vorüberlegungen zu einem Begriff christlicher Mystik

Mystik, in einem bestimmten Sinne verstanden, geht geraden Wegs aus dem Urdatum des christlichen Glaubens hervor: Gott ist Mensch geworden. Irenaeus von Lyon sagt in dem doxologischen Abschluß der Vorrede seines fünften Buches gegen die Häresien, von dem Wort Gottes, Jesus Christus, es sei »propter immensam suam dilectionem factus est quod sumus nos, uti nos perficeret esse quod est ipse.«[5] De facto ist dies die Verwirklichung des Vorhabens Platons, ὁμοίωσις θεῷ κατὰ τὸ δυνατόν, und zwar gerade aufgrund der Menschwerdung Gottes.[6] Die θεοποίησς folgt aus der Inkarnation.

---

[5]   Adversus Haereses, Buch V, Vorrede, bei: Irenäus von Lyon, Adversus Haereses / Gegen die Häresien, Bd. 5, griech.-lat.-dt., übers. u. eingel. v. Norbert Brox, Freiburg u. a. 2001 (FC 8/5), 22, 13–15.

[6]   Zum Motiv der θεοποίησς s. Karlmann Beyschlag, Grundriß der Dogmengeschichte, Bd. I, 2., neubearb. u. erw. Aufl, Darmstadt 1988, 198, Anm13, sowie 280–282 (Athanasius), zusätzlich von den dort genannten Autoren ist Tertullian zu nennen: Adversus Marcionem II, 27,6 f. Plato: Theaitetos, 176 ab.

Gott ist aber Geist, also von einem ganz anderen Wesen als alles Körperliche, sinnlich Wahrnehmbare. Dies hat bereits den ersten Philosophen, der zum Christentum übertrat, Justin, fasziniert,[7] und später hat Augustin beredte Worte für seine Entdeckung der Geistigkeit Gottes gefunden.[8] Gott ähnlich werden, vergöttlicht werden heißt also: vergeistigt werden. Die biblische Schlüsselstelle dafür wird 1. Kor 6,17: ὁ δέ κολλώμενος τῷ κυρίῳ ἓν πνεῦμα ἐστιν.

Vergöttlicht werden heißt zugleich: mit dem einen Gott eins werden, und der Grund für dieses Einswerden ist die Liebe Gottes, die ihn hat Mensch werden lassen, damit wir werden wie er, angetrieben durch die Liebe Gottes, ὅτι ἡ ἀγάπη τοῦ θεοῦ ἐκκέχυται ἐν ταῖς καρδίαις ἡμῶν διὰ πνεύματος ἁγίου (Röm 5,5). Vergöttlicht und vergeistigt werden ist also ein Ereignis der Liebe zwischen Gott und dem Menschen, ist Feier eines ἱερός γαμός und ganz konsequent erweist sich das Hohelied als Grundtext dieser Vermählung. Es ist die verborgene Mitte der Heiligen Schrift als Zeugnis von dem Gott, der die Liebe ist (1. Joh 4,8.16).[9]

Schließlich übersteigt Gott alles, was er geschaffen hat, so dass οὔπω ἐφανερώθη τί ἐσόμεθα. οἴδαμεν ὅτι ἐὰν φανερωθῇ, ὅμοιοι αὐτῷ ἐσόμεθα, ὅτι ὀψόμεθα αὐτόν, καθώς ἐστιν (1. Joh 3,2). Von Gott, insofern er den Menschen sich gleich macht, kann nur *via negationis* gesprochen werden, so wie Dionysius Areopagita es vorführt.[10]

Mystik, somit bestimmt 1. als vergöttlicht werden, 2. als vergeistigt werden, 3. als Einung, 4. aus Liebe und 5. als *theologia negativa*, erweist sich als etwas genuin Christliches – und zugleich eben damit als gebunden an die Voraussetzung, dass Gott leibhaftiger Mensch geworden ist, dass er sich darin »ausgewortet« hat und dass er zuerst geliebt hat (1. Joh 4,10.19), und zwar das Geschöpf, das zugleich Sünder ist. Dies ist die Voraussetzung, jenes die Folge, und zwischen diesen beiden Polen des christlichen Heilsweges besteht eine dialektische Spannung, die man immer wieder in der Geschichte der Kirche beobachten kann. Ich will an drei ausgewählten Beispielen diese Dialektik aufweisen: an Bernhard von Clairvaux und seinen Schülern, an Heinrich Seuse als Schüler Meister Eckharts und an Martin Luther. Überall vollzieht sich dort ein »Wendepunkt« der Mystik.

---

[7]   Dialogus cum Tryphone Iudaeo, II,6.

[8]   Augustin, Confessiones, VII, 10,16 (CChr.SL 27, 103 f.), im Kontrast zu VII, 5,6 (CChr.SL 27, 96,1–18), wo er seine vor-geistige Auffassungsweise von Gott beschreibt.

[9]   Ulrich Köpf, Hoheliedauslegung als Quelle einer Theologie der Mystik, in: Grundfragen christlicher Mystik, hg. v. Margot Schmidt u. Dieter R. Bauer, Stuttgart-Bad Cannstatt 1987, 50–72 (Mystik in Geschichte und Gegenwart I,5).

[10]   Es ist zu beachten, dass Origenes die *theologia negativa* nicht aus dem platonischen Philosophieren entwickelt, sondern aus den Aussagen gerade des Alten Testamentes, die den Unterschied zwischen Gott und Mensch und die Unmöglichkeit und Lebensgefährlichkeit, Gott zu sehen, einschärfen: Homiliae in Jeremia 18,6, GCS ^{2}6, 158 f.

3. Bernhard von Clairvaux

An einer entscheidenden Stelle seiner Hoheliedpredigten erklärt Bernhard: »Hanc ego arbitror praecipuam invisibili Deo fuisse causam, quod voluit in carne videri et cum hominibus homo conversari, ut carnalium videlicet, qui nisi carnaliter amare non poterant, cunctas primo ad suae carnis salutarem amorem affectiones retraheret, atque gradatim ad amorem perduceret spiritualem.«[11] Die Liebe zu Christus beginnt als eine »fleischliche« Liebe zur Erscheinung Christi im Fleisch, vor allem zu seinem Leiden, doch ist dies nur eine Eingangsstufe. Sie wandelt sich in einen *amor spiritualis*, und mit ihr wandelt sich auch ihr Gegenstand: vor ihr entsteht Christus nicht mehr als der fleischgewordene, sondern als reiner Geist: »Spiritus ante faciem nostram Christus Dominus.«[12] Der Kreuzestod Jesu ist nur noch ein Moment am Im-Fleisch-Sein des Wortes, das in dieser Dynamik vom Fleisch hin zum Geist mitgerissen wird.

Dies ist allerdings nur eine Seite von Bernhards Mystik. Wer meint, der Mensch würde ganz in Gottes Geist aufgelöst, täuscht sich. Zwar vergleicht Bernhard tatsächlich das *deificari* mit dem Fallen eines Tropfens Wasser in eine Überfülle von Wein,[13] und wohl werden Gott und Mensch so »unus spiritus«, aber es gibt noch einen höheren Grad von Einheit: die des Vaters und des Sohnes: »Pater et filius *unum* sunt« (Joh 10,30). Dort ist nur eine Einheit des Willens, hier eine des Wesens.[14] Dieser letzte Vorbehalt ist aber keineswegs eine Inkonsequenz der Mystik Bernhards, sondern ergibt sich folgerichtig daraus, dass es ausschließlich Jesus Christus ist, in der Einheit der göttlichen und der menschlichen Natur, durch den der Mensch überhaupt in eine Einheit mit Gott gelangen kann. Er ist der aus zwei Mündern – nämlich den beiden Naturen – geformte Kuß, der die christliche Seele küsst.[15] Der mystische Prozeß vermag nicht, seine eigene Voraussetzung aufzuheben: dass Gott Mensch geworden ist.

Vergeistigung und Fleischwerdung sind dialektisch miteinander verbunden, und dass Bernhard überhaupt eine »fleischliche« Liebe zu dem fleischlichen Jesus unter bestimmten Bedingungen für gut hieß, rief besonderen Nachhall hervor. In

---

[11] Sermones super cantica canticorum [Sr.C.] 20,6, Opera, hg v. Jean Leclercq u. a., Rom 1957, Bd. 1, 118,21–26.
[12] Eine variierende Lesart von Thren 4,20: Sr.C. 20,7, Opera 1, 119,8. Dazu Sven Grosse, Spiritus ante faciem nostram Christus Dominus. Zur Christozentrik der Mystik Bernhards von Clairvaux, ThPh 76 (2001), 185–205.
[13] Wobei Bernhard ganz genau bleibt: der Tropfen *scheint* nur ganz zu entschwinden: »Sic affici, deificari est. Quomodo stilla aquae modica, multo infusa vino, deficere a se tota videtur [...] Manebit quidem substantia, sed in alia forma [...]«, De diligendo Deo X, 28, Opera, Bd. 3, 143,12–24, vgl. Ruh, Bd. 1 (Anm. 2), 233, bei Anm. 10.
[14] Sr.C. 71,6–10.
[15] In Auslegung von Cant 1,1a: »Osculetur me osculo oris sui.«, Sr.C. 2, II.

der Rezeption Bernhards konzentrierte man sich besonders auf die Verehrung Christi in seiner leiblichen Gestalt. Anfang des 13. Jahrhunderts entstanden die sieben Salven an die Gliedmaßen des am Kreuze hängenden leidenden Christus, die man so sehr mit Bernhard identifizierte, dass man sie lange ihm selbst zuschrieb. Einer ihrer Verfasser, der Zisterzienser Arnulf von Löwen, dichtete in dem Salve an das Angesicht Christi in der letzten Strophe:

> Cur me jubes emigrare,
> Jesu chare, tunc appare:
> O amator amplectende,
> Temetipsum tunc ostende
> In cruce salutifera.[16]

Damit ist eine grundsätzliche Veränderung gegenüber Bernhard vollzogen, die bei ihm selbst jedoch angelegt ist: In der Stunde der *emigratio* erscheint Christus nicht als reiner Geist, sondern als der Fleischgewordene am Kreuz.[17] Sein erlösendes Kreuz ist nun der Angelpunkt, nicht mehr das Fortschreiten vom Fleisch zum Geist. Trotz seiner Orientierung auf den geistigen Christus hin wurde Bernhard so zum Inaugurator einer sinnlichen Passionsfrömmigkeit, die bis ins 17. Jahrhundert und darüber hinaus reicht.[18]

4. Heinrich Seuse

Am 27. März 1329 wurden durch eine Bulle Papst Johannes XXII. achtundzwanzig Sätze des bereits im Jahr zuvor verstorbenen Meister Eckhart verurteilt. These 10 besagte: »Nos transformamur totaliter in Deum et convertimur in eum [...] ibi nulla est distinctio.«, sekundiert von These 24: »Omnis distinctio est a Deo aliena, neque in natura neque in personis; probatur: quia natura ipsa est una et

---

[16]   MPL 184, 1324 C. Bekanntgeworden ist dieses Salve in der Nachdichtung Paul Gerhardts, ›O Haupt voll Blut und Wunden‹.

[17]   Dieser Gedanke findet sich auch schon bei Bernhard: Christus muss um der Erwählten willen im Gericht in der Gestalt des Menschen wiedererscheinen, damit sie vor ihm Bestand haben: Sr.C. 73,4–10. Dieser Gedanke wurde zum entscheidenden Punkt des ›Dies irae‹, s. Sven Grosse, Der Richter als Erbarmer. Ein eschatologisches Motiv bei Bernhard von Clairvaux, im ›Dies irae‹ und bei Bonaventura [im ersten Band der gesammelten Aufsätze].

[18]   Bernhard orientierte sich gerade mit der Schlüsselstellung von Thren 4,20 an Origenes, s. Kurt Ruh, Geschichte der abendländischen Mystik. Bd. 1, München 1990, 237, bei Anm. 14, vgl. 256, Anm. 46. Andererseits ist in der »Akzeptanz der auf die Menschheit Christi ausgerichteten fleischlichen Liebe« ein wesentlicher Unterschied zu den Hoheliedauslegungen des Origenes und des Gregor von Nyssa zu erkennen, s. McGinn (wie Anm. 3), Bd. 2, 267.

hoc unum, et quaelibet persona est una et idipsum unum, quod natura.«[19] Eckharts Schüler Heinrich Seuse verfasste als Antwort auf diese Verurteilung sein ›Buch der Wahrheit‹, das ein Schlüsselwerk für die christliche Mystik überhaupt darstellt. Er kämpft darin an zwei Fronten. An der einen verteidigt er Eckhart gegen seine Ankläger. An der anderen klärt er das Missverständnis der Schwärmer auf, die sich fälschlich auf ihn berufen und dadurch seinen Anklägern Auftrieb geben. Er stellt sie dar in einer Figur, die ihm in seiner Phantasie begegnet, und die sich, im Trachten nach Ununterschiedenheit sogar ihr Geschlecht verleugnend, »daz namelos wilde« nennt.[20]

An der ersten Front wiederholt Seuse Eckharts These von der völligen Einfachheit Gottes und erläutert sie: »Denn in der göttlichen Natur ist nichts anderes als ihr Wesen und die Relationen, und letztere fügen zu ihrem Wesen überhaupt nichts hinzu, sie sind es ganz und gar, wie sie sich andererseits unterscheiden gegenüber den Gegenständen, auf die sie sich beziehen. Denn die göttliche Natur, nach ihrem Grund betrachtet, ist in sich in keiner Weise einfacher als der Vater, in seiner Natur betrachtet, oder eine andere Person.«[21] Seuse vergleicht hier das Wesen und die Personen des dreieinigen Gottes, indem er diese in Richtung auf das Wesen betrachtet und kommt so zu einer Bekräftigung der vollkommenen Einheit.

Zugleich deutet er die Möglichkeit einer anderen Betrachtungsweise an, die er in dem Dialog mit dem »namenlosen Wilden« entfaltet: »Das ewige Nichts« – so nennt er im Anschluß an Dionysius Areopagita Gott – »hat in sich selbst keine Unterscheidung, aber aus ihm, insofern es fruchtbar ist, kommt die der Ordnung entsprechende Unterscheidung aller Dinge.« Wenn Eckhart jegliche Unterscheidung in Gott leugnete, dann dachte er »an die jeweilige Person in dem Grund, in dem sie ununterschieden sind.« Sie sind es »aber nicht in ihren Beziehungen untereinander«. Darum gilt nun auch: »Der Mensch wird niemals vollkommen in diesem Nichts [Gott] zunichte, seinen Gedanken bleibt immer die Unterscheidung ihres eigenen Ursprungs und seiner Vernunft ihre eigene

---

[19] Bulle ›In agro dominico‹, DS 960; 974, dort auch die Fundorte bei Eckhart angegeben.

[20] Zu den Umständen der Entstehung s. Loris Sturlese in der Einleitung der Ausgabe: Das Buch der Wahrheit / Daz bůchli der warheit. Krit. hg. v. Loris Sturlese u. Rüdiger Blumrich. Mit einer Einl. v. Loris Sturlese. Übers. v. Rüdiger Blumrich, mittelhochdt.-dt., Hamburg 1993 [BdW], XIV–XXI.

[21] »Wan in der gŏtlichen nature ist nit anders denne wesen und die widertragenden eigenschefte, *und* die legent úberal nihtes zů dem wesenne, sú sint es alzemale, wie sú unterscheit haben gegen dem sú sint, daz ist gegen ir gegenwurfe. Wan gŏtlichú nature, nach dem selben grunde ze nemenne, ist nihtez nit einveltiger an ir selb denne der vatter, in der selben nature genomen, ald kein andrú persone.«, BdW, cap. III, 41–48 [Angabe der das jeweilige Kapitel durchlaufenden Zeilenzählung].

Wahrnehmung, obwohl alles das in seinem Urgrunde außer Betracht bleibt.«[22] Die trinitarische Selbstunterscheidung Gottes ist der Grund dafür, dass Gott nach »außen« treten, dass er als Schöpfer, wie Seuse sagt, »fruchtbar« werden kann. Es ist dies ein echtes »Außen«, das niemals schlechthin aufgehoben wird, auch in der mystischen Vereinigung nicht. Es bleibt immer noch ein Unterschied zwischen Gott und dem Menschen, so wie es Bernhard bereits herausgestellt hatte.

Dieser Vorbehalt ist aber nicht so zu verstehen, als ob Gott doch noch irgendetwas dem Menschen vorbehalten würde, wenn er sich ihm schenkt. Vielmehr, zeigt Seuse, handelt es sich um zwei beidermaßen mögliche, christlich legitime Betrachtungsweisen: nach der einen Richtung hin betrachtet, bleibt die Ordnung mit ihren klaren Unterschieden zwischen Gott und Geschöpf wie auch innerhalb Gottes und innerhalb der Schöpfung erhalten. Nach der anderen Richtung betrachtet wird jeglicher Unterschied aufgehoben: es ist alles in Gott eins. Wichtig ist nur, dass nicht eine der beiden Betrachtungsweisen absolut gesetzt wird.[23] Entsprechend gestaltet Seuse im ›Büchlein der ewigen Weisheit‹ die Eschatologie: Der wesentliche Lohn, der jedem Seligen zufällt, die »morgengabe«, d. h. die Mitgift der Braut oder auch die »krone« genannt, bestimmt er zum einen als »schöwen«, in dem das Gegenüber von geschautem Gott und schauendem Menschen erhalten bleibt, aber auch als »ingang in die wilden wůsti und in daz tief abgrúnde der wiselosen gotheit«.[24]

---

[22]   »Daz ewig niht, daz hie und in allen gerehten vernúnften ist gemeinet, daz es niht si nút von sime nútsinde, mer von siner übertreffender ihtekeit, daz niht ist in im selber aller minste underscheides habende, und von im, als es berhaft ist, kumet aller ordentlicher underscheit aller dingen. Der mensch wirt niemer so gar vernihtet in diesem nihte, inen sinnen blibe dennoch underscheit ir eigennes ursprunges und der vernunft dez selben ir eigen kiesen, wie daz alles in sinem ersten grunde unangesehen blibet.«, »der personen eins ieklichen in dem grunde, da sú inne sint ununderscheiden, aber nút gegen dem sú sich widerheblich haltent.«, BdW, cap. VII, 48–59. 74–76, vgl. 48–95 im Ganzen.

[23]   Seuse unterscheidet darum zwischen »widerkaphen« und »wideriniehen«. Jenes von Blumrich zutreffend übersetzt mit »Bezug zu seinem ersten Ursprung im Sinn einer Unterwerfung« – also Einordnung in die Seinshierarchie, dieses mit »sich selbst verlassende Rückorientierung« – also Rückkehr und Aufgehen in Gott: BdW, cap. IV, 43–50. Zu den Begriffen und ihrer Übers. s. Sturlese, Einleitung, Kap. 5, XXXV–XXXIX, insbes. XXXIX, Anm. 54. Allerdings ist die Gegenüberstellung »Der Mensch als Naturding und als moralische Instanz« nicht treffend. Es handelt sich beide Male um zwei Aspekte des Menschen als vernunftbegabtes und somit auf Gott bezogenes Wesen.

[24]   Büchlein der ewigen Weisheit [BdeW], cap.XII, in: Heinrich Seuse, Deutsche Schriften, hg. v. Karl Bihlmeyer, Stuttgart 1907, 244,14–245,15. Hinzu kommt der »zůvallende lon«, das »krenzli«, das besonderen Verdiensten zugerechnet wird. Hier kommt es wieder zu einer klaren Unterscheidung innerhalb einer Hierarchie der Seligen. Zu diesen Begriffen vgl. Thomas von Aquin, S.Th. (Supplementum), III, q.95,5; 96,1: die *dos* als *visio, dilectio, fruitio* ist

Seuses Distanzierung von der schwärmerischen Mystik hat auch eine Verlagerung des Schwerpunktes der Frömmigkeit zur Folge. Der »Diener« im
›Büchlein der ewigen Weisheit‹ › mit dem sich Seuse exemplarisch identifiziert,
begehrt: »Herr, ich hörte gern von der Vereinigung der bloßen Vernunft mit der
heiligen Dreifaltigkeit, wie sie in dem wahren Widerglanze der Eingeburt ihres
eigenen Geistes sich selber benommen und von allem Mittelbaren entblößt wird«,
und bekommt von der Weisheit zu hören, dass er erst ganz unten anfangen muss,
bevor er diesen Gipfel erreichen darf. Zu den Übungen der Frömmigkeit, denen
sich der Christ zuerst zuwenden soll, gehört die Vorbereitung auf den Tod als die
ars moriendi, der Empfang der Kommunion und, alles umfassend, die Nachfolge
des leidenden Herrn Jesus Christus.[25]

5. Martin Luther

In seinem Brief an Spalatin vom 12. Februar 1519 und in seinem ›Sermon von
der Betrachtung des Leidens Christi‹ aus demselben Jahr[26] stellt sich Luther in die
Tradition der Passionsfrömmigkeit, die von Bernhard angestoßen und von Seuse
fortgesetzt worden ist. Man solle anheben, erklärt er, mit der Betrachtung der
Menschheit Christi, dann aber durchdringen zu Gott dem Vater. Bemerkenswert
ist, dass der Akzent nicht darauf liegt, dass Gott Vater unsichtbar ist, sondern
dass sein Wille voll süßer Güte ist zu uns. Dies vermag der Mensch einzig an
Christus selbst zu erkennen, weil er dem Willen des Vaters gehorchend Mensch
geworden ist und gelitten hat. Allein der Sohn ist der Weg: »Ista via neglecta non
restat aliud nisi praecipitium in eternum Barathrum.«[27] Das Koordinatensystem
dieses Weges ist die Dreieinigkeit Gottes: der Mensch bewegt sich zwischen dem
Sohn und dem Vater hin und her: durch den Sohn dringt er zum Vater durch; er
bleibt aber immer daran erinnert, dass er allein durch ihn zum Vater kommen
kann, wendet sich also zugleich zum Sohn zurück.

Zu dieser Art einer Versenkung in Gott, die wesentlich trinitarisch ist, hat
Luther bereits in seiner Weihnachtspredigt von 1514 eingewiesen, wo er das
ewige Wort mit dem Herzen vergleicht und sagt: »dass dieses Wort auf keine

---

das *praemium essentiale*, auch »aurea« oder »corona« genannt. Die *aureola* (»krenzli«) verhält
sich dazu als Akzidens.

[25] Zitat übers. nach der Übers. v. Oda Schneider, Heinrich Seuse, Das Büchlein der Ewigen
Weisheit, Stein am Rhein, 2. Aufl., 1987, 134 / Bihlmeyer (s. Anm. 23), cap. XXI, 279,4–16:
»Herr, ich horti gern von der vereinunge der blozen vernunft mit der heiligen drivaltikeit, da
si in dem waren widerglanze der ingeburt des wortes und widergeburt ir selbs geistes ir
selber wirt benomen und von allem mittel geblozet.« Vgl. den Epilog, 324,6–8.

[26] WA.Br 1, 327–331; WA 2, 136–142.

[27] WA.Br 1, 328,38–329,65, Zitat: 329,58 f.

andere Weise nach draußen gesandt wird, als, indem es sich mit dem Fleisch oder der Menschheit vereint, die wie ein sichtbares Wort oder ein Werk Gottes ist, durch welches Gott zeigt, was Christus meint und denkt [...] Wir hoffen aber, in der Zukunft Einblick zu gewinnen in dieses Wort, wenn Gott sein Herz öffnet, ja, wenn er es nicht nur ergießt, sondern uns in dieses Wort hineinführt, auf dass wir die Güter des Herrn sehen im Lande der Lebendigen [Ps 27,13], wenn wir die reine Wahrheit und Weisheit sehen werden – bis dahin nämlich zeigt er seine Hände und Füße, auch seine Augen und Ohren – und die Seite. Das wird kein enges Wort sein, wie das unseres Herzens, sondern unendlich und ewig. Es gewährt allen ein Schauspiel voll höchster Freude.«[28] Dieselben Gedanken finden sich wieder im Abschluß der Auslegung des Credo im Großen Katechismus von 1529.[29]

Es ist deutlich, dass Luther keineswegs eine Vergeistigung in der Auffassung Christi – und damit zugleich des ihn auffassenden Menschen – ausschließt. Die Gegenüberstellung der Körperteile Christi hier, des unsichtbaren Wesens der Wahrheit und Weisheit dort zeigt dies an. Doch ist sie nicht das, worauf der Akzent liegen darf. Luthers Verdikt gegen Dionysius Areopagita beruht darauf, dass er feststellt, dass bei ihm Christus nicht mehr vorkommt, und wenn man ihn kannte, vergisst man ihn wieder.[30] Luthers scharfer Protest gegen diese Gestalt von Mystik hatte ihren Grund darin, dass ihm im stärksten Maße bewusst war, dass der Mensch völlig auf Jesus Christus angewiesen ist, auf das fleischgewordene Wort, den am Kreuz Sterbenden. Der Augustiner-Eremit der Reformobservanz Martin Luther teilte die Diagnose seines geistlichen Vaters Staupitz über den Zustand der Christenheit seiner Zeit und »die spirituelle Desillusionierung des ausgehenden Mittelalters«,[31] die daraus erwuchs; ein Urteil über diese fromme Zeit, das mit dem von Humanisten konvergierte, die hochelaborierte christliche Kultur, in Europa seit Jahrhunderten gewachsen, sei Barbarei.[32]

---

[28]   »[...] quod hoc verbum non aliter mittitur foras nisi unitum carni seu humanitati, quae est velut verbum visibile vel opus Dei, in quo ostendit Deus, quid Christus sentiat et cogitet [...] Speramus autem in futuro inspicere in istud verbum, cum Deus cor suum aperuit, imo cum non effuderit verbum, sed nos introducet in cor suum, ut videamus bona Domini in terra viventium, cum puram veritatem et sapientiam videbimus: interim enim manus et pedes, oculos quoque et aures ostendit et latus. Sed tunc cor quoque introspiciemus cum omnibus beatis. Non erit autem angustum hoc verbum, sicut nostri cordis, sed infinitum et aeternum, laetissimum praebens omnibus spectaculum et gaudium.« WA 1, 24,9–20.

[29]   BSLK 660,18–661,18.

[30]   McGinn (s. Anm. 3), Bd. 1, 267–269, bestätigt – weitgehend – dieses Urteil Luthers, weist aber auch noch auf die Stellen bei Dionysius hin, in denen Christus zum Vorschein kommt.

[31]   Berndt Hamm, Von der Gottesliebe des Mittelalters zum Glauben Luthers, in: LuJ 65, 1998, 36.

[32]   Dazu Sven Grosse, Renaissance-Humanismus und Reformation, in: KuD 48 (202), 295, vgl. 287–289.

Luther zog daraus die Konsequenz: der Mensch muss sich den radikalen Unterschied eingestehen zwischen sich, dessen Herz eng ist, unfähig, Gott wirklich zu lieben, und dem ihn absolut liebenden Christus, dem fleischgewordenen Wort Gottes. Darum der Wechsel von der Liebe als Zentralbegriff der christlichen Existenz hin zum Glauben.[33] Es würde den Menschen in den Abgrund stürzen, wenn er versuchen und wähnen würde, seine eigene Liebe könnte in irgendeiner Weise dazu mithelfen, dass er von Gott angenommen und in die Gemeinschaft mit Gott aufgenommen würde. Darum ist der Glaube der angemessene Platzhalter für Jesus Christus in der christlichen Existenz. Die trinitarische Mystik Luthers, seine Konzentration auf die Personen statt auf die Einfachheit des Wesens Gottes, auf die Fleischlichkeit statt die Geistigkeit Christi, hängt stringent zusammen mit seiner Rechtfertigungslehre.

6. Wendepunkte der Mystik

Überblickt man nun diese drei Fallbeispiele, Bernhard, Seuse und Luther, dann sieht man, dass Mystik nie etwas unproblematisches in Bereich des Christentums gewesen ist. Es gibt ein Drängen, eine Sogkraft hin zur Aufhebung jeglichen Unterschiedes zwischen Gott und Mensch, ja, jeder Unterschiedenheit und zur Auflösung des Geschöpflichen und Sinnlichen. Gegen diese Tendenz kamen immer wieder Gegenbewegungen auf. So kam es bei Bernhard zu der Legitimierung der Verehrung des menschgewordenen und leidenden Christus. Gegen Eckharts Mystik wandte sich die Partei derer, die sich erfolgreich um ihre Verurteilung bemühte. Seuse begriff die gefährliche Nähe, die Eckhart zu den Brüdern des Freien Geistes hatte.[34] Dagegen, dass Dionysius Areopagita Christus weitgehend überging, wandte sich Luther. Diese Gegentendenz führte aber, wie wir gesehen haben, in keinem der Fälle zu einer absoluten Ablehnung von Mystik. Es handelte sich vielmehr darum, dass die Voraussetzungen betont wurden, durch die es überhaupt wirklich zu einer mystischen Einigung, Vergöttlichung und Vergeistigung kommen kann. Diese miteinander zusammenhängenden Voraussetzungen wurden klar aufgewiesen: bei Bernhard die Fleischwerdung des Wortes, bei Seuse die trinitarische Selbstunterscheidung Gottes; Luther fügt hinzu die Rechtfertigung des Sünders, die allein durch den Glauben erfolgt. Jedesmal vollzieht sich ein Wendepunkt der Mystik. An solche Wendepunkte zu geraten gehört aber gerade zum Wesen der Mystik im Bereich des Christlichen, und genau damit ist verbunden, dass Mystik gerade im

---

[33] Hamm (s. Anm. 31), 38–44.

[34] Sturlese (s. Anm. 19), Einleitung, LIV–LXI; Hans Wolter, Die Krise des Papsttums und der Kirche im Ausgang des 13. Jahrhunderts (1274–1303), in: Handbuch der Kirchengeschichte, hg. v. Hubert Jedin, Bd. III/2, Freiburg u. a., 1968, 311–313.

Christentum zur Verwirklichung gelangt – und umgekehrt, das Christ-Sein gerade in ihr seine Vollendung.

Balthasars These kann also zugestimmt werden – und zugleich kann erkannt werden, warum es zu der bekannten protestantischen Reserve gegen Mystik kommt. Es wird damit auch sichtbar, welche Stellung die Reformation – jedenfalls der lutherschen Prägung – innerhalb der Geschichte der Kirche einnimmt. Sowohl mit seiner Rechtfertigungslehre wie mit seiner Mystik vollzieht Luther keinen »Systembruch«. Wohl ist das, was er sagt, nicht nur der rhetorischen Pointierung nach etwas anderes als was zumindest die vier Jahrhunderte vor ihm von der christlichen Existenz zu sagen wussten. Was Luther auszeichnet, ist die Konsequenz, mit der er herausstellt, dass der Mensch der Vergebung, der Rechtfertigung, der Gnade nicht würdig ist. Was bleibt – und darin besteht die Kontinuität –, ist aber durchaus die Verknüpfung einer Haltung, die der Mensch einnimmt, mit einem Handeln Gottes – wenngleich sie auch nicht als »Verdienst« gewertet wird: wer glaubt, kann – aufgrund der Verheißung Gottes – mit Gewissheit die Gnade erwarten. Die Folge der Gnade ist aber allemal die Liebe und schließlich, dass der Mensch in das unsichtbare Herz Gottes hineingeführt wird.[35] Luther geht an den äußersten Rand des »Systems« des Ganzen christlicher Existenz, oder besser: er geht auf die Grundlagen zurück, die das Ganze tragen: auf das Kreuz Christi und den Glauben an ihn. Das hebt dieses Ganze keineswegs auf. Vielmehr gewinnt man von dem Nullpunkt menschlicher Existenz, dem Bewusstsein völliger Gnadenbedürftigkeit, einen neuen, umfassenden Blick auf das Ganze. Diese Perspektive kann nur so fruchtbar werden, wenn und indem sie eingebracht, integriert wird in das dialektische und zugleich organische Ganze der Geschichte der Kirche.[36] Eine von Luther inspirierte, »reformatorische«, »evangelische« Position wird in dem Ganzen der Kirche immer eine Aufgabe wahrzunehmen haben, die unverzichtbar ist: zu erinnern, dass es einem *Bettler* geschenkt wird, Gott gleich zu werden.[37]

---

[35]   Daraus erklärt sich auch die in der lutherischen Orthodoxie vollzogene Mystisierung, s. Johann Anselm Steiger, Fünf Zentralthemen der Theologie Luthers und seiner Erben. Communicatio – Imago – Figura – Exempla, Leiden u. a. 2002 (Studies in the History of Christian Thought 104), xv, im Ganzen der Einleitung xi–xx, und 52–58.

[36]   Ansonsten kommt es in der Tat zu einer Verselbständigung, zu einer destruktiven Wirkung einer ursprünglich konstruktiven Kritik, zu einem Abgleiten in Extreme, s. dazu John Henry Newman, Die Entwicklung der Glaubenslehre. Durchges. Neuausgabe d. übers. v. Theodor Haecker. Besorgt, komm. u. mit ergänzenden Dokumenten vers. v. Johannes Artz, Mainz 1969, 381 (Kap. 12.8).

[37]   Vgl. Heiko Augustinus Oberman, Simul gemitus et raptus. Luther und die Mystik, in: Die Reformation. Von Wittenberg nach Genf, Göttingen 1986, 45–89.

Die Nützlichkeit als Kriterium der Theologie bei Philipp Melanchthon

Der Antrieb des jungen Philipp Melanchthon, selber wissenschaftlich hervor-zutreten, erwuchs aus seinem Überdruß an dem Wissenschaftsbetrieb, den er kennenlernte. Im Jahre 1519 brachte er, als 22-Jähriger, seine erste größere wissenschaftliche Arbeit heraus, eine Rhetorik, betitelt ›Philippi Melanchthonis de Rhetorica libri Tres‹.[1] Dort ließ er sich in dem einleitenden Widmungsbrief nicht nur über die Rhetorik, sondern auch über die Wissenschaften im allge-meinen aus. Insbesondere sagt er einiges zu der Wissenschaft der Dialektik, die ihm zufolge die Grundlagenwissenschaft ist. Unter Dialektik versteht Melan-chthon die genaue und wissenschaftliche Untersuchung eines gegebenen The-mas.[2] Von dieser Wissenschaft, sagt er, hängen alle weiteren Wissenschaften ab. Sie stehen in Blüte, wenn die Dialektik selber in gesundem Zustand ist.[3] Doch um die Wurzel dieses Baumes der Wissenschaften ist es selber recht traurig be-stellt: »Schau, wie dürftig, wie mangelhaft, wie unnütz ist doch die Dialektik!«[4]

---

[1] Entstanden ist sie noch während Melanchthons Tübinger Tätigkeit. 1518 siedelte er dann nach Wittenberg um; vgl. Maurer, Wilhelm, Der junge Melanchthon zwischen Humanismus und Reformation, Bd. 1, Göttingen 1967, 187. Ich benutzte die Ausgabe Vvittenburgij in of-ficina Ioan: Grunenbergij. M.D.XIX. Nürnberg, Stadtbibliothek, Strob. 214 8°. Zu diesem Werk s. zuletzt Berwald, Olaf, Philipp Melanchthons Sicht der Rhetorik, Wiesbaden 1994 (Gratia 25); McNally, James Richard, Melanchthon's Earliest Rhetoric, in: Rhetoric: A Tradition in Transition. In Honor of Donald C. Bryant with a reprinting of his ›Rhetoric: Its Functions and Scope‹ and ›Rhetoric: Its Functions and Scope. Redivivia‹, ed. by Walter R. Fisher, East Mansing, Michigan 1974, 33–48; Knape, Joachim Philipp, Melanchthons ›Rhetorik‹, Tübin-gen 1993 (Rhetorik-Forschungen 6).

[2] Rhetorik 1519, A iir: »Est enim dialectica cuiusque thematis proposti exacta et artificiosa peruestigatio.«

[3] Ebd.: »Ac nisi me fallit opinio mea, ex dialectica pendent omnia, quae vt sunt initia studiorum, reliqua ex suo modo temperant, vigebant litterae quondam, cum & illa esset salva [...]«.

[4] Ebd.: »[...] vide quam sit exigua, quam sit manca, quam sit inutilis dialectica [...]«.

Als Melanchthon begann, sich intensiver mit der Wissenschaft der Theologie zu befassen, kam er zu einem ähnlichen Urteil. Seine erste größere theologische Veröffentlichung sind die berühmten »Loci communes rerum theologicarum seu hypotyposes theologicae, erschienen im Dezember 1521. Dort stellt er zu Beginn fest, die scholastischen Theologen hätten nichts anderes erreicht als Schwätzereien mit nichtssagenden Worten, mit welchen die Wohltaten Christi verdunkelt worden seien.[5]

Betrachtet man diese Verurteilungen genauer, dann sieht man, daß Melanchthon sich in beiden Fällen eines bestimmten Begriffs von Wissenschaft bedient, an welchem er die Leistungen und den gegenwärtigen Zustand einer Wissenschaft mißt. Zu diesem Begriff von Wissenschaft gehört offenbar, daß sie nützlich zu sein habe. Die Dialektik ist unnütz, *inutilis*, geworden. Und die bisherige Theologie hat die Wohltaten Christi verdunkelt, also das, was uns doch von Nutzen sein sollte. Aus der Theologie geht nicht mehr hervor, welchen Nutzen sie haben könnte. Und eben darum ist sie nicht zu Erkenntnissen gelangt, sondern hat nur mehr leeres Geschwätz hervorgebracht. Zweierlei gehört also offensichtlich für Melanchthon zusammen. Die Worte, mit denen eine Wissenschaft sich äußert, sollen für Dinge stehen, die tatsächlich existieren. Die *verba* müssen durch *res* gedeckt werden. Die Wissenschaft muß also zu gesicherten, gewissen Erkenntnissen gelangen. Das ist das eine. Das andere ist der Nutzen der Wissenschaft. Wissenschaft hat nützlich zu sein.

Das sind die zwei wesentlichen Merkmale von Melanchthons Wissenschaftsbegriff: Sachbezug, man könnte auch Gewißheit sagen, und Nützlichkeit. Wir konnten sehen, daß er schon in seinen ersten wissenschaftlichen Schriften diesen Begriff zugrundelegt. In späteren Jahren hat er ihn ausformuliert. Dabei zitiert er gerne eine Definition des griechischen Begriffs *techne* aus den »Definitiones Medicinae« des antiken Arztes Galen und paraphrasiert sie so: »Eine Wissenschaft ist eine Ordnung gesicherter Aussagen, welche durch Übung erkannt werden, die einen nützlichen Zweck fürs Leben hat.«[6]

---

[5]   »[...] tot seculis scholastici theologistae [...] nugantur [...] inanibus vocabulis, beneficia Christi obscurassent«, Loci communes 1521, Lat.-dt., übers. u. mit kommentierenden Anmerkungen versehen v. Horst-Georg Pöhlmann, hg. v. Luth. Kirchenamt der VELKD, 2., durchg. u. korrigierte Aufl., Gütersloh 1997, 20 [9 f.].

[6]   »τέχνη ἐστὶ σύστημα ἐγκαταλήψεων ἐγγεγυμνασμένων, πρός τι τέλος εὔχρηστον, τῶν ἐν βίῳ, id est: ars est ordo certarum propositionum, exercitatione cognitarum, ad finem utilem in vita«, Erotemata dialectices (1547), CR 13,537, desgleichen schon in der »Praefatio in officia Ciceronis« von 1534, MSA III,83,16 f. Bei Galen, Definitiones medicine, § 8 (XIX, 350). Ähnlich die Formulierung Erotemata, CR 13,537 : »[...] artem doctrinam certam esse de talibus rebus, quarum aliqua sit in vita utilitas.« Siehe dazu Wiedenhofer, Siegfried, Formalstrukturen humanistischer und reformatorischer Theologie bei Philipp Melanchthon, Frankfurt a. M. 1976 (Regensburger Studien 2), Bd. 1, 358–368.

Ich möchte in diesem Vortrag darlegen, in welcher Weise Philipp Melanchthon in seinen »Loci« von 1521 diesen Wissenschaftsbegriff auf die Theologie angewandt hat und zu welcher Gestaltung der Theologie er dabei gekommen ist.

Betrachten wir dazu erst einmal noch genauer die Bestandsaufnahme der bisher getriebenen Theologie, die Melanchthon in dem Einleitungsteil seiner »Loci« anstellt.

Er stellt eine Liste der *capita* – er sagt auch *loci* – der theologischen Gegenstände vor, mit denen die theologische Wissenschaft sich bisher beschäftigt hat.[7] Unter diesen Gegenständen unterscheidet er zwischen solchen, die man zu kennen hat und erkennen kann, und solchen, die man nicht erkennen kann und soll. Diese nennt er die Geheimnisse der Gottheit; man sollte sie lieber anbeten als erforschen.[8] Es handelt sich dabei um Gott selbst, seine Einheit, seine Dreieinigkeit, um die Schöpfung und um den Modus der Inkarnation.

Von der anderen Hemisphäre der *res theologicae* hingegen sagt er, Christus wolle, daß alle Christen ein genaues Wissen von ihnen haben sollten.[9] Es handelt sich dabei um die *loci* von der Macht der Sünde, vom Gesetz und von der Gnade. Durch die Erforschung dieser *loci* erst wird Christus erkannt. Die Aufgabe der Theologie besteht also darin, Christus zu erkennen. Nun ist die Begründung höchst aufschlußreich, die Melanchthon dafür gibt, daß gerade durch die Erforschung dieser drei *loci* Christus erkannt wird. Er fährt nämlich fort: »Wenn du nicht weißt, zu welchem Nutzen [*in quem usum*] Christus Fleisch angenommen hat und ans Kreuz geschlagen wurde, was nützt es, seine Geschichte zu kennen?«[10] Melanchthon vergleicht dies mit der Kenntnis, die ein Arzt von dem Aussehen der Heilkräuter hat. Diese Kenntnis genügt ihm nicht, denn er muß noch ihre Heilkraft kennen.

Die Medizin stellt für Melanchthon ein Analogon zur Theologie dar. So vergleicht er in der Durchführung seiner »Loci« die Dreiheit von Sünde, Gesetz und Evangelium auch mit der Dreiheit von Krankheit, Diagnose und Therapie.[11] Entsprechend dieser Analogie ist für den Erkenntnisgehalt einer Wissenschaft die Erkenntnis des Nutzens ausschlaggebend, den der Erkenntnisgegenstand für

---

[7]   Zum folgenden s. Loci 1521 (s. Anm. 7) 18–24. Die Liste 18 [4]. Sie geht laut Maurer, Wilhelm, Zur Komposition der Loci Melanchthons von 1521. Ein Beitrag zur Frage Melanchthon und Luther, in: LuJ 25 (1958) 146–151, auf das Sentenzenwerk des Petrus Lombardus zurück, des bis dahin gebräuchlichen Unterrichtsbuches für Theologie.

[8]   Loci 1521 (s. Anm. 7) 18, 6: »Mysteria divinitatis rectius adoraverimus quam vestigaverimus.«

[9]   Ebd. 18, 5: »[...] sunt quidam [rerum theologicarum capita, bzw. Loci], quos universe vulgo christianorum compertissimos esse Christus voluit.«

[10]   Ebd. 22, 12–14: »Ni scias, in quem usum carnem induerit et cruci affixus sit Christus, quid proderit eius historiam novisse?«

[11]   Ebd. 158–160, 4.

den Menschen hat. Erst dann erweist sich die Wissenschaft als selber nützlich und überhaupt als Wissenschaft. Erkenntnis und Nutzen bilden also einen Zusammenhang. Doch faßt Melanchthon bei der Theologie diesen Zusammenhang noch strenger als bei der Medizin. Denn für den Mediziner ist es durchaus eine Erkenntnis, etwas von dem Aussehen der Heilkräuter zu wissen. Es ist nur keine genügende, keine für die Aufgabe seiner Wissenschaft hinreichende Erkenntnis. In der Theologie ist es hingegen so, daß es eine ganze Hemisphäre von theologischen Gegenständen gibt, die im Grunde gar nicht erforscht werden können. Und sie können deswegen nicht erforscht werden, weil sie – zumindest so, wie sie aufgefaßt sind – nichts von einem Zweck enthalten, der für den Menschen nützlich ist. Hingegen sind diejenigen *loci theologici* der Erkenntnis zugänglich, die einen solchen Zweck umfassen. Das heißt aber: in der Theologie ist Erkenntnis überhaupt nur möglich, wenn der Nutzen des möglichen Erkenntnisgegenstandes aufgewiesen wird. Die Erkenntnis ist völlig in den Nutzen eingeschlossen. Erkenntnis ist in der Theologie Erkenntnis der Zweckursache, ist Erkenntnis des Nutzens von etwas. Dies bringt Melanchthon in seinen klassisch gewordenen Worten zum Ausdruck: »Christus erkennen heißt: seine Wohltaten erkennen.«[12]

Mit seiner Attacke auf die traditionelle scholastische Theologie bringt Melanchthon zum einen seine reformatorische Position auf der Seite Luthers scharf zum Ausdruck. Denn es ist der Artikel von der Rechtfertigung, in dem es um den zentralen Nutzen der christlichen Theologie geht. Deswegen muß jede Theologie auf diesem Artikel aufbauen. Das hat erstens die scholastische Theologie aber nicht gemacht; zweitens hat sie genau in diesem Artikel Falsches gelehrt. Zugleich zeigt sich Melanchthon hier als der Humanist: er teilt seinen Wissenschaftsbegriff, der Gewißheit und Nützlichkeit verbindet und diese betont, mit den Humanisten seiner Zeit. Die Humanisten liebten es, die Nutzlosigkeit scholastischer Erörterungen über hohe und entfernte Dinge zu verspotten.[13] Schließlich tritt Melanchthon aber auch in die Fußstapfen der Reformversuche der Frömmigkeitstheologie, die es schon seit über 100 Jahren an den Universitäten gegeben hatte. Reformer wie der damalige Kanzler der Pariser Universität,

---

[12]   Ebd. 22, 13: »[...] hoc est Christum cognoscere beneficia eius cognoscere.« Wie aus diesen Zusammenhängen deutlich wird, ist *usus* hier jeweils mit »Nutzen« zu übersetzen, womit das bezeichnet wird, wozu eine Sache da ist, seine Zweckursache. »Nützlichkeit« ist dann die Fähigkeit, einen solchen Nutzen aufweisen zu können. Der Vorgang, durch den eine Sache ihren Nutzen hervorbringt, ist ihre Anwendung bzw. ihr Gebrauch. Im Deutsch des 16. Jahrhunderts konnten die Begriffe »nutz« und »brauch« auch ineinander verschwimmen, z. B. bei Luther: »Das erkenntniß oder der brauch und nutz Christi ist nichts anders dan der glaube [...]«. WA 9, 666,24, vgl. WA 2, 136,11; 2, 742,13. Vgl. damit Melanchthons Gebrauch von *usus Christi*, hier bei Anm. 35.

[13]   Wiedenhofer (s. Anm. 6) 359; 361, u. ö.

Johannes Gerson, suchten Frömmigkeit und Gelehrsamkeit miteinander zu verbinden und aufeinander abzustimmen. So geißelte Gerson die eitle Neugierde, die *vana curiositas*, der Studenten und empfahl eine Theologie, die Aufbau, Frucht und Nutzen hervorbringt.[14]

Die pointierten polemischen Ausführungen des jungen, in die Theologie vorstoßenden Melanchthon haben in der späteren Beurteilung einige Fragen und Kontroversen aufgeworfen. Sollte sich der Theologe so sehr auf den Nutzen der Theologie konzentrieren, so sehr auf das, was der Mensch davon hat, was den Menschen allein angeht, daß gar nicht mehr von der Sache, der *res* der Theologie, gesprochen werden dürfe? Abgesehen davon, wie man einen so verstandenen jungen Melanchthon bewerten möchte, scheint er auch im Widerspruch zu sich selbst zu stehen, nämlich zu dem, was er sagte, als er in die Jahre gekommen war. In der Tat bringen die späteren Ausgaben der »Loci« von der sogenannten *secunda aetas* seit 1535, genau diejenigen *loci* über Gott, über die Schöpfung, denen er sich doch als 24-Jähriger nur in anbetender Verehrung, nicht im Forschen nach Erkenntnis zuwenden wollte.[15] Ich will versuchen zu zeigen, daß die Konzentration auf den Nutzen der Theologie keineswegs ausschließt, daß sie sich zugleich mit Gegenständen, mit *res* befaßt. Dies läßt sich bereits in den »Loci« von 1521 nachweisen; an den späteren Loci kann man dann sehen, daß sie sich, was diese Frage angeht, auf einer Linie mit Melanchthons Anfängen befinden. Genauso wie Theologie auf den Nutzen, auf das Beteiligtsein des Menschen sich bezieht, ist sie auch auf die Sache bezogen, von der sie spricht.

---

[14]   Zu Melanchthons ›Attacke auf die spekulative Theologie‹ s. Meijering, Eginhard Peter: Melanchthon and Patristic Thought. The Doctrine of Christ and Grace, the Trinity and the Creation, Leiden 1983 (Studies in the History of Christian Thought 32), 4–18. Er verweist, 11, Anm. 47, auf Oberman, Heiko Augustinus, Contra vanam curiositatem. Ein Kapitel der Theologie zwischen Seelenwinkel und Weltall, Zürich 1974 (Theologische Studien 113). Johannes Gerson verfaßte eine Schrift ›Contra curiositatem studentium‹, wo er fordert: »[...] materia illa proprie dicenda est theologia quae fidem aedificat, spem erigit, caritatem inflammat [...]«. Œuvres complètes, ed. Palémon Glorieux, Bd. III, 240B; dazu Burger, Christoph, Aedificatio, Fructus, Utilitas. Johannes Gerson als Professor der Theologie und Kanzler der Universität Paris, Tübingen 1980 (Beiträge zur historischen Theologie 70). Zur Tradition der »Frömmigkeitstheologie« s. Hamm, Berndt, Frömmigkeit als Gegenstand theologiegeschichtlicher Forschung. Methodisch-historische Überlegungen am Beispiel von Spätmittelalter und Reformation, in: ZThK 74 (1977) 464–497.

[15]   Die Positionen der Beurteilung Melanchthons referiert von Schneider, John R., Philip Melanchthon's Rhetorical Construal of Biblical Authority. ›Oratio Sacra‹, Lewiston/Queenston/Lampeter 1990 (Texts and Studies in Religion 51), 210–218. Dieselbe Fragestellung, verbunden mit der nach Melanchthons Haltung zu den Kirchenvätern, in der Studie von Meijering (s. Anm. 14) 1–3.

Die Notwendigkeit eines solchen Sachbezugs geht schon aus Melanchthons Begriff von Wissenschaft hervor, den er auch *mutatis mutandis* auf die Theologie anwandte. Diese Notwendigkeit zeigt sich dann in ihrer konkreten Gestalt in seiner Durchführung der Theologie selbst.

Wenden wir uns erst einmal den wissenschaftstheoretischen Voraussetzungen zu. Melanchthon hat sie in seiner Rhetorik von 1519 formuliert, von der ich bereits gesprochen habe. Es ist dies kein Zufall, daß er das in einer Rhetorik tut. Er führt nämlich das Elend der Grundlagenwissenschaft der Dialektik darauf zurück, daß die Rhetorik aus der Verbindung mit ihr ausgeschlossen worden ist.[16] Umgekehrt hat darunter auch die Rhetorik gelitten; sie dient nur noch dazu, Anweisungen zum Briefeschreiben zu geben oder zu falschen Lobreden auf fürstliche Herrschaften.[17] Melanchthon geht nun auf die Weise an einen Neuentwurf der Wissenschaften heran, daß er bei der Rhetorik anfängt.[18] Dieser Ansatz ist für alle anderen Wissenschaften von Tragweite, und wir können sehen, wie er das, was er in der Rhetorik einführt, auch auf die Theologie überträgt.[19] Dabei sind vor allem drei Punkte von Interesse.

Erstens, Melanchthon fügt den drei traditionellen *genera* der Rhetorik ein viertes hinzu, welches eine Schlüsselstellung einnimmt. Gewöhnlich unterscheidet man das *genus demonstrativum* mit der Lob-oder Tadelrede, das *genus iudiciale* mit der Gerichtsrede und das *genus deliberativum* mit solchen Reden, die den Hörer zu einem Entschluß führen und zu einer Handlung ermahnen sollen. Melanchthon stellt ihnen allen nun ein *genus didacticum* voran, eine Gattung der Lehrrede.[20] In dieser Gattung wird nun nichts anderes als Dialektik getrieben, also eine genaue und wissenschaftliche Untersuchung eines gegebenen Themas. Angefangen wer-

---

[16] Rhetorik 1519, A iir: »Iam explosa e scholis rhetorica, vide quam sit exigua, quam sit manca, quam sit inutilis dialectica [...]«.

[17] Ebd.: »Modum epistolarum scribendarum, aut falsas principum laudes.«

[18] Vgl. mit den folgenden Ausführungen die Gesamtanlage des Buches von Schneider (s. Anm. 15); zu der Rhetorik von 1519 dort, 65–86.

[19] Melanchthon hatte von den Sprachwissenschaften herkommend einen anderen Zugang zur reformatorischen Erneuerung der Theologie als Luther. Das bedeutet aber keineswegs einen wesentlichen Gegensatz in der theologischen Sache, noch will damit gesagt sein, daß Luther im Gegensatz zu ihm anti-rhetorisch wäre. Daß dies nicht so ist, daß vielmehr *in rhetoricis* Luther von Melanchthon gelernt hat, s. Stoll, Birgit, Studien zu Luthers Freiheitstraktat mit besonderer Rücksicht auf das Verhältnis der lateinischen und der deutschen Fassung zueinander und die Stilmittel der Rhetorik, Uppsala/Stockholm 1969 (Acta Universitatis Stockholmensis / Stockholmer Germanistische Studien 6), 123–139, insbes. 129–131.

[20] Rhetorik 1519, A iiir. Genau gesprochen tut er dies so, daß er das *genus didacticum* als neue Untergattung des *genus demonstrativum* der Lob- und Tadelrede als zweiter Untergattung desselben voranstellt. Dann folgen die beiden anderen traditionellen Hauptgattungen.

den muß damit, daß erst einmal überprüft wird, ob der Gegenstand existiere, der in dem Thema der Rede besprochen werden soll, und um was für einen Gegenstand es sich handle.[21] Melanchthon macht also die Dialektik zu einem Teil der Rhetorik, und zwar zu ihrem Fundament. Dadurch wird deutlich gemacht, daß jede Rede, gleich welcher Gattung sie angehört, dem Anspruch genügen muß, der Sache zu entsprechen, von der sie spricht.[22] Eine dialektisch geübte Rhetorik wird nicht mehr zu einem falschen Fürstenlob mißbraucht werden können.

Zweitens empfiehlt Melanchthon dem Rhetorikschüler, sich in den *loci communes* zu üben. Zum einen stellen diese *loci communes* Orte innerhalb eines Verzeichnisses dar, welches geschrieben sein mag oder sich bloß im Gedächtnis befindet. An diese Orte können passende Sätze, Sprichwörter und Aussprüche zu dem gegebenen Thema eingetragen werden. Zum anderen sind die *loci communes* auf *causae communes* bezogen, auf existierende Gegenstände, Gegebenheiten oder Umstände wie Leben, Reichtum, Glück, Tugenden bzw. deren Gegenteil, Tod, Armut, Unglück, Laster usw.[23] Melanchthon nennt die *loci communes* darum auch *formae rerum* und bekräftigt, daß sie nicht nach Belieben erfunden werden können; man muß sie, wie er sagt, aus den innersten Sitzen der Natur ausgraben.[24] Die *loci communes* stellen also nicht nur eine Ordnung der *verba* dar, sondern zugleich auch das Wesen der Dinge.

---

[21] Siehe die Definition von Dialektik oben in Anm. 2. Die Fragen nach Existenz und Wesen des Gegenstands, sowie, aus welchen Teilen er bestehe, welche Gegenstände ihm entgegengesetzt, welche mit ihm verwandt seien, sind ausdrücklich den ›Analytica posteriora‹ des Aristoteles entnommen: Rhetorik 1519, A iiiiv.

[22] Melanchthon erklärt sogar, daß Rhetorik und Dialektik den gleichen Inhalt haben, nur hat die Rhetorik einen freieren Umgang mit demselben: »Nam vt scias, quae sit ratio studiorum de quibus dico, commune argumentum est et rhetori et dialectico, hic intra fines propositi negocii velis paulum contractioribus nauigat, ille evagatur liberius [...]«. (Rhetorik 1519, A iir). In »De corrigendis adolescentiae studiis« von 1518 meint Melanchthon sogar, daß *dialectia* und *rhetorica* synonym gebrauchte Begriffe seien: MSA III, 34,13–15. Aristoteles hat bereits in dem Einleitungssatz seiner Rhetorik, I,1, erklärt, die Rhetorik sei das ergänzende Gegenstück, der *antistrophos*, der Dialektik.

[23] Solche Auflistungen bringt Melanchthon, Rhetorik 1519, A iiv; B iiiir/v; E iiir/v (CR 20, 695).

[24] Rhetorik 1519, E iiiir (CR 20, 695): »Neque vero putes eos temere confingi, ex intimis naturae sedibus eruti, formae sunt seu regulae omnium rerum.« Mit dieser auf die res bezogenen Auffassung von den *loci communes* tritt Melanchthon übrigens in Gegensatz zu Erasmus, s. Scheible, Heinz, Melanchthon zwischen Luther und Erasmus, in: Ders.: Melanchthon und die Reformation. Forschungsbeiträge (hg. v. Gerhard May/Rolf Decot), Mainz 1996 (Veröffentlichungen des Instituts für Europäische Geschichte Mainz, Abteilung Abendländische Religionsgeschichte, Beiheft 41), 182–184. Scheible macht dort, 183, Anm. 63, auch weitere Literaturhinweise zum Begriff der *loci communes* bei Melanchthon. Vgl. auch die Definition in der zweiten Rhetorik Melanchthons, den ›Institutiones Rhetoricae‹

Drittens weist Melanchthon auf die spezifische Eigentümlichkeit der Rhetorik hin, auf dasjenige, was sie von der Dialektik unterscheidet. Die rhetorisch gestaltete Rede lehrt nicht nur, sondern bewegt auch, will sagen: sie bewegt das Gemüt, die Affekte eines Menschen. Er bringt denn auch einen Abschnitt über die Affekte in seiner Rhetorik.[25] Mit dem Thema der Affekte nennt Melanchthon einen Punkt, an dem deutlich wird, wie sehr die Dialektik auf die Rhetorik angewiesen ist, um nützlich zu sein. Eine Lehre bleibt solange unnütz, solange nicht der Mensch ins Auge gefaßt wird, dem sie nützen soll. Dieser Mensch ist aber nicht nur ein Wesen, das mit dem Verstand begabt ist, mit welchem er imstande ist, eine Lehre zu beurteilen. Er ist auch ein Wesen, das von Affekten bewegt wird, und eine an ihn gerichtete Rede wird ihr Ziel verfehlen, wenn sie nicht zugleich auch seine Affekte anspricht.

Mit dieser im Zusammenhang einer Rhetorik ausgeführten Wissenschaftstheorie ging nun Melanchthon an die Theologie heran. Er wies nach, daß die Theologie überhaupt diesem Begriff von Wissenschaft entspricht, und er wies dabei zugleich auf, auf welche konkrete, spezifische Weise Theologie Wissenschaft ist. Er machte nämlich sogleich eine für die Theologie eigentümliche Voraussetzung. In dem Widmungsbrief seiner »Loci« von 1521 erklärte er: Gott habe in der Heiligen Schrift sein vollkommenstes Ebenbild ausgedrückt. Darum könne er nirgendwo als in der Schrift gewisser erkannt werden.[26] Die Gegenstände der Theologie – hier nennt er sie *res sacrae* – werden nur durch den Heiligen Geist erkannt; darum bedarf man zu dieser Erkenntnis der Heiligen Schrift, durch die der Heilige Geist mitgeteilt wird.[27]

Das heißt aber nun: theologische Aussagen haben Gewißheit, erfüllen also eines der Kriterien von Wissenschaft. Und zwar haben sie dadurch Gewißheit,

---

von 1521, wo er (Ausgabe Nürnberg, Stadtbibliothek, Strob. 217 8°, b iiiir) sagt, die *loci communes* seien »[...] communes formulae virtutum, vitiorum et aliorum communium thematum, quae in res communes incidunt.« Eine Liste findet sich hier b iiiiv–b iiiiir. Auch in seiner dritten Rhetorik, den ›Elementa rhetorices‹ von 1531, bleibt Melanchthon auf dieser doppelten Linie, welche eine Ordnung von Sentenzen und eine Kenntnis der Sachverhalte vereint: CR 13, 138 f.; Übers. Bei Knape (s. Anm. 1) 81–84. In Bezug auf die ›Summa‹ der ›Theologica Institutio‹ von 1519 sagt Maurer, Wilhelm, Melanchthons Loci von 1521 als wissenschaftliche Programmschrift. Ein Beitrag zur Hermeneutik der Reformation, in: LuJ 27 (1960) 5: die Loci werden »nicht erfunden, sondern gefunden.«

[25]   »[...] huius ad docendum, illius ad mouendum est accomodata oratio [...]«. Fortsetzung des Zitates in Anm. 17. »De affectibus«: Rhetorik 1519, E iiii$^{r/v}$. Bei Aristoteles findet sich die Affektenlehre Rhetorik, II,1–11; vgl. Art. Affektenlehre, Historisches Wörterbuch der Rhetorik, Bd. 1 (1992) 218–253.

[26]   Loci 1521, 14, 7.

[27]   Ebd. 16, 11.

daß sie Auslegung der Heiligen Schrift sind.[28] So hat sich Melanchthon in Wittenberg zunächst einmal der Auslegung der Bibel zugewandt. In den Jahren 1520 und 1521 legte er einige Paulusbriefe aus, insbesondere den Römerbrief.[29] Die Konzentration auf den Römerbrief begründete er damit, daß der Skopos der Heiligen Schrift Christus sei und wir die Lehre der Schrift erlangen, indem wir Christus erkennen. Christus aber sei im Brief an die Römer mit einer Meisterschaft dargestellt, welche die eines Apelles übertreffe, des gefeiertsten aller Maler des Altertums.[30]

In diesen exegetischen Versuchen überprüfte nun Melanchthon, ob und wie weit er seine Wissenschaftstheorie *in rebus theologicis* gebrauchen durfte. So stellte er wiederholt das rhetorische *genus* des Römer-oder auch des Galaterbriefs fest und ordnete sie dem *genus didacticum* zu,[31] also genau jener Gattung der rhetorisch gestalteten Rede, die er selber erst in die Rhetorik eingeführt hatte. Melanchthon wollte damit nicht ausschließen, daß der Römerbrief auch als Gerichtsrede betrachtet werden könnte – handelt er doch von Anklage und Rechtfertigung.[32] Er räumte auch ein, daß im Römerbrief Mahnungen zu finden seien, die an die Entscheidungsfähigkeit des Lesers appellieren.[33] Doch mit der Qualifizierung als Lehrrede gibt Melanchthon seiner Beurteilung Ausdruck, daß dieser Brief des Apostels den Anspruch enthalte, Gültiges über die Wirklichkeit, über die *res* auszusagen und dementsprechend auch aufgebaut ist.[34]

Hat die Theologie also Gewißheit, so ist nun zu fragen, ob sie auch etwas Nützliches enthalte. Diese Frage führt Melanchthon zu der Feststellung, daß der Römerbrief in der Tat von etwas Nützlichem handelt, nämlich von dem Nutzen Christi. Dieser eigentümliche Ausdruck, *usus Christi*, stammt aus dem wissenschaftstheoretischen Konzept, daß eine jede Wissenschaft einen Nutzen aufzu-

---

[28] Später hat Melanchthon noch ausdrücklich innerhalb einer Lehre von Gewißheitskriterien, auf denen jede Wissenschaft aufbauen muß, gelehrt, daß die Heilige Schrift eine eigene Norm der Gewißheit darstelle, s. Anm. 80.

[29] Diese Schriften sind enthalten in: Texte aus der Anfangszeit Melanchthons, hg. v. Ernst Bizer, Neukirchen-Vluyn 1966 (Texte zur Geschichte der evangelischen Theologie 2), dazu Schneider (s. Anm. 15) 129–146.

[30] CR 1, 388, vom Mai 1521, Widmungsbrief seiner Ausgabe des ersten Korintherbriefs. Der Vergleich mit Apelles auch Rapsodiai en Paulou ad Romanos, Argumentum, in: Bizer (s. Anm. 29) 45 f.

[31] Bereits in der Rhetorik 1519, C iir, sodann im »Artifitium Epistolae Pauli ad Romanos«, in: Bizer (s. Anm. 29) 20; Rapsodiai en Paulou ad Romanos, Argumentum, (ebd. 45); Exegesis Methodica in Epistolam Pauli pros tous Galatas, (ebd. 34).

[32] »ORATIO est generis iudicialis«, Theologica Institutio Philippi Melanchthonis in Epistolam Pauli ad Romanos, in: Bizer (s. Anm. 29) 97, vgl. Maurer (s. Anm. 24), 3 f.

[33] Rhetorik 1519, C iir.

[34] Dies auch die Erklärung Bizers (s. Anm. 29) 11–13.

weisen habe. Melanchthon spricht in seinen Exegetica häufig von dem *usus Christi*; in der Einleitung der »Loci« von 1521 meint er dasselbe, wenn er von den *beneficia Christi*, den Wohltaten Christi spricht.[35]

In dem Ausdruck *usus Christi* faßt Melanchthon das zusammen, was er die höchsten *capita*, Lehrstücke der Theologie nennt,[36] nämlich Sünde, Gesetz und Gnade. Anderswo nennt er diese Dreiheit *loci theologici*[37] oder *loci communes rerum theologicarum*, wie in dem Titel seiner Schrift von 1521. Wenn Melanchthon hier den Begriff des *locus communis* aus seiner Rhetorik anwendet, dann ist folgendes damit gesagt: diese *loci*, Sünde, Gesetz und Gnade, sind darum die wichtigsten in der ganzen Theologie, weil in ihnen der Nutzen der Theologie enthalten ist. Sie sind aber nicht nur Einteilungsprinzipien einer Rede. Sie sagen auch nicht nur etwas über den Nutzen aus, also über die Beziehung der theologischen Aussagen zu ihrem Nutznießer, dem Menschen. Sie stellen vielmehr zugleich das Wesen der Dinge selbst dar. Sie sind aus den innersten Sitzen der Natur, des Wesens der Dinge, ausgegraben.

Das Wechselverhältnis von *res* und *usus* ist nun auch in Betracht zu ziehen, wenn es darum geht, konkret den Nutzen zu bestimmen, den der Mensch von Jesus Christus haben könnte. Melanchthon beantwortet die Frage, worin denn die christliche Erkenntnis bestünde, also die Erkenntnis, zu welchem Zweck, *in quem usum*, Christus Fleisch angenommen hat und gekreuzigt wurde, indem er sagt, es sei dies

> »die christliche Erkenntnis, zu wissen, was das Gesetz fordert, woher du die Kraft holst, das Gesetz zu erfüllen, woher du die Gnade für die Sünde bekommst, wie du das ins Wanken gekommene Gemüt gegen Teufel, Fleisch und Welt aufrichtest, wie du das angefochtene Gewissen tröstest.«[38]

Es handelt sich also um eine Erkenntnis, die anzuwenden ist. Der Mensch gebraucht sie, indem er sich in einer bestimmten Weise verhält. Dieses Verhalten schließt das Innere, das Gemüt, den *animus*, die *conscientia* des Menschen mit ein: es geht darum, wie der Mensch Trost findet und aufgerichtet wird.

---

[35]   »Argumentum« der Rapsodiai, in: Bizer (s. Anm. 29); Artifitium (ebd. 20); Widmungsvorrede zur Ausgabe des 1. Korintherbriefs (CR 1, 388). Die *beneficia Christi:* Loci 1521, 20 [10; 22 [13.

[36]   Widmungsvorrede zur Ausgabe des 1. Korintherbriefs (CR 1, 388), vgl. Rapsodiai, in: Bizer (s. Anm. 29), 73.

[37]   Theologica Institutio, in: Bizer (s. Anm. 29) 90, vgl. Maurer (s. Anm. 24), 6 f.

[38]   Loci 1512, 22-24, 16: »Haec demum christiana cognition est scire quid lex poscat, unde faciendae legis vim, unde peccati gratiam petas, quomodo labascentem animum adversus daemonem, carnem et mundum erigas, quomodo afflictam conscientiam consoleris.«

Mit anderen Worten, es geht um die Affekte des Menschen, und Melanchthon lenkt seine Behandlung der Loci immer darauf hin, welche Aussagen über die Affekte zu machen sind: innerhalb der Kräfte des Menschen haben die Affekte die beherrschende Stellung[39]; die Sünde ist ein Affekt, nämlich ein verkehrter[40]; das Gesetz bewirkt einen Affekt, denn es erschreckt und erschüttert das Herz, indem es zur Sündenerkenntnis führt.[41] Umgekehrt das Evangelium: es spricht frei und gibt dadurch dem Gewissen Trost und richtet es auf.[42] Dem getrösteten Menschen ist es möglich, das Gesetz nun auch zu erfüllen – denn es geschieht aus einem erneuerten Affekt, es geschieht *sponte et hilariter*, spontan und fröhlich.[43]

Das besondere Augenmerk Melanchthons auf die Affekte in der Theologie ist aber nichts anderes als eine Nachfrage, ob und wie das wissenschaftstheoretische Konzept, das er in der Rhetorik entwickelt hat, auf die Theologie zutrifft. Während die Dialektik sich als solche nur mit Lehre befaßt, bringt die Rhetorik den Nutzen ein, den die Lehre für den Menschen hat. Sie tut dies, indem sie in den Blick faßt, daß die Affekte des Menschen eine wesentliche Rolle spielen. Melanchthon befragt nun die Bibel, insbesondere den Römerbrief, welche Rolle sie konkret den Affekten beimißt und welche Auswirkungen die biblische Lehre selber auf die Affekte hat. Die Fragestellung hat Melanchthon der Rhetorik entnommen. Die konkrete Antwort eruiert er durch seine Bibelauslegung. Sein Ergebnis ist, daß die Bibel – oder die christliche Predigt[44] – nicht in erster Linie so auf die Affekte einzuwirken haben, wie ansonsten eine menschliche Rede, nämlich dadurch, daß die Begleitumstände hervorgehoben werden, die besonders geeignet sind, die Gefühle anzusprechen.[45] Vielmehr deckt das Gesetz auf, daß durch kein menschliches Werk die Affekte in Wirklichkeit verändert werden; der Glaube aber, der rechtfertigt, leitet eine Änderung und Reinigung der Affekte ein.[46] Die Einwirkung auf die Affekte ist also nichts zu der biblischen Lehre hinzukommendes, sondern sie ist ein wesentlicher Teil der Anwendung dieser Lehre. Diese Lehre besagt aber selber schon, daß sie angewandt werden muß. Es ist dies ein

---

[39]   Ebd. 28, 12 f.

[40]   Ebd. 48, 6, vgl. 52, 12: »Pravus affectus pravusque cordis motus est contra legem dei, peccatum.«

[41]   Ebd. 188 › 94; 190, 99.

[42]   Ebd. 192, 105, vgl. 162, 10.

[43]   Ebd. 218, 22.

[44]   Siehe Schnell, Uwe, Die homiletische Theorie Philipp Melanchthons, Berlin/Hamburg 1968 (Arbeiten zur Geschichte und Theologie des Luthertums 20), 109–113.

[45]   Rhetorik 1519, E iiii^{r}: »Est autem affectus nihil aliud quam circumstantiae emphasis & energia.« Melanchthon nennt dort ein Beispiel: Cicero spricht davon, daß er sein Vaterland verlassen muß. Er erwähnt dabei seinen Vater, den er, der einzige Sohn, als Greis zurückläßt usw., und erregt dadurch Mitleid und Entrüstung.

[46]   Theologica Institutio, in: Bizer (s. Anm. 29), 94 f., vgl. 90.

wesentlicher Teil dieser Lehre. Man kann Christus nur erkennen, indem man seinen Nutzen erkennt. Aus diesem Grunde erhalten die Affekte selber einen wesentlichen Platz innerhalb der Theologie.

Wir können somit als Fazit feststellen: Melanchthon wendet das wissenschaftstheoretische Konzept seiner Rhetorik auf die Theologie an und paßt es dabei dieser an: die Theologie enthält Gewißheit, und zwar, indem sie sie aus der Heiligen Schrift empfängt, deren Auslegung sie ist. Die zentralen Schriften der Bibel sind Lehrreden. Auf diese Weise sind die *loci communes* der Theologie auf die Gegenstände der Theologie bezogen. Zugleich enthalten die zentralen *loci theologici* auch den Nutzen der Theologie, den *usus Christi*. Dieser Nutzen schließt die Auswirkung auf die Affekte des Menschen mit ein. Was eine spezifische Differenz der Rhetorik gegenüber der abstrakt aufgefaßten Lehre ausmacht, wird ein wesentlicher Bestandteil der theologischen Lehre; die Affekte sind ein Teil der *res theologicae.*[47]

Durch diese sich selbst modifzierende Anwendung seiner Wissenschaftstheorie auf die Theologie konnte Melanchthon zu einer Theologie gelangen, die sowohl gültige Erkenntnisse, auf die Sachverhalte zutreffende Lehre darstellt, als auch nützlich ist. Sie ist nützlich, weil sie gültige Erkenntnisse darbietet und sie kommt zu gültigen Erkenntnissen, weil sie nach dem Nutzen ihres Gegenstandes fragt.

---

[47]   Überlegungen zu den Traditionsverflechtungen der Affektenlehre Melanchthons s. Maurer (s. Anm. 1) Bd. 2, Göttingen 1969, 245–261, der auch auf die rhetorische Tradition des Begriffs eingeht, allerdings nicht darauf, was das Hinüberwechseln eines Begriffs von einer Disziplin zur anderen für das Verständnis dieser Disziplinen selbst bedeutet. Es muß, um die Kennzeichungen Christoph Schwöbels zu gebrauchen, gefragt werden, wie die »Loci communes« sowohl rhetorische Theologie wie auch eine Dogmatik als Affektenlehre sein können, s. Schwöbel, Christoph, Melanchthons »Loci communes« von 1521. Die erste evangelische Dogmatik, in: Melanchthons bleibende Bedeutung. Ringvorlesung der Theologischen Fakultät der Christian-Albrechts-Universität zum Melanchthon-Jahr 1997 (hg. v. Johannes Schilling), Kiel 1998, 63–68; 69–77. Zur Affektenlehre Melanchthons zuletzt auch: Schneider (s. Anm. 15) 65–86; Berwald (wie Anm. 1) 50–56; zur Mühlen, Karl-Heinz, Melanchthons Auffassung vom Affekt in den Loci communes von 1521, in: Humanismus und Reformation. Festgabe anläßlich des 500. Geburtstages des Praector Germaniae Philipp Melanchthon am 16. Februar 1997 (hg. V. Michael Beyer, Günther Wartenberg), Leipzig 1997, 327–336. Eine Verbindung zu Gersons ›De theologia mystica‹ (Maurer, ebd.) hingegen ist, wenn sie überhaupt besteht, unwesentlich. Denn abgesehen von dem beiden, aber nicht nur ihnen, gemeinsamen Gebrauch der Vokabel *affectus* gehen Gerson und Melanchthon in ganz verschiedene Richtungen. Zu diesem Thema bei Gerson s. zuletzt meine Dissertation, Heilsungewißheit und Scrupulositas im späten Mittelalter. Studien zu Johannes Gerson und Gattungen der Frömmigkeitstheologie seiner Zeit, Tübingen 1994 (Beiträge zur Historischen Theologie 85), 56 ff.

Ich möchte aber nun noch der Frage nachgehen, wie es sich mit denjenigen Gegenständen der Theologie verhält, von denen Melanchthon in dem Eingangsteil seiner »Loci« von 1521 gesagt hat, sie seien dazu da, als Geheimnis verehrt und nicht erforscht zu werden. Sind sie in der Tat in jeder Beziehung für die theologische Erkenntnis unzugänglich oder hängt es davon ab, wie sie aufgefaßt werden, von der Art der Zuwendung des Theologen zu ihnen, daß sie nicht doch erforscht werden können? Und von der anderen Seite her gefragt: Enthalten sie nichts von dem, was für den Menschen, wenn er sie erkennen würde, von Nutzen sein könnte, also: stehen sie nicht in einer wesentlichen Beziehung zu dem Erlösungswerk Christi, das im Evangelium verkündet wird? Damit ist schließlich auch nach der Einheit der Theologie gefragt: zerfallen die theologischen Gegenstände in eine Hälfte, die erforschbar und deren Kenntnis dem Menschen nützlich ist, und in eine andere, die ihm unbekannt bleiben muß, von der er auch nicht wissen kann, ob sie irgendeinen Nutzen für ihn hat, die ihm gerade deswegen nutzlos ist? Oder bilden die *res theologicae* doch, und zwar auch in bezug auf den Menschen, einen Zusammenhang? Es stellt sich also hier, in der Durchführung der *loci theologici*, nochmals die Frage nach dem Verhältnis von *res* und *usus*.

Diese Frage exemplarisch zu beantworten, will ich mich einem Locus zuwenden, der, vielleicht infolge von Melanchthons apodiktischem Urteil im Einleitungsteil seiner »Loci« von 1521, in der bisherigen Beschäftigung mit Melanchthons Lehre nur sehr geringes Interesse gefunden hat. Es handelt sich um den *locus de creatione*, von der Schöpfung.[48]

Geht man die Auswahl der »Loci« von 1521 durch, dann stößt man nur auf Einzelabschnitte, die sich in den meisten Fällen leicht als Aufgliederungen der im Einleitungsteil genannten drei wichtigsten, sowohl erkennbaren als auch nützlichen Loci auffassen lassen.[49] So ist der lange Abschnitt »De iustificatione et fide« die Entfaltung eines wesentlichen Aspekts des Locus von der Gnade. Melanchthon erklärt zu Beginn dieses Abschnittes:

---

[48]   Siehe die Angaben bei Hammer, Bd. 4, Stichwort »Schöpfung, Schöpfungslehre«. Siehe hierzu auch die Arbeit von Meijering (s. Anm. 14).

[49]   Die Einzelabschnitte der ›Loci‹ von 1521 unterliegen übrigens nicht einer fortlaufenden Durchnumerierung, wie die Ausgabe von Pöhlmann sie hat. Eine Ausgabe »Theologicae Hypotyposes. Recognitae ab avctore. Vvittembergae«, Nürnberg, Stadtbibliothek, Solg. 548 8° (wohl von 1522), enthält oben über den Seiten durchlaufende Überschriften des behandelten Themas. Diese sind: De libero arbitrio, De peccato, De lege, De divinis legibvs, De consiliis, De monachorvm votis, De ivdicialibvs, De hvmanis legibvs, De evangelio, De vi legis, De vi evangelii, De gratia, De iustificatione et fide, De caritate et spe, De discrimine novi & veteris testamenti, De legis abrogatione, De veteri ac novo homine, De peccato mortali & quottidiano, De signis, De baptismo, De poenitentia, De privatis confessionibvs, De participatione Mensae domini, De caritate, De magistratibvs, De scandalo.

»Wir werden also gerechtfertigt, wenn wir, getötet durch das Gesetz, durch das Wort der Gnade lebendig gemacht werden, das in Christus verheißen ist, nämlich durch das Evangelium, welches die Sünden vergibt, und ihm im Glauben anhängen, ohne zu zweifeln, daß Christus unsere Gerechtigkeit ist [...].«[50]

Melanchthon wendet sich nach dieser definitionshaften Eingangserklärung vor allem dem Begriff des Glaubens zu, der in ihr enthalten ist. Er hebt besonders hervor, daß dieser Glaube das Element des Vertrauens enthält: indem der Gläubige glaubt, vertraut er und zweifelt nicht, daß die Gnadenverheißung Gottes ihm selber gilt. Melanchthon geht nun daran zu beweisen, daß allein Glaube in diesem Sinne aufgefaßt, *fides* als *fiducia*, imstande ist, die Gnade Gottes zu erlangen. Die einzige Gewißheitsquelle für diese These ist die Bibel. Also muß er beweisen, daß die Bibel einhellig den Glauben als Vertrauen auf Gottes Verheißungen verlangt.

In diesem Anliegen, die Einhelligkeit der biblischen Aussagen zu diesem Thema aufzuweisen, erklärt Melanchthon nun, es sei ein und derselbe Glaube, der in jeder Art von Anfechtungen, von *tentationes*, zu zeigen sei. Auf Gottes Güte, seine *bonitas*, wird in der geistlichen Anfechtung getraut, die im Bewußtsein der Sünde besteht, genauso wie in der leiblichen Anfechtung, beispielsweise einer Krankheit. Er zitiert dabei die Worte Jesu, die bestimmt sind, Vertrauen auf Gott angesichts leiblicher Nöte zu wecken wie den Zuspruch, daß die Jünger besser seien als Sperlinge usw.[51]

Genauso wie die Anfechtungen, die den Menschen bedrohen, bilden auch die Verheißungen Gottes, an die er sich hängen kann, eine Einheit. Auch ihnen ist in jedem Fall mit demselben Glauben zu glauben, handle es sich um leibliche oder um geistliche Verheißungen. Diese These begründet Melanchthon von beiden Seiten her. Zum einen sagt er, daß nur die Gerechten, also die durch den Glauben Gerechtfertigten, *von Herzen* den leiblichen Verheißungen Gottes glauben können. Zum anderen sagt er, daß die Verheißung von Gottes Gnade durch seine leiblichen Verheißungen erkannt werden kann. Man kann nämlich so schlußfolgern: »Wenn Gott Sorge um die Leiber getragen hat, dann trägt er noch viel mehr Sorge um ihre Seelen. Der hört nicht auf, ein Vater der Seelen zu sein, der als Vater für die Leiber tätig gewesen ist.«[52]

Diese Gedanken werden wenig später wiederaufgenommen, wenn Melanchthon das elfte Kapitel des Hebräerbriefs mit seinen Exempla des Glaubens

---

[50]   Loci 1521, 206, 1: »Iustificamur igitur, cum mortificati per legem resuscitamur verbo gratiae, quae in Christo promissa est, seu evangelio condonante peccata et illi fide adhaeremus, nihil dubitantes, quin Christi iustitia sit nostra iustitia [...].«

[51]   Der Abschnitt VI., Loci 1521, 226, 49f.; zit. sind Mt 10, 31, sowie Mt 16, 8; 6, 32.

[52]   Ebd. 228, 51: »[...] multo magis animas suas curae esse deo, si curae fuissent corpora, nec desinere patrem esse animarum, qui corporibus patrem egisset [...]«.

durchgeht und auf die Aussage Hebr 11, 3 stößt: »Durch den Glauben erkennen wir, daß die Welt durch das Wort Gottes erschaffen ist.«[53] In der Schöpfung sind alle sichtbaren, also leiblichen Dinge zusammengefaßt, die der Mensch aus den Händen des Schöpfers empfängt. Auch hier geht es um Glauben, der zugleich Vertrauen ist, nicht um die eiskalte Meinung, die *fides historica*. Solches Vertrauen richtet sich nicht nur auf Gottes Macht, sondern auch auf seine Güte und Barmherzigkeit. Es ist also derselbe Glaube, der auch an den Opfertod Christi glaubt. Und hier kann Melanchthon wieder vom *mysterium* sprechen, vom *mysterium creationis*, aber nun so, daß es durch den in diesem Sinne verstandenen Glauben erkannt wird.[54]

Überdenken wir diese Ausführungen Melanchthons, dann gelangen wir zu folgendem Ergebnis: Mitten in den Ausführungen über den zentralen *locus* von der Gnade kommt Melanchthon auf einen der *loci* zu sprechen, die, wie er eingangs bemerkt hat, gar nicht Gegenstand der theologischen Forschung sein sollten und konnten, nämlich den *locus* von der Schöpfung. Dennoch stellt, wie ich zeigen möchte, dies alles keinen Widerspruch dar zu den Grundsätzen, die Melanchthon im Eingangsteil seiner »Loci« aufgestellt hat. Man kann eher von einer Erläuterung dieser Grundsätze sprechen und allenfalls von einer Korrektur ihrer Formulierung, die aber, in der Situation, in welcher sie geschah, durchaus zweckmäßig war.

Sehen wir uns darum noch einmal näher Melanchthons Ausführungen über die Schöpfung innerhalb seiner Rechtfertigungslehre an. Er behauptet, daß Gottes Gnade und Barmherzigkeit, also die Gnade und Barmherzigkeit, worin er den Sünder rechtfertigt, durch die Schöpfung, durch Gottes leibliche Verheißungen erkannt werden könnten. Von Gottes Güte, die er hier beweist, wird auf Gottes Güte gegenüber den Sündern geschlossen. Melanchthon setzt aber für diese schlußfolgernde Erkenntnis voraus, daß schon Glaube an Gottes rechtfertigende Gnade vorhanden ist. Es sind allein die Gerechten, sagt er, die Heiligen, diejenigen, die den Heiligen Geist haben, welche diese Schlußfolgerung vollziehen können. Allen anderen ist Gottes Gnade in den Verheißungen leiblicher Dinge verborgen; sie ist ihnen zu dunkel.[55]

Es ist klar, daß Melanchthon in dem Zusammenhang seiner theologischen Aussagen gar nicht anders reden kann. Denn bevor der Mensch gerechtfertigt ist, wird er ausschließlich von dem Affekt der Eigenliebe beherrscht, der gegen Gott gerichtet ist.[56] Unter dieser Macht stehend, kann der Mensch nicht Gottes Güte erkennen, d. h. zugleich: sie anerkennen und auf sie vertrauen. Erst das Evangelium befreit ihn von dieser Macht, indem es ihm die Sünden vergibt und als

---

[53] Ebd. 230, 60–234, 69.

[54] Ebd. 234, 68.

[55] Ebd. 228, 52.

[56] Vgl. Anm. 33.

Gabe den Heiligen Geist schenkt.[57] So kann es bei der Erkenntnis von Gottes Güte in der Schöpfung gar nicht um einen Beweis im strengen Sinne gehen. Melanchthon erklärt denn auch: »Et huiusmodi corporalia non contemnenda rudimenta sunt exercendae fidei: Und derartige leibliche Dinge – man hat zu ergänzen: Anfechtungen – sind nicht zu verachtende Vorschulen zur Übung des Glaubens.«[58] Es geht ihm also beim Umgang mit der Schöpfung um eine Übung, ein *exercitium* des schon vorhandenen Glaubens. Wenn der Ausdruck *rudimenta* mit »Vorschule« übersetzt wird, dann ist er nicht so zu verstehen, als könnte der Mensch, bevor er zum Glauben an das Evangelium gekommen ist, diesen Glauben an die Schöpfung aufbringen und sich dadurch schon auf den Glauben ans Evangelium vorbereiten. Vielmehr ist dieser Glaube schon vorausgesetzt, und die Christen trainieren ihn, wenn sie in leiblichen Anfechtungen auf Gottes Güte vertrauen. Dies ist ein Training sozusagen der Unterstufe, denn die geistlichen Anfechtungen sind viel schärfer. Und wenn Gottes Güte in seiner Schöpfung angeschaut wird, dann hat der Gläubige bereits Gottes Güte erfahren, weil er zuvor schon Jesus Christus als Opfer für seine Sünden angenommen hat. Dies ist ein noch viel größerer Beweis der Güte Gottes als die Schöpfung, aber die Betrachtung der Schöpfung erinnert ihn daran.

Hat man diesen gleichsam kreisförmigen Gedankengang Melanchthons begriffen, dann erkennt man auch, wie in der Durchführung seiner Theologie die Gegenstände der Theologie, die *res theologicae*, und der Nutzen der Theologie zusammenhängen. Die beiden Hemisphären der Theologie, von denen ich gesprochen habe, bilden also durchaus eine Einheit. Gottes Wesen ist erkennbar – denn es wird gesagt, daß Gott gütig und allmächtig sei. Gleichfalls ist erkennbar, daß Gott der Schöpfer ist. Melanchthon bleibt aber seinen zu Beginn geäußerten Grundsätzen treu. Denn Gottes Eigenschaften und die Schöpfung werden nur erkannt, indem ihr Nutzen aufgewiesen wird. Die Erkenntnis von Gottes Allmacht und Güte kann nur gewonnen werden, wenn der Mensch sie auf sich bezieht, wenn er erkennt: »Gott zeigt sich mir im Evangelium als allmächtig und gütig«,[59] und darauf vertraut.

Desgleichen wird auch nur dann erkannt, daß die sichtbaren Dinge von Gott geschaffen sind, wenn ihr Nutzen erkannt wird. Dieser Nutzen – und das gilt genau beachtet zu werden – besteht aber letztlich darin, den Menschen in dem Vertrauen zu bestärken und zu üben, das er auf das *Evangelium* setzt. Es ist also von einem zweifachen Nutzen, von der Erkenntnis der Schöpfung zu sprechen, einem unmittelbaren und einem vermittelten. Zuerst erkennt der Mensch, daß

---

[57]   Loci 1521, 204, 12.

[58]   Ebd. 226, 50.

[59]   Melanchthon wendet hier konsequent die Forderung an, daß alle Glaubensaussagen *pro me* bezogen werden müssen, wie Luther sie klassisch formuliert hat in den Thesen 17 f. und 24 f. der Thesen *de fide* von 1535, WA 39/1, 45 f.

Gott ihm sein Leben, Nahrungsmittel und Nachkommenschaft gegeben hat. Der unmittelbare Nutzen dieser Erkenntnis besteht darin, daß der Gläubige nun alle diese Dinge Gott überlassen kann als seinem Schöpfer, der dies alles ordnet, regiert und verwaltet.[60] Durch diese Art von Erkenntnis der Schöpfung wächst in dem Gläubigen der Affekt der Zuversicht, der *fiducia*. Dieser unmittelbare Nutzen der Schöpfungserkenntnis gilt aber nicht absolut. Er ist nicht Selbstzweck. Er hat selber noch einmal seinen Nutzen darin, daß diese Erfahrung von Zuversicht den Gläubigen darin bestärkt, darauf zu vertrauen, daß ihm die Sünden vergeben sind und daß er gerechtfertigt ist. Jeder *usus* eines *locus theologiae* ist also auf den *usus Christi* bezogen.

Nur aber weil der *usus* eines jeden *locus theologiae* auf den *usus Christi* bezogen ist, kann man diesen Locus überhaupt forschend durchdringen. Nutzen und Erkenntnis einer Sache bilden also in der Tat eine Einheit. Melanchthon wählt als Zugang zur Erkenntnis der theologischen Sachverhalte den einzigen Zugang, der möglich ist: den *usus Christi*, die Wohltaten Christi, die ihre Lebensdienlichkeit dadurch beweisen, daß das Gewissen von dem erdrückenden Schuldbewußtsein befreit wird.[61] Von dort aus schreitet aber seine Erkenntnis fort. Jeder *usus* ist *usus* einer *res*; man kann diesen Nutzen nur empfangen, wenn man die Sache erkennt, deren Nutzen sie ist. Auf diese Weise vergrößert sich der Kreis der theologischen Erkenntnis. Das ist aber alles nur möglich, wenn und indem diese Erkenntnisse auf den *usus Christi* zurückbezogen werden.[62]

So wird schließlich auch klar, welche Gestalt Melanchthon dem Begriff ›Schöpfung‹ gibt, soll sie für den Menschen erkennbar sein. Der *locus de creatione* kann nur dann zum Gegenstand der Forschung werden, wenn aus ihm der Nutzen hervorgeht, den der Mensch von ihr haben soll. Es ist dies aber der Nutzen für den jeweiligen Menschen in seiner je eigenen Gegenwart. Zu der Auffassung des Glaubens als *fiducia* gehört, daß der jeweilige Mensch, der in diesem Sinne glaubt, Gottes Verheißung auch und gerade auf sich bezieht.[63] So besteht nun der Glaube an die Schöpfung darin, daß der jeweilige Mensch alles, was er als Geschöpf ist und hat, Gott überläßt. Gottes Schöpfer-Sein wird damit so aufgefaßt, daß er die gegenwärtige, die dem jeweiligen Gläubigen gegenwärtige Schöpfung ordnet, regiert und verwaltet. Diese Akte Gottes sind in sein Schöpferwalten mit

---

[60] »[...] et illa permittit creatori, ut temperet, regat, administret [...]«. (Fortsetzung des vorangegangenen Zitats von Anm. 58).

[61] Schneider (s. Anm. 15) 214, stellt fest, die Auswahl unter den »Loci« von 1521 sei nach rhetorischen Gesichtsgründen getroffen, sie richte sich nach einer *inventio*, in welcher zwischen Themen erster und zweiter Ordnung zu unterscheiden ist. Dem ist zuzustimmen; ich versuche hier zu begründen, weshalb die einen Themen erster, die anderen Themen zweiter Ordnung sind.

[62] Vgl. Schneider (s. Anm. 15) 246.

[63] Loci 1521, 230, 59.

eingeschlossen. Nur wenn Schöpfung also diese Akte Gottes mit einschließt und nur dann ist Gott als Schöpfer erkennbar. Denn nur dann steht sie auch mit dem Nutzen, mit den Wohltaten in einem Zusammenhang, die Gott den Menschen erweisen will.

Die Erkenntnis des so aufgefaßten Schöpferhandelns Gottes hebt nun keineswegs seinen Charakter als *mysterium* auf. Melanchthon spricht ja in diesem Zusammenhang wieder ausdrücklich von der Schöpfung als einem Geheimnis. Und er konkretisiert an dieser Stelle, warum und inwiefern er die Schöpfung als ein Geheimnis versteht. Sie ist dies, weil sie für das Fleisch, für die *caro*, in der Weise, wie sie aufgefaßt werden muß, unerkennbar ist. Sie ist aber zugleich für den Menschen, in dem der Heilige Geist wirkt, erkennbar. Es liegt auf der Hand, daß die Erkenntnis dieses Geheimnisses durch den Heiligen Geist auch damit vereinbar ist, daß dieses Geheimnis verehrt werden soll.

Als Fazit von Melanchthons Behandlung der Schöpfungslehre im Erstentwurf seiner theologischen *loci* kann somit festgehalten werden, daß er seine wissenschaftstheoretischen Grundsätze konsequent durchführt. Theologische Wissenschaft hat nützlich zu sein; nur wenn sie ihren Nutzen aufweist, führt sie wirklich zu Erkenntnissen. Diesen Nutzen erlangt der Mensch, indem er sich in einer bestimmten Weise verhält und seine Affekte in entsprechender Weise angesprochen werden. In diesem Sinne ist auch eine Schöpfungslehre nützlich und dadurch überhaupt erst möglich: durch die Erkenntnis des gegenwärtigen Wirkens Gottes in seiner Schöpfung kann der Mensch sein Vertrauen üben, das er nötig hat, damit sein Herz aus dem Kampf gegen Teufel, Fleisch und Welt getröstet und siegreich hervorgeht.

In einem dritten und letzten Teil möchte ich nun zeigen, daß Melanchthon auch in seiner späteren Entwicklung den Grundsätzen treu geblieben ist, die er zu Beginn der »Loci« von 1521 formuliert hat. Dies läßt sich an der Behandlung der Schöpfungslehre zeigen, der er seit der Neubearbeitung seiner »Loci« von 1535 bis zuletzt in den »Loci praecipui theologici« von 1559 einen eigenen Abschnitt »De creatione« gewidmet hat. Man kann hier sehen, daß, zumindest in diesem Punkt, kein Bruch zwischen dem jungen und dem späten Melanchthon besteht, und man kann sehen, wie die konsequente Anwendung des Programms von Nutzen und Sacherkenntnis die theologische Darbietung in fortschreitendem Maße strukturiert.

In dem Widmungsbrief an den frommen Leser, den Melanchthon seinen »Loci« von 1559 vorangestellt hat, erklärt er, es sei nützlich, feste und klare Zeugnisse von den einzelnen Artikeln der christlichen Lehre zu haben. Bei diesem Werk handle es sich um eben eine solche Aufstellung fester und klarer Zeugnisse. Sie seien nützlich, weil man sie in Betracht ziehen kann, nicht nur, wenn die Geister disputieren, sondern auch, wenn sie geängstigt sind. Denn wer sich ängstigt, soll dadurch unterrichtet, aufgerichtet, bestärkt und getröstet werden. Das nämlich seien Übungen des Glaubens, die für die Frommen notwendig sind.[64] Melanchthon bekennt sich also schon in dem ersten Satz zu der Notwendigkeit, Theologie habe nützlich zu sein und bestimmt diese Nützlichkeit in der Auswirkung der Theologie auf die Affekte des Menschen. Außerdem spricht er wieder von *exercitia fidei*, gibt also zu verstehen, daß Glaube etwas sei, das geübt werden müsse, und daß theologische Betrachtungen solche *exercitia* seien.

Erkenntnis dient der Stärkung des Gewissens; die Schöpfung hat den Zweck, daß aus ihr Gott erkannt werde. Mit diesem Gedanken eröffnet Melanchthon seinen *locus de creatione*: Gott habe sich bekannt machen wollen und deswegen eine Schöpfung geschaffen, aus welcher wir erkennen könnten, daß er gerecht und gut sei.[65] Diese Aussage stimmt also ganz mit der Position der »Loci« von 1521 überein, wo er sagt, daß die Schöpfung *signum certum et forma* sei, aus welcher Gott erkannt würde.[66] Sie stimmt ebenfalls mit den »Loci« von 1535 überein. Dort nennt er die *rerum universitas* ein *sacramentum*, will sagen: ein Zeugnis dafür, daß Gott existiert, daß er weise, gut und gerecht ist.[67]

Melanchthon fährt fort, diese Erkenntnis der Schöpfung und Gottes durch die Schöpfung gründe sich jedoch in erster Linie nicht auf die unmittelbare *consideratio universae naturae*, sondern auf die Zeugnisse der Heiligen Schrift.[68] Diese Unterscheidung zwischen biblischen Zeugnissen und Beweisen, die der Mensch mit seinen eigenen natürlichen Kräften zu vollziehen sucht, hat einen bestimmten Hintergrund. Melanchthon meint, daß der menschliche Geist zwar durch Beweise davon überzeugt werden kann, daß Gott die Welt geschaffen hat. Der Mensch kann aber nicht, jedenfalls nicht mit großer Gewißheit, erkennen, daß Gott in dieser seiner Schöpfung noch anwesend und gegenwärtig ist, und zwar so, daß er bereit und imstande ist, dem Menschen beiseite zu stehen, wenn er in Not kommt. Der menschlichen Natur könnte es durchaus so erscheinen, daß

---

[64]   Loci 1559 (MSA II/1, 186 f., 5): »Prodest firma et perspicua testimonia de singulis articulis doctrinae Christianae, ordine distributa, velut in tabella proposita, ut cum disputant animi secum aut anguntur, sententiae certae in onspectus sint, quae trepidantes erudiant, erigant, confirment, consolentur. Haec enim sunt exercitia fidei piis et necessaria et non ignota [...]«.

[65]   Ebd. 240,15–19.

[66]   Loci 1521, 234, 69.

[67]   MSA II/1, 247, Anm. zu 246,7 (CR 21, 369). Die Herausgeber Engelland (1. Aufl. von MSA II/1, 1952), 220, Anm. zu 219,17) und Stupperich meinen, diese Aussage stünde im Widerspruch zu der in den Loci von 1521, MSA II/1, 107,23 f.: »Esse deum, dei ira, dei misericordia spiritualia sunt, non possunt igitur a carne cognosci.« Sie übersehen hier, daß Melanchthon bereits 1521 an einer anderen Stelle seiner ›Loci‹ davon gesprochen hat, daß Gott vermittelt durch die Schöpfung im Heiligen Geist erkannt würde.

[68]   MSA II/1, 240,19–241,22. Melanchthon nennt dabei außer Gen 1 folgende Zeugnisse: Joh 1, 3; Ps 33, 6;9.

Gott die Welt verlassen hätte so wie der Erbauer eines Schiffes dieses Schiff anderen überläßt, nachdem sein Werk getan ist.[69] In den »Loci« von 1521 hatte der Akzent der Aussagen zur Schöpfung darauf gelegen, daß Gott dem jeweiligen glaubenden Menschen gegenwärtig ist. Melanchthon nimmt wahr, daß der Glaube an eine solche Gegenwart Gottes gefährdet ist und unterscheidet diese darum von dem ursprünglichen Akt der Schöpfung. Diese *praesentia* bestimmt Melanchthon nun näher so, daß Gott die Schöpfung bewahrt und erhält, sie regiert, Gutes gibt und – womit eine Aussage zur Kausalitätslehre gemacht wird – die Zweitursachen fördert oder hindert.[70] Erst am Schluß dieses *locus* übrigens nennt Melanchthon dies alles die *providentia* Gottes, die Umsicht und Vorsorge Gottes für seine Schöpfung.[71]

Melanchthon ist deswegen so sehr an einer sicheren Erkenntnis dieser Gegenwart Gottes interessiert, weil es hier um den *Nutzen* geht, den die Gläubigen aus der Erkenntnis von Gottes Schöpferwalten ziehen sollen. Die Gläubigen brauchen eine Erkenntnis dieser Gegenwart Gottes in seiner Schöpfung, weil sie ansonsten an den Gefahren ihres Lebens zerbrechen müßten.[72] Denn Gottes Gegenwart in seiner Schöpfung schließt mit ein, daß er auf die Gebete der Gläubigen hin in seiner Schöpfung eingreift und ihnen hilft. Melanchthon konzentriert hier also den Nutzen der Schöpfungslehre darin, daß der Mensch ermutigt wird, Gott um Hilfe in seinen leiblichen Nöten zu bitten. Gott antwortet, wenn seine Geschöpfe ihn anrufen. Das ist ein Sachverhalt, den man bereits in der Tierwelt wahrnehmen kann: Melanchthon zitiert aus Ps 147, 9, daß Gott den Rabenjungen, die ihn anrufen, Essen gibt.[73] Ebenso verheißt er den Gläubigen, die ihn anrufen, Gutes, und versichert ihnen, er werde sie herausreißen, wenn sie am Tage der Trübsal ihn anrufen.[74]

---

[69]   Ebd. 241,23 ff.; 245,23 ff. Scholia in Epistolam Pauli ad Colossenses (1527), MSA IV, 238,8–14, nennt Melanchthon als das Argument, das den menschlichen Verstand hier beunruhigt, dies, daß in der Welt so viel Ungerechtes geschieht. Das Gleichnis von dem Schiffsbaumeister führt er hier auch so wieter, daß dieser das Schiff den Fluten überlassen habe; in den ›Loci‹ 1559 spricht er stattdessen davon, daß er es den Matrosen läßt.

[70]   MSA II/2, 242,8 f., 24–30, sowie 244,27 f.; 245,25 usw.

[71]   Ebd. 250, 5 ff. Entwürfe zur Lehre von der Providenz hat Melanchthon auch dort gebracht, wo es um die wissenschaftliche Betrachtung der Natur geht, nämlich in Darbietungen der Physik, so in seinem Vorwort zum ›Libellus de sphaera‹ des Johannes de Sacro Bosco, 1531, (CR 2, 530–537), und seinen ›Initia Doctrinae Physicae‹, 1549, (CR 13, 179–412), s. Büttner, Manfred, Regiert Gott die Welt? Vorsehung Gottes und Geographie. Studien zur Providentialehre bei Zwingli und Melanchthon, Stuttgart 1975 (Calwer Theologische Monographien 3), 49–58.

[72]   MSA II/1, 242,30 ff.

[73]   Ebd. 244,2.

[74]   Ebd. 245,8 ff. 14 ff.; 246,2 ff, nach Ps 50, 25.

Melanchthon gestaltet also die Schöpfungslehre so, daß sie ihrer Nutzanwendung im Bittgebet in leiblichen Nöten entspricht. In der Fassung der »Loci« von 1535 schreibt er darum pointiert:

»Und die Schöpfung wird auch nicht im rechten Sinne erkannt, wenn wir nicht auch dies glauben, daß die Dinge von Gott beständig getragen und erhalten werden, daß ihnen von Gott Bewegung und Leben gegeben wird. Und dieser Glaube ist die wahre Erkenntnis der Schöpfung, welche auch nützlich ist zur Anrufung.«[75]

Wiederum zeigt sich, daß, genauso wie 1521, Melanchthon nur dann von einer Erkenntnis sprechen will, wenn er zugleich auch aufweisen kann, welches der Nutzen des Erkannten ist.

Dieser *usus* des *locus de creatione* ist auch das Kriterium für Melanchthons Auseinandersetzung mit anderen Thesen über den Weltlauf, welche die menschliche Vernunft sich gebildet hat und die in der Philosophie disputiert werden. Eine dieser Thesen ist eben diejenige, die später von den Deisten aufgenommen wurde,[76] daß Gott zwar die Welt geschaffen habe, aber nicht mehr in ihr gegenwärtig sei. Eine andere schreibt Melanchthon den Epikureern zu. Sie ähnelt derjenigen Lehre, die er in den »Loci« von 1521 als stellvertretend für alle Philosophie referiert hatte, nämlich, daß alles nur aus Zufall geworden sei und geschehe.[77] Damit ist eine Schöpfung in jeder Hinsicht abgestritten. Schließlich spricht Melanchthon auch von den Stoikern, die nicht nur lehren, daß eine Schöpfung ist, sondern auch noch, daß Gott weiterhin in ihr anwesend ist. Doch denken sie sich diese Anwesenheit so, daß er an die Kette der Zweitursachen gebunden sei.[78] Eine solche »fatale«, unveränderbare Verbindung der Ursachen müßte aber ein Bittgebet aussichtslos machen.

Melanchthon geht in der Kritik all dieser philosophischen Thesen nach dem Grundsatz vor, daß Wissenschaft nützlich und daß sie gewiß zu sein habe. So

---

[75]   Ebd. 245, Anm. zu 245,27 (CR 21, 369): »Neque intelligitur recte invocati, nisi etiam credamus perpetuo res sustentari et conservari, suppeditari motum et vitam rebus a Deo. Et haec fides est verus intellectus creationis, quae prodest etiam in invocation.« Damit zeigt sich zugleich, daß die Lehre vom Gebet einen unverzichtbaren Teil der Theologie Melanchthons darstellt, wie Martin Jung ganz richtig feststellt: Frömmigkeit und Theologie bei Philipp Melanchthon. Eine Untersuchung über das Gebet im Leben und in der Lehre des Reformators, Habil., Tübingen 1994/95, Bd. 2, 349.

[76]   Gawlik, Günter: Art. Deismus, in: HWP 2 (1972) 45.

[77]   MSA II/1, 241,32 f.; 242,31 f.; 245,17 f. Loci 1521, 234, 68.

[78]   Ebd. 241,30 f.; 242,23–26.31 f.; 245,17 f. In dem nachfolgenden *locus* »De causa peccati et de contingentia« ist Melanchthon den Konsequenzen seiner Schöpfungsauffassung für die Kausalitätslehre in Auseinandersetzung mit der stoischen Position noch weiter nachgegangen.

verwirft er diese Thesen zum einen, weil sie die Gläubigen, wenn sie in Not sind, mutlos machen und von dem Bittgebet abhalten würden. Sie sind unnütz, ja, sie sind sogar im Gegenteil schädlich. Zum anderen hat Melanchthon aber auch nachzuweisen, daß diese Lehren keine Gewißheit haben, sondern daß das Gegenteil von ihnen wahr ist.

Worauf sich Melanchthon bei seiner Kritik gründet, ist eine Fülle von biblischen Aussagen, aus denen hervorgeht, daß Gott in der besagten Weise in der Welt anwesend ist, sich um sie sorge und zur Erhörung des Bittgebets bereit ist.[79] Melanchthon räumt diesen Argumenten die Priorität ein, weil die Heilige Schrift als Offenbarung Gottes unfehlbare Gewißheit hat.[80] Die Zeugnisse der Bibel können den menschlichen Geist hier viel besser bestärken als die unmittelbare *consideratio universae naturae*. Hat der Gläubige aus der Bibel Gewißheit gefunden, dann ist ihm auch die ganze Folge von Beweisen der Vorsehung Gottes aus der Betrachtung der Natur und der Geschichte nützlich, die Melanchthon dann noch folgen läßt. Diese Beweise haben zwar eine geringere Überzeugungskraft, doch ichsen sie auf dieselbe Wahrheit hin, die in der Bibel zweifelsfrei bezeugt ist und ichren Nutzen im Bittgebet erweist. Darum, sagt Melanchthon, ist es nützlich, auch diese Beweise zu betrachten und sich dadurch im Vertrauen auf Gott bestärken zu lassen.[81]

Melanchthon wendet also an mehreren Schaltstellen seines Gedankenganges das Kriterium der *utilitas* an: Es führt ihn erstens zur Unterscheidung von *creatio* im engeren Sinne und der tätigen und freien *praesentia* Gottes in seiner Schöpfung. Zweitens führt es ihn zur Ablehnung bestimmter, von der natürlichen Vernunft des Menschen erwogener Thesen über den Weltlauf. Drittens wendet er es an bei der Gewichtung und der Zuordnung biblischer und philosophischer Argumente für diese *praesentia* Gottes.

An der Weiterentwicklung der Schöpfungslehre in den »Loci« von 1535 und 1559 läßt sich also folgendes erkennen: Melanchthon hält an der Einheit von Erkenntnis und Nutzen fest. Der Nutzen, nämlich die Anwendbarkeit einer Lehre für das menschliche Verhalten und die Affekte des Menschen, bleibt für ihn ein Kriterium theologischer Erkenntnis. Der Gebrauch dieses Kriteriums führt zu einer immer weitergehenden Ausdifferenzierung der Theologie. In den »Loci« von

---

[79] Ebd. 242–244.

[80] Ebd. 240,21–241,3; 246,7–11. Grundsätzlich hat Melanchthon diese Lehre von den Gewißheitskriterien menschlicher Erkenntnis entwickelt in der Praefatio seiner ›Loci‹ von 1559 bzw. 1543, MSA II/1, 189–194, insbes. 190,15 ff., vgl. Liber de anima, MSA III, 341,32–342,17.

[81] MSA II/1, 246,6–247,5, insbes. 247,3–5. Die Beweise, z. T. sind es Gottesbeweise, folgen dann bis 250,3. Dazu Frank, Günter, Die theologische Philosophie Melanchthons (1497–1560): Ein Plädoyer zur Rehabilitierung des Humanisten und Reformators, in: KuD 42 (1996) 22–36.

1521 sollte nichts anderes dargelegt, ja bloß skizziert werden,[82] als die *loci* von Sünde, Gesetz und Gnade. Aussagen über die Schöpfung fanden sich im Abschnitt über den Glauben, der zu dem *locus de gratia* gehört. An der Bestimmung des Verhältnisses der Schöpfungslehre zu der Gnadenlehre, die dieser Einordnung zugrundelag, wird auch in den späteren »Loci« festgehalten. Doch wird der *locus de creatione* nun auch zu einem eigenen Gliederungspunkt der Darstellung, genauso wie die anderen *loci* von Gottes Wesen, Einheit und Dreieinigkeit, deren Erforschung sich Melanchthon 1521 nicht zuwenden wollte, weil er erst einmal die Grundlagen der Theologie freizulegen hatte. Melanchthon stellt sie den Abschnitten voran, auf die er sich 1521 beschränkt hatte. Er folgt damit, wie er sagt, der historischen Reihenfolge, wie sie die biblischen Bücher selber an die Hand geben.[83] Auf diese Weise erweitert Melanchthon ständig den Umfang theologischer Erkenntnis, ohne die Verbindung zu ihrem Ursprung, der Erkenntnis des Nutzens, d.i. der Wohltaten Christi zu verlieren. Er geht von diesem zentralen Nutzen, den die Theologie aufzuweisen hat, aus und gelangt zu immer mehr Gegenständen theologischer Erkenntnis; diese bezieht er dann wieder zurück auf den *usus Christi*. *Usus* und *res* befinden sich also in einem Wechselspiel miteinander.[84]

Zugleich ergibt sich, gerade durch die Anwendung der Kriterien von Gewißheit und Nutzen, eine größere Differenziertheit und Klarheit in der Einzeldarstellung. Die Tendenz zur weiteren Differenzierung hält dabei an: in der Durchführung von »De creatione« kündigt sich schon die Abtrennung einer eigenen Lehre »De providentia« an. Zu dieser Abtrennung kam es tatsächlich bei den Bearbeitungen von *loci communes* durch spätere Theologen. Bei Chemnitz ist die Lehre »De providentia« ein eigens so überschriebenes Unterkapitel des *locus de creatione*[85]; bereits bei Heerbrand, Hafenreffer und Hutter handelt es sich um einen eigenen Locus, welcher auf den von der Schöpfung folgt.[86] Ebenso ergab

---

[82]   Der Begriff »Hypotyposes« im Titel der ›Loci‹ von 1521 ist so zu verstehen, s. Loci 1521, 12, Anm. 2; man kann auch an Bozzetti denken, an Ton- oder Wachsmodelle, die sich ein Bildhauer schafft, bevor er an sein eigentliches Werk geht.

[83]   MSA II/1,192 f., Praefatio.

[84]   Vgl. dazu Meijering (s. Anm. 14) 123–132, der ebenfalls eine Kontinuität in Melanchthons Haltung zur Schöpfungslehre sieht, aber nicht erkennt, daß dies durch die konsequente Entfaltung seiner wissenschaftstheoretischen Grundsätze geschieht.

[85]   Zu Chemnitz' Loci vgl. Kaufmann, Thomas, Martin Chemnitz (1522–1586). Zur Wirkungsgeschichte der theologischen Loci, in: Melanchthon in seinen Schülern (hg. v. Heinz Scheible), Wiesbaden 1997 (Wolfenbütteler Forschungen 73), 183–254.

[86]   Chemnitz, Martin, Loci Theologici, Frankfurt a. M. 1591, (Bd. 1, 138vff.); Heerbrand, Jacob Compendium Theologiae, Tübingen 1575; Hafenreffer, Matthias, Loci theologici, Tübingen 1605; Hutter, Leonhard, Loci communes theologici, Wittenberg 1619. Siehe des

sich in der Folgezeit eine Ausgliederung eines eigenen Abschnitts »de usu huius doctrinae«[87]: Bei Heerbrand gibt es im *locus de providentia* einen Abschnitt »Quis est vsus doctrinae de prouidentia?«, desgleichen bei Chemnitz, Hafenreffer und Hutter. Bei Johann Gerhard folgt dann regelmäßig auf jede Lehrdarbietung ein *usus*-Abschnitt.

Der Bogen, der diese ganze Entfaltung und Ausdifferenzierung zusammen-spannt, ist aber der Grundgedanke, daß Erkenntnis, zumal theologische Er-kenntnis, nützlich zu sein habe, wobei dieser Nutzen die Auswirkung der Lehre auf unsere Affekte mit einschließt, und umgekehrt, nur dann von theologischer Erkenntnis überhaupt gesprochen werden darf, wenn zugleich der Nutzen dieser Erkenntnis aufgewiesen wird. Die Anwendung dieses einen Grundgedankens führte Philipp Melanchthon zu einer Reinigung der ihm überkommenen theo-logischen Lehre, zu einer Konzentration auf das Wesentliche und Nützliche, und zugleich führte er ihn zu einem Neuaufbau und einer neuen Entfaltung der Theologie, die von den ihm nachfolgenden Generationen weitergeführt werden konnte.[88]

---

weiteren Ratschow, Carl-Heinz, Lutherische Dogmatik zwischen Reformation und Aufklä-rung, Bd. 2, Gütersloh 1966, 168 ff.; 228 ff.

[87]   Heerbrand, Compendium Theologiae, 1575, 94 f.; Chemnitz, Loci, Bd. 1, 146r–147r; Haffenreffer, Loci, 124–126; Hutter, Loci, 217b und 229.

[88]   In der Aufklärungszeit griff unter veränderten Bedingungen Johann Joachim Spalding auf Melanchthon zurück. In »Über die Nutzbarkeit des Predigtamtes und deren Beförderung«, 3., neuverm. Aufl., Berlin 1791, 199–203, zitiert er aus dem Einleitungsabschnitt der ›Loci‹ von 1521 (20 [8-22 [18] Melanchthons These, nur diejenigen *loci* seien zu behandeln, die nützlich sind. Doch hat sich die Situation nun stark gewandelt: Spalding will das Ausbreiten theologischer Lehren in der Predigt zurücknehmen wegen des Fassungsvermögens der Predigthörer und um den Kritikern des Christentums möglichst wenig Angriffsflächen zu bieten.

Abgründe der Physikotheologie

Fabricius – Brockes – Reimarus

Johann Albert Fabricius (1668–1736), Barthold Heinrich Brockes (1680–1747) und Hermann Samuel Reimarus (1694–1768) verbinden Gemeinsamkeiten, die zugleich unterlaufen werden durch einen im Verborgenen vollzogenen Bruch, einen Bruch, bei dem es sich um eine äußerst tiefgreifende Richtungsänderung in der europäischen Geistesgeschichte handelt. An dem Hamburger Akademischen Gymnasium waren zwei von diesen dreien tätig: der Universalgelehrte Fabricius ab 1699 bis zu seinem Tode als Professor für Moral und Beredsamkeit,[1] Reimarus seit 1728 bis zu seinem Tode als Professor für orientalische Sprachen.[2] Reimarus war der Schwiegersohn des Fabricius.[3] Brockes, der politische Ämter bekleidete und der Nachwelt in erster Linie als Dichter in Erinnerung ist, war beiden freundschaftlich verbunden.[4]

Was Fabricius, Brockes und Reimarus miteinander verband, war ein Denken und Dichten, das darum kreiste, daß alle Dinge in der Natur so beschaffen und so angeordnet sind, daß dabei ein bestimmtes Ziel erreicht wird. Der dies alles so angeordnet hat, ist Gott, und die Betrachtung dieser zielgemäßen Anordnung durch den Menschen kann und soll den Menschen zu einem Lob Gottes entzünden. Die Erkenntnis dieser Ordnung ist dem Menschen durch seine natürliche Vernunft möglich.

Ein solches Denken soll hier ein *physikotheologisches Denken* genannt werden. Fabricius verfaßte einige physikotheologische Schriften, übersetzte oder gab

---

[1] Udo Krolzik, Art. Fabricius, Johann Albert. In: Religion in Geschichte und Gegenwart[4] 3 (2000), 4.

[2] Albrecht Beutel, Art. Reimarus, Hermann Samuel. In: Religion in Geschichte und Gegenwart[4] 7 (2004), 238.

[3] Kurt Detlev Möller, Johann Albert Fabricius. 1668–1736. In: Zeitschrift des Vereins für Hamburgische Geschichte 36 (1936), 1–42, hier: 36.

[4] Zum Umgang von Brockes mit Reimarus s. Wilhelm Deckelmann, Das Glaubensbekenntnis des Barthold Heinrich Brockes. In: Zeitschrift des Vereins für Hamburgische Geschichte 36 (1937), 146–161, hier 155.

solche heraus. Aus der eigenen Feder des Fabricius flossen eine Hydrotheologie (1734),[5] zwei Jahre zuvor, allerdings nur als Inhaltsaufriß, eine Pyrotheologie.[6] Die Physikotheologie[7] und die Astrotheologie[8] des englischen Theologen William Derham (1657–1735) wurden von Fabricius übersetzt bzw. herausgegeben; desgleichen gab er, mit einer Vorrede versehen, die Lithotheologie des Friedrich Christian Leßer heraus.[9] In dieser findet sich, nach der Vorrede des Fabricius, von Fabricius selbst verfaßt, auch der Aufriß einer Aërotheologie.[10]

Als physikotheologische Schriften im strengen Sinne lassen sich solche Werke definieren, die »an intensiven naturwissenschaftlichen Detailstudien interessiert« sind, »die sie dann zu biblischen Assoziationen oder doxologischen

---

[5]   *Hydrotheologie* Oder Versuch, durch aufmerksame Betrachtung der Eigenschaften, reichen Austheilung und Bewegung Der Wasser, die Menschen zur Liebe und Bewunderung Ihres Gütigsten, Weisesten, Mächtigsten Schöpfers zu ermuntern. Ausgefertiget von Jo. Alberto Fabricio, D. und Prof. Publ. des Gymnasii zu Hamburg. Nebst einem Verzeichniß von alten und neuen See- und Wasser-Rechten [...]. Hamburg [...] 1734.

[6]   *Pyrotheologie* Oder Versuch Durch nähere Betrachtung Des Feuers, Die Menschen Zur Liebe und Bewunderung ihres Gütigsten, Weisesten, Mächtigsten Schöpfers anzuflammen. Entworfen von Jo. Alberto Fabricio, D. und Prof. Publ. des Gymnasii zu Hamburg, Hamburg [...] 1732.

[7]   William Derhams, Canonici in Windsor, Rectors zu Upminster in Essex, und Mitgliedes der königl. engl. Gesellschaft, *Physico-Theologie* oder Natur-Leitung zu *Gott*, Durch aufmerksame Betrachtung der Erd-Kugel und der darauf sich befindenden Creaturen, Zum augenscheinlichen Beweiß, daß ein *Gott*, und derselbige ein Allergütigstes, Allweises, Allmächtigstes Wesen sey. In die deutsche Sprache übersetzt von C. L. W. [...] zum Drucke befordert von Jo. Alberto Fabricio, D. und Prof. Publ. des Gymnasii zu Hamburg. Zweyter Druck, Hamburg [...] 1732.

[8]   William Derhams, D. T. Canonici zu Windsors, Rectorn zu Upminster in Essex, und Mitgliedes der Königl. Englischen Gesellschaft, *Astrotheologie* Oder Himmlisches Vergnügen in *Gott* Bey aufmercksamen Anschauen des Himmels, und genauerer Betrachtung der Himmlischen Cörper, Zum augenscheinlichen Beweiß Daß ein *Gott*, und derselbige ein Allergütigstes, Allweises, Allmächtiges Wesen sey [...] übersetzt [...] Von J. Alberto Fabricio, D. [...], Hamburg [...] 1732.

[9]   Friedrich Christian Leßers, der Kirchen am Frauenberge in der Kayserl. freyen Reichs-Stadt Nordhausen Pastoris [...] *Lithotheologie*, Das ist: Natürliche Historie und geistliche Betrachtung derer Steine, Also abgefaßt, daß daraus Die Allmacht, Weißheit, Güte und Gerechtigkeit des grossen Schöpffers gezeuget wird, Anbey viel Sprüche der Heiligen Schrifft erkläret, und die Menschen allesamt zur Bewunderung, Lobe und Dienste des grossen Gottes ermuntert werden. Zum Druck befordert und mit einer Vorrede begleitet von Johann. Alberto Fabricio. Doct. und Prof. Publ. des Gymnasii zu Hamburg. Hamburg [...] 1735.

[10]   Ebd., XLVII–XLVIII: *Aerotheologie* über die Worte Hiobs, IV, 10.

Folgerungen anregen«.[11] Der Masse nach betrachtet ist etwa die Hydrotheologie des Fabricius eine naturwissenschaftliche Abhandlung über das Wasser, wobei der Verfasser um eine geradezu enzyklopädische Vollständigkeit bemüht ist.[12] Wie der Titel schon besagt, betrifft das erste Buch die Eigenschaften der Wasser, ihre »Nothwendigkeit, Natur, Menge und Schwere: Tiefe des Meers etc.«,[13] das zweite die Verteilung des Wassers, das dritte die Bewegung. Im ersten Buch wird angefangen mit einer Erörterung, »Daß das Wasser so unentbehrlich ist, als die Wärme und das Licht« (Capitel 1), dann, was es sei, »daß es etwas anders sey als verdickte Luft, auch nicht könne in Luft verwandelt werden« (Capitel 2),[14] daß es aber Luft in sich habe (Capitel 3) usw.

Ganz unregelmäßig in diese naturwissenschaftlichen Erörterungen verstreut finden sich dann solche wie in Buch I, Capitel 28, »Von der Macht des Wassers zu ersäuffen, zu erdrücken, anzugreifen und abzunutzen«, eine »Betrachtung über die Worte Hiobs XIV. 19. Wasser wäschet Steine weg.«[15] Oder er kommt zu der These (Buch I, Cap. 31): »Daß das Wasser durch öfters destilliren eine dichte Erde wird, oder eine feste Erde zurücke lässt, die nicht wieder in Wasser mag verändert werden«, und erklärt dazu, daß die Stelle 2. Ptr 3,5, die Erde bestehe aus Wasser und im Wasser, sei nicht auf den festen Rückstand beim Destillieren von Wasser, den er Erde nennt, zu beziehen, sondern einfach darauf, daß die Erde von Wasser umgeben ist und aus dem Wasser aufragt.[16] Das alles sind gelegentliche Ausführungen, die zu erwarten sind bei einem Schreiber und einem Leser, dem die Bibel vertraut ist und der mitunter sich fragt, wie es sich mit dem genauen Verständnis biblischer Aussagen verhalte angesichts der naturwissenschaftlichen Aussagen, die hier ausgebreitet werden.

---

[11]   Udo Krolzik, Säkularisierung der Natur. Providentia-Dei-Lehre und Naturverständnis der Frühaufklärung. Neukirchen-Vluyn 1988, 151, Vgl. seine Ausführungen, ebd., 150–152. Physikotheologische Schriften sind nach Krolziks plausibler Eingrenzung demnach nicht bibel-exegetische Arbeiten, »die naturwissenschaftliche Erkenntnisse heranziehen, um biblische Aussagen über die Natur zu erläutern« – das wäre »biblische Physik« – (ebd., 150), es sind auch nicht apologetische Arbeiten (ebd., 150), weil ihnen das Gegenüber fehlt, gegen welches verteidigt wird, es sind schließlich auch keine »Werke der natürlichen Theologie im Sinne der metaphysischen Tradition« (ebd., 151), in welchen dieses Detail nicht von Bedeutung ist, auch nicht »Erbauungsbücher im Sinne von Arndts ›Vier Bücher vom wahren Christentum‹« (ebd., 152), wo die betrachtete Natur wie im Emblem als Gleichnis für geistliche Sachverhalte dient.

[12]   »Sitz im Leben der physikotheologischen Werke ist die kompendienhafte Vermittlung naturwissenschaftlicher Erkenntnisse an das Bildungsbürgertum.« Ebd., 154.

[13]   Fabricius, Hydrotheologie (Anm. 5),):(3 r.

[14]   Ebd.,):(3 r.

[15]   Ebd., 75.

[16]   Ebd., 83–86.

Theologisch im grundsätzlichen Sinne wird Fabricius nur an wenigen, aber wichtigen Stellen. Zuerst in den Titeln seiner Werke bzw. Übersetzungen: durch die Betrachtung des Wasser, des Feuers, des Himmels usw. soll der betrachtende Mensch angeregt werden, den Schöpfer derselben zu loben. Am aufschlußreichsten, wie sich Fabricius das denkt, ist das 30. Capitel des ersten Buches, »Daß die bisher betrachtete Eigenschaften des Wassers sonderlich die Weisheit und Güte des grossen Schöpfers bemercken, wenn man sie nicht nur jede für sich, sondern gegen einander, und gegen andere Creaturen betrachtet.«[17] Er erläutert das so, daß keine von den Kreaturen ist,

> »die nicht neue Materie giebt sich über die Grösse der Wercke des HERRN zu verwundern, und wie David bezeugt, wenn man ihr achtet, eitel Lust daran zu haben. Also ist auch so viel schönes und herrliches an dem einigen Geschöpfe des Wassers uns vorkommen, deren iegliche einzelne Betrachtung schon ein vernünfftiges Auge ergetzen, und das Hertz mit verwunderndem Vergnügen, zum Preis und Lobe GOTTES, ermuntern kan.«[18]

Er fährt fort:

> »Daß ie mehr wir dieses alles erwegen, und ie fleißiger demselben nachdencken, wir allenthalben finden, daß die Welt sey ein mit allem Fleiß gemachtes vortrefliches Uhr-Werk, von dem gütigsten Meister zu den weisesten Absichten bereitet, darin der gröste Ressort ist das Feuer, das Wasser aber, die Lufft und Erde sind die grossen Räder, so künstlich eingerichtet und so genau in einander geflochten, daß durch derselben beständige Wirckungen und Einhalt gegen einander, die herrlichsten Dinge entstehen, und die nützlichsten Bewegungen unterhalten werden.«[19]

Die Aussage über die Nützlichkeit der Bewegungen in der Welt, die als Uhrwerk vorgestellt wird, kann in dieser Weise weiter bestimmt werden:

> »daß unter allen Eigenschafften des Wassers keine ist, der nicht die andern Elemente und übrige Creaturen bey gewisser Gelegenheit bedürffen, auch keine, der sie nicht zu ihrem Nutzen sich zu bedienen und zu erfreuen haben. Daß also nichts daran ümsonst, nichts ohne Absicht, nichts ohne sonderbahren und herrlichen, ja mannigfaltigen Nutzen sich findet. Diese Nutzen zu bemercken, ist das beste Stück einer Natur-Lehre, und sie danckbarlich zu erkennen, ein offenbahres Theil unserer Schuldigkeit. Nur allein dadurch wird die Betrachtung des Wassers zu einer Hydro-

---

[17]   Ebd., 80.

[18]   Ebd., 80 f.

[19]   Ebd., 81.

Theologie, und einer Lehre, die uns zu Gott hinauf führet: denn daraus sehen wir, wie alle Dinge einen Meister und Schöpfer haben, der uns und alles üm uns her gemacht, daß wir des Wassers nicht entbehren können [...]«.[20]

Die Naturerforschung hat also ihre höchste Erkenntnis darin, daß ein Teil oder eine Eigenschaft eines Teils der Natur um eines anderen willen da ist. Diese teleologische Ordnung stammt von Gott als dem Schöpfer der Natur. Es geht dabei nicht nur darum, daß die Natur so eingerichtet ist, daß sie dem Menschen nützt. Die verschiedenen Teile der Natur sind alle so eingeordnet, daß der eine dem anderen dient und umgekehrt. Man kann also mit Krolzik von einer nicht nur anthropozentrischen, sondern auch zirkulären Teleologie sprechen.[21] Das letzte Ziel dieser teleologischen Ordnung ist aber das Lob Gottes, das in dem Menschen durch die Betrachtung dieses Gesamtzusammenhanges entspringt. Je nachdem, welcher Teil der Natur betrachtet wird, entsteht dann aus dieser Betrachtung eine Theologie des Wassers, des Feuers, der Sterne, der Steine usw.

Fabricius bleibt nun mit der Theologie, in welche er seine naturwissenschaftlichen Erkundigungen einordnet, welche auf der Höhe der Forschung seiner Zeit stehen,[22] ganz in den Grenzen der überlieferten, d.h. konkret der orthodoxlutherischen Lehre. Er war Bibliothekar und Doktorand Johann Friedrich Mayers, des streng orthodox-lutherischen Hauptpastors an St. Jakobi in Hamburg und Professors in Kiel,[23] und nichts weist darauf hin, daß er jemals von diesem theologischen Standpunkt sich entfernt hätte.

Das theologische Lehrstück, auf welches Fabricius hier zurückgreift, ist die Lehre von der Providenz Gottes. Diese wird von Leonhart Hütter, dem Verfasser des normativen lutherischen Schulbuches für Theologie, des ›Compendium locorum theologicorum‹ von 1610 so definiert:

»Die Vorsehung Gottes ist eine solche Handlung, durch welche Gott nicht bloß alles weiß, was geschieht, das Gute oder das Böse, sondern auch die Dinge, welche

---

[20]   Ebd., 81 f.

[21]   Krolzik, Säkularisierung (Anm. 11), 175; 178; 184. So erklärt Fabricius: »Diese alle [Bewegungen] müssen auf vielfältige Weise zustatten kommen der Bildung der andern Creaturen, deren Wachsthum, auch der Lebenden unterhalte und ihrem Vergnügen«, dann erst setzt er hinzu: »am allermeisten des Menschen selbst.«, Hydrotheologie (Anm. 5), I. 30,81. Vgl. Hydrotheologie III. 16.

[22]   Krolzik, Säkularisierung (Anm. 11), 142.

[23]   Krolzik, Art. Fabricius (Anm. 1); ders., Säkularisierung (Anm. 11), 172. Zu Johann Friedrich Mayer (1650–1712) s. Johannes Wallmann, Art. Mayer, Johann Friedrich. In: Religion in Geschichte und Gegenwart[4] 5, 2002, 941 f. Er war 1686–1701 Hauptpastor an St. Jakobi und zugleich Professor an der Universität Kiel.

er erschaffen hat, erhält und bewahrt.«[24] Die Vorsehung Gottes umfaßt nun als allgemeine Vorsehung die Bewahrung der Natur unter Absehung von der Sonderstellung des Menschen:

> »Die allgemeine Vorsehung wird die genannt, welche allgemein als jene Erhaltung aller geschaffenen Dinge angesehen wird, durch welche Gott die Ordnung und das Maß der Tätigkeit der Natur unversehrt bewahrt und erhält, wie die regelmäßige Ordnung der Bewegungen unter den Himmelskörpern, den Wechsel der Zeiten, die Beständigkeit der Flüsse, die Fruchtbarkeit der Erde und der Tiere und dergleichen.«[25]

Spricht Hütter von der besonderen Vorsehung (*providentia peculiaris*, sonst *providentia specialis* genannt), so zeigt sich, daß dieses ordnende Handeln Gottes teleologisch zu verstehen ist: Gott ordnet, indem er auf bestimmte Ziele hin ausrichtet, die er selbst setzt. Letztlich ist das Ziel die Ehre Gottes und das Heil der von ihm Erwählten.[26] Der Rostocker Theologe Johann Friedrich König macht in seiner *Theologia positiva acroamatica* von 1664 bei der Analyse des Providenz-Begriffes ebenfalls dessen teleologische Anlage deutlich. Ein Element der Vorsehung ist die Lenkung (*gubernatio*) als »das Handeln der göttlichen Vorsehung, durch welches Gott die Geschöpfe in ihren Vermögen, Tätigkeiten und Widerfahrnissen angemessen zur Ehre des Schöpfers, zum Besten dieser Welt und besonders zum Heil der Frommen ordnet.«[27]

---

[24]   »Providentia Dei est talis actio, quâ Deus non tantùm nudè omnia scit, quae fiunt & geruntur, tum bona, tum mala: sed etiam quâ res à se conditas sustentat & conservat«, Leonhart Hütter [Leonhard Hutter]: COMPENDIUM LOCORUM THEOLOGICORUM EX SCRIPTURIS SACRIS ET LIBRO CONCORDIAE. Lat.-dt .–engl. Krit. hrsg., kommentiert u. mit einem Nachwort sowie einer Bibliographie sämtlicher Drucke des Compendium versehen von Johann Anselm Steiger, Teilbd. 1, Stuttgart-Bad Cannstatt 2006 (Doctrina et Pietas II. 3.1): 141,18–142,1 (VII.2 in der Zählung des Compendiums).

[25]   »Generalis sive Universalis providentia dicitur, quae consideratur generatim in illa rerum conditarum sustentatione, quâ Deus ordinem sive modum naturae agendi incolumen servat & sustentat: ut motuum in corporibus coelestibus ordinem regularem, vices temporum, perennitates fluminum, foecunditatem terrae, animantium: & id genus alia.« Ebd., 144,1–7 (VII.4 in der Zählung des Compendiums).

[26]   In Fortsetzung des Zitats zwei Anmerkungen zuvor: »praecipuè autem salvandorum salutem procurat: actiones hominum bonas praecipit, juvat, promovet: malas prohibet, & detestatur: easque vel impedit; vel ita permittit, ut tamen ratione finis eas dirigat, etiam contra voluntatem Diaboli & impiorum, ad suam gloriam, & Electorum salutem.« Ebd., 142,1–5 (VII.2 in der Zählung des Compendiums), vgl. Compendium VII.4.

[27]   »Gubernatio est actus providenntiae Divinae, quo Deus creaturas in viribus, actionibus & passionibus suis decenter ordinat, ad Creatoris gloriam, & universi hujus bonum, ac piorum inprimis salutem.« § 269, vgl. § 263; 269. Ein Element der gubernatio wiederum ist die *directio*: § 272. Von dieser sagt König: »Directio est *actus providentiae gubernatricis, quo Deus*

Was Fabricius in seinen physikotheologischen Schriften darlegt, steht also ganz auf dem Grund der orthodox-lutherischen Providentia-Lehre, die auch in der geistlichen Poesie dieses Zeitalters sich ausdrückt, wie etwa dieser Liedstrophe Paul Gerhardts:

»Der Wolken, Luft und Winden
Gibt Wege Lauf und Bahn,
Der wird auch Wege finden,
Da dein Fuß gehen kann.«[28]

Die Ordnung, die Gott der nicht-menschlichen Natur gibt, leitet dazu an, eine Analogie im menschlichen Leben zu finden. Es ist in vergleichbarer Weise von Gott geordnet und hat einen Sinn. Durch diese Einsicht wird die Zuversicht des Menschen geweckt.[29]

Man sollte nicht meinen, weil Fabricius die seinerzeit sehr beliebte Metapher des Uhrwerks wählt, um Gottes teleologisch-anordnendes Handeln zu veranschaulichen, er sei Deist in dem Sinne, daß Gott sich nach der Schöpfung aus seiner Schöpfung zurückzöge und er sich nicht das Recht vorbehielte, in den von ihm geregelten Ablauf der Natur einzugreifen. Vielmehr ist das Uhrwerk die Weise, in welcher Gott weiterhin in seiner Schöpfung fortwirkt, und gelegentlich

---

creaturarum actiones ita moderatur, ut ferantur in objectum ab infinito agente intentum, & in finem ab eodem praestitutum.« Johann Friedrich König, Theologia positiva acroamatica (Rostock 1664). Hrsg. u. übers. v. Andreas Stegmann, Tübingen 2006, 100. Hervorhebungen im Zitat J. F. K. Dadurch, daß König die Unterscheidung zwischen *providentia generalis* und *specialis* der Materie oder dem Objekt der Vorsehung zuordnet (§ 253–255), die Unterscheidung unter den verschiedenen Handlungen der Vorsehung aber deren Form (§ 262 f.), wird ersichtlich, daß auch das Walten der Vorsehung in der Natur und nicht nur das an den Menschen oder den Erwählten als teleologisch bestimmt werden muß. Zu der Providenz-Lehre in der altprotestantischen Dogmatik in Übersicht s. auch Krolzik, Säkularisierung (Anm. 11), 68–81; Carl Heinz Ratschow, Lutherische Dogmatik zwischen Reformation und Aufklärung, Teil II., Gütersloh 1966, 208–247.

[28]   Befiehl du deine Wege, Str. 1, 5–8, Paul Gerhardt, Wach auf, mein Herz und singe. Gesamtausgabe seiner Lieder und Gedichte. Hrsg. v. Eberhard von Cranach-Sichart. Wuppertal/Kassel [2]1982.

[29]   Vgl. Elke Axmacher, Ein Lied von der göttlichen Providenz. Befiehl du deine Wege. In: Dies., Johann Arndt und Paul Gerhardt. Studien zur Theologie, Frömmigkeit und geistlichen Dichtung des 17. Jahrhunderts, Tübingen/Basel 2003 (Mainzer Hymnologische Studien 3), 103–142.

gibt Fabricius zu erkennen, daß er selbstverständlich an die in der Bibel bezeugten Wunder glaubt.[30]

Die umfangreiche Ausbreitung naturwissenschaftlicher Erkenntnisse in den physikotheologischen Schriften Anfang des 18. Jahrhunderts sind auch nicht als ein unbesonnener Versuch aufzufassen, das Band zwischen christlicher Theologie und Naturwissenschaft doch noch festzuhalten, nachdem das heliozentrische Planetenmodell des Kopernikus dem biblischen Weltbild einen so empfindlichen Stoß versetzt habe.[31] Es hat vielmehr einen solchen »kopernikanisch-brunoischen« Schock nicht gegeben, und das Christentum des 17. und angehenden 18. Jahrhunderts war imstande, die Erkenntnisse des Kopernikus und Galilei mit seiner Auffassung der Bibel zu vereinbaren.[32] Die Physikotheologie, wie sie sich bei Fabricius zeigt, war einfach der Weg, die neuen naturwissenschaftlichen Erkenntnisse zu verbreiten und einzuordnen in die überlieferte Auffassung von der Natur als einem Werk Gottes. Gegen diese Erkenntnisse gab es kein Ressentiment, und die traditionelle Schöpfungs- und Providenzlehre war elastisch genug, sie zu integrieren. Johann Albert Fabricius ist somit nicht als »Haupt der norddeutschen Frühaufklärung« anzusehen,[33] sondern als orthodoxer Lutheraner mit einem weiten Bildungshorizont.

---

[30]   So Hydrotheologie (Anm. 5) II, 9, das Wunder, daß Mose aus dem Felsen Wasser schlug. Diese Welt besteht ohnehin nur zwischen der Sintflut und der Zerstörung durch das Feuer: ebd., I, 31.

[31]   So Möller (Anm. 3), 37–39.

[32]   Für das erste siehe die Belege bei Krolzik, Säkularisierung (Anm. 11), 166–169, für das zweite Derham, Astrotheologie (Anm. 8), CXVIIIf: »so ist daher zu sehen daß die Heilige Schrifft dem Copernicanischen Systemati nicht zuwider ist, sondern daß die Orter welche damit zu streiten scheinen, die Sachen ausdrücken, so wie sie den äuserliche Sinnen erscheinen, nicht wie ihre Beschaffenheit in der That ist. Denn wie der Heil. Hieronymus sagt/ so ist das in der Heil. Schrifft nichts ungewöhnliches, daß auf Historische Weise die gemeine Meynung angeführet wird, wie zu selbiger Zeit jedermann es für wahr gehalten. Und an einem andern Orte sagt er es werde in der Schrifft unterschiedliches ausgedrücket nach der Meynung derselbigen Zeiten darinnen sie sich zugetragen haben, nicht nach der wahren Natur der Sache. Es ist auch dieses gantz vernünfftig, und dem Endzweck und der Absicht der Heil. Schrifft gemäß, welche, wie ich bereits gesagt habe, mehr gerichtet ist uns von Göttlichen Glaubens und Tugend-Lehren zu unterrichten, als philosophische Warheiten zu erklären.« Die Verweise auf Hieronymus betreffen *In Matth.* 14 und *In Jerem.* 28, es folgt noch ein Zitat aus Augustin, De Genesi ad litteram lib. 2, cap. 10. Der »Fall Galilei«, in welchem frühneuzeitliche Naturwissenschaft und Christentum sich im Streit getrennt hätten, ist ein konstruierter Ursprungsmythos säkularistischer Geschichtssicht.

[33]   So Krolzik, Art. Fabricius (Anm. 1). Der Begriff der »Aufklärung«, der nicht nur als deskriptiver Begriff, sondern auch als Normbegriff verwendet wird – was nicht »aufgeklärt« ist, das ist eben »gegen-aufklärerisch« oder, wenn es früh genug stattgefunden hat, »voraufgeklärt« – bedarf der kritischen Überprüfung. Siehe als Beispiel einer solchen Ulrich

Für die orthodox-lutherische Providenz-Lehre ist allerdings ein Punkt von wesentlicher Bedeutung, den bereits Melanchthon, von dem diese Lehre letztlich stammt, hervorgehoben hat: die Begründung der Providenz ruht in erster Linie auf der Heiligen Schrift, also auf der Offenbarung, und erst in zweiter Linie auf der Vernunft.[34] So sagt Melanchthon, daß die Argumente für die Providenz aus der Betrachtung der Welt viel schwächer seien als die aus der Schrift; nur für die Gläubigen, die *bonae mentes*, seien jene überhaupt von Nutzen, und zwar im Sinne einer zusätzlichen Bekräftigung: »Nachdem der Geist aber gestärkt worden ist durch die wahre und richtige Lehre von Gott, der Schöpfung, der Gegenwart Gottes in den Geschöpfen und der Regelung der Zweitursachen aus dem Wort Gottes [...], ist es sodann auch nützlich und erfreulich, das Schöpferwerk der Welt zu betrachten und in ihm die Spuren Gottes zu suchen [...] Und wenn die menschlichen Geister das erste Licht [des Urstandes vor dem Fall] behalten hätten, wären diese Kennzeichen Gottes viel klarer. Jetzt werden wir durch viele Zweifel erschüttert. Aber für die guten Geister ist es nützlich, einige Beweise zu haben [...].«[35]

Gaier, Gegenaufklärung im Namen des Logos: Hamann und Herder. In: Aufklärung und Gegenaufklärung in der europäischen Literatur, Philosophie und Politik von der Antike bis zur Gegenwart. Hrsg. v. Jochen Schmidt, Darmstadt 1989, 260–276.

[34] Hütter nennt nur Schriftargumente für die Existenz einer göttlichen Vorsehung: Compendium (Anm. 24), 140 (VII.1), nämlich Jer 10,23; Sap 14,3; Joh 5,17; Apg 17,25; Hebr 1,3, desgleichen König (Anm. 27), 96 (§ 251) für die Providenz im allgemeinen Ps 139,7–10; Jer 10,23; Joh 5,17; Apg 17, 25. 28; Hebr 1,3; Sap 6,8; 12,13; 14,3, für die *directio* im besonderen, ebd., 100 (§ 273) 1. Sam 9,17; 10,21; 16,7ff.; Jes 55,10f.; Gen 37,7; 50,20; Apg 4,28; Röm 8,28ff.

[35] Philipp Melanchthon: »Postquam autem mens confirmata est vera et recta sententia de Deo et de Creatione ac praesentia Dei in creaturis et moderatione causarum secundarum ex verbo Dei [...] tunc etiam utile et iucundum est aspicere opificium mundi et in eo vestigia Dei quaerere [...] Et si humanae mentes primam lucem retinuissent, hae notitiae de Deo multo fuissent illustriores. Nunc multis dubitationibus conturbantur. Sed bonis mentibus utile est tenere aliquas demonstrationibus [...]«, Loci praecipui theologici von 1559, Werke in Auswahl, bearb. v. Hans Engelland, fortgef. v. Robert Stupperich, Bd. II/1, 2., neubearb. Aufl. Gütersloh 1978, 246,7–247,5. Angesichts der Argumente, die gegen eine ausschließlich aus der natürlichen Vernunft begründete Providenz vorgebracht werden können – das Böse und die Unordnung – arbeitet ein Theologe wie Hütter mit einem Providenzbegriff, der durch die Eschatologie und die Erwählung, also durch die Offenbarung bestimmt ist, s. Sven Grosse, Gott und das Leid in den Liedern Paul Gerhardts. Göttingen 2001 (Forschungen zur Kirchen- und Dogmengeschichte 83), 44–48, vgl. 50; 51–58.

1. Barthold Heinrich Brockes und Hermann Samuel Reimarus

Es gehört zu der Eigenart der physikotheologischen Schriften des Fabricius, daß er an einigen Stellen auch Verse aus Gedichten des von ihm hochgeschätzten Brockes einfließen läßt. Brockes berühmte Gedichtsammlung trägt den aufschlußreichen Titel, der sich vollständig zu zitieren lohnt: »Irdisches Vergnügen in GOTT bestehend in Physicalisch- und Moralischen Gedichten«.[36]

In diesen Gedichten findet sich gleichfalls Naturbetrachtung, nur weniger wissenschaftlich entfaltet, und wiederum die Hinführung dieser Betrachtung auf das Lob Gottes als des Schöpfers hin, der alles so wunderbar und sinnvoll eingerichtet hat. So heißt es in der Hydrotheologie II, 28 am Schluß:

> »Grosser GOTT! Aus dessen Willen
> Alle Meer, als Bächlein quillen
> [...]
> Du nur hast der weichen Fluth,
> Deiner Creatur zu gut,
> Diese Wunder-Eigenschaft,
> Daß sie flüssig ist, gegeben
> [...]
> Alle Wasser-Fäll und Meere,
> Wallen, HERR, zu Deiner Ehre.«[37]

---

[36]   So in der Ausgabe des Zweiten Teils, Hamburg 1734. Genauere Angaben dazu in der folgenden Anmerkung.

[37]   Hydrotheologie (Anm. 5), II, 28, S. 172. Fabricius gibt hier wie auch sonst die Fundorte an, doch ohne die Jahreszahl der Ausgabe zu nennen. Hier: Irdisch Vergnügen in *Gott*, Tom. 2, pag. 125. Die anderen Stellen sind: – Hydrotheologie I, 5,14, gemäß Fabricius kompiliert aus: Irdisch Vergnügen in *Gott*, T. 2, p. 157; 175; 213; – Hydrotheologie I, 22,63 f.: daß Wasser Tropfen bildet, nach der Angabe des Fabricius: Irdisch Vergnügen in *Gott*, T. 2, p. 208, in der Ausgabe Herrn B. H. Brockes [...] Irdisches Vergnügen in *Gott* bestehend in Physicalisch- und Moralischen Gedichten [...] Hamburg [...] 1734, in der Ausgabe Barthold Heinrich Brockes: Irdisches Vergnügen in Gott. Hrsg. u. komm. v. Jürgen Rathje, Bd. 2., Göttingen 2013, 528,10–20; – Hydrotheologie III, 33,435 f.: nach Fabricius Irdisch Vergnügen in *Gott*, T. 1, p. 36, in der Ausgabe Herrn B. H. Brockes [...] Irdisches Vergnügen in *Gott* bestehend in Physicalisch- und Moralischen Gedichten [...]. Sechste, neu-übersehene und verbesserte Auflage, Hamburg [...] 1737, 35, in der Ausgabe Barthold Heinrich Brockes: Irdisches Vergnügen in *Gott.* Hrsg. u. komm. v. Jürgen Rathje, Bd. 1., Göttingen 2013, 35,29–36,18. – Pyrotheologie, Hamburg 1732, 119: nach Fabricius Irdisch Vergnügen in Gott, T. 1, p. 342, in der Ausgabe Hamburg 1737, 338, in der Ausgabe Göttingen 2013, Bd. 1, 267,6–14.

Auch Hermann Samuel Reimarus, der Kollege und Schwiegersohn des Fabricius und jüngere Freund Brockes' lehrt diesen Begriff einer göttlichen Vorsehung. In seinem Werk ›Die vornehmsten Wahrheiten der natürlichen Religion in zehn Abhandlungen auf eine begreifliche Art erkläret und gerettet‹ von 1754 erklärt er:

> »Es ist demnach auch sinnlich offenbar, daß Gottes allmächtige Wirkung in die Welt nicht mit der Schöpfung ganz aufgehöret habe, sondern sich, wie sein Wissen und Wollen, über die ganze Dauer der Welt erstrecke, und seine Absicht in der Welt auf das Wohl der Lebendigen auch thätig hinausführe. Und dieses ist es, was wir eine göttliche Vorsehung nennen.«[38]

Soweit betrachtet besteht zwischen Fabricius, Reimarus und Brockes Übereinstimmung. Und doch liegt diese Übereinstimmung auf einer Oberfläche, unter der sich ein Riß durchzuziehen beginnt. Wohl nicht zu Lebzeiten des 1736, bald nach dem Erscheinen seiner physikotheologischen Werke verstorbenen Fabricius, aber bald danach setzt dieser Riß ein. Er ist so beschaffen, daß er durchaus die Oberfläche der Übereinstimmung nicht zerstörte, nämlich dem Anliegen, Gott aufgrund seiner aufweisbaren sinnvollen und guten Ordnung in der Natur zu preisen.

Im handschriftlichen Nachlaß des Brockes fand sich ein aus nachvollziehbaren Gründen zu Lebzeiten nie veröffentlichtes Gedicht, ›Gedancken über den Gottesdienst der Juden im Alten und der Christen im neuen Testament‹.[39] Es ist wohl in den letzten Lebensjahren des Dichters, zwischen 1744 und 1747, entstanden.[40] Dieses Gedicht ist ein Schmähgedicht auf den jüdischen und den christlichen Gottesdienst und vor allem auf eine Reihe von Lehren der christlichen Theologie. Gott bedarf der Opfer nicht. Christus hat nicht die Opfer des Alten Bundes als Bild auf sich selbst verstanden. Brockes verwirft die für das Christentum wesentlichen Dogmen von der Trinität und der Inkarnation, wenn er schreibt,

---

[38] Hermann Samuel Reimarus: Die vornehmsten Wahrheiten der natürlichen Religion in zehn Abhandlungen auf eine begreifliche Art erkläret und gerettet von Hermann Samuel Reimarus [Erstveröffentlichung Hamburg 1754. Zitiert wird nach:] Zweyte verbesserte Auflage, Hamburg 1755, 550.

[39] Erstmals ediert von Wilhelm Deckelmann (Anm. 4), 159–161.

[40] Ebd., 158.

> »Dich [Gott] würde man nicht kennen, solange man ihn als
> dreyfach theilbar nennet
> Und dein vollkommnes Eins in Fleisch und Beinen glaubt,
> Und deiner Majestät selbst Kron und Scepter raubt.«[41]

Die christliche Lehre vom erlösenden Kreuzestod Christi wird von Brockes so dargestellt:

> »War eine Schlange Dir mehr als die Menschen lieb?
> Erwürgtestu den Sohn, und schenckst die Schuld dem Dieb?«[42]

Der alternde Brockes gesteht seinen Zweifel an solchen Lehren der »Pfaffen« und erklärt:

> »Ich weiß, wie wohl ich jetzt mit meinem Schöpfer steh,
> Und suche, daß ich Ihn mit heitren Augen seh.
> Ich seh ihn, aber nicht wie ihr mit Fleisch verbunden.«[43]

Brockes führt reihenweise Anstößigkeiten und Paradoxien der christlichen Lehre auf – daß Gott so wie ein Mensch – oder war wie ein wildes Tier – Zorn habe, daß ihn etwas gereuen könne, daß Gott seinem Feind, dem Satan,

> »[...] nachdem Er ihn besiegt,
> Noch gönnen muß, daß er die meisten Seelen kriegt.«[44]

Bemerkenswert an Brockes' Art der Darbietung christlicher Theologoumena ist, wie er sie als völlig widersinnig und dumm erscheinen läßt, unter völligem Abblenden der Reflexion und vernünftigen Argumentation, welche die christliche Theologie seit der Alten Kirche den Lehren von der Menschwerdung Gottes, von der Trinität, von dem Sinn der anthropomorphen Rede von Gott, von dem Verhältnis von Versöhnung, Erwählung und menschlicher Entscheidung angesichts des Heilsangebotes usw. zugewandt hat. Hier findet ein gewaltsames Sich-fremd-Machen der christlichen Tradition statt.

Diesem Knäuel scheinbarer Ungereimtheiten hält Brockes nun den Begriff einer lichten und einfachen, die Schöpfung betrachtenden Vernunft als Grundlage seiner Theologie entgegen:

---

[41]   Ebd., 159,30–32.
[42]   Ebd., 159,35 f.
[43]   Ebd., 160,52–54.
[44]   Ebd., 160,75 f.

»Nein, so erkenn ich nicht den allerhöchsten Schöpfer:
Er ist die Almacht selbst, und nicht ein schlechter Töpfer:
Sein Wille lauter Kraft, sein Wircken lauter Heil
[...]
Er ist der Weißheit Quell, sein Thun ist lauter Segen,
Sein Wesen lauter Licht, und dem kein Ding entgegen:
Gantz unermeßlich groß, gantz unaussprechlich gut,
Gantz unbeschreiblich hoch, nicht niedrig Fleisch und Blut.
Ihn siehet die Vernunft, als seines Geistes Stärcke,
Durch alle Creatur als seiner Hände Wercke«.[45]

1712 hatte Brockes ein Passionsoratorium veröffentlicht: »Der/ Für die Sünde der Welt/ Gemarterte und Sterbende/ JESUS [...]«. Es war hochgefeiert und ist zu seiner Zeit u.a. von Händel und Telemann vertont worden.[46] Nichts in diesem Werk, das außer einer von Brockes verfaßten Evangelienharmonie von ihm gedichtete Worte der »Tochter Zion« und der drei »gläubigen Seelen« enthält, weist auf die Polemik des späten, unveröffentlichten Gedichtes hin. Fabricius hatte in seiner Widmungsvorrede zu seiner Übersetzung von Derhams Astrotheologie Brockes noch gepriesen, nicht so sehr wegen seines hervorragenden Stils, sondern »daß sie ihren [Brockes ist angeredet] so schönen poetischen Kiel geheiliget/ JESU unsers Heylandes Leyden und Sterben damit beweglich vorzustellen/ die grossen Wercke GOTTES nach dem Leben zu beschreiben/ dem allerlieblichsten Schöpffer Lob- und Danck-Lieder anzustimmen [...]«.[47] Der Zusammenhang von dem in der Natur dem Betrachter sich darbietenden Schöpfungshandeln Gottes und seinem Erlösungshandeln in Jesus Christus, der es Fabricius erlaubte, in der Vorrede zu einem astronomischen Werk das Verdienst eines Dichters für ein Passionsoratorium und für seine physikotheologisch ausdeutende Naturpoesie in einem Atemzug zu rühmen, ist dem späten Brockes gründlich verloren gegangen. Vielleicht war aber schon der Brockes von 1712 nicht so sehr ein Bekenner als ein Dichter, der wußte, wie man konventionelle Affekte poetisch darstellen und hervorrufen konnte und dessen Ressentiment gegen die christliche Lehre, zu der man in Hamburg zu jener Zeit verpflichtet war, später um so stärker hervortrat.[48]

---

[45] Ebd., 160,77–86.

[46] Carsten Lange, Nachwort zu: Georg Philipp Telemann: Der für die Sünde der Welt leidende und sterbende Jesus. Passionsoratorium auf Worte von Barthold Heinrich Brockes. Textdruck. Hrsg. u. mit einem Nachwort von Carsten Lange, Magdeburg 1990, 1.

[47] Derham, Astrotheologie (Anm. 8), VIII.

[48] Etwas anders als mit dem Passionsoratorium steht es mit dem ›Irdischen Vergnügen in Gott‹. Dort wird in der zweiten Auflage von 1724 von den »Dreyling-förmige[-n]« Gedanken und Ideen von Gott gesprochen, welche, »durch unserer Schulen Lehrer« übernommen, verhindern, etwas von der Majestät Gottes zu verstehen. Statt solcher Gedanken solle man

So wie Brockes hat Reimarus seinen Bruch mit dem Christentum zu Lebzeiten höchstens angedeutet, aber nicht offen vorgetragen. Reimarus arbeitete seit 1744 im Geheimen an seiner ›*Apologie* oder Schutzschrift für die vernünftigen Verehrer Gottes‹.[49] Erst nach dem Tode des Reimarus 1764 brachte Lessing zwischen 1774 und 1778 Auszüge daraus als »Fragmente eines Ungenannten« heraus und erzeugte damit den bekannten Fragmentenstreit.[50] In einer Reihe wesentlicher Punkte der Kritik des Christentums und des Judentums zeigt sich eine auffällige Übereinstimmung zwischen der Apologie des Reimarus und dem Schmähgedicht Brockes'. Reimarus und Brockes standen in dessen letzten Lebensjahren in engem Austausch miteinander, und Brockes hat zu den wenigen gehört, denen Reimarus Einsicht in seine Schrift gewährte.[51]

Was war nun der entscheidende Punkt, an welchem die Linie, die von Fabricius zu Brockes und Reimarus hinüberführt, abknickt? An welchem Punkt eröffnet sich der Riß, der den ersten von den beiden anderen trennt, unter der Oberfläche der von allen dreien hochgehaltenen frommen Physikotheologie hindurch?

Einen erhellenden Hinweis gibt der ›Vorbericht‹ der schon zitierten Schrift des Reimarus über ›Die vornehmsten Wahrheiten der natürlichen Religion‹ von 1754. Reimarus berichtet dort, daß »seit wenig Jahren eine ganz ungewohnte Menge kleiner Schriften, mehrentheils in französischer Sprache, über die Welt

---

sich den Werken des Schöpfers zuwenden. In der ersten Auflage von 1721 stand noch »Pfennings-förmige/ Gedancken und Ideen«, s. die Ausgabe hg. v. Jürgen Rathje (Anm. 37), Bd. 1, 335,1 und die textkritische Anmerkung dazu, ebd., Bd. 2, 934. Weitere Stellen in dem ›Irdischen Vergnügen‹, welche eine Abwendung vom Christentum andeuten, sind aufgelistet bei David Friedrich Strauß, Gesammelte Schriften, Bd. 2., Bonn 1876, 8 ff., und Alois Brandl, Barthold Heinrich Brockes, Innsbruck 1878, 44 ff.; 103 ff., vgl. Deckelmann (Anm. 4), 147. Zu der neueren Diskussion über Brockes' theologischen Standpunkt in seinem Hauptwerk s. Krolzik, Säkularisierung (Anm. 11), 149, Anm. 71.

[49]   Deckelmann (Anm. 4), 147; Hermann Samuel Reimarus, *Apologie* oder Schutzschrift für die vernünftigen Verehrer Gottes. Hrsg. v. Gerhard Alexander, Bd. 1. ›Frankfurt a. M. 1972, 26.

[50]   Diese Auszüge sind, Von Duldung der Deisten. Fragment eines Ungenannten, 1774. In: Gotthold Ephraim Lessing: Werke und Briefe. Hrsg. v. Wilfried Barner u. a., Bd. 8. Frankfurt a. M. 1989, 115–134; Ein Mehreres aus den Papieren des Ungenannten, die Offenbarung betreffend, 1777, nämlich [1.] *Von Verschreiung der Vernunft auf den Kanzeln*, [2.] *Unmöglichkeit einer Offenbarung, die alle Menschen auf eine gegründete Art glauben könnten*, [3.] *Durchgang der Israeliten durchs Rote Meer*, [4.] *Daß die Bücher A. T. nicht geschrieben worden, eine Religion zu offenbaren*, [5.] *Über die Auferstehungsgeschichte*, ebd., 173–311, Von dem Zwecke Jesu und seiner Jünger. Noch ein Fragment des Wolfenbüttelschen Ungenannten, 1778. In: Gotthold Ephraim Lessing: Werke und Briefe. Hrsg. v. Wilfried Barner u. a., Bd. 9. Frankfurt a. M. 1993, 224–340.

[51]   Deckelmann (Anm. 4), 150–153; 155 f.; 147.

gestreuet ist, worin nicht sowohl das Christenthum, als vielmehr alle natürliche Religion und Sittlichkeit, verlacht und angefochten wird.«[52]

Reimarus sieht die beste, ja, die letztlich einzig wirksame Abhilfe gegen diese Angriffe darin, eine Vormauer[53] vor der christlichen Offenbarung aufzurichten, welche in »Gründen[n] der gesunden Vernunft« besteht, »die eine große Klarheit haben, und in ihrer Folgerung bald zu überdenken sind.«[54] Der Wahl dieser apologetischen Strategie liegt aber eine Entscheidung zugrunde, wie das Verhältnis von Vernunft und Offenbarungsglaube überhaupt zu sehen sei. Reimarus sagt:

> »Das Christenthum setzet die Wahrheiten der natürlichen Religion, von Gottes Daseyn, Eigenschaften, Schöpfung, Vorsehung, Absicht und Gesetze, von der Seele geistigen Wesen, Natur und Unsterblichkeit u.s.w. nicht allein voraus, sondern es legt dieselben auch zum Grund, und flicht sie mit in das Lehrgebäude seiner Geheimnisse ein. Was wäre also an sich menschlicher, als daß alle Menschen zuvörderst die edle Gabe der gesunden Vernunft auch zum Erkenntniß ihres Schöpfers anwendeten, und diese Einsicht, so weit sie reicht, mit den Glaubenslehren verknüpften? Denn wie kann einer mit Grund glauben, daß die Offenbarung von Gott komme, wenn er nicht vorher überführt ist, daß ein Gott sey? Wie kann er ihn lieben, ehren, und seinen Geboten willig gehorchen, wenn er seine Vollkommenheiten, Vorsehung und Absichten nicht erkennet? Wie kann er eine Seligkeit gewärtigen, und eine Belohnung hoffen, wenn er sich hat überreden lassen, daß er keine Seele habe, oder daß der ganze Mensch eine bloße verwesliche Maschine sey? Wenn wir nun das, was wir zuvor wissen können und sollen, in einen bloßen Glauben verwandeln, und der Glaube sich doch auf das Wissen bezieht und stützet; so kann, bey dem Mangel der Vormauer und Grundlage des Glaubens, durch einen geringen Stoß, der Glaube und das Christenthum selbst, ja alle Religion, leicht wankend gemacht werden und hinfallen.[55]

Für Reimarus – und darin folgt ihm der alte Brockes – erlangt die natürliche Vernunft die Priorität vor der biblisch bezeugten Offenbarung. Damit wird das Verhältnis umgekehrt, wie es Melanchthon bestimmt hatte und lange Zeit in

---

[52] Reimarus, Wahrheiten (Anm. 38), * 2 v.

[53] Ebd., * 3 v.

[54] Ebd., * 6 r. [die hier nicht vorhandene Seitenzählung wurde nach der vorausgehenden ergänzt, S. G.] Reimarus grenzt sich hier nicht nur von einer Verteidigung der Offenbarung durch sich selbst ab, sondern auch durch eine im strengen oder höheren Sinne metaphysische Apologie: »Und warum sollte man auch eine Wahrheit, die für alle seyn soll, aus vielen abgesonderten Begriffen, durch weitgeholte und verkettete Vernunftschlüsse, suchen; wenn sie in gemeinen Erfahrungen und bekannten Grundsätzen vor Augen liegt, und darin, durch ein Paar leichte Schlüsse, begreiflich und zuverläßig kann gezeigt werden?«, ebd.

[55] Ebd., * 3 r–* 3 v.

der lutherischen Orthodoxie bestimmend war. Für Melanchthon ist die Offenbarung das gewissere. Die Vernunft, welche die Schöpfung betrachtet, ist nicht unbrauchbar, aber auf die Stützung durch die Offenbarung angewiesen. Erst für den, der durch die Offenbarung fest geworden ist, kann die Vernunft eine zusätzliche Bestätigung geben. Für Reimarus ist hingegen die Offenbarung angewiesen auf die Gewißheit, welche die Vernunft unabhängig von der Offenbarung hat. Von der Stärke ihres Schutzwalles, ihrer »Vormauer« ist die Geltung der Offenbarung abhängig.

Ist die Vernunft – also das, was Reimarus unter Vernunft versteht – aber das oberste Kriterium der Wahrheit, dann kann sie nicht nur eingesetzt werden, um die atheistischen und materialistischen Angriffe auf die Existenz Gottes und der Seele, auf die Vorsehung usw. abzuwehren, sondern sie kann und sie muß auch dazu verwendet werden, die Offenbarung zu prüfen und zu verwerfen, was an ihr in diesem Sinne widervernünftig ist. Das hat Reimarus auch getan, zwar nicht in seinen ›Vornehmsten Wahrheiten der natürlichen Religion‹, aber in seiner klandestinen ›Schutzschrift für die vernünftigen Verehrer Gottes‹.

Der Jubel über die wunderbare, sinnvolle Ordnung, die Gott in die Natur gelegt hat, welcher für Fabricius sehr wohl vereinbar mit der Bibel und der biblischen Heilsgeschichte war, wird für Brockes, der sich Reimarus anschließt, zu dem Bekenntnis einer »vernünftigen« Gottesverehrung, die sich von dem biblischen Glauben auf das schärfste abgrenzt. Die Vorsehung Gottes und mit ihr die Physikotheologie, bei Fabricius noch ein Stück innerhalb des orthodoxen christlichen Glaubens, sind für Reimarus und Brockes nun das zentrale Stück ihrer Theologie, die alle spezifisch christlichen Stücke von sich stößt.[56]

Es ist dabei wichtig zu sehen, daß eine physikotheologische Deutung der Natur in dem Zusammenhang des einen wie auch des anderen Glaubens vertreten werden kann. Mit der Physikotheologie als solcher ist keinesfalls schon der Übergang von der lutherischen Orthodoxie zu der Vernunftreligion des Reimarus vorbereitet.[57] Und auch die naturwissenschaftlichen Erkenntnisse, die Fabricius in seinen physikotheologischen Schriften ausbreitet, drängen nicht dazu. Der Weg von Fabricius zum späten Brockes und zu Reimarus ist nicht durch die Physikotheologie und auch nicht durch die naturwissenschaftlichen Erkenntnisse des 17. und 18. Jahrhunderts notwendig geworden, sondern er wurde angestoßen durch die Entscheidung für die Priorität der Vernunft – im Sinne eines bestimmten Vernunftbegriffs – gegenüber der biblischen Offenbarung.

---

[56]   Man betrachte hier den Aufriß der ›Vornehmsten Wahrheiten der natürlichen Religion‹, die, angefangen mit dem Ursprung der Menschen und Tiere, Stück für Stück aufbauen, bis sie bei der göttlichen Vorsehung angelangt sind.

[57]   Gegen Möller (Anm. 3), 36 f.

2. Über Reimarus hinaus: Kant und Darwin

Es soll nun noch ein Ausblick auf das Schicksal des physikotheologischen Ge-
dankens genommen werden, nachdem er in die Konstellation dieses aufgeklärten
Vernunftglaubens gekommen war.

Nicht lange nach der Veröffentlichung der Fragmente des Reimarus durch
Lessing wurde der physikotheologische Gottesbeweis in der 1781 veröffent-
lichten ›Kritik der reinen Vernunft‹ Immanuel Kants der Kritik unterworfen. Der
Vorwurf, Gott sich anthropomorph vorzustellen, den Brockes und Reimarus gegen die Bibel und die traditionelle Theologie erhoben hatten, wurde nun gegen
diesen Beweis selbst gewendet. Kant weist darauf hin, daß die »natürliche Vernunft« bei diesem Beweis nämlich einen Analogieschluß vollzieht. Man könnte
sagen, daß die Vernunft hier »der Natur Gewalt tut und sie nötigt, nicht nach
ihren Zwecken zu verfahren, sondern sich in die unsrigen zu schmiegen« und
»der Ähnlichkeit derselben mit Häusern, Schiffen, Uhren« wegen »schließt, es
werde eben eine solche Kausalität, nämlich Verstand und Wille, bei ihr zugrund
liegen«.[58] Kant nennt eine Reihe von Unterschieden, die zwischen dem, was durch
diesen Beweis bewiesen wird, und dem Gottesgedanken, dessen Existenz bewiesen werden soll, bestehen: es würde höchstens ein Weltbaumeister, der eine
schon vorhandene Materie formt, und nicht ein Weltschöpfer bewiesen, seine
Eigenschaften seien nur Verhältnisbestimmungen, betreffend das Verhältnis
zwischen der Größe des so von ihm geordneten Gegenstandes und der des
menschlichen Betrachters und seiner Fassungskraft.[59]

Kants Kritik hat nicht einmal die Voraussetzung dieser Analogie als Hauptgegenstand. Es wird aber dadurch wie auch durch die anderen Kritikpunkte
deutlich, daß der physikotheologische Gottesbeweis Voraussetzungen macht, die
eingeschlossen sind in eine Gruppe von Annahmen über das Wesen Gottes, welche
durch die christliche Offenbarung gesetzt sind. Die »aufgeklärte« Theologie des
Reimarus oder des späten Brockes lösen den Gottesgedanken der Physikotheologie
aus dem Verbund dieser Gruppe heraus. Es zeigt sich aber, daß, einmal herausgelöst, ein solcher reduzierter Gottesgedanke keinen Bestand hat, obgleich er einem Reimarus noch als viel plausibler als der christliche Gottesgedanke erschien.
Dieser Zerfall setzt sich nach Kant noch fort.

1859 erschien Charles Darwins ›On the Origin of Species by Means of Natural
Selection‹. Er vermeidet nicht völlig die Annahme einer Zweckdienlichkeit in
der Erklärung der Beschaffenheit von einzelnen Lesewesen und von Arten, er
schränkt sie aber sehr stark ein – man kann fragen, ob auf das äußerste Maß: Es
gibt Gegebenheiten in der Natur, welche sich als zweckdienlich erweisen, damit

---

[58]   Immanuel Kant, Kritik der reinen Vernunft, Elementarlehre II. Teil, 2. Abt., 2. Buch,
3. Hauptstück, Ausgabe A (1781) 626.
[59]   Ebd., A 627 f.

ein Lebewesen bzw. eine Art existiert, d. h. ihr hilft, im »Kampf ums Dasein« zu bestehen.

Das ist ein Gedanke, der, für sich genommen, auch bei Fabricius vorkommt: es gibt eine interne, man könnte mit Krolzik auch sagen, »zirkuläre« Verknüpfung von Zwecken, wodurch sich ein Ding in der Natur oder ein Zusammenhang von Naturdingen im Dasein erhält. Bei Darwin wird nun diese zirkuläre Teleologie aus ihrem umfassenden Zusammenhang herausgelöst. Erstens kommt bei ihm kein Weltschöpfer oder auch nur Weltbaumeister in Betracht, der diesen zirkulären Zusammenhang gestiftet hätte. Der göttliche Plan wird ersetzt »durch die evolutionären Prinzipien Variation und Selektion«.[60] Es gibt also – innerhalb dieser Theorie – zwar in bestimmten Zusammenhängen eine Zweckdienlichkeit, es gibt aber keine Absicht, welche diese Zwecke setzt, mithin auch kein vernunft- und willensbegabtes Wesen, das diese Absichten haben und realisieren könnte: »Eine der größten Leistungen Charles Darwins besteht gerade darin, die Ungerichtetheit kleiner phänotypischer Veränderungen sowie die Bedeutung ihrer Selektion (durch Mensch oder Natur) für die Veränderung der Lebewesen erkannt zu haben. So wurde die bis dahin oft unterstellte Formung der Eigenschaften lebender Organismen durch von innen oder außen (Gott) gesetzte Zwecke durch eine weniger voreingenommene Hypothese ersetzt.«[61] Als Argument dafür wird die Regel herangezogen, die »Ockhams Rasiermesser« genannt wird: »Alle Einflüsse, welche nicht zweifelsfrei vorhanden sind, sollten aus der wissenschaftlichen Erklärung eines natürlichen Phänomens herausgehalten werden.«[62] Daraus ergibt sich diese Überlegung: »Denn wenn ein wie auch immer geartetes Ziel für die Evolution lebender Organismen als gegeben anerkannt wird, wird damit eine zusätzliche, formende Kraft angenommen, die bisher niemals belegt werden konnte. Evolution ist – nach allem, was wir wissen – genauso ziellos wie endlos. Die Annahme, dass Mutationen zufällig im Hinblick auf ihren Wert für den Organismus erfolgen, führt keinen zusätzlichen Faktor in die Analyse der Evolution ein. Allein die Kombination unabweisbar existenter Faktoren der Evolution wie Mutation, Selektion und Drift führt zu einer Evolution, die dem äußeren Anschein nach durchaus gerichtet sein kann, jedoch nicht die Erreichung eines Zieles oder Zweckes, sondern weil sich manchmal Orga-

---

[60]   Birgit Biehler, Art. Physikotheologie. In: Enzyklopädie der Neuzeit 9 (2009), 1175–1181, hier 1180. Auf eine eigene Herleitung der darwinistischen Thesen aus den von Darwin selbst verfaßten Werken wird hier verzichtet.

[61]   Veiko Krauß, Gene, Zufall, Selektion. Populäre Vorstellungen zur Evolution und der Stand des Wissens. Berlin/Heidelberg 2014, 76.

[62]   Ebd., 75, vgl. 69.

nismen mit nicht durchschnittlichen Eigenschaften besser als solcher mit durchschnittlichen Eigenschaften fortpflanzen können.«[63]

Die zweite Veränderung, die Darwin gegenüber dem überlieferten teleologischen Denken vollzieht, ist diese: Wie nun die Existenz eines Zwecke setzenden und realisierenden Wesens ausgeschlossen wird, so auch das Denken eines Totalzusammenhanges, das einem übergeordneten Zweck dienen würde wie – miteinander verbunden – der Ehre Gottes, dem Heil der Erwählten, dem Lobpreis Gottes durch endliche vernunftbegabte Wesen, die Gottes zielgerichtetes Handeln in der Natur wahrnehmen und bewundern. Das, was dann von dieser darwinistischen Evolutionstheorie erklärt wird, ist, wie es ihr hier zitierter zeitgenössischer Vertreter Krauß sagt, genauso »ziellos« wie »endlos«, es ist also sinnlos.[64] Innerhalb einer solchen Theorie ist, anders als für die alte Physikotheologie,[65] auch das Leiden kein Problem, wenn Leiden als die Nicht-Erfüllung eines erwarteten Sinnzusammenhanges aufgefaßt wird.

Betrachtet man die Entwicklung der Reflexion über die Ordnung der Natur von Fabricius über Reimarus und den späten Brockes, über Kant zu Darwin und dessen zeitgenössischen Nachfolgern, und will man diese Entwicklung als charakteristisch für die »Neuzeit« ansehen, so sieht man, daß das Wesen der Neuzeit nicht in einem bestimmten umrissenen Vorrat an Ideen oder Mentalitäten besteht, sondern in einem Bündel von Entwicklungen, bei denen nur der Ursprung etwas festes ist, nämlich die Einheit von Ideen, Betrachtungsweisen, Denk- und Lebensformen, wie sie durch das Christentum seit der Alten Kirche geschaffen worden ist. Dieses Bündel von Entwicklungen führt weder zu einem *gemeinsamen* Ergebnis, noch führen diese zu einem Ergebnis, das nicht durch ein anderes, späteres Ergebnis »überholt« werden könnte.[66]

Der Knick in dieser geistesgeschichtlichen Entwicklung fand aber in jener Hamburger gelehrten Gesellschaft in der ersten Hälfte des 18. Jahrhunderts statt, zu der Fabricius, Brockes und Reimarus gehörten: mit jenem Wechsel in der

---

[63]   Ebd., 76. Vgl. Robert Spaemann/Reinhard Löw, Die Frage Wozu? Geschichte und Wiederentdeckung des teleologischen Denkens, München/Zürich ²1985 (Erstausgabe: 1981), 217–219.

[64]   Dementsprechend resümiert auch Birgit Biehler (Anm. 60), 1181, durchaus konsequent: »Der teleologische Gottesbeweis und die Ph. [Physikotheologie] sind auf der Basis dieser prinzipiell offenen Theorie [des Darwinismus] sinnlos geworden.« Nur ist diese Theorie so offen nun doch nicht, weil nicht einmal die Möglichkeit zweckgerichteten absichtsvollen Handelns zugelassen wird.

[65]   Etwa Reimarus, Wahrheiten (Anm. 38), Abhandlung IX.,557–641.

[66]   Dazu: Sven Grosse, Das Christentum an der Schwelle der Neuzeit. Drei Studien zur Bestimmung des gegenwärtigen Ortes des Christentums, Kamen 2010 (Texte und Studien zum Protestantismus des 16. bis 18. Jahrhunderts 6), Teil 1: Die Neuzeit als Spiegelbild des antiken Christentums, 1–50, hier 45–49.

Prioritätensetzung von der Offenbarung zu dem Begründungskonzept, das Reimarus »Vernunft« nannte.

Man sollte aber nun nicht meinen, dieser Prozeß sei, wenn man argumentativ zu ihm Stellung nehmen wollte, unumkehrbar.[67] Er könnte genauso gut – oder noch besser? – in die andere Richtung laufen. Hier ist ein Punkt aus Kants Auseinandersetzung mit dem physikotheologischen Gottesbeweis aufschlußreich. Kant hält die Anwendung der Analogie zwischen Kunstprodukten menschlichen, zweckmäßigen Handelns und den Dingen in der Natur nun doch für vertretbar, und zwar aus folgendem Grunde: man muß »doch gestehen«, sagt er, »daß, wenn wir einmal eine Ursache nennen sollen« – nämlich für die Dinge in der Natur – »wir hier nicht sicherer, als nach der Analogie mit dergleichen zweckmäßigen Erzeugungen, die die einzigen sind, wovon uns die Ursachen und Wirkungsart völlig bekannt sind, verfahren können.« Er fährt fort: »Die Vernunft würde es bei sich selbst nicht verantworten können, wenn sie von der Kausalität, die sie kennt, zu dunkeln und unerweislichen Erklärungsgründen, die sie nicht kennt, übergehen wollte.«[68]

Die Annahme einer Analogie zwischen menschlichen Kunstprodukten und Natur, mithin zwischen dem Menschen und einem Gott ist also etwas vernunftgemäßes. Für Kant ist das Vorgehen nach der Analogie aber nun das Ergebnis einer Entscheidung, diese Analogie zu *postulieren*, und letztlich auch zu postulieren, daß es einen Gott gibt – nicht nur als Weltbaumeister, sondern auch als Weltschöpfer. Es gibt aber noch die andere Option: für den Gebrauch der Vernunft als gesetzt *anzuerkennen*, daß ein Gott ist, der Schöpfer und Sinnsetzer ist,[69] und nach dessen Ebenbild der Mensch gestaltet ist, so daß beim Reden von einer sinnvollen Naturordnung letztlich kein Anthropomorphismus vorliegt, sondern das Reden eines theomorphen Geschöpfs.[70] Kant entscheidet sich für

---

[67]   Gegen Ulrich Barth, Art. Säkularisierung I. Systematisch-theologisch. In: Theologische Realenzyklopädie 29 (1998), 603–634, hier: 620,1–6: »Es ist völlig ungeschichtlich, den von der Aufklärung vollzogenen Säkularisierungsprozeß mental annullieren oder gar ideenpolitisch umkehren zu wollen. Die von ihm bewirkten Veränderungen sind nicht das Produkt willkürlicher Einfälle und Launen, sondern das in langen Debattenzusammenhängen entstandene Resultat von Sachfragen und Problemstellungen, deren Gewicht auch dann weiterbestünde, wenn man vor den dort gegebenen Antworten die Augen verschließen würde.« Allerdings will Barth, ebd., 630,8, Aufklärung und Moderne auseinander rücken, da er die Folgen der Aufklärung, die in der Moderne zutage treten, doch nicht übernehmen will.

[68]   Kant (s. Anm. 58), A 626.

[69]   Dieses Anerkennen der Existenz des zwecksetzenden Gottes ist freilich etwas anderes als die Annahme einer noch zu beweisenden Hypothese für die »Formung der Eigenschaften lebender Organismen«, von der Krauß spricht.

[70]   Für den Zusammenhang von »anthropomorpher« Rede von Gott und dem Heilswerk Gottes in Jesus Christus soll hier nur ein Gedanke Tertullians genannt werden: das, was in

die Option des Postulierens, weil er sich seiner Vernunft, d. h. seinem Begründungskonzept, gewiß zu sein meint, und er sich nach dem richten will, was sie
»bei sich selbst [...] verantworten« kann. Ein Mensch, der radikaler zweifelt als er,
dann aber auch radikaler glaubt, wird anfangen mit dem, was ihm die Offenbarung setzt, was er aber zugleich als eine seiner Vernunft gesetzte und ihr
angemessene, ja, eben diese Vernunft erst kreierende Voraussetzung akzeptieren
kann.[71]

Betrachtet man die Geschichte der Diskussion des Vorsehungsbegriffs von
der lutherischen Orthodoxie über Reimarus und Kant bis zum Darwinismus aus
dieser Perspektive, so rückt wieder zusammen, was in der Physikotheologie
des Johann Albert Fabricius vereint war und heutiger Mentalität als so unvereinbar erscheint: eine naturwissenschaftliche Abhandlung, verbunden mit biblischen Reflexionen und Poesie, wo in der Schönheit menschlicher Sprache sich
die Schönheit der göttlichen Ordnung der Natur widerspiegelt.

---

anthropomorpher Weise von Gott gesagt wird, ist unmittelbar auf Jesus Christus zu beziehen,
Gott den Sohn, in dem sich der transzendente Gott dem Menschen zugänglich macht: Adversus Marcionem, II, 27,6, Corpus Christianorum. Series Latina 1, 506,27–507,2.

[71]   Als Alternative nennt Kant (Anm. 58), daß die Vernunft, »wenn sie der Natur Gewalt tut«
die Natur sich doch gegenüber hat als etwas, was »alle Kunst und vielleicht selbst sogar die
Vernunft zuerst möglich macht«. Das wäre dann aber eine vernunftlose Natur, und diese kann
weder Kunst noch Vernunft hervorbringen. Die vernunftgemäße Alternative ist ein ver-
nunftbegabter, supranaturaler Gott, der die Natur hervorbringt und sowohl menschliche
Kunst als auch menschliche Vernunft möglich macht. Zu der Kritik des Antiteleologismus
und zur Rechtfertigung der Teleologie s. Spaemann/Löw (s. Anm. 63), 239–299. Eine umfassende Rekapitulation der klassischen und modernen Diskussion der Vorsehungslehre
findet sich bei: Hans Christian Schmidbaur, Gottes Handeln in Welt und Geschichte. Eine
trinitarische Theologie der Vorsehung, St. Ottilien 2003 (Münchener Theologische Studien
63).

Gehört Schleiermacher in den Kanon christlicher Theologen?

1. Die Ursachen der Schleiermacher-Renaissance

Die Theologie von Friedrich Daniel Ernst Schleiermacher (1768–1834) ist in unserer Gegenwart im Bereich der deutschsprachigen evangelischen Theologie der beherrschende Theologe, nicht nur in der Disziplin der Systematischen Theologie, sondern auch der Praktischen, nicht nur in der akademischen Theologie, sondern auch in den Kirchen. War sein Einfluß im 19. Jahrhundert schon groß und bestimmend, war sein Einfluß im 1910 noch größer,[1] so hat er etwa seit den 1990er Jahren in dem genannten Bereich ein Geltung gewonnen, die schon uniformierend genannt werden muß. Als wichtigste Ursache für diese Schleiermacher-Renaissance hat Ulrich Barth, ein hervorragender Vertreter derselben, die Unzulänglichkeit der vorangehenden Epoche der Theologie genannt, in welcher Schleiermacher vorwiegend Ablehnung gefunden hatte. Diese Epoche sei bestimmt gewesen durch

> »einen exklusiven Theologiebegriff, der, um möglichen Fremdbestimmungen und Verwechselbarkeiten bereits in der Wurzel entgegentreten zu können, sich konsequent abkoppelte von allem, was zuvor als anthropologische Grundlagen oder gesellschaftliche Rahmenbedingungen von Christentum namhaft gemacht wurde. [...] Kirchliche Lehre sollte sich allein aus der Selbsterzeugung des ihr eigentümlichen Gegenstands aufbauen. Als Symbol dafür fungierte ein extrem hochstufiger Offenbarungsbegriff.«[2]

---

[1] »Schleiermacher ist um 1910 viel allgemeiner studiert, verehrt und fruchtbar gemacht worden als um 1830, wo er außerhalb seines engsten Kreises mit Theologen wie Daub, Marheineke, Bretschneider u. a. ohne Bedenken in einem Atemzuge genannt wurde.« Karl Barth, Die protestantische Theologie im 19. Jahrhundert. Ihre Vorgeschichte und ihre Geschichte, 3. Aufl., Zürich 1960, 379.

[2] Ulrich Barth, Begrüßung und Einführung in den Kongreß, in: 200 Jahre »Reden über die Religion«. Akten des 1. Internationalen Kongresses der Schleiermacher-Gesellschaft, Halle

Ulrich Barth gesteht dieser Position zu, die Angriffe der totalitären Systeme des 20. Jahrhunderts recht gut abgewehrt zu haben, doch seien ihre Schwächen zutage getreten, »als es galt, unter neuen, eher normaleren Bedingungen sich wieder der kulturellen und gesellschaftlichen Wirklichkeit zu öffnen und das lebensweltliche Vorkommen von Religion gedanklich zu integrieren und konstruktiv zu gestalten.«[3] Dies sei aber bereits in einer nach wie vor unüberbotenen Weise durch Friedrich Schleiermacher geschehen, weshalb es nun gelte, von ihm sich orientieren zu lassen.[4]

Diese Überlegungen Ulrich Barths machen einige Voraussetzungen. Eine ist, daß es den Theologen auf der einen und der anderen Seite – auf der einen Seite Schleiermacher und seinen neuen Verehrern, auf der anderen Seite sei Karl Barth genannt – um dasselbe gegangen sei: dieselbe Theologie, derselbe Glaube, dieselbe Kirche. Kirche und Theologie existieren unter sich wandelnden Bedingungen. Es gibt weniger normale Bedingungen: hier ist an die Herausforderung durch die Totalitarismen des 20. Jahrhunderts zu denken, und »eher normalere«. Unter den anomalen Bedingungen sei eine Theologie – nun zwar nicht »wahr« – aber doch funktionsmäßig effektiv mit einem »hochstufigen Offenbarungbegriff«. Dadurch konnten diese Herausforderungen »im wesentlichen ohne größere innere Beschädigungen überstanden« werden.[5] Diese Bedingungen seien aber eben nicht die der Normalität. Unter mehr oder weniger normalen Bedingungen müsse eine Theologie das Recht erhalten, die das Eigentliche, eben das der »Norm« Entsprechende des Christentums zur Geltung bringe.

2. Der Kanon der christlichen Theologie

Schleiermacher wird also mit den ihm verwandten Theologen in einen »Kanon« der Theologie eingereiht zusammen mit seinen Kritikern im mittleren 20. Jahrhundert, und auch zusammen mit den Theologen, welche in der Zeit vor ihm die

---

14.–17. März 1999, hrsg. v. Ulrich Barth u. Claus-Dieter Osthövener, Berlin/New York 2000 (Schleiermacher-Archiv 19), 8.

[3]   Ebd.

[4]   »Daß gerade Schleiermacher in den Vordergrund der Debatte gerückt ist, hängt sicherlich damit zusammen, daß es ihm gelang, ein Maximum an zeitdiagnostischer Präzision, kulturhermeneutischer Weite und gedanklicher Begründungsleistung zu erzielen. Sein philosophisch-theologisches Gesamtsystem hat auch unter den gewandelten Bedingungen der Gegenwart nichts an theoretischer und praktischer Orientierungskraft verloren.« Ebd., 10.

[5]   Ebd., 8.

Theologie der Kirche prägten, z. B. Irenaeus von Lyon, Athanasius, Augustin, Anselm von Canterbury, Thomas von Aquin, Martin Luther usw.[6]

Genau diese Voraussetzung ist aber nun in Frage zu stellen. Gehört Schleiermacher genauso wie Augustin und Martin Luther, aber auch wie Karl Barth zu einem Kanon der christlichen Theologie – ohne daß dieser Begriff überdehnt und in sich widersprüchlich wird und seinen Sinn verliert?

Ich will für diesen Begriff eines Kanons der christlichen Theologie davon ausgehen, daß das, was christlich ist, sich aus der Bibel begründen lassen muß. Die Theologen, welche hier als beispielhafte Vertreter dieses Kanons genannt wurde, haben dies selbst getan. Ich will zudem davon ausgehen, daß als maßgebliche Auslegungen der Bibel in den Fragen, wie man sich Gott und wie man sich Jesus Christus zu denken hat, die Dogmen der Alten Kirche – wie auf den Konzilien von Nicaea, Konstantinopel, Ephesus, Chalcedon formuliert – zu gelten haben. Die Reihe der klassischen Vertreter einer durch die Bibel und durch diese Konzilien bestimmten Theologie bildet eine Tradition, die bis einschließlich der Reformation und der altprotestantischen Epoche – mit der Möglichkeit einer Fortsetzung in die Gegenwart und in die Zukunft. Mit dieser theologischen Tradition setzt Schleiermacher sich auch in seiner Glaubenslehre immer wieder ausdrücklich auseinander. Dabei versteht es sich, daß es zwischen diesen Theologen Unterschiede geben mag; daß auch der eine gegen den anderen gestritten hat. Und doch gibt es unter diesen Theologen Einigkeit, worin die wesentlichen Stücke des christlichen Glaubens bestehen und wie man über sie zu denken hat; die Konflikte, die es zwischen ihnen gab, lassen sich nur unter der Voraussetzung dieser Gemeinsamkeiten überhaupt begreifen und eine nachträgliche Reflexion über den Konflikt kann auch dessen Lösung finden, indem aufgezeigt wird, wie verschiedene Aspekte dieser Gemeinsamkeiten von dem einen mehr, von dem anderen weniger betont und weiter durchdacht worden sind.[7]

Es soll sich zeigen, ob Schleiermacher mit diesen Theologen in einen Kanon der Theologie hineingehört oder nicht. Ich gehe zunächst einmal beschreibend und vergleichend vor. Sobald man die Begründbarkeit durch die Bibel und, bezogen darauf, die Übereinstimmung mit dieser klassischen Tradition, als Kriterium der Wahrheit ansieht, entscheidet sich daran auch, ob Schleiermacher die Wahrheit lehrt. Dieser Frage soll nun nachgegangen werden, vor allem in

---

[6]   Siehe nur die Auswahl in dem Buch, das ebendiesen Titel trägt: Kanon der Theologie. 45 Schlüsseltexte im Portrait, hrsg. v. Christian Danz, Darmstadt 2009.

[7]   Als Beispiel dafür kann man gerade die Differenz zwischen Thomas von Aquin und Martin Luther betrachten, vgl. die Beiträge zu: Thomas von Aquin 1274–1974, hrsg. v. Ludger Oeing-Hanhoff, München 1974, und: Aquinas among the Protestants, hrsg. v. David van Drunen u. Manfred Svensson, Hoboken, NJ, 2018.

Überlegungen zu seinem Hauptwerk in ausgereifter Gestalt, der Glaubenslehre in der zweiten Auflage von 1830/31.

3. Das Eigentümliche des Christentums: Die Erlösung

Als erstes ist zu sehen, worin Schleiermacher das eigentümliche Wesen des Christentums sieht. Er bestimmt dabei Erlösung als zentralen Begriff. Er spricht in den Prolegomena, in § 4, von dem Gemeinsamen der verschiedenen Äußerungen von Frömmigkeit, also Religion, und bestimmt es als dieses, »daß wir uns unsrer selbst als schlechthin abhängig, oder, was dasselbe sagen will, als in Beziehung mit Gott bewußt sind«.[8] Das Eigentümliche des Christentums besteht dann darin, daß alles in ihm »bezogen wird auf die durch Jesum von Nazareth vollbrachte Erlösung«.[9] Schleiermacher meint darin, das allen Gemeinschaften, die sich christlich nennen, Gemeinsame gefunden zu haben.

Schleiermacher analysiert den Begriff der Erlösung, daß mit ihm ein vorhergehender schlechter Zustand und ein nachfolgender besserer (er schreibt nicht: guter) Zustand gesetzt sei und fährt fort: »der schlechte Zustand [kann] nur darin bestehn, daß die Lebendigkeit des höheren Selbstbewußtseins [das eben das Bewußtsein der schlechthinnigen Abhängigkeit ist] gehemmt oder aufgehoben ist, so daß [...] fromme Lebensmomente wenig oder gar nicht zustande kommen«.[10] Dafür könne man die Ausdrücke »*Gottlosigkeit* oder besser *Gottvergessenheit*« gebrauchen. Doch »dürfen wir uns doch dies nicht als eine gänzliche Unmöglichkeit der Belebung des Gottesbewußtseins denken.« Grund dafür sei erstens, daß man diesen Zustand dann gar nicht als einen üblen fühlen könne. Zweitens, daß ansonsten, »würde, um diesen Mangel aufzuheben, dann eine Umschaffung im eigentlichen Sinne erfordert werden« und diese Vorstellung sei »in dem Begriff der Erlösung nicht enthalten«.[11] Zu dem Begriff eines *Gegensatzes* zwischen dem schlechten und dem besseren Zustand könne man nun nur so kommen, daß man erklärt, in dem schlechten Zustand, im Zustand der Erlösungsbedürftigkeit also, würde das »sinnliche Selbstbewußtsein«, das Bewußtsein von der Welt in ihrer Unterschiedenheit, stärker sein als das höhere Selbstbewußtsein, im Zustand der Erlösung umgekehrt dieses stärker als jenes. Es ginge also im Zustand der Erlösungsbedürftigkeit nicht darum, daß »das

---

[8]   CG, KGA I.13/1, 32,13–15 / Redeker 1, 23.

[9]   CG, Leitsatz zu § 11, KGA I.13/1, 93,18 f. / Redeker 1, 74.

[10]   CG, § 11.2, KGA I.13/1, 96,10–14 / Redeker 1, 77, die Analyse des Begriff »Erlösung« auf KGA I.13/1, 95–97 / Redeker 1, 76 f.

[11]   CG, § 11.2, KGA I.13/1, 96,20–22 / Redeker 1, 77.

schlechthinnige Abhängigkeitsgefühl Null sei, sondern nur, daß es in irgendeiner Beziehung den Moment nicht dominire«.[12]

Eine so beschriebene Erlösung, ein Übergang von einem Zustand, in dem die Seele des Menschen von seinem Weltbewußtsein dominiert ist in einen solchen, in dem sie von seinem Bewußtsein schlechthinniger Abhängigkeit dominiert ist, geht nun, Schleiermacher zufolge, von Jesus von Nazareth aus.[13] »Der Erlöser nimmt die Gläubigen in die Kräftigkeit seines Gottesbewußtseins auf, und dies ist seine erlösende Tätigkeit.«[14]

Resümieren wir diese Erörterungen Schleiermachers, in denen er die Weichen seiner Glaubenslehre stellt. Er meint, in allen Formen von Religion (»Frömmigkeit«) würde es ein gleiches geben, aufgrund dessen sie unter diesen einen Begriff gestellt werden könnten, nämlich das Gefühl der schlechthinnigen Abhängigkeit, welches von einem begrifflichen und in diesem Sinne gegenständlichen Bewußtsein von einem »Gott« streng unterschieden werden müsse.[15] Unter manchen Menschen – es fragt sich, ob Schleiermacher überhaupt an alle Menschen denkt – gibt es einen Zustand, in dem dieses Gefühl von dem Weltbewußtsein des Menschen dominiert und darum gehemmt wird. Wiederum bei manchen Menschen innerhalb dieser Gruppe – man muß auch hier fragen, ob Schleiermacher auch an die ganze Gruppe denkt – kommt es zu einem Erstarken von jenem Gefühl. Schleiermacher nennt dies »Erlösung«. Nun kann man diese Erlösung auf verschiedene Ursachen zurückführen. Dementsprechend gibt es verschiedene Erlösungsreligionen. Unter diesen gibt es nun eine, in welcher nicht nur Jesus von Nazareth irgendeine Rolle spielt, sondern eben diese, daß er der Mensch ist, dessen Gefühl der schlechthinnigen Abhängigkeit erstens völlig ungetrübt ist und zweitens sich belebend auf andere Menschen auswirkt.[16] Eben deswegen wird er ihr »Erlöser« genannt und eben deswegen ist es berechtigt, von einer bestimmten Erlösungsreligion zu sprechen, welche »Christentum« genannt wird.

Man muß sich fragen, ob das in allen Erscheinungen, die »Religion« genannt werden, Gleiche und Wesentliche darin besteht, daß es ein solches Gefühl der schlechthinnigen Abhängigkeit gibt. Die Religionswissenschaft hat Schleierma-

---

[12]   CG, § 11.2, KGA I.13/1, 97,16–18 / Redeker 1, 78.

[13]   Ausgeführt CG, § 11.4, KGA I.13/1, 98–100 / Redeker 1, 79–81.

[14]   CG, § 100, KGA I.13/2, 104,6–8 / Redeker 2, 90.

[15]   CG, § 4.4, KGA I.13/1, 39 / Redeker 1, 29. Schleiermacher spricht hier, offensichtlich in Blick auf Hegel, von einem »vollkommen begriffenen ursprünglichen, d. h. von allem Gefühl unabhängigen« Begriff »von Gott« und meint, dies sei »etwas, womit wir es in der christlichen Glaubenslehre niemals können zu tun haben, weil es selbst offenbar genug nichts unmittelbar mit der Frömmigkeit zu tun hat«, KGA I.13/1, 39,16f. 23–25.

[16]   Siehe etwa den Leitsatz zu § 88: »In diesem auf die Wirksamkeit Jesu zurückgehenden Gesammtleben wird die Erlösung durch ihn bewirkt vermöge der Mitteilung seiner unsündlichen Vollkommenheit.« KGA I.13/2, 21,22–25 / Redeker 2, 18.

chers Bestimmung längst hinter sich gelassen.[17] Konkreter muß man sich fragen, ob verschiedene Erlösungsreligionen, etwa der Buddhismus und das Christentum, hinlänglich als solche dadurch bestimmt seien, daß es in ihnen darum gehe, aus einer solchen Unterlegenheit des Gefühls der schlechthinnigen Abhängigkeit in eine Überlegenheit desselben zu gelangen. Ich will die Frage der nicht-christlichen Religionen hier auf sich beruhen lassen und mich allein dem Christentum zuwenden. Die Überprüfung von Schleiermachers Zugehörigkeit zum Kanon christlicher Theologen anhand seiner Wesensbestimmung des Christentums als erstem Stück führt weiter zu der zweiten Frage, was er als häretisch beurteilt und was für ihn überhaupt Häresie ist. Denn wenn man angibt, was das wesentlich Christliche ist, dann schließt man auch eine Stellungnahme zu dem ein, was beansprucht, christlich zu sein, es aber nicht ist.

4. Die Häresien

Schleiermacher hat selbst den Begriff des Häretischen oder des Ketzerischen zunächst einmal im deskriptiven Sinne gebraucht: es ist das dem eigentümlich Christlichen gegenüber Fremde:

> »so wird doch Jeder nur das häretisch nennen in dem Gebiet der christlichen Lehre, was er aus seiner Vorstellung von dem eigenthümlichen Wesen des Christenthums nicht erklären, und nicht als zusammenstimmend damit denken kann, sofern es nämlich sich selbst dennoch für christlich ausgibt, und auch von Andern dafür will gehalten sein.«[18]

Eine Wertung kommt hier nur in der Weise hinein, daß es als krankhaft angesehen wird, wenn in einem Gemeinwesen sich ein fremdes Element findet. Innerhalb eines Gemeinwesens, in das es hineinpaßt, würde hingegen die Anwesenheit dieses Elements nicht als Anzeichen einer Krankheit bewertet werden.[19]

---

[17] »Mit einer immer vertieferen Kenntnis von außereuropäischen Glaubenssystemen, die man unbefangen glaubte, als religiös klassifizieren zu können, mußte deutlich werden, daß weder ein deistischer noch ein Schleiermacherscher Religionsbegriff in der Lage waren, die Vielfalt der religiösen Erscheinungen zu erfassen.« Die Religionsbestimmung Schleiermachers erwies sich als »empirisch nicht vermittelbar«, Günter Kehrer, Art. Religion, Definitionen der, in: Handbuch religionswissenschaftlicher Grundbegriffe, Bd. 4 (1998), 421.

[18] CG, § 21.1, KGA I.13/1, 153,4–9 / Redeker 1, 127 f.

[19] »[...] wenn in einem republikanischen Staat Bürger aufstehn mit monarchischen Gesinnungen und umgekehrt: so sehen wir dies als eine Krankheit des Ganzen an.« CG, § 21.1, KGA I.13/1, 152,22–153,2 / Redeker 1, 127.

Schleiermacher findet dann zwei Paare von Häresien, die systematisch von der Grundformel abweichen, die er dem Christentum gegeben hat:

»Wenn nun das eigenthümliche Wesen des Christenthums darin besteht, daß alle frommen Erregungen auf die durch Jesum von Nazareth geschehene Erlösung bezogen werden müssen: so wird häretisches entstehen können auf eine zwiefache Weise [...] es wird aber entweder die menschliche Natur so bestimmt, daß genau genommen eine Erlösung nicht vollzogen werden kann, oder der Erlöser auf eine solche Weise, daß er die Erlösung nicht vollziehen kann. Jeder von diesen beiden Fällen aber kann wieder auf eine zwiefache Weise eintreten. Nämlich was das erste betrifft, wenn die Menschen sollen erlöst werden, so müssen sie eben sowol der Erlösung bedürftig sein als auch fähig sie anzunehmen.«[20]

Innerhalb diese Disjunktion *A* ergibt sich somit der Fall *Aa:*

»Wenn nun die Erlösungsbedürftigkeit der menschlichen Natur, d. h. die Unfähigkeit derselben, das schlechthinige Abhängigkeitsgefühl allen menschlichen Zuständen einzubilden, auf eine solche Weise schlechthinig gesetzt wird, daß dabei die Fähigkeit, erlösende Einwirkungen aufzunehmen, in der That verschwindet, so daß sie nicht zugleich erlösungsbedürftig ist und auch fähig, Erlösung aufzunehmen, sondern lezteres erst nach einer gänzlichen Umschaffung: so ist dadurch zugleich die Grundformel aufgehoben.«[21]

Diesen Fall nennt Schleiermacher den des *Manichäismus.* Der Fall *Ab* wird folgendermaßen konstruiert: in diesem »ist alsdann die Erlösungsbedürftigkeit wenigstens insofern Null, als sie nicht mehr das Bedürfniß eines einzelnen Erlösers ist, sondern nur für jeden in einem schwachen Moment das Bedürfniß eines anderen, wenn auch nur in diesem Moment, was die Hervorrufung des Gottesbewußtseins betrifft, stärkeren Individuums, und als mithin die Erlösung nicht das Werk eines einzelnen zu sein braucht, sondern ein gemeinsames Werk aller an allen, woran höchstens Einige vor Andern immer in einem höheren Grade Theil haben.«[22]
Dieses nennt Schleiermacher den *Pelagianismus.*
Die Disjunktion *B* entwickelt Schleiermacher in Bezug auf die Person des Erlösers, bei welcher es »auf der einen Seite nothwendig« ist, »daß er sich eines ausschließenden und eigenthümlichen Vorzugs vor allen Anderen erfreue, auf der andern Seite aber muß auch eine wesentliche Gleichheit zwischen ihm und

---

[20] CG, § 22.2, KGA I.13/1, 156,8–22 / Redeker 1, 130.
[21] CG, § 22.2, KGA I.13/1, 156,24–157,1 / Redeker 1, 130 f.
[22] CG, § 22.2, KGA I.13/1, 157,10–18 / Redeker 1, 131.

Allen stattfinden, weil sonst, was er mittheilen kann, nicht dasselbe sein könnte, als was sie bedürfen«.[23] Fall *Ba* ist dann der *Doketismus*:

> »Und zwar, wird der Unterschied Christi von den Erlösungsbedürftigen so unumschränkt gesezt, daß eine wesentliche Gleichheit damit unvereinbar ist: so verschwindet auch sein Antheil an der menschlichen Natur in einen bloßen Schein, mithin kann auch unser Gottesbewußtsein als etwas wesentlich verschiedenes nicht von dem seinigen abgeleitet sein, und die Erlösung ist auch nur ein Schein.«[24]

Im entgegengesetzten Fall *Bb* ist die Gleichheit so groß, daß »und wäre es auch als schlechthin Kleinstes, auch in ihm zuletzt Erlösungsbedürftigkeit mitgesetzt« ist. Diese Häresie nennt Schleiermacher »die nazoräische oder ebionitische«.[25]

Vergleichen wir nun Schleiermachers Bestimmung des wesentlich Christlichen und des Häretischen mit dem oben beschriebenen Kanon der christlichen Tradition und beginnen mit der grundlegenden biblischen Darstellung, so sehen wir, daß diese nach Schleiermacher manichäisch genannt werden müßte. Denn die Bibel spricht davon, daß der Mensch in Christus eine neue Schöpfung wird (2. Kor 5,17) und bringt dies auf den Begriff der Wiedergeburt (Joh 3,5). Wird dies hier unmittelbar auf die Seele des Menschen bezogen, so gilt dies auch vom Leib. Denn die Erlösung des Menschen, so wie sie die Bibel beschreibt, ist unvollständig ohne die Auferstehung des Leibes (1. Kor 15,19 usw.).

Fahren wir fort mit der Entfaltung der biblischen Grundlegung durch die Tradition, so ist zu fragen, wie es sich mit den vier Grundhäresien, deren Namen Schleiermacher aufgreift, historisch verhält. Augustin bestimmt in seiner Auseinandersetzung mit dem Manichäismus dessen Lehre so, daß »der Mensch von dem Fürsten der ewigen Finsternis durch eine Vermischung beider Naturen, die immer bestanden haben, einer guten und einer bösen, geschaffen worden sei«.[26] Erlösung ist für den Manichäismus das Herauslösen der guten Seele aus dem Leibe.[27] Das Christentum hingegen sagt, »daß die menschliche Natur, von dem

---

[23] CG, § 22.2, KGA I.13/1, 157,23–27 / Redeker 1, 131.

[24] CG, § 22.2, KGA I.13/1, 157,31–158,3 / Redeker 1, 131.

[25] CG, § 22.2, KGA I.13/1, 158,18 f. / Redeker 1, 132.

[26] »Ab aeternarum principe tenebrarum de commixtione duarum naturarum, quae semper fuerunt, una bona et una mala, hominem creatum«, De nuptiis et concupiscentia II, iii,9, CSEL 42, 260,21–23, dt. Übers.: Sankt Augustinus, Lehrer der Gnade. Lat.-dt. Gesamtausgabe seiner antipelagianischen Schriften (ALG), hrsg. v. Adalbero Kunzelmann u. Adolar Zumkeller, Bd. III, Würzburg 1977, 117.

[27] »Der Manichäer, der sagt, dem Menschen sei eine böse Natur beigemischt, aus dieser wenigstens die gute Seele von Christus gerettet wissen will«, ebd., ALG III, 118 / »ut Manicheus, qui homini commixtam dicit esse naturam malam, uelit saltem saluari a Christo animam bonam«, CSEL 42, 261,19–21.

guten Schöpfergott gut geschaffen, aber durch die Sünde verdorben wurde, Christi als des Arztes bedürfe«.[28] Die Vergebung und Reinigung von der Sünde ist die Umerschaffung, die zur Erlösung des Menschen nach der klassisch christlichen Auffassung stattfinden muß. Der historische Manichäismus hingegen lehrt gar keine Umerschaffung, sondern ein Herauslösen der guten Seele aus der schlechten Natur, aus welcher der gegenwärtige Mensch miterschaffen ist.

Betrachten wir näher die Lehre von der Sünde, so sehen wir, daß Schleiermacher nicht so weit gehen will zu sagen, daß durch die Sünde dem Menschen die Fähigkeit, die Erlösung in sich aufzunehmen, genommen worden sei.[29] Diese Aussage schließt zwei Möglichkeiten in sich ein. Im ersten Fall handelt es sich darum, daß die Identität des unerlösten und des erlösten Menschen gegeben sein muß. Es wird nicht ein *anderer* anstatt des unerlösten Menschen neu geschaffen. Im zweiten Fall handelt es sich darum, daß der Mensch in der Sünde noch die Fähigkeit hat zu erkennen, daß er in der Sünde ist und Christus in sich wirken zu lassen. Schleiermacher läßt erkennen, daß er auch an die zweite Möglichkeit denkt.[30] Augustinus vergleicht hingegen den Menschen in der Sünde mit einem Kranken, der nicht einsieht, daß er krank ist und darum den Arzt zurückweist, der ihn heilen will. Zu seiner Heilung gehört also zunächst, daß der Arzt in ihm bewirkt, daß er seine Krankheit entdeckt.[31] Jesus sagt zu den Pharisäern, die ihn wegen der Heilung eines Blindgeborenen tadeln:»Wäret ihr blind, so hättet ihr keine Sünde; nun ihr aber sprecht: ›Wir sind sehend.‹, bleibt eure Sünde.« (Joh 9,41, vgl. V. 39). Sich für sehend zu halten, ist Blindheit. Die Heilung fängt damit an, einzusehen, daß man blind ist.

Wenden wir uns der anderen Disjunktion zu. Das, was die Kirchenväter in der historischen Auseinandersetzung den sogenannten Ebionäern vorzuwerfen hatte, war u. a. dieses, daß Jesus von ihnen lediglich als ein Mensch gedacht wurde:»er war der Sohn Josefs und Marias, nicht anders gezeugt als alle übrigen Menschen. Und er war allen überlegen an Gerechtigkeit, Klugheit und Weisheit.«[32] Von einer Erlösungsbedürftigkeit Jesu sprechen sie offenbar nicht.

---

[28] »Catholici dicunt humanam naturam a creatore deo bono conditam bonam, sed peccato uitiatam Christo medico indigere«, ebd., CSEL 42, 260,18 f. / ALG III, 117.

[29] Siehe dazu auch CG, § 70.2, KGA I.13/1, 423–425 / Redeker 1, 371 f.

[30] Siehe die bereits oben genannte Stelle CG, § 11.2, in welcher Schleiermacher fordert, daß die»Gottvergessenheit« »als ein übler Zustande gefühlt werden« können müßte: KGA I.13/1, 96,16. 19 f. / Redeker 1, 77, und die Stelle in CG, § 70.2:»wenn man die lebendige Intussuszeption [Insichaufnehmen] will Anfang der Mitwirkung nennen, so würden wir, daß die Erbsünde den Menschen auch an allem Anfangen und Mitwirken in geistigen Dingen hindere, nicht unbedingt zugeben.« KGA I.13/1, 425,8–11 / Redeker 1, 372.

[31] Augustin, De civitate Dei, X, 29.

[32] »Fuisse autem eum Ioseph et Mariae filium similiter ut reliqui homines, et plus potuisse iustitia et preudentia et sapientia ab omnibus.« Irenäus von Lyon, Adversus haereses I, 26,1,

Diese Position stimmt gerade mit der Schleiermachers überein: Jesus ist lediglich ein Mensch, der den anderen in dem überlegen ist, was sie zu ihrer Erlösung brauchen.

Betrachtet man Schleiermacher von den historischen Frontstellungen des Christentums her, dann steht er mit seiner Ablehnung einer Neuschöpfung des Menschen dem Pelagianismus nahe und mit seiner Auffassung von Christus als einen bloßen Menschen ist er Ebionäer. Allerdings hat seine Auffassung von Erlösung eine bezeichnende Gemeinsamkeit mit den Doketisten, denn wie bei diesen spielt der Leib Jesu keine Rolle bei der Erlösung.

5. Die Christologie

Gehen wir nun dazu über, wie Schleiermacher positiv das Christentum bestimmt hat: durch die beherrschende Beziehung »auf die durch Jesum von Nazareth vollbrachte Erlösung«. Wie denkt er sich nun Jesus von Nazareth? Schleiermacher kann sich nicht dazu durchringen, zu sagen, daß Gott Mensch geworden sei, so daß Jesus Christus Gott und Mensch zugleich ist. Er versucht, den Begriff einer Menschwerdung Gottes beizubehalten, indem er ihn umdeutet:

> »Insofern nun alle menschliche Thätigkeit des Erlösers in ihrem ganzen Zusammenhang von diesem Sein Gottes in ihm abhängt und es darstellt, rechtfertigt sich der Ausdrukk, daß in dem Erlöser Gott Mensch geworden ist, als ihm ausschließend zukommend, wie auch jeder Moment seines Daseins, soweit man ihn isolieren kann, ein neues solches Menschwerden und Menschgewordensein Gottes darstellt, weil immer und überall alles menschliche in ihm aus jenem göttlichen wird.«[33]

Der Ausdruck »Menschwerdung Gottes« wird aber hier, genau besehen, verfehlt, denn in ihm geht es nicht darum, daß *der Mensch* oder das Menschliche aus dem Göttlichen »wird«, was Schleiermacher wiederum nur so verstehen kann, daß er die schlechthinnige Abhängigkeit des Menschen von Gott damit ausdrücken will,

---

in der Ausgabe Fontes Christiani 8, übers. v. Norbert Brox, Freiburg u. a. 1993, 314. Irenaeus stellt hier die Lehre Kerinths dar. Von den Ebionäern sagt er I, 26,2, daß sie mit den rechtgläubigen Christen darin übereinstimmen, daß die Welt vom wahren Gott gemacht worden sei, über den Herrn aber so reden wie Kerinth. Kerinth nach der hier zitierten Stelle fügt eine Lehre von dem »Christus« hinzu, welcher sich nach der Taufe auf Jesus niedergelassen habe, sich aber nicht wirklich mit ihm vereinigt hat, so daß bei der Kreuzigung Jesus von »Christus« wieder verlassen wurde. Diese Lehre scheint zu implizieren, daß diese Welt nicht vom wahren Gott erschaffen sei. Die Übereinstimmung zwischen den Ebionäern und Kerinth geht demnach nur so weit, daß sie Jesus für einen bloßen Menschen halten.

33   CG, § 96.3, KGA I.13/2, 69,24–70,4 / Redeker 2, 58.

die in dem höheren Selbstbewußtsein des Menschen gegeben ist. Der Ausdruck meint vielmehr, daß *mit Gott* etwas wird, nämlich, indem er Knechtsgestalt annimmt, wie ein anderer Mensch wird, sich selbst erniedrigt bis zum Tod am Kreuz (Phil 2,6–8, vgl. Joh 1,14).

Betrachten wir noch genauer die Formel »Sein Gottes in Christo«: »Der Ausdruck ›Sein Gottes in irgend einem anderen‹ kann immer nur das Verhältnis der Allgegenwart Gott zu diesem anderen ausdrücken.« Es gibt »insofern kein Sein Gottes in irgend einem einzelnen Ding, sondern nur ein Sein Gottes in der Welt«.[34] Schleiermacher will nun dieses »Sein Gott in etwas« doch auf Jesus Christus konzentrieren:

> »Ja, wir werden nun rükkwärtsgehend sagen müssen, wenn erst durch ihn das menschliche Gottesbewußtsein ein Sein Gottes in der menschlichen Natur wird, und erst durch die vernünftige Natur die Gesammtheit der endlichen Kräfte ein Sein Gottes in der Welt werden kann, daß er allein alles Sein Gottes in der Welt und alle Offenbarung Gottes durch die Welt in Wahrheit vermittelt, insofern er die ganze neue eine Kräftigkeit des Gottesbewußtseins enthaltende und entwikkelnde Schöpfung in sich trägt.«[35]

Das ist in der Tat das Höchste, was Schleiermacher innerhalb seiner Konzeption von Christus zu sagen weiß und worin er der klassischen Christologie am nächsten kommt. Doch auch hier ist zu bedenken, daß das Gottesbewußtsein in keinem Menschen auf Null herabsinken kann, eben weil er ein Mensch ist. Christus hat für Schleiermacher diese Stellung, weil Christus das Maximum eines Gottesbewußtseins hat, das in jedem Menschen, auch »in dem ersten Adam« vorhanden war, wenngleich als etwas unzureichendes, nur »als Ahndung eines Besseren« anhebendes.[36] Es bleibt also dabei: Jesus von Nazareth ist lediglich Mensch; auch das »Sein Gottes in ihm« ist qualitativ dasselbe wie es in jedem anderen Menschen ist, eben weil er ein Mensch ist. Die klassische christliche Lehre, daß Jesus Christus als Gott Gottes Sohn ist, von Wesen her Gott, *consubstantialis patri* – wie das Konzil von Nicaea lehrte – ›und daß er als Mensch in der *unio hypostatica* in eine Einheit mit Gott aufgenommen ist, die von keinem Menschen sonst erreicht wird, auch nicht von denen, die er kraft ihres Glaubens

---

[34]   CG, § 94.2, KGA I.13/2, 55,8–10 / Redeker 2, 45.

[35]   CG, § 94.2, KGA I.13/2, 56,14–21 / Redeker 2, 46.

[36]   »War die in dem ersten Adam geschehene Mittheilung des Geistes an die menschliche Natur eine unzureichende, indem der Geist in die Sinnlichkeit versenkt blieb, und kaum auf Augenblikke als Ahndung eines besseren ganz hervorschaute, und ist das schöpferische Werk erst durch die zweite gleich ursprüngliche Mittheilung an den zweiten Adam vollendet [...]«, CG, § 94.3, KGA I.13/2, 58,11–6 / Redeker 2, 48.

an Sohnes Statt annimmt (Joh 1,12; Röm 8,29) – wie das Konzil von Chalcedon lehrte –, wird hier nicht erreicht.

6. Das Kreuz Christi

Wenden wir uns nun dem Kreuzestod Christi zu, dem Ereignis, durch welches, gemäß den biblischen Aussagen, auf welchen die klassische christliche Tradition aufbaut, die Erlösung vollzogen wurde (1. Ptr 1,18 f.; Röm 3,25 f.; 4,25; Mk 10,45 usw.) und das darum das Zentrum der christlichen Botschaft ist (1. Kor 2,2). Schleiermacher behandelt ihn nach dem Schema der überlieferten altprotestantischen Dogmatik unter der Rubrik des hohenpriesterlichen Amtes Christi.[37] Beim tätigen Gehorsam Christi spricht Schleiermacher von der »vollkommenen Erfüllung des göttlichen Willens« durch Christus und hebt hervor, daß »durch sein [Christi] Leben in uns der Trieb auch in uns wirksam ist, so daß wir in diesem Zusammenhang *mit ihm* auch Gegenstände des göttlichen Wohlgefallens sind.« Damit will er den »Sinn jenes oft mißverstandenen Ausdrukks«

deuten, »daß Christi Gehorsam unsere Gerechtigkeit sei, oder daß seine Gerechtigkeit uns zugerechnet werde«.[38] In der Tat ist davon z. B. Röm 3,24–28; 2. Kor 5,21 die Rede. Diese Gerechtigkeit Christi ist aber unsere Gerechtigkeit schon bevor und ohne daß die Menschen, die sie empfangen, mit Christus und durch ihn beseelt anfangen, den Willen Gottes zu erfüllen. Christus versöhnt die sündigen Menschen mit Gott als sie noch Gottes Feinde waren (Röm 5,6–11). Diese Gerechtigkeit existiert unabhängig davon, daß sich Menschen von ihr erfassen lassen. Glaube ist gerade das Annehmen dieser Gerechtigkeit, die von außen kommt und allein durch Christi Tat Gültigkeit hat.

Wenn es um den leidenden Gehorsam geht, tritt der Unterschied zwischen Schleiermachers Umdeutung und der biblischen Darlegung noch schärfer hervor. Hier geht es eigentlich erst um den Tod Christi. Schleiermacher kann strenggenommen nur von einer Erlösung durch das Leid Christi sprechen, indem er dieses zu einem Mitleid mit der Sünde umdeutet.[39] Christi »Mitgefühl mit menschlicher Schuld und Strafwürdigkeit« ist »der motivirende Anfang der Erlösung«; »die größte Steigerung eben dieses Mitgefühls« war »die unmittelbare

---

[37]   Der Lehrsatz zu § 104, in dessen Analyse, Zurechtrückung und Kommentierung Schleiermacher seine eigene Position darlegt, lautet: »Das hohepriesterliche Amt Christi schließt in sich seine vollkommene Gesetzerfüllung oder seinen thätigen Gehorsam, seinen versöhnenden Tod oder seinen leidenden Gehorsam, und die Vertretung der Gläubigen beim Vater.« KGA I.13/2, 133,10–14 / Redeker 2, 118.

[38]   CG, § 104.3, KGA I.13/2, 137,42–138,1 / Redeker 2, 123 (Hervorhebung S. G.).

[39]   So schon § 104.1.: »[...] das Leiden kann nur begleitend sein, und nur in dem Mitgefühl der Sünde seinen Grund haben [...]«, KGA I.13/2, 135,3 f. / Redeker 2, 120.

Begeisterung zu dem größten Moment in dem Erlösungsgeschäft«, womit Schleiermacher wohl den Tod Christi meint. Dieses »Erlösungsgeschäft« überwindet die Sünde, löst damit auch den Zusammenhang der Sünde mit dem Übel – d. h. dem Strafleiden – und »so kann man [...] sagen, daß durch das Leiden Christi die Strafe hinweggenommen worden sei«.[40] Der Tod Christi ist aber nur darum Höhepunkt des »Erlösungsgeschäfts«, weil hier der Kontrast zwischen dem unerschütterlichen Gefühl der schlechthinnigen Abhängigkeit und dem Leid am größten ist. Dadurch wird jenes hervorgehoben und in maximaler Weise uns anschaulich:

> »Denn in seinem durch die Beharrlichkeit hervorgerufenen Leiden bis zum Tode erscheint uns die sich selbst schlechthin verläugnende Liebe; und in dieser vergegenwärtigt sich uns in der vollständigsten Anschaulichkeit die Art und Weise, wie Gott in ihm war, um die Welt mit sich zu versöhnen, so wie auch am vollkommensten in seinem Leiden, wie unerschütterlich seine Seligkeit war, mitgefühlt wird.«[41]

Schleiermacher beeilt sich auch hier, »Mißverständnisse« abzuweisen, die nichts anderes sind als das Verständnis, welche die Bibel selbst und die klassische christliche Theologie vom Leiden und Sterben Christi haben: »als habe er die Strafe getragen, nämlich als sei sein Leiden gleich gewesen der Summe von Übeln, welche das Maß der Strafe für die Sünden des menschlichen Geschlechts ist«. Dieses Mißverständnis werde noch vollendet durch die Annahme, »daß Christus auch die erste und unmittelbarste [Strafe für die Sünde] nämlich den göttlichen Zorn über die Sünde, als ihn treffend und auf ihm ruhend soll empfunden haben«.[42] Schleiermacher begründet seine Kritik so: »Denn diese Theorie hebt auf der einen Seite alle menschliche Wahrheit in dem menschlichen Bewußtsein Christi auf, wenn er, was der Natur der Sache nach nur Mitgefühl in ihm sein konnte, als sein persönliches Selbstbewußtsein gehabt haben soll« – nämlich die Gottverlassenheit der Sünde. Schleiermacher fügt darum noch in einer Fußnote hinzu, wie sehr es ihn gefreut habe, in einem zeitgenössischen Andachtsbuch gelesen zu haben, daß Mt 27,46 – »Mein Gott, mein Gott, warum hast du mich verlassen!« – nicht »als eine Beschreibung Christi von seinem eigenen unseligen Zustande anzusehen« sei »sondern nur als den in bezog auf das Folgende angeführten Anfang des Psalms [Ps 22]«.[43]

Warum dieses Abwehren angeblicher Mißverständnisse und das Zurechtbiegen durch Umdeutungen, was im Grunde nur ein Aneinander-Vorbereiden ist? Hier berühren wir den Nerv der Schleiermacherschen Theologie. Der Rahmen,

---

[40]   CG, § 104.4, KGA I.13/2, 141,16–25 / Redeker 2, 126 f.
[41]   CG, § 104.4, KGA I.13/2, 142,7–13 / Redeker 2, 127 f.
[42]   CG, § 104.4, KGA I.13/2, 144,8–11 / Redeker 2, 129.
[43]   CG, § 104.4, KGA I.13/2, 144,26–29 / Redeker 2, 130.

innerhalb dessen Schleiermacher alles denkt, ist das Gefühl der schlechthinnigen Abhängigkeit. Dieses gehört zum Wesen des Menschen. Der Mensch kann sich selbst nicht entweichen. Dieses Gefühl ist somit immer in ihm. Darum ist er auch immer mit Gott verbunden. Das Problem kann für ihn nur darin bestehen, daß sein Weltbewußtsein stärker ist als sein Gottesbewußtsein.

Es soll nun keineswegs in Abrede gestellt werden, daß es etwas in der menschlichen Seele gibt, worin der Mensch als Mensch immer mit Gott verbunden ist. Die alte Philosophie und Theologie sprach von der Synderesis (Syntheresis) als einer Ausrichtung eines jeden Menschen auf Gott hin. Diese erlöscht auch bei den Menschen in der Hölle nicht.[44] In den biblischen Darlegungen und der ihr folgenden Theologie ist es indes von entscheidender Bedeutung, *welche Stellung* der Mensch zu Gott einnimmt. Das entscheidet auch darüber, welche Stellung er zu seinem konstanten anthropologischen Verbundensein mit Gott einnimmt.

Luther hat gesagt, daß durch die Syntheresis der Mensch ein Bewußtsein von Eigenschaften hat, die Gott zuzuschreiben sind, daß er aber durch die Sünde einem anderen Wesen als Gott diese Eigenschaften zuschreibt.[45] Dies ist ein solcher Akt des Stellungnehmens: der Mensch nimmt Stellung gegen Gott. Steht er gegen Gott (Röm 8,7), so steht er im Bereich der Sünde und ihn trifft die Verdammung Gottes und der Fluch. Vertraut er auf Gott, liebt und fürchtet er ihn, steht er im Bereich des Heiligen. Das, wovon die Bibel spricht, ist, daß Gott in der Person des Sohnes, des ewigen Wortes von dem Bereich des Heiligen in den

---

[44] Dies kann bei Bonaventura als Willensbestrebung zum Guten hin, bei Thomas als ein Grundsatz der praktischen Vernunft, daß das Gute zu tun sei, bestimmt werden, s. Bonaventura, In II Sent. di.39, a.2, q.1–3; IV, di.50, pars 2, art.2, q.2; Thomas von Aquin, S.Th. I, q.79, a.12 f.; I–II, q.94, a.2. Die Synderesis ist als *scintilla animae* auch ein Schlüsselbegriff der mystischen Theologie Meister Eckharts oder Gersons, vgl. Friedhelm Krüger, Art. Gewissen III, TRE 13 (1984), 219–221; Sven Grosse, Heilsungewißheit und Scrupulositas im späten Mittelalter, Tübingen 1994 (Beiträge zur historischen Theologie 85), 60–63. Zur Übereinstimmung mit Schleiermachers Gefühl kann diese Gemeinsamkeit – die allgemeine, bleibende Ausrichtung auf Gott hin – genügen. Bei Schleiermacher wird der Begriff durch die Diskurse der nachkantischen Philosophie geprägt. Damit ergibt sich die Verortung in einem Zwischenraum zwischen Ethik und Metaphysik und die Betonung der Nicht-Gegenständlichkeit des Wohers dieser Abhängigkeit, s. Harald Seubert, Das Gefühl schlechthinniger Abhängigkeit und die normative Kraft der Moderne oder: Schleiermacher im Kontext, in: Sven Grosse (Hg.), Schleiermacher kontrovers, Leipzig 2019, 119–158, und Daniel von Wachter, Friedrich Schleiermachers Theologie ist nicht rational, ebd., 159–181.

[45] Luther bringt dies in die Form eines praktischen Syllogismus. Der Obersatz kann demnach so formuliert werden: »Derjenige, der allmächtig, ewig, gerecht, gut usw. ist, muß verehrt werden.« Der Untersatz identifiziert dieses Wesen, das allmächtig usw. ist, mit einem vorgestellen und wirklich existierenden Seienden, das nicht Gott ist. Darum ergibt sich die Conclusio, daß dieses als Gott zu verehren ist: Römerbriefvorlesung, zu Röm 1,20, WA 56, 176,14–177,33 / BoA 5, 225,6–226,12.

Bereich des Fluches tritt (Joh 1,14; Phil 2,6–8; Gal 3,13). In diesem Bereich sind alle Menschen befangen (Röm 3,9). Darum ist es Gott allein, der, wenn er Mensch wird, hier Befreiung schaffen kann. Er trägt in seinem Leiden und Sterben die Gottverlassenheit und Verdammung des Menschen (Jes 53,4 f. 10; 1. Ptr 2,24 usw.). Darum ist es der leidende Gehorsam Christi, durch den unmittelbar die Erlösung geschieht. Sie geschieht für Menschen, die Gott abweisen. Deswegen kann die Erlösung nicht schon in dem Mit-Christus-Sein der erlösten Menschen geschehen. Dieses ist, wenn der Heilige Geist sündige Menschen erfaßt, erst die Folge der Erlösung, die *in* Christus *für* sie geschehen ist. Es ist darum für die klassische Theologie gerade notwendig zu lehren, daß Christus »den göttlichen Zorn über die Sünde, als ihn treffend und auf ihm ruhend« nicht nur empfunden hat, sondern tatsächlich von ihm getroffen wurde, und der Aufschrei des Gekreuzigten, wie ihn Mt 27,46 wiedergibt, ist der natürliche Ausdruck dieser Realität. Die anselmische Satisfaktionslehre, mit der, in ihrer altprotestantischen Rezeption, Schleiermacher sich in § 104.3–4 auseinandersetzt, ist nichts als eine mögliche treffende Darlegung dieser Realität.

Der biblische Begriff von Erlösung setzt somit einen Rahmen, der weiter ist als der Schleiermachers. Erlösung betrifft nicht nur das Innenleben des Menschen, sondern auch die Stellung, die er gegenüber Gott und gegenüber sich bezieht. Sie betrifft auch etwas Objektives: den Zustand, den der Mensch durch dieses Stellungnehmen herstellt. Erlösung ist schließlich etwas, das in Jesus Christus stattfindet, bevor es in der einzelnen Seele eines Menschen stattfindet. In ihm, dem schöpferischen Wort, ist alles menschliche Leben enthalten (Joh 1,3–5), darum findet in ihm auch die Neuschöpfung statt (2. Kor 5,14–17). Damit wird der objektive Zustand des Menschen verändert, bevor noch der Heilige Geist sein Inneres wandelt. Was nun das Innenleben des Menschen betrifft, so ist es in diesem Rahmen möglich, konsequent Feindschaft des Menschen gegen Gott und nicht nur eine »Gottvergessenheit« zu denken, aber auch, in einem scharfen Gegensatz, nicht bloß ein »Besseres« gegenüber einem Schlechten, sondern das neue Einwurzeln von Vertrauen auf Gott im Menschen und Liebe zu ihm.

Das Quasi-Pelagianische und das Quasi-Ebionäische an Schleiermacher ergibt sich aus dieser Einengung auf Dimensionen des Gefühls der schlechthinnigen Abhängigkeit. Das Quasi-Pelagianische: weil innerhalb dieses Gefühls nur ein Mehr oder Weniger oder das Verhältnis zu der anderen Bewußtseinsform des sinnlichen Gefühls, des Weltbewußtseins, eine Rolle spielen kann. Ein Gegensatz, in dem auf der einen Seite Feindschaft gegen Gott, Knechtschaft unter Sünde – und damit Unfähigkeit, nicht zu sündigen – › Zustand der Trennung von Gott und des Verdammtseins stehen, auf der anderen Seite Vertrauen und Liebe zu Gott, Freiheit zum Leben nach dem Willen Gottes, Freispruch von der Verdammung, kann hier nicht aufkommen. Das Quasi-Ebionäische: weil es keine engere Verbindung zu Gott geben kann als die durch das Gefühl der schlechthinnigen Abhängigkeit gesetzte. Dieses Gefühl setzt aber Gott lediglich als den, der das

Woher dieses Gefühls ist (§ 4.4.). Anders als so kann sich Gott gar nicht zeigen. Damit ist auch ausgeschlossen, daß er auf die Seite des Menschen treten könnte. Erlösung kann dann nur so durch einen Menschen kommen, als indem dieser nichts ist als ein Mensch, so wie die Ebionäer es sich vorstellten. Das, was diesen Menschen gegenüber den anderen, die durch ihn erlöst werden, hervorhebt, kann dann auch nichts anderes sein als ein Maximum an Gefühl der schlechthinnigen Abhängigkeit, das sich kräftigend auf die anderen auswirkt. Was Erlösung sein kann, wird von dem Begriff des Gefühls der schlechthinnigen Abhängigkeit her konstruiert. Jesus von Nazareth wird in diese Konstruktion eingefügt. Anders, als sich aus dieser Konstruktion ergibt, kann er gar nicht Erlöser sein.

Die Christologie der klassischen christlichen Theologie ergibt sich nun gerade aus der biblischen Darlegung von Gottes Erlösungshandeln am Kreuz. Das »Cur Deus homo?« wird eben dadurch erhellt. Weil die Sünde so total ist und alle Menschen erfaßt, kann es nur *Gott* sein. Weil die Sünde aber den Menschen betrifft, muß es *der* Gott sein, der *Menschheit* angenommen hat. Christus erweist sich als derjenige, der Gott und Mensch zu zugleich ist, weil er durch den Kreuzestod die Menschheit von ihrer Sünde erlöst.

Gott zeigt sich in diesem Erlösungsgeschehen auch als einer, der zugleich an drei verschiedenen Stellen steht, an jeder ganz Gott ist – und auch ganz als Gott gedacht werden muß – aber an jeder Stelle verschieden. An jeder Stelle wendet sich Gott Gott an einer der anderen Stellen zu. Jesus Christus am Kreuz ist Gott (Mk 15,39), der Vater, von dem er in gewisser Weise verlassen ist, weil er selbst sich unter den Fluch begeben hat, ist Gott (Mt 27,46). Er ist aber doch noch immer Jesu Vater: in seine Hände befiehlt er seinen Geist (Lk 23,46), und dieser Geist ist auch ganz Gott: Gott in dem schwebenden Zusammenhang zwischen dem Sohn, der von seinem Vater verlassen und zugleich dessen Willen ganz hingegeben ist, und dem Vater, der, selbst unerreichbar durch die Sünde, ganz Erbarmen und ganz seinem Sohne treu ist. Die nicaenische Trinitätslehre ergibt sich aus der Erhellung dieses dreifachen Stellungbeziehens Gottes.

7. Die Trinitätslehre

Vergleichen wir dies mit der Schleiermacherschen Auffassung von der Trinität. Für Schleiermacher gehört es zur christlichen Theologie, von Gott zu sprechen, sodann von Christus und dem »Sein Gottes in Christo« und schließlich von »dem Gemeingeist der Kirche«, da diese »Träger und Fortbeweger der Erlösung durch Christum« sind.[46] Trinität wird also ganz auf das Gefühl der schlechth-

---

[46] »Wesentlich ist an unserer Darstellung in diesem Teile die Lehre von der Vereinigung des göttlichen Wesens mit der menschlichen Natur, sowohl durch die Persönlichkeit Christi als durch den Gemeingeist der Kirche, mit welchem die gesamte Auffassung des Christentums in

innigen Abhängigkeit bezogen. Wir haben bereits gesehen, daß das »Sein Gottes in Christo« von keiner anderen Art ist als das Sein Gottes in jedem menschlichen Bewußtsein. Auch mit dem »Gemeingeist der Kirche« als dem Sein Gottes in den Seele der in der Kirche Vereinigten kann es sich nicht anders verhalten. Schleiermacher wehrt darum ganz konsequent einer Verlagerung dieser Unterscheidungen von der Ebene des menschlichen Bewußtseins in das ewige, abgesehen von diesem Sich-Ausdrücken im menschlichen Bewußtsein vorgestellten Wesen Gottes.[47] Selbst wenn die in diesem Sinne aufgefaßte Trinitätslehre unmittelbar in der Bibel offenbart wäre, würde sie, genauso wenig wie die Auferstehung und die Himmelfahrt Christi ohne Belang für den christlichen Glauben sein.[48] Er weist dann auf die Schwierigkeiten – er meint, Unmöglichkeit – hin, diese immanente Trinität so zu denken, daß jede der drei Personen dem Wesen Gottes gleich sei und umgekehrt und daß jede der drei Personen den anderen gleich sei (§ 171) und skizziert schließlich mit demonstrativer Nonchalance eine Neufassung der Trinitätslehre, wobei er der sabellianischen, also modalistischen Fassung den Vorzug einräumt vor der athanasianischen, nicaenischen (§ 172). Die Möglichkeit, die sich Schleiermacher auf diese Weise aus dem Weg räumt, ist diese, daß der Mensch sich eingestehen müßte, daß es Gott außerhalb seines Eingebundenseins in das menschliche Selbstbewußtsein gibt, und es genau dieser Gott ist, der sich seiner Rettung annimmt.

---

unserer kirchlichen Lehre steht und fällt. Denn ohne ein Sein Gottes in Christo anzunehmen, könnte die Idee der Erlösung nicht auf diese Weise in seiner Person konzentriert werden. Und wäre nicht eine solche Vereinigung auch in dem Gemeingeist der Kirche, so könnte auch diese nicht auf welche Weise der Träger und Fortbeweger der Erlösung durch Christum sein.« CG, § 170.1, KGA I.13/2, 514,22–515,8 / Redeker 2, 458 f.

[47] »daß man beide Vereinigungen [Gott in Christo und Gott in der Kirche] auf eine schon unabhängig von denselben und auf ewige Weise in dem höchsten Wesen selbst gesezte Sonderung zurückführt und dann, nachdem man das zur Vereinigung mit Jesu bestimmte Glied dieser Sonderung mit dem Namen Sohn bezeichnet hatte, auch dementsprechend den Vater als eine solche Sonderung sezen zu müssen glaubte [...]«, CG, § 170.2, KGA I.13/2, 516,13–18 / Redeker 2, 459 f.

[48] »Ginge nun dieses aus den Aussagen Christi und der Apostel über ihn und den Heiligen Geist mit solcher Bestimmtheit hervor, daß wir es auf ihr Zeugniß annehmen müßten: so wäre dann die Trinitätslehre die völlige Ausbildung einer Lehre von dieser Art und wir nähmen sie an als Zusammenstellung der Zeugnisse über eine übersinnliche Thatsache, aber eben so wenig eine Glaubenslehre in dem ursprünglichsten und eigentümlichsten Sinne des Wortes, wie die Lehre von der Auferstehung und Himmelfahrt Christi; und auch darin diesen ähnlich, daß unser Glaube an Christum und unsere Lebensgemeinschaft mit ihm dieselbe sein würde, wenn wir auch von dieser transcendenten Thatsache keine Kunde hätten, oder wenn es sich mit derselben auch anders verhielte.« CG, § 170.3/ KGA I.13/2, 517,32–518,10 / Redeker 2, 461.

Führen wir hingegen die oben angesetzte Skizze, die von der Erlösung durch den Kreuzestod Christi ausgeht, weiter, so sehen wir, daß schrittweise der Mensch in diese Dreiheit Gottes hineingenommen wird, in der jede der drei Personen Gottes eine Perspektive auf jeweils die beiden anderen hat und sie damit die Bezogenheit auf das menschliche Selbstbewußtsein überschreitet: Die Schöpfung ist der erste Schritt dieses Hineingenommen-Werdens, die Menschwerdung des Sohnes der zweite, die Vollendung in der Herrlichkeit, auf die hin der Geist führt, der letzte Schritt. Die von Schleiermacher aus der Aufklärungstheologie hervorgeholten Einwände gegen die klassische Trinitätslehre haben ihren Grund gerade darin, daß der Mensch hier damit zu tun hat, daß nicht nur seine Perspektive auf Gott, sondern auch die Perspektiven der drei göttlichen Personen aufeinander existieren.[49] Und gerade diese werden für sein Heil von wesentlicher Bedeutung.

8. Auferstehung und Himmelfahrt

Entsprechendes ist nun auch über Auferstehung und Himmelfahrt im Sinne der Bibel und der klassischen christlichen Tradition zu sagen. Mit der Auferstehung Jesu wird erst der Sieg Gottes über den Tod vollendet bzw. es zeigt sich, daß der Tod Christi keine Niederlage gegen die Sünde, sondern ein Sieg Gottes gewesen ist. Zugleich wird die neue Schöpfung geschaffen, an welcher Anteil gewinnen muß, wer errettet werden will (1. Kor 5,17). Deswegen kann in einem doppelten Hendiadyoin der Tod Christi mit der Überwindung der Sünde und seine Auferstehung mit der Rechtfertigung verknüpft werden (Röm 4,25). Schleiermacher will die Geltung dieser Stelle sogleich einschränken dadurch, daß er auf 1. Kor 15,13. 16 verweist, wo der Apostel die Auferstehung Jesu »als eine Gewährleistung für unsere eigene Auferstehung anführt«, sodaß sie »keineswegs in einem ausschließlichen Zusammenhange mit den eigentümlichen Sein Gottes in Christo« zu denken sei.[50] Aber die biblische Darstellung hat eben gar nicht als

---

[49]   Karl Barth stellt der Vermittlung, die Schleiermacher zwischen dem Sein Gottes in Christo und dem Sein Gottes in der Kirche herstellt – beide fallen, wie wir gesehen haben, in dieselbe Kategorie –, die klassische trinitarische Vermittlung entgegen: »Die einzige Vermittlung, die dort [in der Reformationstheologie] in Betracht kommt, ist die Erkenntnis des Vaters im Sohne durch den Geist in der strengen unaufhebbaren Entgegenstellung dieser ›Personen‹ der Gottheit. Diese Vermittlung ist als Modus *menschlicher* Erkenntnis nicht verständlich zu machen.« Und ein solches Verständlichmachen – oder Einordnen in die Kategorien der eigenen Bewußtseinsbildung – braucht es, wie Barth anschließend unterstreicht, auch nicht, wenn das Anliegen der Theologie gewahrt bleiben soll. Karl Barth, Die protestantische Theologie, 415 (Hervorhebung S. G.).

[50]   CG, § 99.1, KGA I.13/2, 95,31–96,3 / Redeker 2, 82 f.

Focus das »eigentümliche Sein Gottes in Christo«, wie es auf das Gefühl der schlechthinnigen Abhängigkeit in den menschlichen Seelen einwirkt, sondern sie spricht von den Stationen der Geschichte Christi, aus denen sich ergibt, worin das Heil des Menschen besteht. So ist die Auferstehung Christi sowohl für die Rechtfertigung des Menschen von Belang wie auch als Erstling der allgemeinen Totenauferstehung. Desgleichen die Himmelfahrt: sie ist tatsächlich, wie Schleiermacher sagt, zu beziehen auf »die über allen Conflict hinausgehobene eigenthümliche und unvergleichliche Würde Christi«,[51] aber diese Würde besteht dann eben auch real darin, daß Christus den Seinen vorangeht in den Bereich der neuen Schöpfung, der als solcher für die Sinne der alten Schöpfung nicht mehr erfaßbar ist.

9. Die Bibel

Schleiermachers Bemerkungen über Auferstehung, Himmelfahrt und die Trinität zeigen auch, daß für ihn die Bibel letztlich keine Geltung hat. Seine Bibelzitate sind auch in der Tat nicht mehr als sparsam verteilte Dekorationsstücke. Es mag etwas in der Bibel ausgesprochen sein, es mag sogar als »übersinnliche Tatsache« existieren: wenn es für den Glauben, und das soll heißen, letztlich für das unmittelbare Gottesbewußtsein keine wesentliche Bedeutung hat und auch wegfallen könnte, dann wird es auch so behandelt, als ob es nicht wäre. Im Rahmen dieser normativen Bezogenheit auf das Gefühl der schlechthinnigen Abhängigkeit stehen auch die Aussagen Schleiermachers über die Normativität des Neuen Testaments. Er bemerkt dabei, diese Normativität sei nicht so zu verstehen, »als ob alle spätere Darstellung gleichmäßig müßte aus dem Kanon abgeleitet werden und in ihm schon dem Keime nach enthalten sein«. Schleiermacher meint nämlich, daß aufgrund der Ausgießung des Heiligen Geistes - d. h. der durch Jesus vermittelten Ausweitung eines kräftigeren Gefühls der schlechthinnigen Abhängigkeit - »kein Zeitalter [der Kirche] ohne eine eigenthümliche Ursprünglichkeit christlicher Gedanken« sei. Es ginge letztlich nur darum, daß jedes »Erzeugniß des christlichen Geistes« nur dann als rein angesehen werden können, wenn »es mit jenen ursprünglichen Erzeugnisses in Uebereinstimmung steht«, und diese Übereinstimmung ist durch die Bezogenheit auf das Gefühl reguliert.[52]

---

[51]   CG, § 99.1, KGA I.13/2, 95,23 f. / Redeker 2, 82.
[52]   CG, § 129.2, KGA I.13/2, 323,16–21 / Redeker 2, 291.

10. Das Wort und die Ungegenständlichkeit der Gottesbeziehung im Gefühl der schlechthinnigen Abhängigkeit

Hier stoßen wir wieder an einen Punkt, an dem sich das Christentum der klassischen Tradition von Schleiermachers Auffassung grundlegend unterscheidet. Die klassische christliche Theologie spricht von Gott und einem Handeln Gottes so, daß Gott dem Menschen und überhaupt der Welt *gegenüber*tritt. In diesem Sinne ist Gott »Gegenstand« – gewiß nicht in dem Sinne, daß der Mensch sich von Gott distanzieren und sich Gottes Handeln und Reden wirklich entziehen könnte. Mit dem Gegenübertreten von Gott und Mensch, in welchem Gott am Menschen handelt und zum Menschen spricht, ist indes eine Unterschiedenheit zwischen Gott und seiner Schöpfung, in welche auch der Mensch gehört, gesetzt. Diese Unterschiedenheit ist etwas Unhintergehbares. Es gibt keine letzte Einheit, welche Gott und die Schöpfung umfaßt (Jes 55,8 f.). Gott bezieht Menschen in sein Handeln ein, indem er durch das Sprechen von Menschen zu Menschen spricht. Das ist das Wort Gottes, welches normativ die Heilige Schrift der Bibel ist, aber auch, durch dieses reguliert und aus ihm sich speisend, die Verkündigung der Kirche. In diesem Wort eröffnet sich Gott selbst den Menschen. Glaube ist Anerkennen der Wahrheit, die in diesem Wort ausgesprochen wird, und Vertrauen darauf. Der Glaube entsteht aus dem Wort, in dem Gott Menschen anredet. Dieser Glaube ist Glaube an das Wort Gottes, darin aber Glaube an Jesus Christus selbst und Glaube an das heilschaffende Handeln Gottes (Röm 10,17; Röm 10,11 / Jes 28,16; Röm 10,9 f.). Wir haben also einen klar geordneten Zusammenhang in einer Reihenfolge, die von oben nach unten geht: Gott in seinem Sein, welches unhintergehbar unterschieden von dem Sein des Menschen ist – Gottes Handeln – Gottes Reden: sein Wort – der Glaube des Menschen an Gottes Wort.[53]

Schleiermacher hingegen erklärt, daß das Wort bzw. die Vorstellung »Gott« »nichts anders ist als nur das Aussprechen des schlechthinigen Abhängigkeitsgefühls, die unmittelbarste Reflexion über dasselbe«. Denn es verhält sich so, daß es »die schlechthinige Abhängigkeit die Grundbeziehung ist, welche alle anderen in sich schließen muß. Der letzte Ausdrukk schließt zugleich das Gottesbewußtsein so in das Selbstbewußtsein ein, daß beides, ganz der obigen Auseinander-

---

[53] Es ist dem Vergleich zwischen der klassischen christlichen Theologie und der Schleiermachers, die hier durchgeführt werden soll, dienlich, das »Wort« im Gegenüber zu Schleiermachers Auffassung hier konkret als das Wort zu bestimmen, in dem Gott selbst spricht und sich und sein Tun dem Hörenden mitteilt. Es ist also diesem Zweck nicht so sehr dienlich, das Wort erst einmal als »Grundtatsache des Geistes« »im allgemeinen Sinne« zu nehmen, wie dies Emil Brunner in seiner Schleiermacher-Kritik tat, Die Mystik und das Wort. Der Gegensatz zwischen moderner Religionsauffassung und christlichem Glauben dargestellt an der Theologie Schleiermachers, Tübingen 1924, 89.

sezung gemäß, nicht voneinander getrennt werden kann. Das schlechthinige Abhängigkeitsgefühl wird nur ein klares Selbstbewußtsein, indem zugleich diese Vorstellung [nämlich von Gott] wird.«[54]

Es gibt also eine letzte Einheit, die Gott – von dem nur als »Vorstellung« geredet werden kann – und das menschliche Ich übersteigt. In einer ersten Reflexion macht sich der Mensch diese Einheit bewußt und unterscheidet dabei. Erst in dieser Reflexion denkt er Gott und – in klarer Weise – sein eigenes Ich, und zwar so, daß sie aufeinander bezogen, als aufeinander bezogen aber auch unterschieden sind: eben Gott als der, von dem er völlig abhängig ist, und sich selbst. Es gibt also wohl Transzendenz – wie sie sich in Jes 55,8 f. ausgedrückt findet – und Gott ist, auf dieser Stufe der ersten Reflexion, scharf vom Menschen und von der Welt unterschieden. Doch diese Unterscheidung ist etwas, worüber man hinausgehen kann. Aus diesem Grunde ist mit der Vorstellung »Gott« auch kein Gegenstand zu denken. Diese Vorstellung ist nur eine Analyseprodukt. Was analysiert wird, ist ein basales Gefühl im Menschen – wobei der Mensch, das »Ich«, keinen Vorrang hat gegenüber Gott. Er wird sich im klaren Sinne seiner selbst auch erst bewußt im Gegenüber zu Gott. »Glaube« kann dann verstanden werden als das sich seiner selbst bewußte Bezogensein des Menschen auf Gott und ist selbst abgeleitet aus diesem sich entfaltenden, in Reflexion übergehenden Gefühl.[55] Man sieht, daß das Wort, welches in der klassischen christlichen Theologie das von Gott gesetzte Bindeglied ist zwischen Gott und seinem Handeln einerseits, dem Menschen andererseits, bei Schleiermacher eine völlig andere Stellung bekommen muß. Es kann für ihn nur etwas uneigentliches, etwas sekundäres, um nicht zu sagen: tertiäres, sein. Es kann nur dazu dienen, auf das Primäre zurückzukommen, nämlich auf das schlechthinnige Abhängigkeitsgefühl.

Setzt die klassische christliche Theologie Gott als den Heiligen Geist, das Wort Gottes und den Glauben so zueinander in Beziehung, daß der Heilige Geist den Menschen antreibt, sich an das Wort zu hängen, und dieses Hängen eben »Glauben« genannt wird und damit der Mensch sich als abhängig vom Wort Gottes erweist, so hat hingegen bei Schleiermacher das, was er »Glaube« nennt, die Priorität gegenüber dem Wort und das Gefühl wiederum die Priorität gegenüber dem Glauben. Um es noch sehr dezent auszudrücken: »Das Wort ist hier in seiner Selbständigkeit gegenüber dem Glauben nicht so gesichert, wie es der

---

[54] CG, § 4.4, KGA I.13/1, 39,28 f.; 40,7–13 / Redeker 1, 29 f.

[55] Siehe die Definitionen Schleiermachers: Diese Gewißheit »daß durch die Einwirkung Christi der Zustand der Erlösungsbedürftigkeit aufgehoben und jener [Zustand schlechthinniger Leichtigkeit und Stetigkeit frommer Erregungen] herbeigeführt werde« »ist eben der Glauben an Christum«. Und: »Glauben an Gott, der nichts anders war als die Gewißheit über das schlechthinnige Abhängigkeitsgefühl als solches«, CG, § 14.1, KGA I.13/1, 115,10–12; 116,3–5 / Redeker 1, 94 f.

Fall sein müßte, wenn diese Theologie des Glaubens eine wirkliche Theologie des Heiligen Geistes wäre.«[56]

11. Die Wahrheit

Bedenken wir schließlich noch dieses: In der klassischen christlichen Theologie wird ein großer Zusammenhang von Aussagen entworfen: über Gott, sein Sein und seine Eigenschaften, sein Handeln, seine Menschwerdung, sein Wort, den Menschen, die Kirche, das Wirken der Sakramente usw. Alle diese Aussagen sind als Aussagen über die Realität gemeint, von denen sie sprechen und sie erheben den Anspruch, *wahr* zu sein. Es sind, wie man sieht, nur zu einem kleinen Teil Aussagen über das Innere der gläubigen Menschen. Aber alle diese Aussagen beanspruchen, wahr zu sein, als gültig, auch wenn Menschen nicht den Glauben haben, in dem sie diese Aussagen als wahr anerkennen.

Bei Schleiermacher hingegen sind alle Aussagen, die er in seiner Glaubenslehre entwickelt, auch wenn er sie ihrem Stoff nach der klassischen Dogmatik entnimmt, Aussagen über das christlich fromme Selbstbewußtsein. Es müssen »alle Säze der Glaubenslehre als solche Formeln« aufgestellt werden, die Formeln »für einen bestimmten Gemüthszustand« sind.[57] Sie sind »Auffassungen der christlich frommen Gemüthszustände in der Rede dargestellt«.[58] Diese Bestimmtheit des Gefühls, des unmittelbaren Selbstbewußtseins ist aber von seinem Wesen her kein Wissen.[59] Es wird also gar nicht beabsichtigt, etwas über diese Gegenstände auszusprechen, sondern über bestimmte Zustände oder Aspekte des frommen Selbstbewußtseins, welches in sich völlig ungegenständlich ist.

»Wahrheit« läßt sich dann nur aussagen, inwiefern die Aussagen der Glaubenslehre diese Zustände oder Aspekte richtig wiedergeben. Gegenüber anderen

---

[56]   Karl Barth, Die protestantische Theologie, 422.

[57]   CG, § 30.1, KGA I.13/1, 194,1–3 / Redeker 1, 163. Vgl. den Leitsatz von § 31: »Die oben angegebene Eintheilung [der Sätze der Glaubenslehre als Sätze über das menschliche Selbst, über Gott und über die Welt] wird also nach allen diesen drei Formen der Reflexion über die frommen Gemüthserregungen vollständig durchzuführen sein, und zwar so, daß überall die unmittelbare Beschreibung der Gemüthszustände selbst zu Grunde gelegt wird.« KGA I.13/1, 196,5–9 / Redeker 1, 165.

[58]   Leitsatz zu § 15, KGA I.13/1, 127,11–13 / Redeker 1, 105. Dazu, Redeker 1, 105, Fußnote **: An Lücke »die Sätze (sind) nur das Abgeleitete und der innere Gemütszustand das Ursprüngliche.«

[59]   Leitsatz zu § 3: »Die Frömmigkeit [...] ist rein für sich betrachtet weder ein Wissen noch ein Thun, sondern eine Bestimmtheit des Gefühls oder des unmittelbaren Selbstbewußtseins.«, KGA I.13/1, 19,16–20.3 / Redeker 1, 14.

Frömmigkeitsformen, sprich: Religionen, kann das christlich fromme Selbstbewußtsein keineswegs Wahrheit beanspruchen. Schleiermacher sagt zwar, daß diejenigen »Gestaltungen der Frömmigkeit, in welchen alle frommen Gemütszustände die Abhängigkeit alles Endlichen von e i n e m Höchsten und Unendlichen aussprechen, d. i. die monotheistischen,« die »höchste Stufe« einnehmen.[60] Zum Monotheismus gehören außer dem Christentum noch das Judentum und der Islam. Das Christentum ist jedoch gemäß Schleiermacher »die reinste in der Geschichte hervorgetretene Gestaltung des Monotheismus«.[61] Dies ist für Schleiermacher aber, wie wir gesehen haben, nur möglich zu behaupten, weil er das Christentum entsprechend umformt: die wesentliche Beteiligung des Leibes Christi an der Erlösung übergeht, die Gott-Menschheit Christi leugnet, die Trinitätslehre zurückstellt, auf eine Addition von Momenten des christlichen frommen Selbstbewußtseins reduziert und eine modalistische Variante nahelegt. Bei alledem ist auch nicht eine *Wahrheit* des Christentum gegenüber den anderen Religionen oder sonstigen konkurrierenden Vorstellungen in der Menschheit gemeint, sondern nur ein historisch relatives – grundsätzlich überholbares – Maximum an Reinheit im Vergleich mit dem Ideal des Gefühls der schlechthinnigen Abhängigkeit, das sich mehr oder minder stark in allen positiven Religionen ausprägt.

12. Fazit

Wir können hier innehalten und müssen nicht noch an anderen Lehrstücken den Vergleich zwischen Schleiermachers Glaubenslehre und dem Kanon der klassischen christlichen Theologie durchführen. Es ist hinreichend deutlich geworden, daß Schleiermacher nicht in ihn hineingehört. Die Ausarbeitung der biblischen Darlegungen hat in der klassischen Tradition zu durchgehend anderen Ergebnissen geführt als zu dem, was Schleiermacher lehrt. In der Voraussetzung, daß

---

[60] Leitsatz zu § 8, KGA I.13/1, 64,22–65,3 / Redeker 1, 51 (Hervorhebung F. S.).

[61] CG, § 8.4, KGA I.13/1, 70,27 f. / Redeker 1, 56. Als Grund dafür gibt Schleiermacher an, daß das Judentum »durch die Beschränkung der Liebe des Jehovah auf den Abrahamitischen Stamm noch eine Verwandtschaft mit dem Fetischismus« habe, der Islam hingegen »durch seinen leidenschaftlichen Charakter und den starken sinnlichen Gehalt seiner Vorstellungen […] doch einen starken Einfluß jener Gewalt des Sinnlichen auf die Ausprägung der frommen Erregungen« zeige, »welche sonst den Menschen auf der Stufe der Vielgötterei festhält.« KGA I.13/1, 70,13–16. 20–24 / Redeker 1, 56.
Unter »Fetischismus« versteht Schleiermacher »den eigentlichen Gözendienst«, der »Gözen nur einen Einfluß« zuschreibe »auf ein beschränktes Gebiet von Gegenständen oder Veränderungen«, »über welches hinaus sein eigenes Interesse und Mitgefühl sich nicht erstrekkt.« CG, § 8.1, KGA I.13/1, 65,7–13 / Redeker 1, 51.

die Theologie sich in der Auswahl ihrer Themen und in deren inhaltlicher Bestimmung an die Bibel halten müsse, in der Auffassung, worin Erlösung besteht, in der Überzeugung von der Gott-Menschheit Christi, also der Zwei-Naturen-Lehre, wie sie die Konzilien von Ephesus und Chalcedon maßstabsetzend gelehrt haben, in der Trinitätslehre, wie sie von den Konzilien von Nicaea und Konstantinopel formuliert wurde, in der Überzeugung von dem Kreuzestod Christi als einem zentralen Heilsereignis und von der realen Auferstehung Christi und allem weiteren mehr scheidet sich der Kanon christlicher Theologie von Schleiermacher. Es ist hier nicht bloß davon zu reden, daß in einem Lehrstück eine abweichende Lehre vorliegt, die durch ihren Zusammenhang mit anderen Lehrstücken diese auch geführden kann. Es handelt sich darum, daß *alles* in seinem Wesen verändert worden ist.

Karl Barth hat keineswegs zu viel behauptet, wenn er sagte, daß das Resultat von Schleiermachers Theologie »die entscheidende Voraussetzung aller christlichen Theologie in Frage stellte in einer Weise, wie es seit den Tagen der alten Gnosis vielleicht nicht wieder geschehen war« und »daß in ihrem Ansatz, in dem Gegenüber von Gott und Mensch eine Dunkelheit Platz gegriffen hat, in der alle erkennbaren Zeichen darauf hindeuten, daß hier der Mensch insofern allein auf dem Platz geblieben ist, als er allein hier Subjekt, Christus aber sein Prädikat geworden ist«.[62] Wenn man sich zu der alten, klassischen Tradition des Christentums bekennt, dann kann man Schleiermachers Begriff von Erlösung nur als eine »greuliche Irrlehre« bezeichneten, welche »für sich allein genügen würde, die ganze Schleiermachersche Glaubenslehre schlechterdings unannehmbar zu machen«,[63] dann muß man von einer »Entartung der protestantischen Theologie« sprechen.[64]

Schleiermacher und eine an ihm orientierte Theologie können also nicht für dasselbe Christentum sprechen wie diese klassische Tradition. Man kann nicht sagen, für ein und dasselbe, das sich einmal in schwierigeren, vor allem politisch-weltanschaulich schwierigen Zeit befindet und dann wieder in »eher normaleren«, würde in jenen Zeiten »ein extrem hochstufiger Offenbarungsbegriff« jedenfalls bestimmte Funktionen erfüllen, in diesen Zeiten dann nicht mehr, so daß eine schleiermacherische Theologie dann besser an der Tagesordnung wäre.[65] Denn hier wird eine Identität vorausgesetzt, die gar nicht gegeben ist.

Es zeugt von einer tiefen Verkennung reformatorischer Theologie, ausgerechnet diese auf eine Linie mit Schleiermacher zu stellen. So etwa, wenn behauptet wird, »die Unterscheidung der Religion von Metaphysik und Moral, von

---

[62]   Karl Barth, Die protestantische Theologie, 424.
[63]   Karl Barth, Die Theologie Schleiermachers. Vorlesung Göttingen Wintersemester 1923/ 24, hrsg. v. Dietrich Ritschl, Zürich 1978 (Karl Barth Gesamtausgabe II/5), 425.
[64]   Ebd., 461.
[65]   Ulrich Barth, Einführung, 8.

Spekulation und Praxis« würde »eine genuin reformatorische Einsicht zur Geltung« bringen, »die seit Luthers ›Heidelberger Disputation‹ zum character in-
delibilis jeder sich recht verstehenden evangelischen Theologie gehört«.[66] Oder
gar, Schleiermacher sei »ein Erbe reformatorischer Theologie« in gerade dem
Sinne, daß diese »die paulinische Feststellung ernst nimmt, daß der Glaubende
ein μὴ ἐργαζόμενος (Röm 4,5) ist«.[67] Die Berufung auf die Heidelberger Disputation ist besonders abwegig, weil Luther dort der *theologia gloriae* eine *theologia
crucis* gegenüber stellt.[68] Schleiermacher kann gar keine *theologia crucis* im Sinne
Luthers denken, weil diese die Gott-Menschheit Christi voraussetzt und das
Kreuz Christi als entscheidendes Heilsereignis behauptet. Es ist wirklich *Gott*,
der am Kreuz gestorben ist. Schleiermachers Theologie ist demgegenüber eine
konsequente *theologia gloriae*. Und Glaube ist bei Paulus und den ihm in der Tat
folgenden Reformatoren keineswegs so vom Tun unterschieden wie bei Schleiermacher, weil bei Schleiermacher »Glaube« eine Entfaltung des Gefühls der
schlechthinnigen Abhängigkeit ist, bei Paulus hingegen der Glaube *an den* ist,
»der die Gottlosen gerecht macht« (Röm 4,5), ein Glaube, der sich an das rechtfertigende *Wort* hängt und unhintergehbar in dieser Proposition formulierbar ist.

Ich hatte zu Beginn dieser Untersuchung von den Kanon der klassischen
christlichen Tradition gesprochen. Dieser schließt durchaus Gegensätze in sich
ein wie denjenigen zwischen der reformatorischen und der römisch-tridentini-
schen Theologie. Hält man aber diese Gegensätze neben den Entwurf Schleiermachers, dann sieht man, daß sie eine Reihe von Voraussetzungen gemeinsam
haben. Diese bilden den Rahmen, innerhalb dessen diese Gegensätze überhaupt
erst denkbar sind. Die Trinität, die Menschwerdung Gottes, der stellvertretende
Sühnetod Christi, seine leibhafte Auferstehung, die angeborene Sündhaftigkeit
des Menschen sind solche Voraussetzungen. Der Pelagianismus Schleiermachers
ist dabei viel weiter von der reformatorischen Position entfernt als irgendeine
Position der römischen Theologie während der Debatten des 16. Jahrhunderts. Er
befindet sich eben außerhalb des Rahmens, der diesen Kanon der klassischen
christlichen Tradition umgibt.

Auch das sogenannte lutherische *pro me* stellt keine Brücke zwischen
Schleiermacher und Luther her. Denn es handelt sich lediglich um die Aneignung

---

[66]   Eberhard Jüngel, Häresie – ein Wort, das wieder zu Ehren gebracht werden sollte.
Schleiermacher als Ökumeniker, in: 200 Jahre »Reden über die Religion«, 16. Jüngel beruft
sich hier auf Wilhelm Herrmann, Die Bedeutung der Geschichtlichkeit Jesu für den Glauben.
Eine Besprechung des gleichnamigen Vortrags von Ernst Troeltsch, in: Ders., Schriften zur
Grundlegung der Theologie, hrsg. v. Peter Fischer-Appelt, Bd. 2, München 1967, (282–89)
285 f. Der Text Herrmanns gibt aber nichts zur Begründung dieser Aussage her und geht nicht
einmal auf die ›Heidelberger Disputation‹ oder irgend einen anderen Text Luthers ein.

[67]   Jüngel, Häresie (s. Anm. 66), 17.

[68]   These 19–24, BoA 5, 379; 388–390 / WA 1, 354; 361–363.

des Heilswerkes, das durch Gottes Handeln *schon* vorhanden ist, durch Gottes Wort *schon* zugesprochen ist und nun noch geglaubt werden soll in der Weise, daß der Glaubende sich mit einbezieht: daß es auch *ihm* gilt, was Gott getan und gesagt hat.[69] Bei Schleiermacher hingegen können Handeln und Reden Gottes nur Projektionen dessen sein, was im Innern des Menschen gegeben ist.

13. Schleiermachers Motive

Nun könnte man den Einwand zugunsten Schleiermachers erheben, den wohl längst seine neuen Freunde und Verehrer erhoben haben dürften: das, was Schleiermacher in seiner Glaubenslehre darbietet, *sei* die alte Dogmatik, bzw. sie spreche von dem Christentum, wie es seit Jesus von Nazareth existiert habe, Dogmatik bzw. Christentum seien aber so *umgeformt*, wie sie eben aufgrund der geistigen Wandlungen der Neuzeit haben umgeformt werden *müssen*.[70] Dieser Wandel stelle eine geistige Notwendigkeit dar, der man Rechnung tragen müsse, wenn man nur irgendwie »intellektuell redlich« sei. Nicht Schleiermacher selbst, aber Ernst Troeltsch hat die Identität – und in diesem Sinne das »Wesen« – des Christentums erklärt als etwas, das in Entwicklung sei und nur als sich weiter entwickelnd begriffen werden könne.[71]

Als Gründe für diesen Wandel können genannt werden:

---

[69] Das Motiv ist Luther übrigens von Bernhard von Clairvaux vermittelt worden; er hat seine Begründung in der Bibel dargelegt: vgl. Acta Augustana, WA 2, 13–16, dazu: Sven Grosse, Der junge Luther und die Mystik. Ein Beitrag zur Frage nach dem Werden der reformatorischen Theologie, in: Gottes Nähe unmittelbar erfahren. Mystik im Mittelalter und bei Luther, hrsg. v. Berndt Hamm und Volker Leppin (Spätmittelalter und Reformation. Neue Reihe 36), Tübingen 2007, 189–194.

[70] Die angebliche Unausweichlichkeit dieses Vorgangs kann so hervorgehoben werden:»Es ist völlig ungeschichtlich, den von der Aufklärung vollzogenen Säkularisierungsprozeß mental annullieren oder gar ideenpolitisch umkehren zu wollen. Die von ihm bewirkten Veränderungen sind nicht das Produkt willkürlicher Einfälle und Launen, sondern das in langen Debattenzusammenhängen entstandene Resultat von Sachfragen und Problemstellungen, deren Gewicht auch dann weiterbestünde, wenn man vor die dort gegebenen Antworten die Augen verschließen würde.« Ulrich Barth, Art. Säkularisierung I. Systematisch-theologisch, in: TRE 29 (1998), 620, 1–6.

[71] Was heißt »Wesen des Christentums«?, Ernst Troeltsch, Gesammelte Schriften, Bd. 2: Zur religiösen Lage, Religionsphilosophie und Ethik (Tübingen 1913), Neudruck d. 2. Aufl. 1922, Aalen 1962, 386–451 (erstveröffentlicht 1903). Schleiermacher deutet den Entwicklungsgedanken nur an in der letzten Bestimmung seines Leitsatzes zu CG, § 19: »Dogmatische Theologie ist die Wissenschaft von dem Zusammenhange der in einer christlichen Kirchengesellschaft *zu einer gegebenen Zeit* geltenden Lehre«, KGA I.13/1, 143,13–15 / Redeker 1, 119 [Hervorhebung S. G.], entfaltet in § 19.2.

(1) Die kantische Wendung in der Philosophie mit ihren Nachfolgediskussionen.[72] Und von der Philosophie sei die Theologie abhängig.

(2) Die in der Aufklärungstheologie erhobenen Einwände gegen zentrale Lehren der klassischen christlichen Tradition wie der die Zwei-Naturen-Lehre in der Christologie, der Trinitätslehre und der Lehre vom stellvertretenden Sühnetod Christi wegen ihrer angeblich unauflöslichen Widersprüche.

(3) Der Wahrheitsanspruch anderer Wissenschaften, vor allem der Naturwissenschaften, der mit bestimmten Aussagen der Theologie sich überschneidet und vor dem diese letztlich weichen müßte. Schleiermacher hat in seinem zweiten Sendschreiben an Lücke von einer »Gewalt aus wissenschaftlichen Combinationen« gesprochen, »vor denen sich niemand entziehen kann«, so daß eines nach dem anderen falle.[73] Schleiermacher sucht also die Grenzlinie der Theologie so weit zurückzuziehen, daß es keine Überschneidungen mit anderen Wissenschaften gibt, welche mit ihrem größeren Gewicht die Theologie zurückdrängen könnten.[74] Aus diesem Grunde erklärt er auch die Auferstehung und die Himmelfahrt für irrelevant für den christlichen Glauben.[75]

---

[72] Siehe Harald Seubert, Das Gefühl schlechthinniger Abhängigkeit und die normative Kraft der Moderne oder: Schleiermacher im Kontext, in: Sven Grosse (Hrsg.), Schleiermacher kontrovers, Leipzig 2019, 119-158.

[73] Zweites Sendschreiben über seine Glaubenslehre an Dr. Lücke (erstveröffentlicht 1829), KGA, I.10 › 346,6-8. Voran geht der Satz: »Wenn Sie den gegenwärtigen Zustand der Naturwissenschaft betrachten, wie sie sich immer mehr zu einer umfassenden Weltkunde gestaltet, von der man vor noch nicht gar langer Zeit keine Ahndung hatte: was ahndet Ihnen von der Zukunft, ich will nicht einmal sagen für unsere Theologie, sondern für unser evangelisches Christenthum?, 345,13-17. Schleiermacher bezieht die oben zitierte Aussage zu nächst auf den Schöpfungsbegriff, dann auf die neutestamentlichen Wunder, »von den Alttestamentischen will ich gar nicht erst reden«, 346,12 f. Aus alledem resultiert Schleiermachers Befürchtung einer »Blokade«: es drohe eine »gänzliche Aushungerung« des Christentums »von aller Wissenschaft« (347,6) und er kommt zu der berühmten Frage: »Soll der Knoten der Geschichte so auseinander gehen? Das Christentum mit der Barbarei, und die Wissenschaft mit dem Unglauben?« Ebd., 347,8-10. Siehe Daniel von Wachter, Friedrich Schleiermachers Theologie ist nicht rational, in: Sven Grosse (Hg.), Schleiermacher kontrovers, Leipzig 2019, 159-181.

[74] Heinrich Scholz rühmte dann auch an Schleiermacher, daß er »den großartigen Mut gehabt« habe, »seine Sätze so auszudrücken, daß die Physik nicht erst gestürzt werden muß, damit das Christentum existieren kann.« Wie ist eine evangelische Theologie als Wissenschaft möglich?, in: Theologie als Wissenschaft. Aufsätze und These, hrsg. u. eingel. von Gerhard Sauter, München 1972 (Theologische Bücherei 43), 37 [nach der bei Sauter abgedruckten Originalpaginierung der Erstveröffentlichung in: ZZ 9 (1931)].

[75] Tatsächlich hat Schleiermacher selbst nicht an die leibhafte Auferstehung Jesu geglaubt und die These vertreten, Jesus sei scheintod gewesen: Das Leben Jesu. Vorlesungen an

Schleiermachers Theologie kann als ein großangelegtes apologetisches Unternehmen verstanden werden, welches das Christentum vor dieser Bedrängung durch – anscheinend – unausweichliche Argumente retten will.[76] Eine Apologetik fängt an mit der Wahrnehmung, daß etwas angegriffen wird, das sie vor diesem Angriff verteidigen will. Zu dieser Verteidigung muß das Angegriffene so interpretiert, d. h. erläutert werden, daß es sich erweist, daß die Angriffe unberechtigt sind. Damit die Apologie sinnvoll ist, muß eine Identität bestehen zwischen dem, was sie einem Angriff ausgesetzt sieht und das sie verteidigen will, und ihrer Interpretation dieses Zu-Verteidigenden. Man darf nicht, weil man im Grunde doch für berechtigt hält, was von den Angreifern eingeklagt wird, und um den Angriffen dann aus dem Weg zu gehen, dasjenige verändern, das man verteidigen soll.

Schleiermacher verteidigt das Christentum aber so, das es ihm unter den Händen entschwindet. Wenn man sich auf die Einsicht beruft, daß alles, auch das Christentum, sich in der Geschichte entwickle und nicht unbeweglich gleich bleibe, dann muß man auch die Möglichkeit einer negativen Entwicklung, einer Korruption, also eines Zerfalls, einer Identitätsauflösung ins Auge fassen, die im Wandel der Geschichte alles erfassen kann, was es in der Geschichte gibt, auch das Christentum. Genau dies findet aber bei Schleiermacher, präludiert von der Aufklärungstheologie, statt. John Henry Newman, der rund 60 Jahre vor Troeltsch den Entwicklungsgedanken konsequenter durchdacht hatte als dieser, hat Kriterien angegeben für eine gesunde Entwicklung, welche eine solche von einer Korruption unterscheidet. Soll etwas im Wandel der Geschichte seine Identität bewahren, dann müssen gegeben sein: (1) Erhaltung ihres Typus, (2) Kontinuität ihrer Prinzipien, (3) Assimilationsvermögen, (4) Logische Folgerichtigkeit, (5) Vorwegnahme ihrer Zukunft, (6) Erhaltende Wirkung auf die Vergangenheit ihrer Entwicklung, (7) Fortdauernde Lebenskraft.[77]

---

der Universität Berlin im Jahr 1832, aus Schleiermacher's handschriftlichem Nachlasse, und Nachschriften seiner Zuhörer herausgegeben von Karl August Rütenik, Berlin 1864 (=Sämtliche Werke, 1. Abt. Zur Theologie, Bd VI), 442 ff. Karl Barth dazu: Schleiermacher-Vorlesung, 186–188.

[76]   So versteht Karl Barth Schleiermacher in dem Kapitel über ihn in seiner Theologiegeschichte: Die protestantische Theologie, 384 f.; 394–399, vgl. Barths Rezension: Brunners Schleiermacherbuch, ZZ 2 (1924), 56.

[77]   John Henry Kardinal Newman, Über die Entwicklung der Glaubenslehre. Durchges. Neuausgabe d. Übers. v. Theodor Haecker, besorgt, kommentiert u. mit erg. Dokumenten vers. v. Johannes Artz, Mainz 1969 (= Ausgewählte Werke, Bd. 8), 151–153(-183) / An Essay on the Development of Christian Doctrine, Westminster, Md., 1968 (= The Works of Cardinal Newman), 169–171(-206). Zur Diskussion des Entwicklungsbegriffs bei Troeltsch und Newman s. Sven Grosse, Christentum und Geschichte: Troeltsch – Newman – Luther – Barth, in: Ders., Das Christentum an der Schwelle der Neuzeit. Drei Studien zur Bestimmung des

Man kann sehen, was davon auf Schleiermachers Christentumstheorie zutrifft. Der entscheidende Punkt ist dabei die Assimilation. Hat etwas, das sich
entwickelt, Dauer, dann assimiliert es sich Gedanken, Frömmigkeitsformen usw.
aus anderen Kreisen: es verleibt sie sich ein. Genau dies können wir bei der
Kirche in der spätantiken Gesellschaft sehen. Fängt aber etwas an, sich aufzulösen, dann assimiliert es sich *an* Gedanken, Lebensweise usw. von außerhalb.
Das heißt: es paßt sich an.

Womit wir zu tun haben, ist tatsächlich ein Prozeß der Entchristlichung,
vergleichbar dem Hinübertreten vom Christentum zum Islam, wie es seit dem
7. Jahrhundert in den islamisch beherrschten Gebieten stattgefunden hat, nun
als ein Hinübertreten zu etwas, das man als Säkularismus bezeichnet. Dieser
Prozeß konnte in verschiedenen Geschwindigkeiten stattfinden bzw. mit verschieden vielen Zwischenstufen. Die deutsche Entwicklung war eher langsam
und hatte viele Zwischenstufen. Nicht nur und lange Zeit nicht so sehr ausdrückliche Gegner des Christentums, sondern bestallte Amtsträger des Christentums waren dort Protagonisten dieses Prozesses. Schleiermacher ist einer der
wichtigsten unter ihnen. Die Situation hat eine umgekehrte Ähnlichkeit mit der
späten Antike, als das Christentum eine Minderheit in einer von heidnischen
Eliten dominierten Gesellschaft war. Die christliche Theologie der Gegenwart
kann also aus dieser damaligen Situation lernen. Dabei haben beide Situationen
umgekehrte Tendenzen: dort eine auswählende und integrierende Tätigkeit des
Christentums gegenüber dem Heidentum, hier eine Auflösung des im Christentum Verbundenen in verschiedene Richtungen.[78]

Der Problemdruck, von dem Ulrich Barth spricht, und der ihn dazu führen
läßt, eine Orientierung an Schleiermacher zu empfehlen,[79] ist in Wahrheit ein
Anpassungsdruck. Gerade die intellektuelle Elite der Kirchen, d. h. die Theologen,
sind geneigt, sich an dem Diskurs der intellektuellen Eliten der säkularisierten Mehrheitsgesellschaft zu beteiligen, um nicht ausgeschlossen zu sein. Damit
steht aber auch an, die Vorentscheidungen dieses Diskurses zu übernehmen. So

---

gegenwärtiges Ortes des Christentums, Kamen 2010 (Texte und Studien zum Protestantismus des 16. bis 18. Jahrhunderts 6), 97–155.

[78] Dazu Sven Grosse, Die Neuzeit als Spiegelbild des antiken Christentums, in: Ders., Das
Christentum an der Schwelle der Neuzeit, 1–50.

[79] Ulrich Barth, Einführung, 9. Er nennt dabei: (1) den konfessionellen Pluralismus der
Kirchen, (2) die interkulturelle Präsenz konkurrierender Weltreligionen, (3) den Konflikt
zwischen kritischer Wissenschaft und kirchlich gebundener Theologie, (4) die Entfrem-
dung von humaner Bildung und positioneller Bekenntnisorientierung, (5) die Entdogmati-
sierung des Frömmigkeitsstils, (6) die Individualisierung der religiösen Einstellung, (7) die
Ethisierung oder Ästhetisierung des religiösen Erlebens. Ebd., 10, spricht er dann von der
»Orientierungskraft« von Schleiermachers System.

läßt man sich dazu überreden, *den* Lösungen jener Probleme zu folgen, welche die westliche säkularisierte Gesellschaft vertritt.

Eine Apologetik, wie sie Schleiermacher betrieb, verliert dabei das, was sie zu verteidigen beanspruchte, gewinnt aber nicht diejenigen, die sie zu überzeugen suchte, weil diese kein Interesse daran haben, wieder christlich zu werden. Ein erhellendes Beispiel dafür gab der Fürst der Gebildeten unter den Verächtern der christlichen Religion, Johann Wolfgang von Goethe. Friedrich Schlegel berichtet von Goethes Erfahrung mit der Lektüre der ›Reden‹: »Goethe hat sich mein prächtiges Exemplar geben lassen, und konnte nach dem ersten begierigen Lesen von zwey oder drey Reden gegen Wilhelm die Bildung und die Vielseitigkeit dieser Erscheinung nicht genug rühmen. Je nachläßiger indessen der Styl und je christlicher die Religion wurde, je mehr verwandelte sich dieser Effekt in sein Gegentheil, und zuletzt endigte das Ganze in einer gesunden und fröhlichen Abneigung. Also ein neuer Beleg für die innere Duplicität dieses Mittels.«[80]

Eine Rückkehr zu Schleiermacher ist vom Standpunkt des heutigen Säkularismus noch weniger überzeugend, weil dieser sich inzwischen noch weiter vom Christentum entfernt hat als zu Schleiermachers Zeiten und mittlerweile auch ethische Grenzen überschritten hat, die damals noch als sicher galten. Schleiermachers Beharren auf einer Vorrangstellung des Christentums würde – noch mehr als damals – Anstoß erzeugen.

Statt den Weg Schleiermachers und seiner Nachfolger zu gehen, gilt es – natürlich nicht, sich gar nicht diesen Problemen zu stellen, sondern: – sie anzugehen von dem Standpunkt der klassischen christlichen Theologie. Wenn man sich darüber klar geworden ist, worin diese besteht, und daß sie auch gegenüber den Einwänden, die für Schleiermachers Umformung maßgeblich gewesen sein dürften, Bestand hat, dann kann man von ihr auch die Orientierungskraft erwarten, die benötigt wird.

14. Aufgaben für die künftige Theologie

Wenn es nun um drei oben genannten Gründe geht, weshalb ein Wandel der klassischen christlichen Theologie in die von Schleiermacher vorgesehene Form vollzogen werden müsse, so soll folgendes gesagt sein:

Ad 1: Christliche Theologie ist von vornherein mißverstanden, wenn man sie abhängig macht von philosophischen Vorentscheidungen, die selbst wiederum unabhängig sind von der Theologie. Bei Schleiermacher sieht man die Macht dieser Vorentscheidungen in den Prolegomena seiner Glaubenslehre, die ausnahmslos aus Lehnsätzen aus nicht-theologischen Wissenschaften beste-

---

[80]   Friedrich Schlegel an Schleiermacher, um den 10. Oktober 1799, KGA V.3, 212,3–9.

hen.[81] Die entscheidende Stellung hat dabei die Entwicklung des Begriffs des Gefühls der schlechthinnigen Abhängigkeit (§3-5).[82]

Demgegenüber muß gesagt werden, daß man zwar durchaus von *praeambula fidei* reden kann[83] ﹥ daß sie aber selber vom Glauben aus zu bestimmen sind.[84] Es soll damit durchaus eine Konkordanz von Theologie und Philosophie das Ziel sein: es kann nur *eine* Wahrheit geben.[85] Geboten ist damit eine *Relecture* und eine

---

[81] Diese sind *erstens* die Ethik (§ 3-6 der Prolegomena) als »die der Naturwissenschaft gleichlaufende spekulative Darstellung der Vernunft in ihrer Gesamtwirklichkeit«, CG, § 2, Zusatz, 2, KGA I.13/1, 19,7-9 / Redeker 1, 14. Der »allgemeine Begriff der Kirche« muß zuerst in der Ethik behandelt werden, weil »auf jeden Fall die Kirche eine Gemeinschaft ist, welche nur durch freie menschliche Handlungen entsteht und nur durch solche fortbestehen kann«, CG, § 2.2, KGA I.13/1, 16,3-7 / Redeker 1, 12. Die Ethik befaßt sich somit auch mit dem »allgemeinen Begriff des Staates.« CG, § 2.2, KGA I.13/1,17,24f. / Redeker 1, 13. *Zweitens* die Religionsphilosophie (§ 7-10 der Prolegomena) als »eine kritische Darstellung der verschiedenen gegebenen Formen frommer Gemeinschaften, sofern sie in ihrer Gesammtheit die vollkommene Erscheinung der Frömmigkeit in der menschlichen Natur sind«: CG, § 2, Zusatz, 2, KGA I.13/1, 19,9-12 / Redeker 1, 12. *Drittens:* die Apologetik (§ 11-14 der Prolegomena) ist nun Teil der Religionsphilosophie, welche, da »das eigenthümliche Wesen des Christenthums sich ebensowenig rein wissenschaftlich konstruieren läßt, als es bloß empirisch aufgefaßt werden kann«, »es sich nur kritisch bestimmen« läßt »durch Gegeneinanderhalten dessen, was im Christenthum geschichtlich gegeben ist, und der Gegensäze, vermöge deren fromme Gemeinschaften können voneinander unterschieden sein.« Die Apologetik übernimmt es dabei, das Eigentümliche des Christentums bzw. des Protestantismus zu benennen: KD, § 32, KGA I.6, 338,4-9 / Scholz, 13; § 39, KGA I.6, 340f. / Scholz, 16f.

[82] Siehe den Beitrag von Harald Seubert in diesem Band, wo gezeigt wird, daß der Begriff dieses Gefühls das Ergebnis philosophischer Entscheidungen ist. Zur Entwicklung des Begriffs des Gefühls der schlechthinnigen Abhängigkeit s. Schleiermachers Dialektik: D, § 215-229, Arndt, 64-75.

[83] »quod Deum esse, et alia hujusmodi quae per rationem naturalem nota possunt esse de Deo [...] non sunt articuli fidei, sed praeambula ad articulos«, Thomas von Aquin, S.Th.I, q.2, a.2. Wobei er hinzufügt, daß auch diese geglaubt werden können; die Glaube ist also nirgendwo angewiesen auf die Leistung der natürlichen Vernunft.

[84] Das hat Hans Urs von Balthasar im Gespräch mit Karl Barth in seiner Thomas-Deutung deutlich gemacht: Karl Barth. Darstellung und Deutung seiner Theologie, Olten 1951, 395: Daß die Gnade die Natur zur Voraussetzung hat, hat wiederum selbst zur Voraussetzung »ein Herabsteigen der Gnade in die Natur«.

[85] Die der Theologie anvertraute Wahrheit und die Wahrheit, die durch richtige philosophische Argumentation erkannt wird, können sich darum nicht widersprechen: Thomas, S.Th. I, q.1, a.8c.

Kritik Kants und der nachkantischen Theologie, welchen den Ansprüchen der christlichen Theologie Rechnung tragen muß.[86]

Ad 2: Die bestrittenen zentralen Lehren der klassischen christlichen Tradition sind in ihrer inneren Rationalität aufzuweisen. Es wäre Überheblichkeit und Ignoranz, zu meinen, daß beispielsweise die Kirchenväter, denen besonders die Trinitätslehre und die Zwei-Naturen-Lehre zu verdanken sind, Athanasius, die Kappadozier, Augustin, Cyrill von Alexandrien, sich ihrer logischen Herausforderungen nicht bewußt gewesen wäre. Ihre Rationalität hat aber einen tieferen Vernunftbegriff als den sehr flachen der Aufklärung, dem Schleiermacher in diesen Passagen, in denen er diese beiden Dogmen kritisiert, verpflichtet ist. Bei Gotthold Ephraim Lessing, wenngleich auch er noch ein Aufklärer, wird dieser flache Vernunftbegriff immerhin überschritten, wenn er schreibt: »Wie, wenn diese Lehre [von der Dreieinigkeit] den menschlichen Verstand [...] nur endlich auf den Weg bringen sollte, zu erkennen, daß Gott in dem Verstande, in welchem endliche Dinge eins sind, unmöglich eins sein könne; daß auch seine Einheit eine transcendentale Einheit sein müsse, welche eine Art von Mehrheit nicht ausschließt?«[87]

Ad 3: Schleiermacher ordnet die Theologie in ein System von Wissenschaften ein und räumt dabei nicht-theologischen Wissenschaften ein Vorrecht gegenüber der Theologie ein. Es muß demgegenüber überlegt werden, warum überhaupt Konfliktzonen zwischen der christlichen Theologie und den anderen Wissenschaften entstehen können. Die Theologie als Wissenschaft hat gute Gründe, in das Physische hineinzugehen, obgleich dieses an sich Ressort der Naturwissenschaft ist. Dabei kann durchaus eine Konkordanz zwischen diesen beiden Wissenschaften gefunden werden.[88]

Die Regelung der Zuständigkeiten zwischen den Wissenschaften ist aber Sache der Wissenschaftstheorie. Dies betrifft nicht nur das Verhältnis zwischen der Theologie und den Naturwissenschaften. Zur Wissenschaftstheorie führt auch ein kritisches Überdenken der Forderung der Forderung von Ulrich Barth, in der aktuellen Situation sich auseinanderzusetzen »mit all den Wissenschaften, die für die Beschreibung der sozialen und kulturellen Realität zuständig sind«. Das würde »aber nur dann überzeugend gelingen, wenn diese nicht nur in instrumentalisierter Form als Hilfswissenschaften und Anwendungsdisziplinen

---

[86]   Siehe dazu den Beitrag von Harald Seubert in diesem Band.

[87]   Die Erziehung des Menschengeschlechts, § 73, Gotthold Ephraim Lessing, Werke (1778–1781), hrsg. v. Arno Schilson und Axel Schmitt (Werke und Briefe hrsg. v. Wilfried Barner u. a., Bd. 10), Frankfurt a. M. 2001, 93.

[88]   Eine Durchführung eines Aufweises einer solchen Konkordanz im Fall des freilich äußerst bedeutsamen Wunderthemas findet sich bei: Daniel von Wachter, Die kausale Struktur der Welt. Eine philosophische Untersuchung über Verursachung, Naturgesetze, freie Handlungen, Möglichkeit und Gottes Wirken in der Welt, Freiburg/München 2009, 316–334.

rezipiert werden, sondern wenn der Theologiebegriff selber sich von seinen eigenen Theoriegrundlagen her als anschlußfähig erweist«.[89] Denn bei all diesen Überlegungen ist man im Bereich der Wissenschaftstheorie. Hier sollte nun bedacht werden, daß durch Entscheidungen in diesem Bereich etwas in die Wissenschaften hineingetragen wird, das auch ihr Verhältnis untereinander bestimmt. Es ist beispielsweise nicht eine reine Soziologie an sich, der gegenüber, wenn man Ulrich Barth folgen wollte, die Theologie sich als »anschlußfähig« erweisen soll, sondern es sind wissenschaftstheoretische Elemente, die in jeder Wissenschaft enthalten und wirksam sind, die in diesem Fall der Theologie diktieren würden, wie sie sich von der Soziologie anschließen lassen sollte. Solche wissenschaftstheoretischen Elemente sind aber wiederum theologischer Natur. Thomas von Aquin hat die *sacra doctrina*, die Theologie sowohl eine *scientia* genannt als auch eine *sapientia*, d. h. dasjenige Vermögen, durch welches den Wissenschaften ihrer Ordnung untereinander gegeben wird.[90]

Es handelt sich also darum, daß auf der Ebene der *sapientia* als der Wissenschaftstheorie in der einen oder in der anderen Weise *Theologie* getrieben wird. Es kann eine falsche Theologie sein – und dann wird die christliche Theologie auf ihrem materialen Feld, als *scientia*, den Rückzug antreten müssen – oder es kann die wahre Theologie sei, so daß die Theologie als *sapientia* sich selbst als *scientia* und den anderen anderen Wissenschaften einen Rahmen auferlegt, der ihnen das Ihre gibt – und nicht mehr, aber auch nicht weniger.

Wenn die christliche Theologie auf die Schleiermachersche Herausforderung recht antworten will, dann kann es darum zwar ein wesentlicher Schritt, aber nicht das letzte Wort sein, daß sie gegenüber dem Entwurf Schleiermachers auf dem Partikularen beharren soll, während dieser eine grenzenauflösende Allgemeinheit vertritt. Der späte Karl Barth hatte dies noch in seinem Nachwort zu Bollis Schleiermacher-Auswahl getan:

> »Fühlt, denkt und redet der Mensch nach Schleiermacher (1) primär im Verhältnis zu einer *besonderen*, konkreten und also bestimmten und bestimmbaren Wirklichkeit und erst von daher, sekundär verallgemeinernd, abstrahierend, im Blick auf Wesen und Sinn dessen, wozu er sich in Beziehung findet? [...] Oder geschieht das Fühlen, Denken und Reden des Menschen nach Schleiermacher (2) primär im Verhältnis zu einem *allgemeinen*, zum vornherein eruierten und festgestellten Wesen und Sinn der Wirklichkeit und erst von daher, nur sekundär in der Aufmerksamkeit auf ihre besondere, konkrete, bestimmbare und bestimmte Gestalt?« und: »Ist der den fühlenden, redenden, denkenden Menschen bewegende Geist, wenn alles mit rechten Dingen zugeht (1) ein schlechthin *partikularer*, spezifischer, von allen anderen Geistern sich immer wieder unterscheidender, ein ernstlich ›heilig‹ zu nennender Geist? [...] Oder

---

[89] Ulrich Barth, Einführung, 9.
[90] S.Th. I, q.1, a.6, argumentum 2 und corpus.

ist der nach Schleiermacher die fühlenden, denkenden, redenden Menschen bewegende Geist vielmehr (2) zwar individuell differenziert, aber doch universal wirksam, im Einzelnen aber eine diffuse geistige Dynamis?«[91]

Dieses Eintreten für das Partikulare, das nicht von »vornherein Eruierte« war richtig, denn Schleiermachers Entwurf geht auf ein Allgemeines, in welches die christliche Theologie eingeordnet werden soll.[92] Es muß aber noch darüber hinaus gegangen werden. Ein weiterer notwendiger Schritt besteht dann darin, die falsche Theologie in diesem Allgemeinen zu entdecken und ihr die wahre Theologie entgegenzusetzen.

Ulrich Barth hatte davor gewarnt, »sich in einem Gruppenghetto Gleichgesinnter« zu verschanzen. Dies sei »unkreativ« und »extrem kurzsichtig«.[93] Das kann, soll und muß auch nicht erfolgen, wenn man sich dem Aufruf verweigert, sich einer säkularisierten und das heißt: entchristlichten Gesellschaft anzuschließen und anzupassen. Es handelt sich darum, einen Entwurf zu liefern für einen Denk- und Lebenshorizont, welcher alles mögliche Denken, Leben und Tun umfaßt. Für diese höchst kreative und extreme Weitsicht erfordernde Aufgabe gibt es Beispiele, allerdings außerhalb des deutschen Sprachraums, in der englischen Radical Orthodoxy-Theologie, für die nicht zuletzt auch ihre patristische Schulung kennzeichnend ist. So hat John Milbank 1990 mit seinem Buch ›Theology and Social Theory‹ aufgewiesen, wie bestimmte, richtige oder falsche theologische Entscheidungen in den verschiedenen Entwürfen von Gesellschaftstheorien wirksam sind.[94] Die Position der Theologie gegenüber den an-

---

[91]   Karl Barth, Nachwort zu: Heinz Bolli (Hrsg.), Schleiermacher-Auswahl, München/ Hamburg 1968, 308 f. (Hervorhebungen K. B.). Es handelt sich hier um die dritte und um die vierte Frage, die er in Blick auf Schleiermacher stellt. All diese Fragen sind, bei aller Bereitschaft zum Neu-Überdenken, die der alte Barth hier zeigt, doch noch immer mit der Entscheidung für die zweite Möglichkeit zu beantworten.

[92]   Aufschlußreich ist hier die Formulierung aus seiner theologischen Enzyklopädie: »Die philosophische Theologie kann daher ihren Ausgangspunkt nur über dem Christenthum in dem logischen Sinne des Wortes nehmen, d. h. in dem allgemeinen Begriff der frommen oder Glaubensgemeinschaft.«, KD, § 33, KGA I.6, 338 f. / Scholz, 14.

[93]   Ulrich Barth, Einführung, 9. Die andere Möglichkeit, die Ulrich Barth als mögliche Gegenposition zu der seinen nennt, ist »man umgibt sich mit der Aura eines überdehnten Institutionenbewußtseins, das jede gewollt subjektiv-individuelle Auffassung mit dem Totschlagargument des Abgleitens in Beliebigkeit einschüchtert«. Er scheint dabei an die Position des römisch-katholischen Lehramts zu denken. Er resümiert: »Beide Verhaltensstrategien sind nicht nur unkreativ, sondern auch extrem kurzsichtig.«

[94]   John Milbank, Theology and social theory, Oxford/Cambridge/MASS. 1990: siehe die Introduction, 1–6. Insbes.: »[...] once theology renders its claim to be a meta discourse, it cannot articulate the word of the creator God, but is bound to turn into the oracular voice of

deren Wissenschaften kann dann so definiert werden, daß diese versuchen, alles über etwas Bestimmtes zu sagen, die Theologie hingegen etwas Bestimmtes über alles, weil alles auf Gott bezogen ist.[95]

Man ist besser beraten, sich von diesen Überlegungen inspirieren zu lassen als von der Empfehlung, den Weg zurück zu machen zu der Theologie Schleiermachers und seiner Nachfolger im 19. Jahrhundert, die doch bereits mit Karl Barth und der Dialektischen Theologie eine Zurückweisung erfahren hat, die man nicht vergessen sollte.[96]

Bei alledem sollte man bedenken, daß keine intellektuelle oder kirchenpolitische Höchstleistung erforderlich ist, um Schleiermacher und seinen neuen Nachahmern zu begegnen. Karl Barth hat zwar gesagt:»der Mann, der Schleiermacher nicht nur zu kritisieren, sondern sich mit ihm messen könnte, ist noch nicht auf dem Pfade«[97] und verlangt nach einer »Gegenleistung«, d. h. einer Leistung, die derjenigen Schleiermachers ebenbürtig sein müßte,[98] gar nach einer »Revolution«, welche »in ihrer Tiefe und Energie wahrlich nicht kleiner sein dürfte, als die Reformation selber«.[99] Mir scheint, daß man sich gar nicht einer solchen Belastung aussetzen muß. Handelt es sich doch bei Schleiermacher, wie wir gesehen haben, um ein Herausfallen aus dem Kanon der klassischen christlichen, in der Bibel gegründeten Tradition. Hier muß nicht ein Mann gegen diesen einen Mann aufstehen. Es handelt sich lediglich darum, sich zu besinnen,

---

some finite idol, such as historical scholarship, humanist psychology, or transcendental philosophy. If theology no longer seeks to position, qualify or criticize other discourses, then it is inevitable that these discourses will position theology [...]«, ebd., 1.

[95] Simon Oliver, The Radical Orthodoxy Reader, hrsg. v. John Milbank u. Simon Oliver, London/New York 2009, 19:»So in a moment of apparently outrageous temerity, we might even say that theology ›tries to say something about everything‹, for everything is related to the divine. [...] We might say that these [other] discourses try, however improbably, ›to say everything about something.‹«

[96] Zur Radical Orthodoxy-Theologie s. Radical Orthodoxy. Eine Herausforderung für Christentum und Theologie nach der Säkularisierung, hrsg. v. Sven Grosse und Harald Seubert, Leipzig 2017.

[97] Die protestantische Theologie, 381.

[98] Karl Barth, Brunners Schleiermacherbuch, ZZ 2 (1924), 61, wieder aufgenommen 63, unter Bezug auf den Satz von Heinrich Scholz:»Nicht alles ist Schleiermacher gelungen: die Leistung als Ganzes ist so groß, daß sie nur durch eine entscheidende Gegenleistung, nicht durch spitze Einzelkritik, in ihrem Bestande bedroht werden kann.«, Christentum und Wissenschaft in Schleiermachers Glaubenslehre, Berlin 1909, 201. Freilich wird man nicht ganz die Vermutung verhehlen können, daß Karl Barth eben dieser Mann gewesen ist.

[99] Brunners Schleiermacherbuch, 63. In der Schleiermacher-Vorlesung spricht Barth von einer »theologischen Revolution«, die gegen Schleiermacher gerichtet werden müsse: a. a. O., 462.

wo diese Tradition ist, in welcher die Kirche durch die Geschichte schreitet, und wo nicht.

Eine Reformation setzt immerhin voraus, daß man noch mit *der* Kirche zu tun hat. Reformation ist immer Reformation der Kirche, die im Wandel der Geschichte dieselbe bleibt, mag sie noch so sehr durch Irrlehren und falsche Frömmigkeit und falsche Lebensweisen entstellt sein. Bei dem, was Schleiermacher sich aber unter christlicher Kirche vorstellte, ist Kirche nicht mehr vorhanden, genauso wenig, wie der wahre Erlöser darin vorhanden ist.

Bibliographische Hinweise

In der Regel wird zitiert nach: Kritische Gesamtausgabe [KGA], hrsg. v. Hans-Joachim Birkner u.a., fortgeführt von Hermann Fischer u.a., Berlin/New York, gelegentlich zusätzlich auch nach anderen Ausgaben.

Für die Werke Schleiermachers werden folgende Kürzel verwendet:
- CG: Der christliche Glaube. Nach den Grundsätzen der evangelischen Kirche im Zusammenhange dargestellt. 2. umgearb. Aufl., Berlin, 1830:
- KGA, Bd. 13/1 und 13/2, hrsg. v. Rolf Schäfer, Berlin/New York, 2003.
- -Redeker: hrsg. v. Martin Redeker, Bd. 1–2, Berlin, 1960.

Die Wendung im theologischen Denken Karl Barths zu Beginn des Ersten Weltkriegs

1. Ausgangsüberlegungen

Das theologische Denken Karl Barths geriet mit dem Ausbruch des Ersten Weltkriegs in eine Krise, die schließlich zum Bruch mit der bislang von ihm vertretenen Theologie führte, der Theologie, die er selber damals die »moderne« Theologie nannte, die sonst oft »liberale« Theologie genannt wird und die er später, durchaus in Anklang an den Sprachgebrauch Pius' X., »modernistische« Theologie nannte.[1] Dieser Bruch ist von einer solch folgenreichen, die Theologie des 20. Jahrhunderts bestimmenden und beispielhaften Bedeutung, auch für die gegenwärtige theologische Lage,[2] dass es not tut, die Krise schärfer zu beleuchten, welche zu diesem Bruch führte. Es geht damit zugleich um die Anfänge der Theologie Karl Barths, die aus dieser Krise hervorging.

Eberhard Jüngel diskutiert zwei Möglichkeiten, Anfänge darzustellen: das eine mal von ihrem eigenen Anfang her, mit der Gefahr, »die jeweils vorangehenden Ereignisse auf eben diesen Ausgang [den der erzählende Historiker schon kennt] zusteuern zu lassen«, wo doch jede Etappe noch die Möglichkeit

---

[1] Siehe etwa diese Stelle: »Die Bedeutung Schleiermachers besteht vor allem darin, daß er in seiner Lehre von der christlichen Frömmigkeit als dem Sein der Kirche dieser Häresie [des Modernismus] eine die Zeit vor ihm ebenso erfüllende wie die Zeit nach ihm weissagende formale Begründung gegeben hat. Er ist nicht der Inaugurator, aber der große reife Klassiker des Modernismus, von dessen Nachfolge sich dieser, wenn er sich selbst versteht, niemals wird abdrängen lassen dürfen.« KD I/1, 35. [Hervorhebung K. B.] Zu den verschiedenen Bedeutungen, die Barth dem Begriff »liberal« im Zusammenhang mit der Theologie geben konnte, vgl. G. Pfleiderer, Barth und die liberale Theologie, in: Barth Handbuch, hg. v. M. Beintker, Tübingen 2016, 59–64.

[2] Vgl. etwa Pfleiderer, Progressive Dialektik. Zur Entwicklung von Karl Barths theologischem Denken im Zeitraum des Ersten Weltkriegs, in: G. Pfleiderer/H. Matern (Hg.), Theologie im Umbruch der Moderne. Karl Barths frühe Dialektische Theologie, Zürich 2014, 81–103, hier 82 f.

hatte, dass von ihr aus der Weg anders hätte weitergehen können, als er gegangen ist. Oder man fängt mit dem Ende an und versucht, dieses »aus der vorange-gangenen Geschichte mit ihren Geschichten verständlich« zu machen.[3] Hier wird indes die Methode gewählt, eine Übergangsphase, in welcher sich ein Bruch vollzog, zu untersuchen, indem man einen möglichst klaren Ausgangspunkt und einen möglichst klaren Endpunkt dieser Phase bestimmt und von da aus fragt, welche Ereignisse und Gedanken zu einem solchen Wechsel in der Position ge-führt haben mögen. Diese Untersuchung soll skizzenhaft erfolgen, d. h. es soll nur auf das geschaut werden, wo wesentliche Einschnitte und Markierungen fassbar sind.

Als Ausgangspunkt soll die erste Veröffentlichung Karl Barths in einer wissenschaftlichen Zeitschrift gewählt werden, nämlich der Aufsatz ›Moderne Theologie und Reichsgottesarbeit‹, den der damals 23-Jährige 1909 im Band 19 der ›Zeitschrift für Theologie und Kirche‹ veröffentlichte.[4] Karl Barth war da-mals Redaktionsgehilfe bei der von Martin Rade herausgegebenen Zeitschrift ›Die Christliche Welt‹. Rade war es auch, der für die Veröffentlichung in der ›Zeitschrift für Theologie und Kirche‹ sorgte, die er gemeinsam mit Wilhelm Hermann herausgab. Barth hatte zuvor in Marburg studiert; Wilhelm Herrmann war dort der für ihn wichtigste Lehrer gewesen.[5]

Der junge Barth will mit diesem Aufsatz die von anderen gestellte Frage beantworten, »woher es komme, daß von da aus [nämlich von einer »modernen« theologischen Fakultät] so auffallend Wenige nach beendigtem Studium sich der Arbeit in der äußern Mission zuwendeten«.[6] Um diese Frage zu beantworten, bestimmt Barth das Wesen der »modernen« Theologie: es ist »der *religiöse Indi-vidualismus*«.[7] Dies wird so erläutert: »Wo ein Mensch zur Erkenntnis gekommen

---

[3]   Jüngel, Die theologischen Anfänge, 64, in: Ders., Barth-Studien, Zürich/Gütersloh 1982, 61–98, hier: 64. Jüngel entscheidet sich für das zweite, löst aber sein methodisches Ver-sprechen keineswegs ein. Der erste Teil seines Aufsatzes betrifft Barths Rezeption Overbecks, die vor allem anhand von Barths Aufsatz ›Unerledigte Anfragen an die heutige Theologie‹ von 1920 dargestellt wird, sowie auch Barths Beziehung zu den beiden Blumhardts. Dann kommen Ausführungen zur Hermeneutik theologischer Exegese im Römerbrief-Kommentar erster und zweiter Auflage, jene ist 1916–1918 entstanden, diese erschien 1922. Erst der dritte Teil behandelt Texte aus dem Zeitraum von 1911, so Barths Vortrag ›Jesus Christus und die soziale Bewegung‹, und die beiden Fassungen des Römerbrief-Kommentars, fokussiert aber auf die politische Theologie.

[4]   Moderne Theologie und Reichsgottesarbeit, ZThK 19 (1909), 317–321 = KBGA III 1905–1909, 341–347.

[5]   E. Busch, Karl Barths Lebenslauf, München 1978, 56–63; Zeittafel zu Leben und Werk, in: Barth Handbuch, 469.

[6]   Ebd., 341.

[7]   Ebd., 342. [Hervorhebung K. B.]

ist, daß es ihm faktisch unmöglich ist, das als gut erkannte Sittengesetz bei sich durchzusetzen, da kann er es erleben, daß ihm in der Überlieferung der christlichen Kirche oder in ihrem gegenwärtigen Leben eine Macht begegnet, der er sich in Gehorsam und Vertrauen gänzlich unterwerfen muß.« Damit ist der von Wilhelm Herrmann übernommene Begriff des *Erlebnisses* bereits genannt. Dieses Erlebnis kann nicht mit bestimmten dogmatischen Lehren aus der Überlieferung fest verknüpft werden:»welche Seite der christlichen Überlieferung, welche Lebensäußerungen gegenwärtiger Religion werden ihm die Offenbarung, die ihn befreit und unterwirft? Alles Fragen, die nur er selber sich beantworten kann, es gibt keinen allgemeingiltigen ordo salutis, aber auch keine allgemeingiltige Offenbarungsquelle, die Einer dem Andern demonstrieren könnte.«[8]

Man vergleiche dazu Aussagen von Wilhelm Herrmann:»Die Wahrheit eines Erlebnisses besteht darin, daß in ihm der einzelne die Wirklichkeit findet, in die er in seiner subjektiven Lebendigkeit sich eingeordnet weiß. [...] Wir haben Gott vor Augen, wenn wir uns von einer Macht ergriffen wissen, die das in uns bewirkt. Sobald aber dadurch alles, was wir als wirklich erfassen, einen für uns bedeutungsvollen Charakter gewinnen und behaupten kann, ist in uns der innere Zusammenhang eines Selbst begründet, das von eigenen Erlebnissen reden darf. [...] Wir können auf Verständnis der Religion bei allen rechnen, die auch in reiner Hingabe ihr Selbst gefunden haben.«[9]

Das zweite Charakteristikum der modernen Theologie, wenngleich nicht das Wesentliche, sei, so Barth,»der *historische Relativismus*«[10]; Denn derselbe »Theologe, der dem Neuen Testament die Kraft und den Frieden seines innern Lebens verdankt, die ihn über die Welt erheben zu Gott, derselbe sieht im Neuen Testament eine Sammlung religiöser Schriften wie andre, im Christentum ein religiöses Phänomen wie andre auch, und er behandelt ihr Werden und ihre Geschichte mittelst derselben Methode, mit der er Avesta und Zoroaster behandelt«.[11] Man sieht, wie Individualismus und Relativismus sich gegenseitig

---

[8]   Ebd., 342 f. Barth resümiert dann:»Die hier vertretene Auffassung des religiösen Individualismus ist an Herrmann orientiert. In den prinzipiellen Zügen, ›nur noch mit ein wenig anderen Worten‹ dürfte sie doch die der ›modernen‹ Theologie überhaupt in ihren verschiedenen Schattierungen sein.« Ebd., 343. [Hervorhebung K. B.]

[9]   W. Herrmann, Moderne Theologie des alten Glaubens, in: ZThK 16 (1906), 175–233, hier: 227. Vgl. T. Mahlmann, Art. Herrmann, Wilhelm, TRE 15 (1986), 165–172, insbes. 169,29 f.; 169,37 f.; 171,1–9 mit Belegen bei Herrmann, sowie B. McCormack, Theologische Dialektik und kritischer Realismus. Entstehung und Entwicklung von Karl Barths Theologie 1909–1936, Zürich 2006 (engl. Erstveröffentlichung: Karl Barth's Critically Realistic Dialectical Theology. Its Genesis and Development 1909–1936, Oxford 1995), 64–79, und M. Beintker, Die Gottesfrage in der Theologie Wilhelm Herrmanns, Berlin 1976, 87–93.

[10]   K. Barth, Moderne Theologie, 343. [Hervorhebung K. B.]

[11]   Ebd., 343 f.

bedingen, zugleich aber auch eine Spaltung des Subjekts eintritt. Wenn es »keine allgemeingiltige Offenbarungsquelle« gibt, dann ist es etwas ganz Individuelles, wenn einem etwas zu einer solchen wird. Ein anderer, aber auch man selbst, wenn man sich als wissenschaftliches Subjekt von sich selbst als Subjekt des eigenen Offenbarungserlebnisses distanziert, kann dann nichts grundlegend anderes an dieser individuellen Offenbarungsquelle und an anderen Zeugnissen menschlichen Geistes sehen.

Als Endpunkt von Barths Wandlung sollen die beiden Fassungen des Römerbrief-Kommentars herangezogen werden, außerdem der in Elgersburg gehaltene Vortrag ›Das Wort Gottes als Aufgabe der Theologie‹ von 1922, aber auch schon der Tambacher Vortrag ›Der Christ in der Gesellschaft‹ von 1919, jener Vortrag also aus dem Jahr, in dem Römerbrief II veröffentlicht wurde, dieser im Jahr nach dem Erscheinen von Römerbrief I.

Diese erste Fassung seines Römerbrief-Kommentars eröffnet Barth mit den berühmt gewordenen Worten:

»Paulus hat als Sohn seiner Zeit zu seinen Zeitgenossen geredet. Aber *viel* wichtiger als diese Wahrheit ist die andere, daß er als Prophet und Apostel des Gottesreichs zu allen Menschen aller Zeiten redet. [...] meine Aufmerksamkeit war darauf gerichtet, durch das Historische hindurch zu sehen in den Geist der Bibel, der der ewige Geist ist«.[12] Damit ist eindeutig der historische Relativismus von 1909 aufgegeben. Man *kann* zwar die biblischen Schriften so betrachten, aber das ist nicht das wichtige und vor allem: der Ausleger *tut* es jetzt nicht mehr. Die Bibel hat eine absolute, d. h. sich zu jeder Zeit jedem Menschen vergegenwärtigende Autorität, weil ihr Geist der ewige Geist, d. h. der Geist Gottes ist. Und sie ist als Text, der diese Autorität hat, auch grundsätzlich verständlich; es ist möglich und es macht Sinn »durch das Historische hindurch zu sehen in den Geist der Bibel«. Die Bibel hat somit Klarheit, *perspicuitas*.

Der Vortrag ›Der Christ in der Gesellschaft‹ von 1919 wählt als »Standort« eine Bewegung, nämlich »die Bewegung der Gotteserkenntnis, die Bewegung, deren Kraft und Bedeutung enthüllt ist in der Auferstehung Jesu Christi von den Toten«.[13] Diese Bewegung lässt sich von jemandem, der sie nicht selbst mitvollzieht, im Grunde nicht aufzeichnen: es ist wie mit dem Versuch, »den Vogel im Fluge *doch* zeichnen zu wollen«.[14] Die Auferstehung Jesu Christi ist also hier die sich bewegende, nur im sich mitbewegenden Glauben zu erfassende Position.[15] Dieser Glauben wird scharf unterschieden von dem »Erlebnis«, von

---

[12]   Römerbrief I = KBGA II 1919, 3. [Hervorhebung K. B.]

[13]   KBGA III 1914–1921, 564. Dieses Bild des Vogelfluges findet sich schon in Römerbrief I, KBGA II 1919, 384.

[14]   KBGA III 1914–1921, 565. [Hervorhebung K. B.]

[15]   KBGA III 1914–1921, 569: »Mit der Einsicht in diesen Durchbruch des Göttlichen ins Menschliche hinein wird es aber bereits klar, daß es auch bei der Isolierung des Menschen

dem er begleitet sein mag. Dieses Erlebnis ist nämlich nicht distinkt genug: »Allzu klein ist der Schritt vom Jahwe-*Erlebnis* zum *Baal*-Erlebnis. [...] Es geht um die *Reinheit* und *Überlegenheit* der Lebensbewegung, in der wir stehen [...] nicht unser allfälliges Erfahren und Erleben Gottes [...] ist diese Lebensbewegung, nicht ein Erlebnis neben andern Erlebnissen, sondern [...] die leibliche Auferstehung Christi von den Toten (vgl. Mt. 27,51–53). Daß wir an ihrer Bedeutung und Kraft Anteil haben (vgl. Phil. 3,10 f.), das ist unser Bewegtsein.«[16]

In dem Vortrag ›Das Wort Gottes als Aufgabe der Theologie‹ von 1922 ist der zentrale Gedanke dieser: »daß Gott Mensch wird«.[17]

Die Auffassung, die Barth von Jesus Christus hier hat, also seine Christologie, ist somit durch zweierlei charakterisiert: die leibliche Auferstehung Christi, die mitvollzogen wird vom Glauben des Menschen, der scharf von seinem Erlebnis unterschieden wird, und die Gott-Menschheit Christi. Als drittes müsste man hinzufügen: den Kreuzestod Christi: »im Sterben des Christus hat sich der Kampf und in seiner Auferstehung der Sieg der göttlichen Realität über die Gewalten der Sünde und des Todes vollzogen«.[18]

Es handelt sich also hier um eine Verknüpfung mehrerer Theologoumena: die zu jeder Zeit gültige Autorität der Bibel, ihre Klarheit, eine Christologie, die Jesus Christus als Gott und Mensch auffasst und lehrt, dass er durch seinen Kreuzestod und seine leibliche Auferstehung die Menschen erlöst, der Glaube, der jenseits der Erfahrung des Glaubenden sich mit der Auferstehung mitbewegt. Es sind mehrere Theologoumena, die Schritt für Schritt ausgebildet werden, so dass für den Endpunkt dieses Prozesses ein Zeitraum angegeben wird, nämlich die Zeit von 1918, dem Zeitpunkt, zu dem Barth die erste Fassung des Römerbriefkommentars abschloss, bis 1922. Da Barth seit Mitte 1916 an diesem

---

dem Göttlichen gegenüber nicht sein Bewenden haben kann. [...] Es entspricht dem Wunder der Offenbarung das Wunder des Glaubens.« [Hervorhebungen K. B.] Zu Barths Auffassung von der Geschichtlichkeit der Auferstehung in der Zeit von Römerbrief I – die Auferstehung ist ein Ereignis in der Geschichte, das sich aber der »Saugkraft der Relativität« in die Geschichte des alten Menschen hinein entzieht und so des Glaubens bedarf – vgl. C. van der Kooi, Anfängliche Theologie. Der Denkweg des jungen Karl Barth (1909 bis 1927), München 1987, 147–150, Zitat: 150.

[16] KBGA III 1914–1921, 567 f.

[17] KBGA III 1922–1925, 160. [Hervorhebung K. B.] Denn nur dann würde wirklich von Gott geredet werden, wenn dieses Wort geredet wird. Daran schließen sich die Überlegungen über die Sagbarkeit dieses Satzes, den dogmatischen, den mystischen und den dialektischen Weg an, schließlich die Aussicht, dass dieser Satz in der Weise gültig gesagt wird, dass Gott ihn so spricht, dass das menschliche Wort »wenigstens Hülle und irdenes Gefäß des Wortes Gottes« wird, ebd., 175.

[18] Römerbrief, Erste Fassung, KBGA II 1919, 98 (Auslegung vom Röm 3,25 f.). [Hervorhebungen K. B.]

Kommentar gearbeitet hat, kann man diesen Zeitraum schon früher beginnen lassen, und es finden sich womöglich auch Zeugnisse, dass er eine der hier genannten Positionen bereits früher einnahm. Diese Untersuchung wird auch darauf etwas Licht werfen. Es kommt hier aber weniger auf die Daten an als auf die Inhalte der Positionen, die Barth anfangs und dann am Schluss eingenommen hat.

Mit der Bestimmung eines solche Ausgangs- und Endpunktes sind bestimmte Vorentscheidungen getroffen, die hier dargelegt werden sollen:

(1) Der Ausgangspunkt dieser Wendung ist die liberale Theologie. Sie wird von Barth in diesem Prozess aufgegeben. Der Ausgangspunkt ist also nicht die Theologie des religiösen Sozialismus, zu dem sich Barth 1914 bekannte. Barth hat nämlich nicht aufgehört, liberaler Theologie zu sein, als er sich 1911 dem religiösen Sozialismus zuwandte. Aufschlussreich ist sein 1911 gehaltener Vortrag ›Jesus Christus und die soziale Bewegung‹, wo er sagte: »1800 Jahre lang hat die christliche Kirche gegenüber der sozialen Not immer auf den Geist, auf das innere Leben, auf den Himmel verwiesen. Sie hat gepredigt, bekehrt, getröstet, aber sie hat nicht *geholfen*.« Die Ausrichtung auf das innere Leben wird also nicht abgelehnt, aber die Reduktion auf diese Ausrichtung wird abgelehnt; das Helfen, mit dem Nachdruck, es sei »*das* gute Werk«, wird hinzugenommen.[19] Das umfassende Konzept blieb das der liberalen Theologie.[20]

(2) Es wird hier bewusst nicht weiter differenziert zwischen den Phasen des theologischen Denkens Karl Barths, die auf diesen Bruch folgten. Eberhard Jüngel unterscheidet lediglich zwei Phasen: die der dialektischen und die der dogmatischen Theologie,[21] Bruce McCormack hingegen diese:[22] 1. Dialektische Theologie im Zeichen einer Prozesstheologie (Sommer 1915–Januar 1920),

---

[19]   Jesus Christus und die soziale Bewegung, KBGA III 1909–1914, 395 [Hervorhebungen K. B.], sowie Belege bei McCormack, Theologische Dialektik, 96 f.

[20]   McCormack, Theologische Dialektik, 106 f., sowie van der Kooi, Anfängliche Theologie, 60. Damit ist die These von Wilfried Härle widerlegt, der behauptete, Barth habe bereits 1911 begonnen, sich von der liberalen Theologie abzulösen, nämlich zugunsten des religiösen Sozialismus, und der Erste Weltkrieg habe nichts mit diesem Bruch zu tun: Der Aufruf der 93 Intellektuellen und Karl Barths Bruch mit der liberalen Theologie, in: ZThK 72 (1975), 207–224, hier: 219–222; 224, vgl. J. Zengel, Erfahrung und Erlebnis. Studien zur Genese der Theologie Karl Barths, Frankfurt a. M. 1976, 64–67, der sich Härle kritiklos anschließt.

[21]   Jüngel, Einführung in Leben und Werk Karl Barths, in: Ders., Barth-Studien, Zürich/ Gütersloh 1982, 22–60, hier: 36–47 und 47–58. Jüngel gibt keine scharfen zeitlichen Angaben für diese Phasen. Das Referat der dialektischen Phase setzt ein mit dem Tambacher Vortrag ›Der Christ in der Gesellschaft‹ von 1919; die dogmatische Phase mit dem Studium Anselms von Canterbury, über den Barth 1931 seine Studie ›Fides quaerens intellectum‹ veröffentlichte.

[22]   McCormack, Theologische Dialektik, 42 f.

2. Dialektische Theologie im Zeichen einer konsistenten, d. h. futurischen Eschatologie (Januar 1920–Mai 1924), 3. Dialektische Theologie im Zeichen einer anhypostatisch-enhypostatischen Christologie, mit einer pneumatischen Phase (Mai 1924–Juni 1936) und einer christozentrischen Phase ab Juni 1936.

Es wird hier lediglich die Auffassung vertreten, dass alle diese Phasen, ob man sie einteilt wie Jüngel, der hier Balthasar folgt,[23] oder McCormack, eng miteinander verbunden sind, so dass man sagen kann, dass mit dem Bruch, den Karl Barth während des Ersten Weltkriegs vollzog, zumindest als miteinander zusammenhängende Denkmöglichkeiten sich die Optionen erschloss, die er in diesen Phasen verwirklichte.[24]

(3) Ich habe bewusst die hier aufgeführten Theologoumena (a) Glaube – im Unterschied zu Erlebnis –, (b) Autorität und Verstehbarkeit der Schrift jenseits ihrer historischen Relativität, (c) Gott-Menschheit Christi, (d) Erlösung durch Kreuz und Auferstehung Christi als die Endpunkte von Barths Umbruch gewählt. Man könnte auch andere wählen. McCormack nennt diese Stelle dem Brief Barths an Eduard Thurneysen vom 6. August 1915: »Versteht es sich denn von selbst, daß ›wir‹ das Gottesreich ›vertreten‹? [...] Haben wir denn das Gottesreich in seinem radikalen Ernst überhaupt erfaßt, erlebt? [...]«.[25] Damit würde der Bruch mit der liberalen Theologie vollzogen und es ergebe sich daraus eine Theologie, die von McCormack als »kritisch-realistisch« beschrieben wird: realistisch in dem Sinne, dass von einer in sich ruhenden Realität Gottes ausgegangen wird, die nicht immer schon – idealistisch – auf das Denken des Menschen hin bezogen gedacht werden muss, kritisch in dem Sinne, dass die Grenzen und Bedingungen der menschlichen Erkenntnisfähigkeit, wie sie Kant bestimmt hat, dabei mit-bedacht würden.[26] Ich will hier keineswegs ausschließen, dass ein solcher Punkt

---

[23] H. U. von Balthasar, Karl Barth. Darstellung und Deutung seiner Theologie, 4. Aufl., Einsiedeln 1976, 101.

[24] Es wird hier also nicht versucht, »das spätere Werk Barths aus den initia zu entwickeln«, wovor Eberhard Jüngel zurecht warnt: Jüngel, Die theologischen Anfänge, 61. Vgl. mit meinen Überlegungen zur Periodisierung M. Beintker, Resümee: Periodisierung des Barthschen Denkens, in: Barth Handbuch, hg. v. Michael Beintker, Tübingen 2016, 232–237.

[25] Briefwechsel Barth – Thurneysen, Bd. 1, 69. Vgl. McCormack, Theologische Dialektik, 122: »Vielleicht ist die anklingende Selbstkritik das bedeutendste Element in dieser Passage. ›Verstehen wir denn von selbst, [...]?‹ Mit dieser Frage war das grundlegende Axiom der Theologie Herrmanns (die mit der religiösen Erfahrung gegebene Gewissheit) zum ersten Mal in Zweifel gezogen.« Allerdings wird diese Untersuchung zeigen, dass Barth schon in seinem Brief an Herrmann vom 4. November 1914 sie in Zweifel zog.

[26] McCormack, Theologische Dialektik, 127 f. McCormacks Deutung ist einer eingehenden Kritik unterzogen worden durch D. S. Long, Saving Karl Barth. Hans Urs von Balthasar's Preoccupation, Minneapolis 2014, 112–127. Kritisch gegenüber McCormack ist auch F. Lohmann, Kant, Kierkegaard und der Neukantianismus, in: Barth Handbuch, hg. v. Michael

auch von Bedeutung für Barths Wende war. Ich lege allerdings nahe, dass man – wie auch in der Erörterung der Anfänge von Luthers reformatorischer Theologie[27] – daran gut tut, den umfassenden Wechsel eines theologischen Konzepts nicht nur an einem Punkt, einem sachlichen Punkt und an dem Zeitpunkt, an dem dieser geäußert wurde, festzumachen.

Darüber hinaus ist es wichtig, nicht nur an formalen Strukturen, wie »Dialektik« und »Analogie« die Veränderungen in Barths Denken zu beobachten – so sehr sie auch Relevanz für sein Denken haben mögen – ›sondern konkrete Stellungnahmen zu Inhalten der Theologie zu betrachten, die man auch, mit einem geweiteten Blick, mit anderen Stellungnahmen in weiter zurückliegenden Phasen der Geschichte der christlichen Theologie vergleichen kann.

(4) Es wird hier nicht davon ausgegangen, dass Barth in dieser Zeit gar keinen Bruch mit der liberalen Theologie vollzogen habe, sondern, wenngleich einige Veränderungen sich ergeben hatten, er doch bei ihr geblieben sei. Diese Deutung wird besonders forciert vertreten von Folkart Wittekind[28] und Georg Pfleiderer.[29] Wittekind begrenzt seine Untersuchung dabei auf den Zeitraum bis

---

Beintker, Tübingen 2016, 42–48, insbes. 45. Der entscheidende Punkt, der Kant und Barth nach seiner Wende unterscheidet, ist wohl dieser, wie Long es aufweist: Kant beansprucht, Grenzen und Bedingungen der menschlichen Erkenntnisfähigkeit *aus dieser selbst* heraus zu bestimmen; Barth erkennt, dass es Gott ist, der dem Menschen offenbart, wie groß die Diastase zwischen ihm und dem Menschen ist und der Mensch somit unfähig ist, ohne Offenbarung Gott zu erkennen. Gott, der sich so zu erkennen gibt, ist »realistisch« aufzufassen, aber dieser Realismus liegt jenseits der kantischen Unterscheidung zwischen Realismus und Kritizismus oder Idealismus. Auf die Diastase zwischen Gott und Mensch werde ich im Weiteren zu sprechen kommen.

[27] S. Grosse, Der junge Luther und die Mystik. Ein Beitrag zur Frage nach dem Werden der reformatorischen Theologie, in: Gottes Nähe unmittelbar erfahren. Mystik im Mittelalter und bei Luther, hg. v. Berndt Hamm und Volker Leppin, Tübingen 2007, 187–235, hier: 232.

[28] F. Wittekind, Geschichtliche Offenbarung und die Wahrheit des Glaubens. Der Zusammenhang von Offenbarungstheologie, Geschichtsphilosophie und Ethik bei Albrecht Ritschl, Julius Kaftan und Karl Barth (1909–1916), Tübingen 2000, 1–3; 146–252. Etwa 3: »Barth geht [...] von den offenbarungstheologischen und geschichtsphilosophischen Intentionen der Ritschlschule aus und versucht, diese gegen die rationale und historistischen Kritik Troeltschs neu zu begründen.«, 250: »Barths später stilisierte Darstellung der Überwindung der liberalen Theologie ist als hermeneutischer Wegweiser zum Verstehen dieses theologischen Prozesses ungeeignet.« Wittekind begründet dies mit der Kritik Barths an Friedrich Naumann von 1914, auf die auch ich zu sprechen kommen werde. Dabei wird deutlich werden, dass es unzureichend ist, zu sagen, Barth würde »am Ende des Wegs gleichsam auf höherer Stufe zu seiner Naumann-Kritik von 1914« zurückkehren (Wittekind, 250).

[29] G. Pfleiderer, Karl Barths Praktische Theologie. Zu Genese und Kontext eines paradigmatischen Entwurfs systematischer Theologie im 20. Jahrhundert, Tübingen 2000; ders. Kriegszeit und Gottesreich. Der Krieg als theologisches Ereignis bei Karl Barth, in: Urkata-

1916, und meine eigene Untersuchung wird auch zeigen, dass Barth bis etwa zu dieser Zeit noch innerhalb des Rahmens einer mit Albrecht Ritschl und Wilhelm Hermann gegebenen Theologie bleibt, wenngleich mit dem Kriegsausbruch ein Prozess beginnt, in dem noch 1914 an einem wesentlichen Punkt (dem Erlebnis-Begriff) dieses Konzept in Frage gestellt wird und an dessen Ende die vollständige Abwendung von der liberalen Theologie steht. Zu der von Pfleiderer und Wittekind vertretenen Deutung wird am Schluss noch einmal Stellung bezogen werden.

2. Der Kriegsausbruch 1914[30]

Wenn man nun fragt, welche Ereignisse oder Gedanken Karl Barth zu einer so tiefgreifenden Änderung seiner Überzeugungen geführt haben mögen, so sagt Barth in verschiedenen Zeugnissen aus späterer Zeit klar: es seien die Stellungnahmen seiner verehrten Lehrer, also der Lehrer der »liberalen« Theologie nach dem Kriegsausbruch 1914 gewesen, die ihn dazu veranlasst hätten.

Karl Barth schreibt 1927 in einer autobiographischen Skizze: »der Ausbruch des Weltkriegs [...] bedeutete für mich konkret ein doppeltes Irrewerden: einmal an der Lehre meiner sämtlichen theologischen Meister in Deutschland, die mir durch das, was ich als ihr Versagen gegenüber der Kriegsideologie empfand, rettungslos kompromittiert erschien – sodann am Sozialismus, von dem ich gutgläubig genug noch mehr als von der christlichen Kirche erwartet hatte, daß er sich jener Ideologie entziehen werde, und den ich nun zu meinem Entsetzen in allen Ländern das Gegenteil tun sah.« Barth fährt fort: »Über den liberal-theologischen und über den religiös-sozialen Problemkreis hinaus begann mir doch der Gedanke des Reiches Gottes in dem biblischen real-jenseitigen Sinn des Begriffs immer dringlicher und damit die allzulange als selbstverständlich behandelte Textgrundlage meiner Predigten, die Bibel, immer problematischer zu werden. Immer noch reichlich naiv wurde eines bestimmten Tages im Jahre 1916 zwischen Thurneysen und mir ausgemacht, daß man sich zwecks weiterer Klä-

---

strophe. Die Erfahrung des Krieges 1914–1918 im Spiegel zeitgenössischer Theologie, hg. v. Joachim Negel u. Karl Pinggéra, Freiburg u.a. 2016, 129–175. Letztlich angestoßen ist die Deutung Wittekinds und Pfleiderers durch den Aufsatz von T. Rendtorff, Radikale Autonomie Gottes. Zum Verständnis der Theologie Karl Barths und ihrer Folgen, in: Ders., Theorie des Christentums, Gütersloh 1972, 161–181.

[30] Zum Folgenden vgl. außer den in den weiteren Fußnoten genannten Literatur: van der Kooi, Anfängliche Theologie, 63–119, insbes. 63–68, sowie, wenngleich mehr auf andere Themen ausgerichtet, J. Fähler, Der Ausbruch des 1. Weltkriegs in Karl Barths Predigten 1913–1915, Bern u.a. 1979.

rung der Lage der wissenschaftlichen Theologie wieder zuzuwenden habe.«[31] So kam Barth zu seinen Studien über den Römerbrief, aus denen der Ende 1918 veröffentlichte erste Kommentar erwuchs.

In einem Rückblick aus dem Jahre 1950 drückt sich Barth noch differenzierter aus, dass nämlich durch das »ethische Versagen« der »›modernen‹ Theologie in Deutschland« »wir gewahr wurden, daß auch ihre exegetischen und dogmatischen Voraussetzungen nicht in Ordnung sein könnten«.[32]

Was Barth in diesen Rückblicken sagt, lässt sich in allen theologisch relevanten Punkten auch in Zeugnissen aus der Zeit selbst fassen, von der er spricht. Dies ist zuallererst sein Brief an Martin Rade vom 31. August 1914. Aus diesem Brief geht hervor, dass Barth damals schon nicht nur das »ethische Versagen«, sondern auch – um es einmal so zu nennen – die Dogmatik der Stellungnahmen modernistischer deutscher evangelischer Theologen zum ersten Weltkrieg erschütterte. Er schreibt nämlich erstens davon, dass die Nummern der von Rade herausgegebenen Zeitschrift ›Die Christliche Welt‹, die nach Kriegsausbruch erschienen waren,[33] mit Artikeln, die von Rade selbst geschrieben oder von ihm redigiert worden sind, von der Voraussetzung ausgegangen seien, »daß Deutschland Recht hat in diesem Krieg«, »wo es doch vom Standpunkt des Glaubens wie der Bildung aus ein *Schweigen* geben dürfte, weil diese Dinge noch sub iudice sind«.[34] Zweitens, und mit größerem Nachdruck, nennt er, »wie jetzt in ganz Deutschland Vaterlandsliebe, Kriegslust und christlicher Glaube in ein hoffnungsloses Durcheinander geraten und wie nun auch die Chr.W. [Christliche Welt] prinzipiell tut, wie ganz Deutschland tut«. Barth fordert, »bei dieser ganzen

---

[31] Autobiographische Skizze I, Münster 1927, in: Karl Barth – Rudolf Bultmann Briefwechsel 1911–1966, 2., rev. u. erw. Aufl., Zürich 1994 (KBGA V), 296. Dieser Tag muss Anfang Juni 1916 gewesen sein, siehe den Brief Barths an Thurneysen vom 26. Juni 1916, Karl Barth – Eduard Thurneysen Briefwechsel Bd. 1: 1913–1921, bearb. u. hg. v. Eduard Thurneysen, Zürich 1973 (KBGA V), 144.

[32] Barth erklärt im Zusammenhang: der Erste Weltkrieg brachte »vor allem zwei Enttäuschungen: einmal die an der damals herrschenden und auch von uns mehr oder weniger selbstverständlich anerkannten ›modernen‹ Theologie in Deutschland, an deren ethischen Versagen wir gewahr wurden, daß auch ihre exegetischen und dogmatischen Voraussetzungen nicht in Ordnung sein könnten – und an dem europäischen Sozialismus, von dem wir […] mehr oder weniger bestimmt erwartet hatten, daß er sich als eine Art Hammer Gottes bewähren werde, und den wir dann doch überall in die nationalen Kriegsfronten einschwenken sahen.« K. Barth, Rückblick, in: Festschrift für D. Albert Schädelin, hg. v. Hans Dürr u. a., Bern 1950, 1–8, hier: 4.

[33] Er bezieht sich auf die drei Nummern Nr. 32–34, vom 6. August, 13. August und 20. August 1914.

[34] Karl Barth – Martin Rade. Ein Briefwechsel. Mit einer Einleitung hg. v. Christoph Schwöbel, Gütersloh 1981, 96. [Hervorhebung K. B.]

weltlichen, sündigen Notwendigkeit [eines Krieges] Gott aus dem Spiel« zu lassen. Man dürfe Gott nicht »in der Weise in die Sache hineinziehen, als ob die Deutschen mit samt ihren großen Kanonen sich jetzt als seine Mandatare fühlen dürfen [...]«.[35] Barth konstatiert, es offenbare sich hier »der ganz ernste religiöse Gegensatz, der zwischen Ihnen Allen und uns besteht«.[36]

Dieser Gegensatz betrifft nicht nur Martin Rade und die anderen Autoren dieser Nummern der ›Christlichen Welt‹, sondern auch die bedeutendsten theologischen Lehrer Karl Barths, denen er sich verbunden wusste, Wilhelm Herrmann in Marburg und Adolf von Harnack in Berlin. In einem Brief vom 1. Oktober 1914 an Rade schreibt Barth von Äußerungen anderer deutscher Gelehrter, die noch krasser sind als die Rades, der im Vergleich dazu ihm sogar als gemäßigt erscheint. Hier nennt er Adolf von Harnack.[37] Auf Harnack wird auch, ohne seinen Namen zu nennen, angespielt in der Predigt, die Barth am 25. Oktober 1914 hielt.[38]

---

[35]   Ebd., 97.

[36]   Ebd.

[37]   Ebd., 100. Die anderen Namen sind Gottfried Traub, Paul Natorp, Ernst von Dryander, Rudolf Eucken. Die Namen Harnack, Herrmann, Rade, Eucken werden auch genannt in dem Brief Barths an Willy Spoendlin vom 4. Januar 1915, zit. bei Busch, Lebenslauf, 93, bei Anm. 103:»Ich habe eine Götterdämmerung erlebt, als ich studierte, wie Harnack, Herrmann, Rade, Eucken etc. sich zu der neuen Lage stellten«, wie Religion und Wissenschaft »restlos sich in geistige 42 cm Kanonen« verwandelten. Dieser Brief im Karl Barth-Archiv Basel: KBA_9215_0002-1 (maschinenschriftliche Abschrift) KBA_9215_0001-2 (handschriftliche Zweitkopie).
In Anm. 4 zu diesem Brief (Briefwechsel Barth – Rade, 103) nennt Schwöbel als mögliche Belege für Harnacks Äußerungen dessen Rede zur ›Deutsch-amerikanischen Sympathie-kundgebung‹ am 11. August 1914 im Berliner Rathaus, zuerst veröffentlicht in: Internationale Monatsschrift 1.10.1914, danach in: A. von Harnack, Aus der Friedens- und Kriegsarbeit. Reden und Aufsätze, Bd. 3, Gießen 1916, 283–290, sowie die Rede vom 29. September 1914: Was wir schon gewonnen haben und was wir noch gewinnen müssen, ebd., 313–330. Diese Rede wurde zuvor bereits veröffentlicht in: Deutsche Reden in schwerer Zeit, Bd.1, hg. v. der Zentralstelle für Volkswohlfahrt und dem Verein für volkstümliche Kurse von Berliner Hochschullehrern, Berlin 1915, 149–168. Diese Rede ist auch veröffentlicht worden in: Aufrufe und Reden deutscher Professoren im Ersten Weltkrieg, hg. v. Klaus Böhme, 2. Aufl., Stuttgart 2014, Nr. 9, 89–101. Ob Barth in seinem Brief an Rade sich auf diese beiden Reden Harnacks bezieht, hängt davon ab, ob er am 1. Oktober 1914 sie bereits kennen konnte. Zumindest bei der zweiten ist dies sehr unwahrscheinlich.
Zu einem späteren Zeitpunkt muss Barth der ›Aufruf an die Kulturwelt‹ bekannt geworden sein, den 93 Vertreter »deutscher Wissenschaft und Kunst« unterzeichnet haben, unter ihnen Adolf von Harnack, Wilhelm Herrmann und übrigens auch Adolf Schlatter, s. Wilfried Härle, Der Aufruf der 93 Intellektuellen, 207–213. Der Rekonstruktion Härles zufolge ist der Aufruf am 3. Oktober 1914 erlassen und am 4. Oktober in der ›Frankfurter Zeitung‹ erstmals gedruckt worden: ebd., 213. Dieser Aufruf enthält übrigens nichts von der Kriegstheologie, an

An Wilhelm Herrmann richtete Barth direkt einen Brief am 4. November 1914.[39] Dort bezieht sich Barth auf bestimmte »Drucksachen über den Krieg«, welche Herrmann ihm zugesandt hatte.[40] Barth spricht ihn darin an auf zwei Schriftstücke, ›An die Kulturwelt‹ und ›An die evangelischen Christen‹, für die Herrmann seinen Namen gegeben hatte.[41]

---

welcher Barth Anstoß nahm, sondern ist nur eine – allerdings ziemlich ungeschützte – Abwehr einer im Ausland geäußerten Kritik an der deutschen Kriegsführung in Belgien, s. den neueren Abdruck des Aufrufs in: Aufrufe und Reden deutscher Professoren im Ersten Weltkrieg, Nr. 1, 47–49. Karl Barth verlegt in seinen Rückblicken in ›Evangelische Theologie im 19. Jahrhundert‹ und in dem Nachwort zu der Schleiermacher-Auswahl diesen Aufruf in die ersten Augusttage 1914 und meint, dass dieser zu seiner Abwendung von der liberalen Theologe geführt habe: Karl Barth, Evangelische Theologie im 19. Jahrhundert, Zollikon/ Zürich 1957 (Theologische Studien 49), 6; Schleiermacher-Auswahl, hg. von Heinz Bolli, München/Hamburg 1968, 293. Härle verwendet viel Fleiß auf den minutiösen Nachweis, dass dieser Aufruf es nicht gewesen sein kann, da Barth schon in seinem Brief an Rade vom 31. August 1914 sein Entsetzen über die deutsche Kriegstheologie äußert. Dies ist allerdings von keinerlei Gewicht, um Barths theologische Entscheidung einzuschätzen, mit welcher er sich von Rade, Harnack und Herrmann als theologischen Lehrern aufgrund ihrer Kriegstheologie abwendet.

Überhaupt gar nicht von Harnack ist übrigens die Rede des Kaisers Wilhelm II. beim Kriegsausbruch vom Balkon des Berliner Schlosses am 1. August 1914, was von Eberhard Busch aber in seiner Legende zu dem Photo sagt, das den Kaiser auf diesem Balkon zeigt: Karl Barths Lebenslauf, 107. Der Kaiser hat nämlich beide Balkonreden (es waren deren zwei) spontan gehalten: Wilhelm II., Die politischen Reden Kaiser Wilhelms II. Eine Auswahl, hg. v. Michael A. Obst, Paderborn u. a. 2011 (Otto-von-Bismarck-Stiftung. Wissenschaftliche Reihe 15), die Ansprachen 1., 4. August 1914, 362–366, Nr. 208 f., vgl. Einleitung von Michael Obst, VII; ders., »Einer nur ist Herr im Reiche«. Kaiser Wilhelm II. als politischer Redner, Paderborn u. a. 2010 (Otto-von-Bismarck-Stiftung. Wissenschaftliche Reihe 14), 347–359. Es gibt keinen Hinweis, dass A. v. Harnack eine dieser Reden verfasst hätte. Harnack lieferte indes den Entwurf für die Rede, welche der Kaiser am 6. August 1914 hielt, s. Axel von Harnack, Der Aufruf Kaiser Wilhelms II. beim Ausbruch des Ersten Weltkriegs, in: Die Neue Rundschau 64 (1953), 612–620, vgl. C. Nottmeier, Adolf von Harnack und die deutsche Politik 1890–1930, Tübingen 2004, 380, Anm. 5.

[38]   K. Barth, Predigten 1914, hg. v. Ursula und Jochen Fähler, Zürich 1974 (KBGA I), 532– 543, hier: 533 f. Siehe den Brief Barths an Helene Rade, einer Tochter Martin Rades, vom 20. Dezember 1914, Briefwechsel Barth – Rade, 128, wo Barth explizit den Namen Harnack nennt.

[39]   Abgedruckt in: Briefwechsel Barth – Rade, 113–116.

[40]   Ebd., 113. Welche dies waren, wird nicht gesagt.

[41]   Ebd., 115. Es handelt sich also um den bereits erwähnten Aufruf der 93, den auch Adolf von Harnack mit unterzeichnet hatte, und um den Aufruf ›An die evangelischen Christen im Auslande‹, der auf die Berliner Missionsleute zurückging und am 4. September 1914 in der

In diese Abwendung von seinen Lehrern wurde schließlich auch Friedrich Schleiermacher hineingezogen. In seinem Rückblick auf Karl Barths Zeit in Safenwil schreibt Eduard Thurneysen in einem Brief an Barth vom 6. Oktober 1921:»mit dem Momente, wo wir das Neue Testament ein klein wenig anders, genauer glaubten lesen zu sollen als unsere Lehrer, die doch auch Ehrenmänner waren, wo wir Blumhardt nicht überhören und Schleiermacher (weißt du noch die nächtliche Wegstelle in Leutwil, wo wirs zum ersten Mal laut sagten?) *nicht* mehr recht glauben konnten« – da sind die beiden Freunde Barth und Thurneysen, wie dieser sagte,»in eine Erdbebensphäre« geraten.[42] Dieses Unglaubwürdig-Werden auch Schleiermachers kündigt sich schon an in dem Brief Barths an seinen Freund Willy Spoendlin vom 4. Januar 1915, wo er in der Rückschau auf die Erschütterung durch die Stellungnahmen seiner theologischen Lehrer zum Krieg schreibt:»Also *so* bewährt sich das Beste und Feinste, das wir an dem idealistischen Geist in der Welt hatten: Kant, Schiller, Goethe, Schleiermacher etc. [...]«.[43]

›Allgemeinen Evangelisch-Lutherischen Kirchenzeitung‹, Sp. 843 f. abgedruckt wurde, ebenso im: Protestantenblatt 1914, Sp. 884–887, und in: Kirchliches Jahrbuch 42 (1915), 209–213, Teilabdruck bei K. Hammer, Deutsche Kriegstheologie 1870–1918, München 1974, 203 f. Angaben nach Schwöbel im Apparat von Briefwechsel Barth – Rade, 103.

[42]   Briefwechsel Barth – Thurneysen, Bd. 1, 524 f., Brief Thurneysens an Barth vom 6. Oktober 1921. Es liegt nahe, für diesen Moment einen gemeinsamen Spaziergang Anfang Juni 1916 anzunehmen. Barth spricht in seinem bereits erwähnten Brief an Thurneysen vom 26. Juni 1916 von den»Erwägungen von vor drei Wochen über erneutes Philosophie- und Theologie-Studium«. Thurneysen notiert als Herausgeber dazu:»Wir beschlossen auf einem Spaziergang, uns hinter umwälzende theologische Studien zu machen! Barth begann bald darauf mit der Exegese des Römerbriefs.« Briefwechsel Barth – Thurneysen, Bd. 1, 144 und Anm. 1 auf 145. In seinem ›Nachwort‹ zu Bollis Schleiermacher-Ausgabe, 293 f., schreibt Barth, dass er zu der Überzeugung gelangt sei, Schleiermacher hätte sich 1914 nicht an der Kriegstheologie beteiligt, aber:»Immerhin: entscheidend durch ihn war nun einmal die ganze Theologie, die sich in jenem Manifest und allem, was ihm (doch auch in der ›Christlichen Welt‹) folgte, demaskierte, begründet, bestimmt und beeinflußt.« Damit wird deutlich, dass das Entsetzen über die Kriegstheologie deutscher liberaler Theologen nur der Ausgangspunkt war, von dem aus Barth einen noch tiefer sitzenden theologischen Grundirrtum entdeckte, den bereits Schleiermacher begangen hatte. In der autobiographischen Skizze von 1927 sagt Barth, dass er erst nach der Veröffentlichung von Römerbrief I zu»jetzt erst klargewordener und ausgesprochener offener Opposition zu Schleiermacher« gekommen sei: Briefwechsel Barth – Bultmann, 298. Diese Opposition hat indes, wie aus Thurneysens Brief von 1921 hervorgeht, spätestens 1916 schon angefangen und ist ein Ergebnis des Nachdenkens über die Stellungnahmen der deutschen liberalen Theologen nach dem Kriegsausbruch 1914, siehe den im Folgenden zitierten Brief an Spoendlin vom 4. Januar 1915.

[43]   Brief Barths an Willy Spoendlin vom 4. Januar 1915, maschinenschriftliche Abschrift im Karl Barth-Archiv Basel, KBA_9215_0002-1, 2.

3. Die Kriegstheologie[44]

Was ist nun die Lehre dieser Kriegstheologie? In der ersten Ausgabe der
›Christlichen Welt‹ nach Kriegsausbruch, der Nr. 32 vom 6. August 1914, schreibt
Rade einen eher reservierten, hin und her abwägenden Artikel auf der ersten
Seite unter dem Titel ›Krieg‹.[45] Das, woran Barth Anstoß nahm, war etwas an-
deres: Eine Reihe von kurzen Notizen, die Rade im Heft Nr. 33 vom 15. August
1914 unter der Überschrift ›Zum Kriege‹, datiert vom 5. August 1914, brachte.
Gemischt mit einigen, deutlich kritisch gegen die eigene Nation gerichteten
Bemerkungen heißt es da: »Es ist wundervoll, mit welcher Ruhe, Ordnung und
Sicherheit sich unsre Mobilmachung vollzieht. Dran müssen doch auch die Engel
im Himmel ihre Freude haben.«, »Soeben kommt die Nachricht, daß auch England den Krieg erklärt hat. Von diesem Kriege wird England wenig Segen haben.«,
»Wo so viel Unglück über uns kommt, da wächst die fromme Zuversicht, daß Gott
noch Großes mit unserm Volke vorhat.«[46]

Dieses Heft wird von Rade eingeleitet mit einem Artikel ›Gottes Wille im
Krieg‹. Es wird dort im Rückblick auf die Zeit der Alten Kirche davon gesprochen,
dass, wie »viele römische Soldaten Christen wurden«, es für sie »eine schwere
Gewissensnot« wurde: »ob man beides zugleich sein könne, Soldat und Christ«.
Demgegenüber erklärt Rade: »Der Krieg ist etwas ganz Andres heute. [...] Wir
stehen mitten drin – jetzt heißt es: *erleben!* Erleben mit dem ganzen Menschen,
mit Leib und Seele, mit Verstand und Gemüt und Gewissen. Wer ihn am tiefsten
erlebt, wird den größten Segen davon haben. [...] Unter anderen Bedingungen als
zur Zeit der Apostel lebt heute der Christ. Gottes Willen aus dem Wirklichen
erkennen (Nr. 28!), das kann man jetzt meisterlich üben. [...] Wir [Deutschen]
haben noch eine Mission, und noch eine Zukunft auf Erden. Gott will uns dafür
läutern, erziehen, stählen.«[47]

Mit der Nr. 28 verweist Rade auf den Leitartikel zu Heft Nr. 28 der
›Christlichen Welt‹, die am 9. Juli 1914, noch vor Kriegsbeginn, erschien, und der
auch keine Anspielung auf den drohenden Krieg enthielt. Unter der Überschrift
›Der Heilige Geist und das Wirkliche‹ heißt es dort, die »Alten« hätten ihre
Gotteserkenntnis aus dem Wort Gottes genommen. Rade fährt fort: »Dennoch hat
sich uns eine andre Erkenntnisquelle noch aufgetan. Die strömt unaufhörlich und
mächtig: Das Wirkliche!« Rade meint, dass die »Alten« etwas, wenngleich nicht

---

[44]   Zur Kriegstheologie in Deutschland, aber auch in den anderen am Krieg beteiligten
Staaten s. W. Schäufele, Der »Deutsche Gott«. Kriegstheologie und deutscher Nationalismus
im Ersten Weltkrieg, in: Urkatastrophe, 34–76.

[45]   ChW 28/32 (1914), 745–747.

[46]   Ebd., 781 f. Einige der hier aus den Heften 33–35 aufgeführten Stellen nennt auch Barth
in seinem Brief an Rade vom 31. August 1914, Briefwechsel Barth – Rade, 96 f.

[47]   ChW 28/28 (1914), 769 f. [Hervorhebung: M. R.]

in vollem Maße davon wussten, wenn sie »von der Erkenntnis Gottes aus der Natur« sprachen. Der Unterschied sei aber doch der – »wenn man vom ›alten‹ und ›neuen‹ Christenglauben reden wollte wie von ›zwei Religionen‹, daß der alte noch an den Teufel und sein Wirken glaubte, welche die Welt beherrschen (vgl. 1. Joh 5,19), der neue nicht mehr.« – Rade meint damit offenbar den Unterschied zwischen dem Christentum, das von der »Aufklärung« nicht geprägt ist und der neuprotestantischen Version des Christentums. – So einfach lasse sich aber dennoch nicht Gottes Willen aus der täglichen Erfahrung ablesen, dazu brauche es den Heiligen Geist.[48] Von diesem spricht Rade dann in Heft 33 nicht mehr.

In Nr. 34 bringt Rade einen Artikel ›Vaterlandsliebe und Christentum‹, wo er erklärt: »Vaterlandsliebe und Christentum müssen also sich wohl vertragen! [...] Diese Liebe zum heimischen Herde, diese Entschlossenheit, sich für ihn zu opfern, ist ganz nahe verwandt der christlichen Religion, ist selbst Religion. Sie war Religion der Heiden und ist heute die Religion Vieler, die vom Christentum in seiner Eigenart kaum gefaßt sind. [...] Wir sehen in Alledem einen Zug zum Ziele, zum Letzten und Höchsten hin. Wir fühlen uns mit davon getragen, wollen nichts davon entbehren, möchtens nur noch reiner und siegreicher haben und müssen, wenn wir darüber hinaus noch Besseres zu haben glauben, das vor Gott und aller Welt beweisen.« Es folgt eine Reihe von Ausrufen, die stets mit dem Wort »Wundervoll« eingeleitet werden: »Wundervoll, was wir jetzt erleben an Leistungen und Triumphen der Vaterlandsliebe! Mit einem Mal wahrhaftig und wirklich Ein Volk von Brüdern: träumen wir? Kaiser, Kanzler und Konservative mit den Sozialdemokraten Hand in Hand: geschehen noch Wunder?« Dieses »Wundervoll« gilt dann auch der »Zucht und Ordnung«, in welcher die Volksmassen sich einfügen, der »innere[n] Hingabe«, der »Opferfreudigkeit«. Rade resümiert: »Das alles müßte, wenn es recht stünde, das Christentum auch in Friedenszeiten in den Menschen fertig bringen.« Weil das aber nicht gelang, darum »muß Krieg kommen auf Erden«.[49]

Adolf von Harnack eröffnet seine Rede vom 29. September 1914, ›Was wir schon gewonnen haben und was wir noch gewinnen müssen‹, mit Versen von Emanuel Geibel, der, wie er sagt »ein deutscher Prophet« gewesen sei: »Einst geschieht's, da wird die Schmach/ Seines Volks der Herr zerbrechen,/ Der auf Leipzigs Feldern sprach,/ Wird im Donner wieder sprechen. [...] Wisse, daß dich Gott nicht läßt,/ Wenn du dich nicht selbst verlassen.« Diese Prophetie sei nun erfüllt bzw. gerade im Begriff, sich zu erfüllen: »So ist es gekommen, so haben wir

---

[48]   ChW 28/33 (1914), 649 f.

[49]   ChW 28/34 (1914), 787 f. Hinzu kommen Äußerungen anderer, die von Rade in seine Zeitschrift aufgenommen wurden: Das ›Gebet deutscher Frauen‹ von Emma Mühlenhoff, ebd., 788, die Kriegslieder von Fritz Philippi, ebd., 796 f.

es erlebt.«[50] Was gerade im Begriff ist, sich zu erfüllen, ist Gottes Sprechen im Donner: es geschieht mit den deutschen Siegen.[51]

Einen besonderen Stellenwert hat der Begriff Opfer. Es ist das Opfer, das Menschen im Krieg bringen, wenn einer der Ihren fällt: Harnack gibt ihre Worte so wieder: »Ich durfte ein Opfer bringen; ich habe ein Opfer gebracht.« Er sagt dazu: »Wer solche Tränen geschaut und in solche Augen geblickt hat, der hat den Eindruck des Ewigen und Seligen mitten in dem Leid!« Er zitiert dann 1. Kor 15,55.[52] Harnack gibt einen Ausblick, was der Krieg, wie er hofft, in der deutschen Gesellschaft zum Besseren verändern werde – und meint, es würde die Durchsetzung von Freiheit, Gleichheit und Brüderlichkeit sein[53] – und schließt mit einem völlig aus dem Zusammenhang gerissenen Goethe-Zitat:

»Nun töne laut: Der Herr ist da!
Von Sternen glänzt die Nacht.
Er hat, damit uns Heil geschah,
Gestritten und gewacht.«[54]

Harnack überträgt also das Heil, das in traditionell christlichem Kontext eine klar jenseitige und nur von dort her in Diesseits reichende Bedeutung hat, auf den Sieg der deutschen Truppen im Weltkrieg.

Bemerkenswert ist an dieser Kriegstheologie: sie ist keine liberale Theologie. Sie ist, wie Rade selber klar gesagt hat, eine »Religion der Heiden und ist heute die Religion Vieler, die vom Christentum in seiner Eigenart kaum erfaßt sind.« Rade meint ihr nur zustimmen zu müssen. Abgesehen von dem Begriff des Erlebnisses, der noch zu erörtern sein wird, werden hier reihenweise Lehren vertreten, welche in der »Normal-Theologie« eines Rade oder Harnack oder überhaupt in der Ritschl-Schule und der ganzen liberalen Theologie nicht vorkommen.[55] Das ist

---

[50]   Aufrufe und Reden, 89.
[51]   Ebd., 90 (vgl. Ex 19,16–19).
[52]   Ebd., 91.
[53]   Ebd., 94–98.
[54]   Goethe, Des Epimenides Erwachen, 2. Akt, 10. Auftritt. Goethes Werke. Hamburger Ausgabe in 14 Bänden. Bd. 5, München 1981, 397 f., bei Harnack, Aufrufe und Reden, 101.
[55]   Wenn hier von einer »Normal-Theologie« gesprochen wird, die Rade, Harnack, Herrmann, Ritschl und Schleiermacher gemeinsam ist und sie, Karl Barth – und nicht nur ihm – folgend, »liberale« Theologie genannt wird, dann soll damit keineswegs suggeriert werden, all diese Theologen seien in allen wesentlichen Punkten sich einig. Allein schon zwischen Ritschl und Theologen, die man zu der Ritschl-Schule zählt – Herrmann, Harnack, Rade usw. – und zwischen diesen untereinander gibt es nicht zu übersehende Unterschiede. *Was hier gemeinsam ist in Bejahung und Abgrenzung wird hier Punkt für Punkt genannt und belegt.*

nicht nur der Fall bei der Vorstellung, dass die Deutschen Gottes Volk seien und ein Sieg Deutschlands das Heil. Es betrifft auch andere Dinge, die nicht zu dieser nationalen Fixierung gehören. So ist eine Lehre von den Engeln bereits von Schleiermacher für irrelevant erklärt worden.[56] Wunder gibt es nicht mehr.[57] Echte Prophetie, mit der etwas Künftiges geschaut wurde, auch nicht.

Der Begriff Opfer ist theologisch, genauer: soteriologisch, irrelevant geworden. Während die altprotestantische Theologie mit Nachdruck von dem Opfer Christi sprach, ist das, wodurch Christus »erlöst«, nicht mehr sein Opfer, sondern sein Wille, sein von seinem Willen gestaltetes Leben, an welchem der Wille Gottes des Vaters offenbar wird. So Harnack, Ritschl folgend, in seinem ›Wesen des Christentums‹: Gottes Offenbarung besteht in der Verkündigung Jesu Christi, die eine Sinnesänderung der Menschen bezweckt.[58] Diese Verkündigung hat drei Themen, die einander durchdringen: (1) das Reich Gottes und sein Kommen, (2) Gott der Vater und der unendliche Wert der Menschenseele, (3) die bessere Gerechtigkeit und das Gebot der Liebe.[59] Damit ist alles, was über das Evangelium zu sagen ist – also auch über seine erlösende Wirkung –, gesagt; Jesu Tod und seine Auferstehung fügen dem nichts hinzu.[60]

C. Chalamet, Dialectical Theologians. Wilhelm Herrmann, Karl Barth and Rudolf Bultmann, Zürich 2005, 59 f., meint, dass schon Herrmann eine Gestalt jenseits des Gegensatzes zwischen Orthodoxie und Liberalismus gewesen sei, versäumt es aber, diese beiden Begriff klar zu definieren.

[56] Schleiermacher, Der christliche Glaube, § 42–43 zu den Engeln, vgl. § 44–45 vom Teufel. Rade spricht entsprechend davon, dass der »neue Glaube« nicht mehr an den Teufel und die Dämonen glaube: ChW 28/28 (1914), 649.

[57] Schleiermacher, Sendschreiben an Lücke. Zweites Sendschreiben über seine Glaubenslehre an Dr. Lücke (erstveröffentlicht 1829), KGA, I.10, 345–347: Wunder in dem Sinne, wie man sie bislang glaubte, und von denen Schleiermacher nun meint, dass sie den Erkenntnissen der Naturwissenschaft widersprächen, sind fallenzulassen bzw. umzudeuten.

[58] Ritschl, Unterricht in der christlichen Religion. Eingel. u. neu hg. v. Christine Axt-Piscalar, Studienausgabe nach der 1. Auflage von 1875 nebst den Abweichungen der 2. und 3. Auflage, Tübingen 2002, 13 (§ 5).

[59] A. von Harnack, Das Wesen des Christentums (Vorlesung von 1899/1900), hg. v. Claus-Dieter Osthövener, 3., erneut durchges. Aufl., Tübingen 2012, 37.

[60] »Das Evangelium ist in den Merkmalen, die wir in den früheren Vorlesungen angegeben haben, erschöpft und nichts Fremdes soll sich eindrängen. [...] Der Zöllner im Tempel [und andere Beispiele] sie alle wissen nichts von einer ›Christologie‹, und doch hat der Zöllner die Demut gewonnen, der die Gerechtsprechung folgt. [...] Es ist eine verzweifelte Annahme, zu behaupten, im Sinne Jesu sei seine ganze Predigt nur etwas Vorläufiges gewesen, alles in ihr müsse nach seinem Tode und seiner Auferstehung anders verstanden, ja einiges gleichsam als ungültig beseitigt werden.« Ebd., 85. Vgl. Schleiermacher: »Denn in seinem durch die Beharrlichkeit hervorgerufenen Leiden bis zum Tode erscheint uns die sich selbst schlechthin verläugnenden Liebe; und in dieser vergegenwärtigt sich uns in der vollständigsten An-

In der Kriegstheologie dieser ansonsten liberalen Theologen stellt sich nun all das wieder ein: Engel, Wunder, Prophetie, Opfer – nun zwar nicht Opfer Christi, aber Opfer von Soldaten und ihren Angehörigen, tragen zum Heil bei. Offenbar lassen sich diese Vorstellungen nicht beseitigen, sondern nur verdrängen, und in Krisensituationen drängen sie wieder zurück. Wenn sie nicht ihren eigenen Platz innerhalb der christlichen Theologie einnehmen dürfen, schaffen sie sich einen Bereich außerhalb dessen, was man als christliche Theologie vertritt.

Barth war klar, dass dies eine andere Religion war, die nun gelehrt wurde. In seinem Brief an Rade vom 31. August 1914 ist er nahe daran, von zwei verschiedenen Religionen zu sprechen und sagt, dass er und Rade verschiedenen Geistes seien.[61] In einem Brief an Thurneysen vom 4. September 1914 erläutert er seine in diesem Brief an Rade ausgedrückte Einschätzung so: »Die absoluten Gedanken des Evangeliums werden einfach bis auf weiteres suspendiert, und unterdessen wird eine germanische Kampfreligion in Kraft gesetzt, christlich verbrämt durch viel Reden von ›Opfer‹ etc.«[62] In seinem Brief an Wilhelm Herrmann vom 4. November 1914 spricht Barth dann von »Rades Wotan-Erlebnis«.[63] In seiner Predigt vom 6. September 1914 sagt er, dass »dieser alte

---

schaulichkeit die Art und Weise, wie Gott in ihm war, um die Welt mit sich zu versöhnen, so wie auch am vollkommensten in seinem Leiden, wie unerschütterlich seine Seligkeit war, mitgefühlt wird.« Der Christliche Glaube, § 104.4, KGA I.13/2, 142,7–13 / hg. v. Martin Redeker, Bd. 2, Berlin 1960, 127 f. Der Tod Jesu fügt also dem, was während des Lebens Jesu war, sein völliges Bestimmtsein von dem Gefühl schlechthinniger Abhängigkeit, nichts hinzu. Was in der Ritschl-Schule der Wille Jesu als erlösendes Moment ist, das ist bei Schleiermacher das Gefühl schlechthinniger Abhängigkeit. Zur Auferstehung s. Der Christliche Glaube, § 170.3/ KGA I.13/2, 517,32–518,10 / Redeker 2, 461.

[61]   Es »offenbart sich der ganze erste religiöse Gegensatz, der zwischen Ihnen Allen und uns besteht und neben dem mir Alles das, was Sie z. B. mit D. Kaftan verhandelten, bedeutungslos erscheint. [...] Ich will mir das Schlagwort von den ›zwei Religionen‹ nicht aneignen, aber doch nie ist mir so klar gewesen wie jetzt, wie recht Luther hatte, als er unserem Zwingli das Wort vom ›andern Geist‹ sagte.« Briefwechsel Barth – Rade, 97. Barth spielt hier an auf den Disput zwischen dem Kieler Generalsuperintendenten Theodor Kaftan und Rade in ChW 28/31 (1914), 729–731; 28/32 (1914), 750–753; 28/36 (1914), 828–830. Kaftan hatte erklärt: »Ich halte es, wenn nicht die Vertreter des neuen Glaubens dennoch kehrt machen und so oder so zu dem aus Gott geborenen, für uns gekreuzigten und wahrhaftig auferstandenen Christus zurückkehren, für ausgeschlossen, daß ›Neuprotestantismus‹ und ›Altprotestantismus‹ auf die Dauer in einer Kirche bleiben [...].« Es seien hier eben zwei Religionen zu unterscheiden: ChW 28/31 (1914), 730.

[62]   Briefwechsel Barth – Thurneysen, Bd. 1, 10.

[63]   Briefwechsel Barth – Rade, 115. In einem Brief an Rade selbst vom 23. November 1914, spricht er von einem Erlebnis, das er »wohl als Wotan- oder Deboraherlebnis, aber nicht als

Sturmgott Wotan der heidnischen Germanen wieder hervorgeholt und zum wahren Gott gemacht wird, während alles das, was wir von Gott wissen könnten durch Jesus Christus, gleichsam in die Rumpelkammer gestellt wird auf spätere, bessere Zeiten«.[64] Er spricht von den »Volks- und Kriegsgöttern« – übrigens den »deutschen, französischen und schweizerischen« – und unterscheidet den lebendigen Gott von ihnen, der über all diesen steht.[65]

4. Die Wendung in der Theologie Karl Barths[66]

Wir sind nun bei unserem Nachzeichnen der Entwicklung Karl Barths an einer Stelle angelangt, wo das zu bedenken ist, worauf Eberhard Jüngel hingewiesen hat: man kann eine Geschichte so erzählen, dass man sie von ihrem Ende her erzählt: dass es so habe kommen müssen, wie sich dann am Ende gezeigt hat. Man muss aber erwägen, dass sie auch anders hätte weitergehen können.

Karl Barth hätte nämlich, wie er sah, dass seine liberalen theologischen Lehrer in ihren Stellungnahmen zum Krieg zu einer neuen Religion, einer Kriegstheologie abgefallen wären, der bessere, das heißt: der konsequentere, der standhafte liberale Theologe sein können. Er hätte bleiben können bei dem, zu dem nach dem Ersten Weltkrieg, manchmal schon vorbereitet während des Krieges, viele liberale Theologen zurückkehrten: lediglich liberale Theologie treiben ohne das zusätzliche Gleis einer solchen Kriegstheologie. Das haben gerade diejenigen liberalen Theologen gemacht, denen Barth besonders verbunden war: Rade, Harnack und Herrmann.[67]

Andreas Lindt resümiert: »Es waren gerade die Wortführer eines liberalen Protestantismus, die nach dem militärischen und politischen Zusammenbruch des Kaiserreichs die liberal-parlamentarische Staatsordnung der jungen Republik, wie sie sich nach den revolutionären Konvulsionen des Winters 1918/19 in der Weimarer Verfassung konstituierte, klar bejahten. [...] sie hatten sich schon während des Krieges für einen Verhandlungsfrieden und für innere Reformen ausgesprochen. Sie hatten gewarnt vor dem nationalistischen Übermut und der

---

religiöses Erlebnis im christlichen Sinn anerkennen könnte.« Ebd., 121. Er bezieht sich dabei auf die Beilage ›An die Freunde der Christlichen Welt‹, Nr. 49 von 1914, 435.

[64]   Predigten 1914 (KBGA I), 460.

[65]   Ebd., 455. Vgl. ebd., 451: »wie jetzt der Name Gottes hereingezogen wird in das sündliche, leidenschaftliche Treiben der Menschen, als sei er einer von den alten Kriegsgöttern, zu denen unsere heidnischen Vorfahren riefen«.

[66]   Vgl. hierzu I. Spieckermann, Gotteserkenntnis. Ein Beitrag zur Grundfrage der neuen Theologie Karl Barths, München 1985, 56–71.

[67]   Härle, Der Aufruf, 214, verweist darauf, dass Wilhelm Herrmann 1919 seine Unterschrift zu dem Aufruf von 1914 zurückgezogen hat.

reaktionären Sturheit, die in den tonangebenden Kreisen noch bis zum jähen Ende im Herbst 1918 geherrscht hatten.«[68] Lindt verschweigt dabei den nationalistischen Übermut und die militante Sturheit auch dieser Theologen während der ersten Kriegsmonate. Aber er gibt die Anpassungsfähigkeit liberaler Theologen richtig wieder und man kann, was er für die Anfangsjahre der Weimarer Republik sagt, noch weiterführen: freilich auch für die Zeit 1933–45 genauso wie für die Zeit nach 1945 und schließlich für die durch die Ideen von 1968 zunehmend bestimmten letzten Jahrzehnte. Ulrich Barth nennt es eine Stärke, liberaler, an Schleiermacher orientierter Theologie »unter neuen, eher normaleren Bedingungen sich wieder der kulturellen und gesellschaftlichen Wirklichkeit zu öffnen und das lebensweltliche Vorkommen von Religion gedanklich zu integrieren und konstruktiv zu gestalten«.[69] Karl Barths dialektische Theologie hingegen habe sich bewährt, als es galt, dem totalitären System des Nationalsozialismus Widerstand zu leisten, unter »normaleren Bedingungen« hingegen versage sie. Ulrich Barth erklärt auf diese Weise die Schleiermacher-Renaissance, die bald nach Karl Barths Tod einsetzte und mittlerweile zu einer so starken Dominanz Schleiermachers geführt hat wie nie zuvor.[70]

Nun ist die Geschichte des jungen Theologen Karl Barth aber nun nicht so weitergegangen, dass er sich als der bessere, weil standhafte liberale Theologe erwiesen und die Verabschiedung der Kriegstheologie durch seine eigenen Lehrer lediglich vorweggenommen hat. Dass es bei Barth anders kam, lag zum Ersten daran, dass nicht nur eine falsche Lehre, die vorgetragen wurde, sondern auch die *Glaubwürdigkeit* der Lehrer – *seiner* Lehrer – ihm zum Problem wurde.[71]

---

[68] A. Lindt, Das Zeitalter des Totalitarismus. Politische Heilslehre und ökumenischer Aufbruch, Stuttgart u. a. 1981, 80. Lindt nennt im Folgenden dann die Namen Troeltsch und Rade. Harnack trat in einer Denkschrift an den Reichskanzler Bethmann-Hollweg von Juni 1917 gerade für einen Verhandlungsfrieden und für innere Reformen ein, s. Aufrufe und Reden, 145–149.

[69] U. Barth, Begrüßung und Einführung in den Kongress, in: 200 Jahre »Reden über die Religion«. Akten des 1. Internationalen Kongresses der Schleiermacher-Gesellschaft, Halle 14.–17. März 1999, hrsg. v. Ulrich Barth u. Claus-Dieter Osthövener, Berlin/New York 2000, 8.

[70] Ebd., 8–10.

[71] Diese persönliche Seite der Kritik Barths an den liberalen Theologen wird auch von Pfleiderer wahrgenommen: Kriegszeit und Gottesreich, 136–139. Es handelte sich darum, dass Barth einer Generation theologischer Lehrer, die für ihn wie Väter waren, nicht mehr vertrauen konnte. Der Aufbruch der Dialektischen Theologie war ein Sich-Losreißen junger Theologen von ihren theologischen Vätern, wie es sehr deutlich in dem programmatischen Aufsatz ›Zwischen den Zeiten‹ von Friedrich Gogarten deutlich wurde: ChW 34 (1920), 374–378, abgedr. in: Anfänge der dialektischen Theologie, hg. v. Jürgen Moltmann, Teil 2, München 1963, 95–101. Barth nähert sich darüber dem theologischen Standpunkt seines 1912 verstorbenen Vaters Fritz Barth, s. das Vorwort zu Römerbrief I, KBGA II 1919, 3 f. Es ist

Weil die Lehrer aber nun unglaubwürdig geworden waren, stellte Barth auch ihre Lehre selbst in Frage – nicht nur die Kriegstheologie, erst recht nicht nur die sich selbst nicht mehr hinterfragende Parteinahme für die deutsche Sache, sondern auch die »Normal«-Theologie, die sie auch sonst vertreten haben. Nicht nur das moralisch Verwerfliche und Abscheuliche des Krieges – das auch! –, aber mehr noch, dass hier falsch und schlecht Theologie getrieben, falsch und schlecht von Gott geredet wurde, war für Barth das Problem.[72]

Beides bildet für Barth eine Einheit: die Glaubwürdigkeit der Lehrer und die Wahrheit ihrer Lehre. Wenn die Lehrer nicht mehr glaubwürdig sind, dann kann es auch sein – sehr vorsichtig ausgedrückt – › dass etwas mit der Wahrheit ihrer Lehre nicht stimmt.

Zunächst aber ist es die *Stärke* dieser Lehre, nicht ihre Wahrheit, die Barth in Frage stellt. Sie vermag offenbar die Menschen nicht so stark zu überzeugen, dass sie nicht in einer Krisensituation von ihr abfallen oder zumindest sie suspendieren. Bei »diesem Christlichen-Welt-Christentum«, schreibt Barth an Thurneysen am 4. September 1914, waren die »absoluten Gedanken des Evangeliums« »mehr Firnis als innerlicher Besitz«.[73] In einer Predigt vom 11. Oktober 1914 generalisiert er das und spricht von den Menschen in der Schweiz, welche »merken, daß das bißchen Christentum und Kultur nur ein dünner Firnis ist über unserem Wesen, auf den man sich nicht verlassen kann«.[74]

Barth fragt dann aber auch nach der *Wahrheit* der Lehre. Er stellt als erstes ein Kernstück liberaler Theologie – konkreter noch: der Theologie seines Lehrers Wilhelm Herrmann – in Frage, gerade weil Rade sich auf dieses berufen hatte. In dem Brief an Herrmann vom 4. November 1914 schreibt er, mit allen Formen der Ehrerbietung des Schülers: »Wir haben auf religiösem Gebiet besonders bei Ihnen, Herr Professor, und durch Sie bei den großen Meistern Luther, Kant und Schleiermacher das ›*Erlebnis*‹ als konstitutives Erkenntnis- und Willensprinzip kennen gelernt. In Ihrer Schule ist es uns klar geworden, was es heißt, Gott in Jesus ›erleben‹. Nun aber wird uns von den deutschen Christen (zuletzt von Rade in seiner Antwort auf meinen Brief) als Antwort auf unsere Bedenken ein uns ganz neues sog. religiöses Kriegs›erlebnis‹ vorgehalten, d. h. die Tatsache, daß die

---

indes völlig abwegig, mit Härle zu behaupten, ein Vaterkomplex, der Barth an seinen verstorbenen Vater gebunden habe, sei ein wesentlicher Faktor für seine Abwendung von der liberalen Theologie gewesen: Härle, Der Aufruf der 93 Intellektuellen, 222–224. Mit solchen Erwägungen begibt man sich in einen Bereich außerhalb theologischer Sachargumente.

[72] Pfleiderer, Kriegszeit und Gottesreich, 129–131, stellt die Dinge so dar, der Vorwurf der Barths Theologie Folgenden, aber auch Barths selber an die liberale Theologie sei lediglich der gewesen, sie sei »polemogen«. Ebd., 142, sagt er hingegen zutreffend, dass Barths Vorwurf hauptsächlich in der Vermischung von Krieg und Theologie bestand.

[73] Briefwechsel Barth – Thurneysen, Bd. 1, 10.

[74] Predigten 1914 (KBGA I), 506.

deutschen Christen ihren Krieg als heiligen Krieg und dgl. zu ›erleben‹ meinen, soll uns Andere zum Schweigen, wo nicht gar zur Ehrfurcht vor diesem Vorgang nötigen. Wie stellen Sie sich zu diesem Argument und zu der Kriegstheologie, die dahinter steht? Ist dieses Kriegs›erlebnis‹ Rades Wotan-Erlebnis oder Gotteserlebnis im christlichen Sinn? Ist in dem christlichen Gotteserlebnis eine grundsätzliche und normative Stellungnahme zu den Erscheinungen des sozialen und natürlichen Lebens enthalten, oder ist es indifferent für Gut und Böse, sobald die individuelle Verantwortlichkeit des Einzelnen zurücktritt?«[75]

Was hier für Barth zum Problem wird, ist der religiöse Individualismus, zu dem er sich 1909 noch bekannt hatte.[76] Dort hatte er noch geschrieben: »Die christliche Sittlichkeit kennt keine normativen Einzelgebote, und es gibt kein normatives christliches Weltbild.«[77] Martin Rade antwortet denn ganz konsequent auf Barths Vorhaltungen: »Daß Sie nun diesen Krieg nicht so miterleben wie wir Reichsdeutschen, dafür können sie nichts. Es ist ganz recht, daß Sie ihn *auf Ihre Weise* erleben.«[78]

Barth stellt nun nicht nur die ethische Indifferenz dieses Erlebnis-Begriffes in Frage, sondern auch seine christliche Distinktheit: kann man bei einem sol-

---

[75] Briefwechsel Barth – Rade, 115. Barth bezieht sich hier auf den Brief Rades vom 5. Oktober 1914, in dem dieser auf Barths Brief an ihn vom 31. August 1914 geantwortet hat: Briefwechsel Barth – Rade, 105–112, hier insbes. 109–112. Die zweite Anfrage Barths an Herrmann betrifft »das Verhältnis der deutschen *Christen* zu denen des feindlichen und neutralen Auslands«, ebd., 115 [Hervorhebung K. B.] Es geht Barth hier also um die Einheit der Kirche. Wilhelm Herrmann hat auf diesen Brief geantwortet mit einem Brief vom 14. November 1914, Karl Barth-Archiv Basel, KBA_9314_0147–1, in dem er aber auf Barths theologische Anfragen gar nicht eingeht und sich auf politische Ausführungen konzentriert – Deutschland sei in die Ecke gedrängt worden usw. – Ein theologischer Dialog zwischen Barth und seinem wichtigsten Lehrer kam also hier nicht zustande. Nach dem Vollzug seiner theologischen Wende widmet Barth seinem mittlerweile verstorbenen Lehrer einen längeren Aufsatz: Die dogmatische Prinzipienlehre bei Wilhelm Herrmann (1925), KBGA III 1922–1925, 551–603. Er schreibt dort resümierend (552): »Ich kann nicht leugnen, daß ich mit den Jahren ein etwas merkwürdiger Herrmann-Schüler geworden bin. [...] Aber die Tatsache einer eigentlichen Bekehrung von Herrmann weg hätte ich innerlich nie zugeben können und könnte es noch heute nicht. [...] Mir stellt es sich so dar, daß ich mir von Herrmann etwas Grundlegendes habe sagen lassen, das, in seine Konsequenzen verfolgt, mich nachher nötigte, so ziemlich alles Übrige ganz anders zu sagen und schließlich sogar jenes Grundlegende selbst ganz anders zu deuten.« Vgl. dazu Beintker, Die Gottesfrage in der Theologie Wilhelm Herrmanns, 120–124.

[76] Moderne Theologie und Reichsgottesarbeit, KBGA I 1905–1909, 342 f.

[77] Ebd., 343; es folgt das oben bereits zitierte Bekenntnis zu Wilhelm Herrmann als demjenigen, an dem sich Barth hier orientiert.

[78] Brief Rades an Barth vom 5. Oktober 1914, Briefwechsel Barth – Rade, 112. [Hervorhebung M. R.]

chen Erlebnis die Gewissheit haben, dass es Gott ist, den man da erlebt, oder
nicht? Um es noch präziser zu fassen: kann man die Gewissheit haben, dass es der
christliche Gott, der vom *christlichen* Glauben als Wahrheit erfasste Gott ist, oder
nicht? Mit Barths Fragestellung an Wilhelm Herrmann beginnt der denkerische
Weg, der ihn schließlich zu der Aussage in seinem Tambacher Vortrag von 1919
führt: »Allzu klein ist der Schritt vom Jahwe-*Erlebnis* zum *Baal*-Erlebnis.«[79]

Auch hier hätte Barth die Option ergreifen können, ein konsequenterer Schüler
Ritschls oder Anhänger Wilhelm Herrmanns (in seiner mittleren Phase)[80] zu sein,
als es Martin Rade war. Rade bekennt selbst von sich in seinem Brief an Barth vom
5. Oktober 1914, »daß wir Religion, daß wir Gott auch da finden, wo Jesus Christus
uns noch nicht begegnet ist«, das sich einzugestehen sei aber ihm »als alten Rit-
schlianer« schwergefallen, »aber vor dem ›Wirklichen‹ habe ich mich gebeugt«.[81]

Barth will aber sich nicht begnügen lassen mit einem reineren, nur auf Jesus
Christus konzentrierten Erlebnis-Begriff. Er fragt nach einer Gewissheit, die
ihm unabhängig von den Beeinflussungen durch die Zugehörigkeit zu einem bestimmten Volk sagt, was rechtes Tun ist. Und er fragt nach einer Gewissheit, die
ihm unabhängig von einem Erlebnis sagt, wer der wahre Gott ist. Im Gegensatz zu
Rade fragt er nach der »wirklichen Wirklichkeit«, die jenseits der Wirklichkeit liegt,
an welche sich die Menschen anpassen und durch die sie kompromittiert werden.[82]

Diese Gewissheit und diese »wirkliche Wirklichkeit« ist gefunden, wenn er
im Vorwort zu Römerbrief I schreibt: »meine Aufmerksamkeit war darauf gerichtet, durch das Historische hindurch zu sehen in den Geist der Bibel, der der

---

[79] Der Christ in der Gesellschaft (1919), KBGA III 1914–1921, 567 f. [Hervorhebungen K. B.]

[80] T. Mahlmann, Art. Herrmann, 168,38–47, zufolge gibt Herrmann in seinem Spätwerk »Offenbarung*en* Gottes […] neben der Person Jesu« zu, der Satz, es sei »Jesus allein die Offenbarung Gottes« habe nur noch ein »relatives Recht«, Belege bei Herrmann s. Mahlmann an
dieser Stelle.

[81] Briefwechsel Barth – Rade, 111.

[82] »Alles Verbessern und Reformieren hilft nichts, solange sich der Mensch als Mensch
nicht reformieren lassen will auf die Grundlage der *wirklichen* Wirklichkeit hin.« Brief Barths
an Willy Spoendlin vom 4. Januar 1915, maschinenschriftliche Abschrift im Karl Barth-Archiv Basel, KBA_9215_0002-1, 2. [Hervorhebung K. B.]
Es ist unzureichend, wenn Jörg Zengel mit Verweis auf Rudolf Bultmann sagt, das, was »die
jüngste theologische Bewegung«, nämlich die dialektische Theologie, mit ihren Lehrern, wie
Wilhelm Herrmann verbinde, bestünde in der »radikalen Wahrhaftigkeit«. Wie man sieht,
ging die radikale Wahrhaftigkeit Barths hier weiter. Abgesehen davon ist »radikale Wahrhaftigkeit« nicht, was einen von vornherein auf bestimmte Inhalte festlegt und auch andere
denkende Menschen können von radikaler Wahrhaftigkeit beseelt sein, nicht nur liberale
Theologen. Siehe Zengel, 4–7; Rudolf Bultmann, Die liberale Theologie und die jüngste
theologische Bewegung, in: Ders., Glauben und Verstehen. Gesammelte Aufsätze, Bd. 1,
5., unveränderte Aufl., Tübingen 1964 (erstveröffentlicht 1924), 1–15, hier: 2 f.

ewige Geist ist«.[83] Aus diesem Grund verliert der Erlebnis-Begriff für ihn die konstituierende Stellung.

Damit erreichen wir einen weiteren Punkt, an dem Barth von seiner bisherigen Position anfängt abzurücken: der Gegensatz, man kann auch sagen: die Diastase zwischen der Welt und Gott – oder dem Reich Gottes – wird radikaler. Eine Diastase hat für Barth schon vor Kriegsausbruch bestanden. Karl Barth ist in dieser Thematik und zu diesem Zeitpunkt nicht der liberale Theologe, der er nach wie vor auch noch ist, sondern hier zeigt er sich als der religiöse Sozialist. Barth verfasst noch vor Kriegsausbruch eine Besprechung des Jahrgangs 1913 der von Friedrich Naumann herausgegebenen und zu einem großen Teil auch verfassten Zeitschrift ›Die Hilfe‹. Sie wird dann in der ›Christlichen Welt‹ in der zweiten Nummer nach Kriegsausbruch veröffentlicht.[84] Barth unterscheidet hier: »Aber etwas Anderes ist eine Politik, die die notwendigen Konzessionen und Kompromisse zur Würde von allgemeingültigen letzten Ideen erhebt – etwas Anderes eine solche, die zwar auch Konzessionen macht und Kompromisse schließt um der nächsten Zwecke willen [Barth zitiert dann Röm 7,15!], aber beständig zu erkennen gibt: dies sind eben Vorläufigkeiten und Unvollkommenheiten, für die wir uns keinen Augenblick begeistern und auf die wir uns nicht festlegen lassen, weil wir an Größeres glauben.«[85] Das erste ist Barth zufolge, der Standpunkt Friedrich Naumanns, das zweite sein eigener – und, wie er bekennt, der Standpunkt der »internationale[n] Sozialdemokratie«.[86] Barth richtet auf diese Partei, welche mehrheitlich von Atheisten geführt wurde, die Hoffnung, dass sie mit dem »gegenwärtigen Äon« (Gal 1,4!) *keinen* inneren Frieden schließt; er impliziert darin, dass diese Partei für den neuen Äon steht.[87] Es handelt sich dabei für Barth tatsächlich um eine religiöse Angelegenheit, nicht um eine politische:

---

[83]   KBA II 1919, 3. Diese Orientierung an der Bibel statt am Erlebnis ist grundlegend für die neue theologische Position Barths. Die weiteren Elemente derselben, die hier aufgeführt werden, haben ihren Grund im biblischen Zeugnis: die radikale Erlösungsbedürftigkeit des Menschen, die Erlösung durch Kreuz und Auferstehung Jesu Christi, der Gott und Mensch zugleich ist. Es ist darum irreführend, wenn Pfleiderer schreibt: »Er [Barth] beschließt, seine theologischen Grundgedanken in die Form eines Kommentars zum paulinischen Römerbrief zu gießen.« Pfleiderer, Kriegszeit, 167. Es handelt sich hier nicht bloß um eine Form, in welche woanders gefundene Gedanken gegossen werden.

[84]   Siehe die Bemerkungen des Herausgebers Hans-Anton Drewes in KBGA III 1914–1919, 61–63. Erstveröffentlichung: ChW 28/33 (1914), 774–778.

[85]   KBGA III 1914–1919, 70.

[86]   Ebd., 73 f.

[87]   »Jedenfalls übersieht Naumann, dass es der Sozialdemokratie sachlich unmöglich sein muß, mit den Wirklichkeiten des gegenwärtigen Äon, mit Kapitalismus, Nationalismus und Militarismus den innern Frieden zu schließen, den er als Politiker mit ihnen geschlossen hat.« Ebd., 74 f.

»Es ist ein religiöser Unterschied, der die Hoffnungen des Proletariats von den Hoffnungen des Hilfekreises unterscheidet.«[88] »Das sozialdemokratische Wollen zeichnet sich dadurch vor allen andern Arten von Politik aus, dass da mit dem Absoluten, mit Gott politisch Ernst gemacht wird.«[89]

Die Diastase ist also hier die zwischen der gegenwärtigen Wirklichkeit, die Barth hier von ihrer politischen und ethischen Seite her charakterisiert, und der Hoffnung auf eine völlige Umgestaltung dieser Wirklichkeit, welche dem Absoluten, d. h. Gott genügt. Der Träger dieser Hoffnung ist für Barth die internationale Sozialdemokratie. Diese Hoffnung wird bei Kriegsausbruch durch das Verhalten der sozialdemokratischen bzw. sozialistischen Parteien in den kriegführenden Ländern – welche alle für ihre jeweilige Nation Partei nehmen – gründlich zerstört. Im Rückblick von 1927 stellt Barth den Sozialismus darum in eine Reihe mit seinen theologischen Lehrern.[90]

Was bleibt nun als Träger dieser Hoffnung übrig? In seiner Predigt vom 18. Oktober 1914 zieht Barth erst einmal Bilanz: »Der Krieg ist ein großer *Zauberer.*«[91] Er verblendet nämlich die Menschen, so dass sie ihre besten Kräfte einsetzen, ihre höchsten Ideale meinen zu verwirklichen, wenn sie in den Krieg ziehen und den Krieg unterstützen: »Was müssen das *für fürchterliche, für höllische Mächte* sein, die das vermocht haben, mit einem Schlag all die Kräfte des Guten hervorzulocken und sie mit ein und demselben Schlag in den Dienst des Bösen zu stellen. [...] So muß jetzt alles Gute, Edle und Hohe im Menschen völlig *im Dienste des Bösen* stehen.«[92] Barth reiht hier auf: »die Männer der *Bildung*, der Wissenschaft«, »die Männer der *Sozialdemokratie*«, »die Männer der christlichen *Kirchen*« – sie alle stehen unter der Macht der Dämonen.[93] Der Nachdruck, mit dem Barth dies sagt, schließt aus, dass Barth hier nur für seine Gemeinde eine religiöse Sprache wählt, mit der er aber etwas anderes meint. Während Rade noch kurz vor Kriegsausbruch gesagt hatte, was den alten und den neuen (d. h. neuprotestantischen) Glauben unterscheide, sei, dass dieser nicht mehr an den Teufel glaube, haben wir nun bei Barth das Bekenntnis eines Glaubens, dass der Teufel mit seinen Dämonen die Welt beherrsche. Das Verhalten der Menschen im

---

[88] Ebd., 75.

[89] Ebd., 74.

[90] Siehe die oben bereits zitierte Stelle Briefwechsel Barth – Bultmann 1911–1966, 296. Bereits in dem Brief an Rade vom 31. August 1914 zeigt sich dies: Barth nennt die geschlossene Unterstützung der Kriegsfinanzierung durch die sozialdemokratische Fraktion im deutschen Reichstag am 4. August 1914 ein »Zusammenknicken«: Briefwechsel Barth – Rade, 97.

[91] Predigten 1914, 519. [Aller Hervorhebungen in diesem Zitat und den folgenden Zitaten von K. B.]

[92] Ebd., 525.

[93] Barth zitiert hier Röm 8,38 und Eph 2.2: ebd., 528.

Krieg habe diese Tatsache zu Tage gefördert.[94] Dass Barth in der Folgezeit seinen Kontakt zu Christoph Blumhardt (1842–1919) verstärkt, den Sohn des Johann Christoph Blumhardt (1805–1880), der im Jahre 1843 eine von Dämonen besessene Frau befreit hat, ein Ereignis, das auf das ganze Wirken von Blumhardt Vater und Sohn ausstrahlte, ist auf diesem Hintergrund wahrzunehmen.[95]

Eine solche Welt ist unter dem Gericht Gottes und Barth versteht den Weltkrieg als dieses Gericht. Bereit am 16. August 1914 sagt Barth dies in der Predigt.[96] Am 20. September 1914, dem eidgenössischen Bettag, bekräftigt er dies in der vormittags gehaltenen Predigt: Gott hat seit Kriegsbeginn deutlicher geredet als lange Zeit zuvor,[97] und das, was er sagt, lautet: dieser Krieg ist das Gericht Gottes über Europa.[98] Der »Krieg ist Sünde und Schuld und Strafe.«[99] Inmitten dieser allgemeinen Finsternis ist »Jesus der sichere leuchtende Punkt in der Welt.«[100]

In einer Betrachtung, die Barth auf den Makrokosmos der menschlichen Gesellschaft richtet, kommt er zu einem vergleichbaren, in der Tiefe auch sachlich identischen Ergebnis wie der junge Luther bei seiner Betrachtung des Mikrokosmos der menschlichen Seele: es gibt keine Kraft, die ausreichend wäre, dem Bösen widerstehen zu können. Was alleine hilft, ist eine Kraft, die außerhalb des Menschen liegt: Jesus Christus.[101]

---

[94]   »Das sind die bösen Kräfte, die *jetzt am Werke* sind. Nicht erst jetzt, schon lange, immer – aber jetzt ist ihre Tätigkeit wieder einmal an den Tag gekommen.« Predigten 1914, 529.

[95]   Jüngel, Die theologischen Anfänge, 74–78; Busch, Lebenslauf, 96 f. Barth besuchte Blumhardt Sohn vom 10. bis 15. April 1915. Er veröffentlichte 1916 unter dem Titel ›Auf das Reich Gottes warten‹ eine Rezension der Blumhardtschen ›Haus-Andachten‹: KBGA III 1914–1919, (275–)288–302, vgl. Jüngel, Anfänge, 76, Anm. 67. In einem doppelten Nachruf auf Naumann und Blumhardt Sohn 1919 stellt er dann beide ganz konsequent als Gegensatz gegenüber: Vergangenheit und Zukunft, KBGA III 1914–1921, 530–545. Schwöbel legt nahe, Barth habe mit dem Pietismus 1917 auch die Blumhardts verabschiedet: Einleitung zu: Briefwechsel Barth – Rade, 35. Wie man sieht, trifft dies nicht zu, und die Blumhardts waren für Barth bis zum Ende seines Lebens von wegweisender Bedeutung, s. Jüngel, Anfänge, 74.

[96]   Predigten 1914, 437.

[97]   Ebd., 482.

[98]   Ebd., 492.

[99]   Predigt am 18. Oktober 1914, ebd., 519.

[100]   In derselben Predigt, ebd., 528.

[101]   In der Predigt vom 23. August 1914 nennt Barth noch jemand anders als »der einzige Lichtpunkt«: der Papst Pius X., der alle Christen gemahnt hat, für den Frieden zu beten. Er sagt aber zugleich: »Es war wie die Stimme eines Kindes im Gewitter, so macht- und erfolglos«: Predigten 1914, 436 f. Bezogen auf den Mikrokosmos der menschlichen Seele spricht Barth in seiner Predigt vom 25. Oktober 1914 vom Einspruch des Gewissens gegen das Unrecht des Krieges. Es gibt einen guten Willen des Menschen, der gelegentlich gegen das Unrecht sich erhebt. »Aber dieser gute Wille gilt nicht. Er beherrscht uns nicht.« Ebd.,

Auch hier hätte Barth eine andere Option wählen können. Seine Enttäuschung vornehmlich über die deutsche sozialdemokratische Partei hätte dazu führen können, dass er die »Unabhängige Sozialdemokratische Partei Deutschlands«, welche sich von der Fraktion der SPD abspaltete und die Kriegspolitik der Regierung nicht mehr unterstützte und aus der dann die kommunistische Partei Deutschlands hervorging, favorisiert. Die Enttäuschung vom August 1914 wird aber zu einem Anstoß dafür, gar keine Gruppe von Menschen, nicht einmal einen einzelnen Menschen als Sachwalter des Absoluten zu sehen – außer Jesus Christus. Das ist also die Radikalisierung der Diastase: auf der einen Seite der ganzen Welt, die ganze »Wirklichkeit«, auf der anderen Seite nur Jesus. Damit ist fast die Position erreicht, die Barth mit den Römerbriefkommentaren und den Aufsätzen von 1919–22 vertreten sollte.

Aber eben nur fast. An einem wesentlichen Punkt ist er noch der alten »modernen« Theologie verhaftet. Barth redet nämlich hier von Jesus *nur* als *Menschen*, als ψιλὸς ἄνθρωπος, nicht als einem, der Mensch und Gott zugleich ist. »Jesus war ein Mensch von Fleisch und Bein wie wir. [...] Aber für ihn war die Not nicht da, die Not, die dann kein Gebot kennen will, die Not, die das Unrecht und das Unglück erzeugt [...]«.[102] Jesus ist eben »unser Meister«, das heißt: »Sein Eigenes ist es, daß er nur Gott suchen und finden will, daß er auch uns nichts Andres nahebringen will als den Willen Gottes.«[103] Das ist die Bestimmung, die in dieser Christologie hinreichend ist, um den besonderen Status von Jesus und seinen erlösenden Auftrag zu beschreiben. »Er kommt von der Liebe Gottes her.«[104] Das ὁμοούσιος des nicaenischen Glaubensbekenntnisses wird so umgedeutet: »Wir blicken hinein in das Wunder seiner Seele, die sich Gott so ganz hingegen hatte, daß sie mit ihm eines Wesens war [...]«.[105] Die Auferstehung Jesu wird dann, so wie es der andere Schüler Wilhelm Herrmanns, Rudolf Bultmann, in seiner Weise auch später noch getan hat, umgedeutet in etwas, das in den

---

542, vorauslaufend: 540 f. Für Luther vgl. hier das Summarium des Römerbriefs zu Beginn der Römerbriefvorlesung 1515: WA 56, 157–159.

[102] Predigt vom 25. Oktober 1914, Predigten 1914, 541.

[103] Predigt vom 8. November 1914, Predigten 1914, 555. Der Predigttext ist Mt 23,8.

[104] Predigt vom 29. November 1914, Predigten 1914, 597. Vgl. anschließend: »Das ist das Größte, was uns von Jesus unterscheidet: Wir lauten und harten Menschen werden so schnell müde.« Der Predigttext ist Jes 42,4.

[105] Predigt am 25. Dezember 1914, Predigten 1914, 647 f. Während nach der orthodoxen altkirchlichen Christologie es Jesus Christus als Sohn Gottes ist, der mit dem Vater ὁμοούσιος ist, nicht Jesus als Mensch. Barth folgt hier ganz seinem Lehrer Wilhelm Herrmann, s. Beintker, Die Gottesfrage in der Theologie Wilhelm Herrmanns, 75 f. Eine solche Christologie ist aber auch nicht monophysitisch, denn das ὁμοούσιος wird umgedeutet zum Ausdruck für die Übereinstimmung des Willens des Menschen Jesus mit dem Willen Gottes des Vaters und für die Offenbarungsfunktion, die der Mensch Jesus hat: an ihm wird der Wille Gottes offenbar.

Menschen wirkt, die sich von Jesus bewegen lassen: »Er lebt weiter in denen, die sich nicht gefangen nehmen lassen von den Geistern, die in der Luft herrschen, in denen, die die Lüge und das Unrecht als solche erkennen [...] Sie dürfen in lebendiger Verbindung bleiben mit der Liebe Gottes.«[106]

Diese psilanthropistische Christologie hat Barth in dieser Zeit noch mit Schleiermacher, mit Ritschl und mit Wilhelm Herrmann gemeinsam. Erlösung ist dann etwas, das zum Vermögen eines bestimmten Menschen gehört, das aber nicht hinausgeht über das, was jedem Menschen als Menschen grundsätzlich möglich ist.[107]

Um hier noch Wilhelm Herrmann zu Wort kommen zu lassen: »Der Grund unseres Glaubens ist der Mensch Jesus Christus.«[108] Es ist »für uns der Mensch Jesus, unter Absehen von allem, was an der Ueberlieferung von ihm erst der durch ihn erweckte Glaube tragen kann«.[109] Über diese Überlieferung urteilt Herrmann so – und zwar in ausdrücklichem Blick auf »die altkirchliche Christologie und die mittelaltrige Versöhnunglehre«: »Wir sind darauf aus, dasjenige,

---

[106] Predigt vom 18. Oktober 1914, Predigten 1914, 530 f., in der Fortsetzung des Gedankenganges, in dem die oben zitierte Aussage »Jesus der sichere leuchtende Punkt in der Welt.« fällt.

[107] Schleiermacher: »Insofern nun alle menschliche Thätigkeit des Erlösers in ihrem ganzen Zusammenhang von diesem Sein Gottes in ihm abhängt und es darstellt, rechtfertigt sich der Ausdrukk, daß in dem Erlöser Gott Mensch geworden ist, als ihm ausschließend zukommend, wie auch jeder Moment seines Daseins, soweit man ihn isoliren kann, ein neues solches Menschwerden und Menschgewordensein Gottes darstellt, weil immer und überall alles menschliche in ihm aus jenem göttlichen wird.« Der Christliche Glaube, § 96.3, KGA I.13/2, 69,24–70,4 / Redeker 2, 58. Vergleiche die Abgrenzungen des eigentümlich Christlichen vom Häretischen (im Sinne Schleiermachers), die sich ganz danach orientieren, dass Jesus Mensch und nichts als Mensch ist: Der Christliche Glaube, § 22.2.
Ritschl: »Dieses Attribut [der Gottheit Christi] kann nämlich nicht vollzogen werden, wenn nicht dieselben Tätigkeiten, durch welche Jesus Christus sich als Mensch bewährt, in derselben Beziehung und Zeit als eigentümliche Prädikate Gottes und als die eigentümlichen Mittel seiner Offenbarung durch Christus bedacht werden können. Sind aber die Gnade und Treue, und die Herrschaft über die Welt, welche in der Handlungsweise wie in der Leidensgeduld Christi anschaulich sind, die wesentlichen, für die christliche Religion entscheidenden Attribute Gottes, so war es unter gewissen geschichtlichen Veranlassungen folgerecht, die richtige Schätzung der Vollkommenheit der Offenbarung Gottes durch Christus in dem Prädikate seiner Gottheit sicher zu stellen.« A. Ritschl, Unterricht in der christlichen Religion, 38 f. (§ 24).

[108] W. Herrmann, Grund und Inhalt des Glaubens, in: Ders., Gesammelte Aufsätze, hg. v. Friedrich Wilhelm Schmidt, Tübingen 1923, 275–294, hier 282 [Erstveröffentlichung 1890]. Des Weiteren zu Herrmanns Christologie s. Beintker, Die Gottesfrage in der Theologie Wilhelm Herrmanns, 72–76.

[109] Ebd., 289.

was den Christen Gewißheit des Glaubens und damit Verkehr mit Gott und ein neues Leben verschafft, von dem Gestrüpp dogmatischer Vorstellungen zu befreien, das vor langer Zeit darüber gewuchert ist, als das Gut der Glaubengewißheit noch nicht mit sicherem Verständniß erfaßt werden konnte. [...] wenn wir den positiven Nachweis vollführen, wie der Glaube, der die Erlösung bedeutet, in dem Christen begründet wird. Dann wird das Sekundäre und Ueberflüssige ganz von selbst dem Einen, was noth thut, weichen.«[110]

Weswegen hat Barth diesen Psilanthropismus aufgegeben und sich der Lehre von der Gottmenschheit Christi zugewandt, welche sein verehrter Lehrer Wilhelm Herrmann zu dem Sekundären und Überflüssigen gezählt hat? Hier stoßen wir wieder auf die Bewegung des radikalen Fragens, worin denn dieser eine »sichere leuchtende Punkt in der Welt« bestehen mag. Es ist nicht genug, zu sagen, dass er Mensch ist, denn die Menschheit ist gerade das Finstere, das dem Gericht Verfallene. Wird die Linie, die Barth in seiner Predigt vom 18. Oktober 1914 zieht, bis ans äußerste Ende ausgezogen und hat die Diastase ihre maximale Spannweite erreicht, dann steht auf der einen Seite nur der Mensch, d.h. die Menschheit, auf der anderen Seite Gott. Dieser Gegensatz wird dann in ›Das Wort Gottes als Aufgabe der Theologie‹ mit der gebotenen Schärfe formuliert: »Der Mensch und sein Universum, sein noch so lebendig angeschautes und gefühltes Universum, ein Rätsel, eine Frage, nichts sonst. Ihm steht Gott gegenüber als das *Unmögliche* dem Möglichen, als der *Tod* dem Leben, als die *Ewigkeit* der Zeit.« Daraus folgt, dass, wenn es eine »Auflösung des Rätsels«, eine »Antwort auf die Frage«, ein »Ende der Existenznot« gibt, dass dann dieses geschehen muss: »daß das Unmögliche *selbst* das Mögliche wird, der *Tod* das Leben, die *Ewigkeit* Zeit, *Gott* Mensch«.[111] Barth geht davon aus, dass genau dies geschehen ist.[112] Wenn man also in voller Konsequenz zur maximalen Diastase gelangt, dann bleibt einem nur noch, dass Gott von seiner Seite aus eine Vermittlung schafft zwischen sich und dem Menschen, eine Überwindung des Unheils, in dem der Mensch ist,

---

[110] W. Herrmann, Die Gewißheit des Glaubens und die Freiheit der Theologie, 1. Aufl., Freiburg 1887, 16 f. Herrmann nennt dabei diese Dogmen Dinge, »welche sich zwar als Folgerungen an den Glauben, der sich auf Christus gründet, anschließen können, welche aber ihnen [den Anhängern der Tradition] bisher als die eigentlichen Gegenstände des Glaubens gegolten haben«, ebd., 16. Herrmann meint offenbar mit diesen »Folgerungen«, welche sich »anschließen können« die tradierte Auffassung Jesu als Gott, von welcher Ritschl an der in der Fußnote oben zitierten Stelle spricht.

[111] Das Wort Gottes als Aufgabe der Theologie, KBGA III 1922–1925, 159. [Hervorhebungen K. B.]

[112] »Wir müssen uns vielleicht begnügen mit der Feststellung, daß Jesus Christus *gesagt* ist von seinen ersten Zeugen. Auf ihr Zeugnis hin zu glauben an die Verheißung und also Zeugen von ihrem Zeugnis zu sein, also *Schrift*theologen, das wäre dann unsre Aufgabe.« Ebd., 175. [Hervorhebungen K. B.]

durch das Heil, das allein bei Gott ist. Der Mensch kann diese Vermittlung nur antreffen. Sie besteht darin, dass Gott Mensch wird.[113]

In Römerbrief I wird dies in der Auslegung der Bibel konkret ausformuliert und damit auch beschrieben, was Erlösung ist: »Der Gott, den wir immer bloß meinten und nicht suchten, hat seine Treue gegen sich selbst darin erwiesen, daß er über unsere Frevelhaftigkeit und Ungerechtigkeit *und* über unsere ›Darstellungen‹ hinweg seine Liebesmacht gegenüber der Welt zur Geltung gebracht hat. Und diese zu Tage getretene innere Konsequenz und Einheit Gottes gilt es nun einfach zu verstehen und zu bejahen. Im *Blut des Christus* ist sie zu Tage getreten. Denn im Sterben des Christus hat sich der Kampf und in seiner Auferstehung der Sieg der göttlichen Realität über die Gewalten der Sünde und des Todes vollzogen.«[114] Erlösung ist grundlegend nicht eine Übertragung des Willens Jesu in den Willen eines anderen Menschen, sondern etwas, das sich *in* Jesus Christus, in seinem Tod und seiner Auferstehung *für* alle anderen Menschen ereignet.[115]

5. Ertrag dieser Untersuchung

Wir sehen, dass Karl Barth den Ausbruch des Ersten Weltkriegs und die Stellungnahmen seiner deutschen, liberal-theologischen Lehrer und der (deutschen) Sozialdemokraten als Anstoß nahm, seine Option für beides, den theologischen Liberalismus und religiösen Sozialismus, radikal zu hinterfragen. Radikal: das heißt, er versuchte auf Dauer nicht mehr innerhalb dieser Konzepte sie besser als bisher, besser als von seinen Lehrern oder von ihm selbst bisher vertreten, sie aufzufassen, sondern er legte sie hinter sich. Er kam schrittweise – gewiss nicht in einem abstrakten Bruch – zu einer Theologie, für welche die von Gott gegebene Autorität und *perspicuitas* der Bibel, der erfahrungstranszendente Glaube, die Gott-

---

[113] In einer wesentlich anderen geistesgeschichtlichen Situation, nämlich in der Auseinandersetzung mit dem Platonismus, hat Augustinus gleichermaßen erkannt, dass zwischen der Welt und der radikal erkannten Transzendenz Gottes es nur die Vermittlung geben kann, dass Gott Mensch wird: De civitate Die IX, 12; 15–17; X, 29, dazu: S. Grosse, Die Neuzeit als Spiegelbild des antiken Christentums, in: Ders., Das Christentum an der Schwelle der Neuzeit. Drei Studien zur Bestimmung des gegenwärtigen Ortes des Christentums, Kamen, 2010, 17–19.

[114] Römerbrief, Erste Fassung, KBGA II 1919, 98 (Auslegung vom Röm 3,25 f.). [Hervorhebungen K. B.]

[115] Aufschlussreich ist hier die Bemerkung, die Barth nachträglich in sein Handexemplar vom Römerbrief I gemacht hat zu dem Satz »Der Christus und der Glaube bilden den in sich geschlossenen Kreis.« (Auslegung vom Röm 3,21–22a): »nicht gleichwertig«; »Was im M. geschieht, ist nicht Erfüllung, nur Erkenntnis der Erfüllung.« KBGA II 1919, 91, Anm. 24. Für »M.« ist »Mensch« zu setzen.

Menschheit Christi und die Erlösung durch Kreuz und Auferstehung Christi wesentliche Aussagen sind. In dem Rückblick, der seinem alten Weggefährten Albert Schädelin gewidmet ist, schreibt Barth: Wir kamen zu der Überzeugung, dass »wir [...] aufgeschlossener und sachlicher als zuvor die Bibel selbst in unserem Denken und in unserer Verkündigung maßgeblich zu Worte kommen lassen müßten. [...] Wir wurden in diesem Sinn radikaler und eben darum nun doch auch verständnisvoller für mehr als ein Element der kirchlichen Überlieferung, das wir bis dahin – teils aus der Befangenheit unserer früheren theologischen Schule, teils wegen unseres sozialistischen Eifer – ein wenig unbesehen zum alten Eisen gerechnet und geworfen hatten.« Und er resümiert: »In dieser Zeit war es wohl, daß wir in den Geruch der ›Orthodoxie‹ geraten sind.« – ein Vorwurf, der Barth nur noch lachen lässt.[116] In der Tat: die biblische Orientierung ist gemeinreformatorisch – und steht in der Mitte jeder klassischen christlichen Tradition –, der erfahrungstranszendente Glaubensbegriff trifft sich gerade mit dem Luthers,[117] die Gott-Menschheit Christi und die Erlösung nicht durch etwas, das Jesus Christus während seines Lebens ist, tut oder hat – sei es seine Sittlichkeit oder sein frommes Selbstbe-

---

[116] K. Barth, Rückblick (wie Anm. 28), 5. Barth begnügt sich nämlich damit, darauf hinzuweisen, dass für ihn Orthodoxie und Leben sich nicht ausschließen. An der inhaltlichen Bestimmung, die mit dem Begriff »Orthodoxie« gegeben ist, nimmt er nichts zurück. Barth erklärt, Schädelin anredend: »Du und ich lachen darüber«, denn sie sind sich bewusst, dass »es auf das Leben und nicht auf die Lehre [...] ankommt«. Das habe er nicht vergessen, aber er habe hinzugelernt, dass »man auch nach lebendiger Lehre [...] fragen darf und soll«, ebd. Wo Barth selbst sich orthodox nennen lässt, sollte man das Beiwort »orthodox« oder »neoorthodox« nicht als etwas behandeln, das man möglichst von Barth fernhalten sollte, wie dies McCormack mit dem Begriff »neo-orthodox« tut: McCormack, Theologische Dialektik, 44–46; 48; 305, dort etwa: »Barths Formulierungen mögen zwar – wie hier [in der Göttinger Dogmatik] – orthodox sein, aber sie sind nicht neo-orthodox im Sinne einer Repristination altkirchlicher oder altprotestantischer Denkmodelle.« Orthodoxie oder sich erneuernde Orthodoxie muss sich in der Geschichte nicht durch Repristinationen fortpflanzen, sondern dadurch, dass sie lebendig ist.

[117] »[...] fides est rerum non apparentium. [...] Non autem [res, quae creduntur] remotius absconduntur, quam sub contrario obiectu, sensu, experientia. Sic Deus dum uiuificat, facit illud occidendo, dum iustificat, facit illud reos faciendo [...] .« / »[...] der Glaube bezieht sich auf Dinge, die nicht in Erscheinung treten. ... [Die Dinge, die geglaubt werden,] werden aber nicht tiefer verborgen als dadurch, daß etwas Gegensätzliches vorgelagert ist, empfunden wird, erfahren wird. So macht Gott lebendig, indem er tötet. Er rechtfertigt, indem er schuldig macht [...]«, De servo arbitrio, WA 18, 633 / BoA 3, 124,16–19, vgl. in derselben Schrift: »Spiritus sanctus non est Scepticus, nec dubia aut opiniones in cordibus nostris scripsit, sed assertiones ipsa uita et omni experientia certiores et firmiores.« / »Der Heilige Geist ist kein Skeptiker. Er hat auch nichts Zweifelhaftes oder [bloße] Meinungen in unsere Herzen geschrieben, sondern verbindliche Aussagen, die gewisser und stärker sind als das Leben selbst und alle Erfahrung.« WA 18, 605 / BoA 3, 100,31–33.

wusstsein –, sondern durch seinen Tod und seine Auferstehung (Röm 4,25) sind Kernaussagen des biblischen Zeugnisses und der klassischen christlichen Tradition.

Man muss hier den Wald wahrnehmen und nicht gleich die Bäume oder die Blätter – Anhypostasie und Enhypostasie sind Details der altkirchlichen Lehre von der Gott-Menschheit Christi;[118] das noch größere Ereignis ist dieses, dass Karl Barth sich überhaupt nun in den Bahnen dieser Lehre bewegt. Damit ist eine klare und scharfe Abgrenzung zu der »modernen«, »liberalen« Theologie erfolgt. Barth war sich auch klar, als er ein Exemplar von Römerbrief I nach Marburg an Martin Rade sandte: »Ich erwarte, daß es [dieses Buch] in Marburg bestimmt abgelehnt werden wird.«[119]

Es macht dann keinen Sinn, wie Pfleiderer von einer »antimodern-modernen Theologie« zu sprechen.[120] Diese Theologie ist antimodern, sofern »modern« die hier behandelte und von Barth auch so bezeichnete Theologie von Herrmann, Ritschl, Schleiermacher usw. meint. Es wäre aber irreführend zu sagen, sie sei gegen die »Moderne« gerichtet und damit das ganze Zeitalter zu meinen, in dem Barth lebte. Die Zeit Barths und auch unsere, sich unmittelbar an ihn anschließende Zeit ist nicht durch ein Denken oder ein Denkmuster gekennzeichnet, das in einem solchen Maße geschlossen wäre, dass man gegen sie in Konfrontation treten könnte. Es hat auch keine Gruppe von Menschen das Recht, eine ganze Zeit mit einem bestimmten Titel, z. B. dem Titel »Moderne«, den sie mit bestimmten

---

[118]   Vgl. McCormack, Theologische Dialektik, 42 f., der dies zum Kennzeichen der Phasen Karl Barths ab 1924 macht.

[119]   Brief an Rade vom 26. Dezember 1918, Briefwechsel Barth – Rade, 146. Es ist erstaunlich, dass Pfleiderer meint, diese Übersendung sei ein Beweis dafür, dass Barth sich damals noch zur liberalen, »modernen« Theologie gerechnet habe; er habe gehofft, das Buch würde von seinen liberalen Lehrern positiv aufgenommen werden, s. Pfleiderer, Kriegszeit und Gottesreich, 132.
Diese Aussage Barths belegt das genaue Gegenteil. Barth vermisst nach wie vor »die christliche Solidarität im realsten Sinn: die Gemeinsamkeit im Ringen um die Orientierung in dem, was wir in Kirche und Theologie eigentlich, inhaltlich wollen, die Einheit der Bewegung, der Hoffnung, das Warten auf Gottes Taten«, Briefwechsel Barth – Rade, 145. Er fügt hinzu: »Aber wäre es nicht gut, wenn wenigstens darüber [über seinen Kommentar zum Römerbrief] geredet würde hin und her? Eine gute und ernste Ablehnung ist ja auch eine Form gemeinsamer Arbeit.« Ebd., 146. Barths Übersendung von Römerbrief I ist lediglich ein Beispiel für eine Gesprächskultur, in der man bereit war, mit jemand zu sprechen, dessen Standpunkt mit dem eigenen nicht mehr vereinbar ist. Eine solche Gesprächskultur ist allerdings heute kaum noch anzutreffen.

[120]   Pfleiderer, Kriegszeit und Gottesreich, 166.

Gedanken definiert, zu belegen und für sich zu beanspruchen, auch wenn es in der Tat solche Gruppen gibt – die sich dann aber häufig genug widersprechen.[121]

Die Schematisierung in Moderne und Antimoderne, die dann wiederum *nolens volens* selber modern ist, kann auch diese theologische Entwicklung Karl Barths nicht angemessen erfassen. Es handelt sich bei ihr vielmehr um das Sich-Anschließen eines Theologen an den Weg, den die Kirche durch die Geschichte nimmt: auf dem sie bestimmte Elemente, die ihr begegnen, in sich aufnimmt, andere aber abstößt und auf diese Weise in immer neuen Variationen ein bestimmtes Muster dieses Aufnehmens und Abstoßens praktiziert.[122] In dieser Weise ist Barths Theologie seit der Wende, die hier beschrieben wurde, orthodox, und dies schließt in keiner Weise aus, dass er neue Elemente, neue Sichtweisen auf die alte, immer weiter zu tradierende Wahrheit hinzufügt. So sind die hier als Ausweis der Orthodoxie Barths genannten Elemente in seinem Denken in dieser Zeit verbunden mit der Einsicht in die Diastase zwischen Gott und Mensch und daraus ergibt sich das, was man bei Barth »dialektisch« nennt, und auch dieses Dialektische ist, wie Barth selbst weiß, nicht etwas dem Christentum bis dahin Unbekanntes, sondern vielmehr Eigentümliches; es ist nur *so*, wie er es nun tut, in *dieser* Weise Neues.[123]

---

[121] Man kann von einer geistigen Strömung sprechen, die »Neuzeit« oder »Moderne« genannt wird, doch sollte man sich nicht vermessen, sie würde alles umfassen, was in der Zeit, in der sie besteht, gedacht und getan wird. Und wenn man versucht, ihr »Wesen« zu bestimmen, dann besteht es gerade in ihrem Auseinanderdriften in Gegensätze. Die Neuzeit ist dann ein Spiegelbild des antiken Christentums, d.h. wo dieses integriert, löst sie die Synthesen wieder auf: s. S. Grosse, Die Neuzeit als Spiegelbild des antiken Christentums, 1–50.

[122] Siehe dazu S. Grosse, Christentum und Geschichte: Troeltsch – Newman – Luther – Barth, in: Ders., Das Christentum an der Schwelle der Neuzeit, Kamen 2010, 97–155.

[123] Das ist besonders deutlich zu sehen an dem Elgersburger Vortrag ›Das Wort Gottes als Aufgabe der Theologie‹, KBA III, 161 ff., wo Barth den »dogmatischen« Weg als den Weg der Orthodoxie bezeichnet und dann in seine Dialektik hineinführt, für die er sich aber auf Luther beruft, und diese Dialektik wiederum in die Aussicht mündet, dass Gott selbst spricht und die Vermittlung schafft. Siehe dazu M. Beintker, Die Dialektik in der ›dialektischen Theologie‹ Karl Barths. Studien zur Entwicklung der Barthschen Theologie und zur Vorgeschichte der ›Kirchlichen Dogmatik‹, München 1987, 25–31.

Radical Orthodoxy

Darstellung und Würdigung einer herausfordernden Theologie[*]

1. Erste Charakteristik der Radical Orthodoxy [RO]

»Orthodoxie«, »Rechtgläubigkeit«, ist etwas, dessen man im deutschsprachigen Teil Europas zumeist meint, sich schämen zu müssen. Man nimmt das Wort lieber nicht in den Mund, wenn man seine eigenen Überzeugungen ausdrücken will; erwartet man, dies gegen die vermutete herrschende Meinung zu tun, verwendet man vielmehr die gezierte Phrase »wenn ich einmal etwas Ketzerisches sagen darf«, und in wissenschaftlichen Texten hat man den entgegengesetzten Begriff »häretisch« nur in Anführungszeichen zu gebrauchen; würde man diese weglassen, wäre dies Häresie – ohne Anführungszeichen! – nur daß man dies natürlich nicht expressis verbis sagen darf.

Ganz anders verhält es sich auf den britischen Inseln. Nicht nur, daß vor 100 Jahren Gilbert Keith Chesterton Bände mit Essays voll funkelndem Esprit in ungescheutem Selbstbewußtsein »Heretics« und »Orthodoxy« zu betiteln sich erlaubte. Seit mehr als zehn Jahren hat, ausgehend von England, im englischen Sprachraum, aber auch darüber hinaus, eine Art theologischer Bewegung sich aufgebaut, die sich tatsächlich nicht nur als »orthodox«, sondern sogar als »radikal orthodox« zu benennen wagt. Das Ausgangsereignis war 1990 die Publikation des Buches ›Theology and Social Theory‹ [TST] des damals in Cambridge, jetzt in Nottingham lehrenden John Milbank, eines Schülers des späteren Erzbischofs von Canterbury, Rowan Williams. Milbank ist der wichtigste, aber nicht der einzige Wortführer der Bewegung. 1999 erschien in London der programmatische Sammelband ›Radical Orthodoy. A new theology‹ [RONT], welcher der anhebenden Bewegung wohl den Namen gegeben hat.

In der von John Milbank, Graham Ward und Catherine Pickstock gezeichneten Einführung wird definiert: *Orthodoxie* ist die Verbundenheit mit einem

---

[*] Dieser Beitrag ist die leicht geänderte und erweiterte Gestalt eines Aufsatzes, den der Verfasser unter dem gleichen Titel veröffentlicht hat in: Neue Zeitschrift für Systematische Theologie und Religionsphilosophie, 55 (2013), 437–464.

Christentum, das sich mit einem verbindlichen Glaubensbekenntnis und mit der Patristik als Nährboden theologischen Denkens identifiziert. Noch konkreter: Es ist die Wiederanerkennung eines reicheren und in sich stimmigeren Christentums, das seit dem späten Mittelalter allmählich außer Sicht geraten ist.[1]

Radikal soll heißen: erstens die Rückkehr zu den patristischen und mittelalterlichen Wurzeln, zweitens die systematische, an den Wurzeln angreifende Kritik der Moderne: der modernen Gesellschaft, Kultur, Politik, Kunst, Wissenschaft, Philosophie und Theologie.[2] Graham Ward nennt dabei auch einige Grundüberzeugungen: daß Jesus Christus wahrer Gott und wahrer Mensch ist, daß Gott ein Wesen in drei Personen ist, daß Jesus Christus leibhaft auferstanden ist.[3]

Radical Orthodoxy definiert sich damit durch bestimmte inhaltliche Überzeugungen. Diese werden jedoch getragen von einer »theologischen Sensibilität«[4] oder differenzierter: einer hermeneutischen Disposition, dem Stil einer metaphysischen Vision, weniger als von einer Sache, einem Standort, einer Aufgabe.[5] Bestimmt James K. A. Smith in seiner Darstellung der RO im 2004 sie noch als nur in einem weiteren Sinne eine Bewegung, da ihr der institutionelle Charakter fehle, läßt sich mittlerweile doch sagen, daß sie einen solchen ein Stück weit angenommen hat. Es gibt mittlerweile das von RO-Theologen getragene[6] ›Centre of Philosophy and Theology‹ an der Universität Nottingham, dessen Mitglied man werden kann, wenn man folgende Anliegen teilt:

---

[1]   »Orthodox in the most straightforward sense of committment to credal Christianity and the exemplarity of its patristic matric. But orthodox also in the more specific sense of re-affirming a richer and more coherent Christianity which was gradually lost sight of after the late Middle Ages.«, Radical Orthodoy. A new theology [RONT], hg. v. J. Milbank/G. Ward/C. Pickstock: London 1999, 2.

[2]   Ebd., 2.

[3]   Dies wird von G. Ward negativ formuliert: Radical Orthodoxy and/as Cultural Politics, in: Radical Orthodoxy. A Catholic Enquiry, hg. v. L. P. Hemming, Burlington 2000, zit. bei J. K. A. Smith, Introducing Radical Orthodoxy. Mapping a Post-secular Theology, Grand Rapids (MI) 2004 [Smith, Introducing RO], 64: »[...] Filioque may divide, views on the eucharist or even the sacraments more generally, may differ, but these are not grounds for heterodoxy. But if I claim that Jesus was a man adopted by God; if I claim that God is three people; if I claim the resurrection did non occur but that the disciples staged it – then I am no longer speaking the language of the Christian church.«

[4]   »theological sensibility«, G. Ward, In the Economy of the Divine: A Response to James K. A. Smith, in: PNEUMA. Journal of the Society for Pentecostal Studies 8 (1993), 117, zit. bei Smith, Introducing RO (s. Anm. 3), 67.

[5]   »hermeneutical disposition and a style of metaphysical vision; and it is not so much a ›thing‹ or ›place‹ as a ›task‹.«, C. Pickstock, Radical Orthodoxy and the Meditations of Time, 63, zit. bei Smith, Introducing RO (s. Anm. 3), 67.

[6]   http://theologyphilosophycentre.co.uk/staff/, abgerufen am 10. Februar 2012.

»Die Beschäftigung mit der geschichtlichen Wechselwirkung von Theologie und Philosophie,

mit der gegenwärtigen Beziehung zwischen beiden Disziplinen,

mit Versuchen, die Spaltung der Philosophie in einen analytischen und einen kontinental-europäischen Flügel zu überwinden,

mit der Frage nach der Stellung der ›Metaphysik‹ – ob dieser Ausdruck äquivok benutzt werde, ob es mit ihr nun zu Ende sei oder ob die Versuche des 20. Jahrhunderts, eine nach-metaphysische Philosophie zu schaffen, selber an ein Ende gekommen sind.«[7]

Es gibt seit 2005 durchschnittlich jedes Jahr einen Kongreß, der in verschiedenen Ländern Europas stattfindet.[8] Die Tagungsbände werden in der Reihe ›Veritas‹ bei SCM Press, London, veröffentlicht.[9] Seit 1998 gibt es bereits die Buchreihe ›Radical Orthodoxy‹ im Verlag Routledge, London/New York.[10]

Die Themen, welche die Studien der RO-Theologen bearbeiten, werden von James K. A. Smith in seiner Übersicht eingeordnet nach den Stichworten (1) Kritik der Moderne und des Liberalismus, (2) Post-Säkularität, (3) Partizipation und Materialität, (4) Sakramentalität, Liturgie und Ästhetik, (5) Kritik und Transformation der Kultur. In dem auf einen einleitenden Teil (I) folgenden materialen Teil des RO-Lesebuches, das John Milbank und Simon Oliver 2009

---

[7]   »The Centre for Philosophy and Theology is a research-led institution organised at the interstices of theology and philosophy. It is founded on the conviction that these two disciplines cannot be adequately understood or further developed, save with reference to each other. This is true in historical terms, since we cannot comprehend our Western cultural legacy, unless we acknowledge the interaction of the Hebraic and Hellenic traditions. It is also true conceptually, since reasoning is not fully separable from faith and hope, or conceptual reflection from revelatory disclosure. The reverse also holds, in either case. The Centre is concerned with:

The historical interaction between theology and philosophy

The current relation between the two disciplines

Attempts to overcome the Analytic/Continental divide in philosophy

The question of the status of ›metaphysics‹. Is the term used equivocally? Is it now at an end? Or have 20th Century attempts to have a post-metaphysical philosophy themselves come to an end?«

Das Motto, unter welchem das Centre auftritt, zitiert den französischen katholischen Philosophen M. Blondel: »Every doctrine which does not reach the one thing necessary, every separated philosophy, will remain deceived by false appearances. It will be a doctrine, it will not be Philosophy«.

[8]   http://theologyphilosophycentre.co.uk/conferences/, aufgerufen am 10. Februar 2012.

[9]   http://theologyphilosophycentre.co.uk/Veritas/, aufgerufen am 10. Februar 2012.

[10]   http://www.routledge.com/books/series/routledge_radical_orthodoxy_SE0084/, aufgerufen am 10. Februar 2012.

herausgebracht haben, sind es (II) Theologie und Philosophie, Glaube und Vernunft, (III) Theologie und Säkularität, (IV) Christus und die Gabe, (V) Kirche und Eucharistie, (VI) Politik und Theologie.

Ich will unter diesen Themen die Wissenschaftstheorie, die Ontologie, die Gesellschaftstheorie und das Kirchenverständnis der RO herausgreifen (Abschnitte 2.–5. Dieses Aufsatzes) und auf die Geschichtssicht der RO eingehen, die für ihr Selbstverständnis wesentlich ist (6.). Nach diesen überwiegende darstellenden Ausführungen (kritische Stellungnahmen werden in Petitsatz hinzugefügt) soll eine Kritik und Würdigung der RO vorgetragen werden (7.), die beim Thema der Postmoderne exemplifiziert wird (8.) und in eine abschließende Würdigung mündet (9.).

Ich will zunächst jedoch charakterisieren, auf welches geistige Erbe sich die RO beruft und wie sie damit umgeht. Welcher Art ist also der Rückbezug der RO auf die patristische und mittelalterliche Tradition? Die »theologische Sensibilität« und »hermeneutische Disposition« der RO zeigt sich darin, daß die RO-Theologen Überzeugungen und Denkweisen der Kirchenväter (vor allem Augustins) und der Scholastiker (vor allem des Thomas von Aquin) direkt Überzeugungen und Denkweisen der Moderne und Postmoderne gegenüberstellen in der Überzeugung, daß jene diesen etwas zu sagen hätten. James K. A. Smith nennt dies zutreffend ein »kerygmatisches« Auftreten gegenüber der modernen Kultur.[11] Die RO-Theologen enthalten sich (ein großes Stück weit jedenfalls) des Überlegenheitsbewußtseins, wonach man von der Patristik und vom mittelalterlichen Denken (wie natürlich erst recht von der Bibel) als etwas »Historischem« zu reden hätte, das der gegenwärtigen Wirklichkeit nichts zu sagen hätte. In ihrer Bereitschaft zu einer direkten Konfrontation gleichen sie den Kirchenvätern selbst in deren Auftreten gegenüber einem sich für überlegen haltenden heidnischen antiken Selbstbewußtsein. Die RO meint, gerade zu Problemen des gegenwärtigen Denkens, der gegenwärtigen Gesellschaft damit etwas sagen zu können, Probleme, die dieser bewußt sein mögen, Probleme, die sie selbst aber vielleicht auch erst aufdecken. Indem sie dies tun, sind die RO-Theologen aber auch genötigt, die Überzeugungen und Denkweisen des vormodernen Christentums neu zu durchdenken.

Dieses *re-thinking*[12] charakterisiert die Denkweise der RO und verhindert, daß sie einfach nostalgisch wird, d. h. sich zurücksehnt in ein vergangenes Zeitalter, das von dem Problemen (scheinbar) noch nicht berührt war, welche

---

[11] Smith, Introducing RO (s. Anm. 3), 68, vgl. Insgesamt 67–70.

[12] Charakteristisch die Ausdrucksweise von Milbank/Ward/Pickstock: »we *do* also to rethink the tradition«, Introduction, RONT (s. Anm. 1), 2, oder C. Pickstock: »I made a first attempt to rethink [...]«, bei Smith, Introducing RO (s. Anm. 3), 65, Anm. 7.

moderne Menschen beschäftigen.[13] Die RO unternimmt es vielmehr aufzuweisen, daß in den Problemen, mit welchen die ältere christliche Theologie kämpfte, die modernen Probleme bereits verborgen waren, und daß die Antworten, die sie gab, transponiert werden können in die heutige Gesprächssituation. Diese Transposition stellt dann gerade nicht eine Transformation dar, eine – um es mit Emanuel Hirsch zu sagen – »Umformung«, in welcher Gedanken der alten christlichen Tradition ihre Substanz verlieren und dem modernen Denken angepaßt werden. Die RO beansprucht vielmehr, daß durch diese direkte Konfrontation, durch diese Transposition – man könnte auch sagen: dieses Hineintragen – vormoderner christlicher Gedanken, Argumentationen, Denkweisen vitale Gefährdungen des modernen Denkens und Lebens aufgedeckt und überwunden werden können.[14]

Die RO unternimmt damit nichts geringeres als die Überwindung des gegenwärtigen, den Westen dominierenden »postchristlichen« Säkularismus in einer offenen Auseinandersetzung mit diesem und unter Rückgriff auf das vorsäkulare Christentum mit dem Ziel einer erneuerten, wiedererstarkten christlichen Kultur.

2. Wissenschaftstheorie der RO

Mit dem Stichwort »Kultur« ist gesagt, daß die RO sich nicht zufrieden gibt mit einer Erneuerung der Theologie alleine. Theologie allein wäre nur ein Segment der Kultur, es ist aber eine durch den christlichen Glauben gesetzte Aufgabe, das gesamte Mensch-Sein, also die gesamte Kultur mit dem christlichen Sauerteig zu versetzen.[15] Diese Aufgabe kann als eine Aufgabe der Theologie bezeichnet werden, wenn Theologie weit genug definiert wird, nämlich etwa so, wie Thomas von Aquin es tut, wonach die Theologie, die *sacra doctrina*, als Gegenstand Gott

---

[13] Diese Möglichkeit wird klar benannt und verworfen von J. Milbank: »[...] so that all we need to do is to return to Aquinas and before, in such a manner that Radical Orthodoxy, metaphorically like the pre-Raphaelites, would paint theologically always in antique dress, being unable to think something tropically like artistic ›modernism‹?«, The Radical Orthodoxy Reader, hg. v. J. Milbank u. S. Oliver, London/New York 2009 [RO Reader], 373. Vgl. Smith, Introducing RO (s. Anm. 3), 66: »[...] nor a merely nostalgic return to premodern ways of being and knowing«, ähnlich 65.

[14] S. Oliver, Introducing Radical Orthodoxy: from participation to late modernity [Introduction], in: RO Reader (s. Anm. 13), 24: »[...] Radical Orthodoxy [...] argues, that the riches of the orthodoxy Christian tradition of faith and reason, theology and philosophy, can be deployed not only as *a* possible solution to the problems of late modernity, but as *the only* solution.« Vgl. Milbank/Ward/Pickstock, Introduction, RONT (wie Anm. 1), 1 f.

[15] S. Oliver, Introduction, in: RO Reader (s. Anm. 13), 20.

und alles Seiende hat, insofern es auf Gott bezogen ist.[16] Dementsprechend vertritt die RO eine wissenschaftstheoretische Konzeption, wonach alle anderen Wissenschaften versuchen, alles über etwas Bestimmtes zu sagen, die Theologie hingegen etwas Bestimmtes über alles.[17]

Diese Überlegungen führen zu der Frage, wie sich nun Theologie zu Philosophie verhält – da man auch diese Wissenschaft so bestimmen kann, daß sie alles und auch Gott zu ihrem Gegenstand habe. Hier ist eine kritische Bemerkung über Karl Barth aufschlußreich, die Milbank, Ward und Pickstock in der Einführung zu RONT gemacht haben:»der Barthianismus neigte dazu, eine positive Autonomie der Theologie anzunehmen, welche philosophische Anliegen zu einer gleichgültigen Angelegenheit macht.«[18]

Wenn man eine bestimmte Überlegung Barths weiterdenkt, kann man allerdings diesen Einwand entkräften und von Barthscher Seite aus aufnehmen. In KD I/2 erklärt Barth:»Irgendeine *Philosophie* d. h. irgendeine selbstgeformte Konzeption hinsichtlich dessen, wie Alles im Grunde sei und sich verhalten möge [...] hat jeder, auch der einfachste Bibelleser.«[19] Barth weist einen solchen Weg zu dem unvermeidlichen Gebrauch der Philosophie für die Theologie, daß die Theologie niemals abhängig werden kann von einer philosophischen Konzeption.[20] Dem ist soweit zuzustimmen. Wenn aber durch die Schrift und durch die Gnade eine bestimmte philosophische Konzeption bestätigt wird, dann ist sie *wahr*; dann erhellt sie *die Wirklichkeit*. Man kann dann nicht mehr trennen zwischen einer Wirklichkeit der Schrift und einer Wirklichkeit unter Absehung von der Schrift. Sondern wie das durch die Schrift bestätigte und bevollmächtigte philosophische Denken die von der Schrift beschriebene Wirklichkeit erhellt, so erhellt es auch die gesamte Wirklichkeit.

Diese Überlegung kommt dann an dieser Stelle zu demselben Ergebnis wie die RO: Philosophie ist dann, unter der Voraussetzung des Glaubens, keineswegs eine gleichgültige Angelegenheit mehr.

---

[16]   S. Th. I, q.1, a.3 ad 1; S. Oliver, Introduction, RO Reader (s. Anm. 13), 19.

[17]   S. Oliver, ebd., 19:»So in a moment of apparently outrageous temerity, we might even say that theology ›tries to say something about everything‹, for everything is related to the divine. [...] We might say that these [other] discourses try, however improbably, ›to say everything about something.‹«

[18]   »Barthianismus tended to assume a positive autonomy for theology, which rendered philosophical concerns a matter of indifference.« Milbank/Ward/Pickstock, Introduction, RONT (s. Anm. 1), 2.

[19]   KD I/2, 816.

[20]   KD I/2, 818–825. *Domina* soll allein die Heilige Schrift sein, Theologie und Philosophie sind *ancillae*. Ließe sich die Theologie nicht von der Schrift zur Magd nehmen, ward sie selbst lediglich eine Philosophie: 823 f. Weiterdenkend muß man dann aber sagen: die Theologie wird dann selber zur Herrin der Philosophie, wenn sie sich zur Magd der Schrift machen läßt.

Die Philosophie wird von der RO somit vom Standpunkt des christlichen Glaubens aus betrachtet. Der am höchsten geschätzte moderne Theologe ist dabei Henri de Lubac (1896–1991) mit seinem Werk ›Surnaturel‹ (1946) und der sich daraus entwickelnden französischen *nouvelle théologie*.[21] Eine wesentliche Überzeugung dieser Theologie ist, daß es keine *natura pura* gibt, d. h. kein solches natürliches Sein, das man auffassen könnte, ohne zu erkennen, daß die Natur zur Gnade hingeordnet ist und die Natur ein natürliches Verlangen nach der Gnade hat.

Es ist klar, daß eine solche Aussage über die Natur aber nur vom Standpunkt der Gnade aus gemacht werden kann. Darauf wird unten (VII.2.) noch eingegangen.

In entsprechender Weise unternimmt es die RO, auch die Auffassung der menschlichen Gesellschaft so zu durchdenken, daß es keinen Bereich in der Gesellschaft gibt, der sich der Hinordnung auf Gott entziehen könnte, eine Lücke, die also »säkular« wäre. Der erste Satz in dem initialen Werk von John Milbank, ›Theology and Social Theory‹, lautet bezeichnenderweise: »Once there was no secular.«[22] Während in der modernen/postmodernen Gesellschaft die Säkularität dominiert und dem Christentum – wie überhaupt jeder positiven Religion – nur ein Nischendasein vergönnt, damit aber die Identität des Christentums selbst infrage stellt, plädiert die RO für eine Auffassung von Gesellschaft, die ganz vom christlichen Glauben aus entworfen ist.

Man muß fragen, ob und in welcher Weise dies nicht nur für die Auffassung, sondern auch für die *Realität* einer Gesellschaft gelten soll. Darauf will ich unter Punkt V. zurückkommen.

Man könnte nun noch den Kreis der anderen Wissenschaften abschreiten, auch der Naturwissenschaften, um zu zeigen, wie die RO es unternimmt, jeder Disziplin ein christliches Rahmenwerk – genauer noch: eine christliche Struktur – zu geben, keineswegs die materialen Einzelerkenntnisse dieser Disziplin zu bestreiten, dabei aber doch aufzuweisen, wie diese Einzelerkenntnisse

---

[21]   Milbank/Ward/Pickstock, Introduction, RONT, 2 (s. Anm. 1); Milbank, The grandeur of reason and the perversity of rationalism: Radical Orthodoxy's first decade. Afterword to: RO Reader, 369. Die dort folgenden Ausführungen sind wesentlich kritischer gegenüber Barth als in der Einführung zu RONT, übersehen aber, daß Barth nun eben nicht gelesen werden will als jemand, der der Bibel einfach einen bestimmten Denkschematismus überstülpen will (wie etwa »Gott offenbart sich selbst.«) Sie sind auch teilweise recht kritisch gegenüber Hans Urs von Balthasar, welcher selber Schüler de Lubacs war.

[22]   In dem RO Reader (s. Anm. 13), in welchem das erste Kapitel dieses Werkes in der zweiten Auflage von 2006 abgedruckt ist, 178.

im säkularen Denken verbunden werden mit bestimmten Voraussetzungen oder Strukturen, welche in Konkurrenz zum christlichen Glauben stehen.[23]

3. Ontologie: Das Verhältnis zwischen dem Schöpfer und der Schöpfung

Diesen Zusammenhang zwischen christlicher Theologie und Bereichen der Wissenschaft und der Gesellschaft außerhalb der Theologie versucht die RO zu bestimmen, indem sie über das Verhältnis zwischen Gott als dem Schöpfer und dem nicht-göttlichen Sein als Schöpfung reflektiert.

Die RO folgt hier Thomas von Aquin, den sie als Variante neuplatonischen Denkens auffaßt.[24] Wir können von Gott sprechen aufgrund einer *analogia attributionis*. Diese Übertragung von Bezeichnungen von Eigenschaften, die in Gott in vollkommener Fülle gegeben sind, auf die Kreaturen, hat einen ontologischen Grund: alles nicht-göttliche Sein *partizipiert* am Sein Gottes und zwar partizipiert es als Sein an dem göttlichen Sein. Das kreatürliche Sein ist Sein, weil und indem es Anteil hat am göttlichen Sein. Indem das kreatürliche Sein Anteil hat am göttlichen Sein, ist es überhaupt Sein, wenngleich nur in einem analogen Sinne zum göttlichen Sein. Es ist also kein Schein. Andererseits wird »Sein« somit von Gott und von der Kreatur nicht im univoken, sondern im analogen Sinne ausgesagt. Es gibt also keinen Begriff von Sein, unter den sowohl das Sein Gottes als auch das der Kreatur fallen würde.

Entsprechendes gilt nun von göttlichem und menschlichem Erkennen. Die RO betrachtet das Wissen, das der Mensch aufgrund seiner natürlichen Vernunft gewinnt, als ein Wissen, das er genauso wie das Wissen, welches er durch das Licht der Gnade gewinnt, nur durch eine Erleuchtung, eine Illumination seiner Vernunft empfängt. Die RO beruft sich damit auf Augustins Illuminationslehre. Es handelt sich also auch bei dem natürlichen Erkennen um eine Offenbarung, um eine Offenbarung im weiteren Sinne, um eine Offenbarung durch die Schöpfung. Das Wissen – oder besser: die Art der Wirklichkeitsauffassung, welche durch die Gnade gewonnen wird –, unterscheidet sich von dem natürlichen nur dadurch, daß es auf einer höheren Stufe steht.[25]

---

[23] So S. Oliver über Newtons Physik in: Radical Orthodoxy. A conversation, hg. v. R. Shortt, RO Reader (s. Anm. 13), 37 f., vgl. sein Werk ›Philosophy, Body and Motion‹, London/New York 2005; generell: Introduction, RO Reader (s. Anm. 13), 19 f.

[24] S. Oliver, ebd., 13–19. Die wichtigste Monographie der RO über Thomas ist J. Milbank/ C. Pickstock, Truth in Aquinas, London 2001. Der Gedanke der Partizipation als Grundprinzip der RO wird bereits vorgetragen von Milbank/Ward/Pickstock, RONT (s. Anm. 1), 3.

[25] Milbank/Ward/Pickstock, ebd., 2; S. Oliver, RO Reader (s. Anm. 13), 19; R. Shortt/ S. Oliver, ebd., 29; 43. Diese Zuordnung von natürlichem und gnadenhaftem Erkennen wird

4. Die Gesellschaftstheorie

Wir wollen nun noch einen Blick auf das gesellschaftstheoretische Modell der RO werfen.[26] Dieses geht davon aus, daß *Unterschiedenheit* in einer Gesellschaft als etwas Gutes anzusehen ist. Diese Betrachtungsweise wird eine Ontologie des Friedens genannt. Zu den Kernsätzen dieser Ontologie gehört die *creatio ex nihilo* und die Auffassung des *malum* als *privatio boni*. Gott muß die Schöpfung keinem Chaos abtrotzen, das stets drohen würde, sie wieder zu verschlingen. Das Gleiche gilt für die gesellschaftliche Ordnung. Das Böse ist keine in sich ruhende Gegenmacht, keine Art negativen Seins, sondern kann nur als Mangel am Guten, als Mangel in der Ausrichtung nach der von Gott gesetzten Ordnung des Seins aufgefaßt werden.

So sind nun die Menschen innerhalb der Gesellschaft verschieden, aber das Anders-Sein des einen Menschen gegenüber dem des anderen ist nichts Schlechtes. Dieses gute Verschiedensein sieht die RO in einer *hierarchischen Ordnung* der Gesellschaft verwirklicht. Sie beruft sich dabei auf die Lehre des Apostels Paulus vom Leib Christ – die jedoch kein Oben und Unten zwischen den verschiedenen Gliedern des Leibens benennt –, auf Dionysius Areopagita – der allerdings eine von Oben nach Unten gegliederte Hierarchie vertritt –, und Nikolaus von Kues, der von der RO so interpretiert wird, daß er die vertikal gegliederte Hierarchie verbindet mit einer Unmittelbarkeit eines jeden Glieds der Hierarchie zur Spitze, d. h. zu Gott hin.[27]

5. Ideen und Verwirklichungen: Gesellschaft und Kirche

Die RO sucht nicht nur zu denken – die Wahrheit zu suchen, zu prüfen, zu kritisieren –, sondern sie sucht auch zu handeln und etwas zu verändern. Es geht

---

dann auch in der Interpretation der Erkenntnislehre des Thomas durchgeführt unter Kritik der neuthomistischen Interpretation, s. Milbank/Pickstock, Truth in Aquinas (s. Anm. 24), daraus Kap. 2 im RO Reader, 69–115.

[26] S. Oliver, ebd., 7–12. Das wichtigste Buch ist hier das Initial-Werk der RO, J. Milbank, Theology and social theory, Oxford/Cambridge/MASS. 1990.

[27] Diese Interpretation des Cusanus müßte seine Parteinahme im Streit des Papsttums gegen den Konziliarismus in betracht nehmen; das Miteinander von Hierarchie und Gottunmittelbarkeit ist in der Reformationszeit zum Konfliktstoff geworden; auf die paulinische Lehre vom Leib Christi hat sich Martin Luther berufen, um gerade das Eingreifen des christlichen Adels deutscher Nation für die Besserung der Kirche angesichts der Reformverweigerung durch den sogenannten geistlichen Stand zu begründen: An den christlichen Adel deutscher Nation von des christlichen Standes Besserung, WA 6, 607.

ihr nicht nur um Ideen, sondern auch um deren Verwirklichungen. Sie arbeitet an Modellen, die sich dazu eignen sollen, daß die Verantwortlichen in der Gesellschaft – in den politischen Ämtern, in der Wirtschaft – und in der Kirche – sie als Leitlinien ihres Handelns betrachten.

5.1 Gesellschaft

Betrachtet man die eingangs referierten Gedanken der RO über die hierarchische Ordnung der Gesellschaft als Beispiel dafür, Verschiedenheit zu vereinbaren mit Gerechtigkeit – jedes ist an seinem Platz –, dann scheint der Weg zur Verwirklichung eines solchen gesellschaftlichen Modells unter den heutigen Umständen ausgesprochen weit, wenn nicht auf Dauer versperrt zu sein. John Milbank trägt in dem ›Afterword‹ des Radical Orthodoxy Readers jedoch noch andere Ideen vor.[28] Einzelne dieser Gedanken will ich aufgreifen. Milbank geht hinter das derzeit gängige politische Schema der Einteilung nach »rechts« oder »links« zurück, das er auf die französische Revolution zurückführt. Seine konkreteren politischen Vorschläge betreffen Maßnahmen, welche Elemente, die nach diesem Schema als »links« eingestuft werden und solche, die als »rechts« gelten würden, miteinander kombinieren.[29] Ein Leitgedanke seines ontologischen Denkens, welcher dabei eine Rolle spielt, ist seine Ablehnung des Nominalismus. Nominalistisch ist es eben, nicht mehr die Gesellschaft, sondern nur noch Einzelne zu sehen. Der Kollektivismus ist dabei nichts als eine dialektische Umkehrung des Individualismus oder auch ein weit gefaßter Individualismus.[30]

Milbanks Überlegungen müßten dann wie folgt zusammengefaßt und weitergedacht werden: Die Gesellschaft ist ein großer Leib mit vielen unterschiedlichen Gliedern. Die Gesellschaftslehre, die dieser Wahrheit Geltung trägt und zu einem politischen Handeln anleitet, ist die katholische Soziallehre mit dem Prinzip der Subsidiarität. Milbank erklärt – wieder einmal –, der Protestantismus sei unfähig, die gegenwärtige gesellschaftliche Krise von den Wurzeln her zu überwinden.[31] Es ist zu überdenken, ob der Weg, den er aufweist, nicht auch von den Grundsätzen reformatorischer Theologie aus beschritten werden kann.

Sicherlich ist Milbanks Kritik des säkularen Liberalismus zutreffend. Sie stimmt mit der von Rudolf Böckenförde formulierten Einsicht überein, daß der liberale Rechtsstaat die Wertgrundlagen nicht selber setzen kann, auf welchen er beruht.[32] Milbank spricht auch von der Bedeutung, welche die Kirche hat, um

---

[28]   »The politics of paradox«, RO Reader (s. Anm. 13), 396–402.

[29]   Ebd., 397 f.; 401.

[30]   Ebd., 397; 402.

[31]   Ebd., 401 f.

[32]   Ebd., 400.

Gesellschaft und Staat auf den rechten Weg zu weisen. Die Wortführer der Kirche dürfen dabei, ähnlich wie seinerzeit der Apostel Paulus, nicht über eigene politische Macht oder einen einflußreichen sozialen Status verfügen.

Hier besteht ein Verbindungsglied zu den Überlegungen, die über die Gestaltung der Kirche noch vorzutragen sind. Es deutet sich auch ein Thema an, das sonst von der RO nicht berührt wird: das der Toleranz bzw. Religionsfreiheit.[33] Ein Motiv der Säkularisierung ist gerade das Anliegen, Menschen zu befreien aus dem Zwang einer Gesellschaft, in welcher alles von einer Religion (oder Konfession) geprägt ist. Eine christliche Antwort auf die Säkularisation muß bedenken, wie man diesen Zwang vermeiden kann, ohne daß man das Christentum säkularisiert. Die Kirche muß sozusagen Knechtsgestalt annehmen, um sich der Zwangausübung zu enthalten, sie muß aber zugleich sich die Freiheit zu einem kompromißlosen prophetischen Wort in der Gesellschaft nehmen.

Milbank macht klar, daß ohne Führungseliten, die sich selbst einem hohen moralischen Anspruch stellen, die Gesellschaft nicht zu erneuern ist. Insofern enthält sein Gesellschaftsentwurf auch ein aristokratisches Element.[34]

5.2 Kirche

Die Vorstellungen der RO vom Handeln der Kirche sind von einem noch größeren Gewicht.[35] Nämlich deswegen, weil sie eine *theologische* Bewegung ist. Theologische Wahrheit ist indes letztlich nicht eine selbstgefundene oder selbst erarbeitete Wahrheit, sondern eine *anvertraute* Wahrheit. Sie ist aber von Jesus Christus, der selbst die Wahrheit ist, nicht dem einzelnen Theologen, sondern der Kirche anvertraut, einer Gemeinschaft von Menschen, in welcher die fachlich geschulten Theologen nur ein kleiner Teil sind. Diese Theologen haben einen Dienst zu versehen für diejenigen, die in eine Leitungsverantwortung für die gesamte Kirche gerufen sind. Sie müssen selber in dem Ganzen der Kirche verwurzelt sein. Das, was sie lehren, muß eine Relevanz haben für eine Frömmigkeit, die von allen Gliedern der Kirche praktiziert werden könnte, und sie müssen selber mit anderen Gliedern der Kirche eine solche Frömmigkeit üben können.

---

[33]   Dazu S. Grosse, Konkurrierende Konzepte von Toleranz in der frühen Neuzeit, in: Ders., Das Christentum an der Schwelle der Neuzeit. Drei Studien zur Bestimmung des gegenwärtiges Ortes des Christentums, Kamen 2010 (Texte und Studien zum Protestantismus des 16. Bis 18. Jahrhunderts 6).

[34]   J. Milbank, Afterword, RO Reader (s. Anm. 13), 398 f.

[35]   Nur sehr kurz gefaßt in dem ›Afterword‹: »Radical Orthodoxy and the Church today« , ebd., 395 f.

Das alles sind Bedingungen dafür, daß eine Bewegung wie RO wirklich eine nachhaltige Wirkung auf Kirche und Frömmigkeit, darüber vermittelt auf die Gesamtgesellschaft, aber auch auf die Theologie selbst ausübt.

Es ist klar, daß eine der Aufgaben, welche RO sich dann zu widmen hat, die Überwindung der Spaltung der Kirche ist. John Milbank erklärt hier seinen extremen Skeptizismus gegenüber der Ökumene der offiziellen Dialoge und der interkonfessionellen Dokumente, weil sie unehrlich seien.[36] Dagegen ist einzuwenden, daß diese Dokumente oft auch das Ergebnis harter gedanklicher Arbeit sind, in welcher die eine Seite der anderen nichts zu schenken gewillt ist. – Milbank empfiehlt stattdessen die Arbeit interkonfessionellen kulturellen Gemeinschaften, wie es »Radical Orthodoxy« selber ist. Dieser Gedanke ist weiterführend, sollte aber als Ergänzung und Implementierung gelungener Arbeit ökumenischer theologischer Kommissionen aufgefaßt werden, die im Auftrag der verschiedenen Kirchenleitungen zusammentreten. In der »Miteinander in Europa«-Bewegung, welche Kommunitäten und Laienbewegungen der verschiedenen Konfessionen zusammenführt, existiert ein wichtiges Beispiel für das, was Milbank vorschlägt.

John Milbank und andere Theologen der RO gehören der anglikanischen Kirche an, und zwar ihrem hochkirchlichen Flügel. Aus seiner hier dargelegten Geschichtssicht ergibt sich eine starke Neigung zur römisch-katholischen Kirche. Dies macht sich auch kund, wenn er erklärt, daß die künftige Einheit der Kirche unter der Ägide von Rom zustandekommen müsse. Diese Wegweisung scheint mir nun allerdings etwas zu vorschnell zu sein. In den Prozeß einer ökumenischen Einigung muß eine Würdigung der Motive eingehen, welche zu der Bildung der Reformationskirchen geführt haben, und der Gewinne, nicht nur der Verluste, die sich daraus ergaben. Es wurde bereits darauf hingewiesen, daß die RO hier noch etwas aufzuarbeiten hat. Umgekehrt muß auch die gesamte geschichtliche Problematik des Papsttums aufgearbeitet werden.[37] John Milbank hält die episkopal verfaßten Kirchen für die Träger der ökumenischen Einigung. Sie sind dafür gewiß von Bedeutung, doch muß auch erwogen werden, welche Bedeutung Kommunitäten und andere Gemeinschaften, welche Bedeutung die jeweilige Gottesdienstgemeinde und welche Bedeutung das glaubende Ich in seiner Beziehung zu Gott für das Ganze der Kirche haben. Die Ekklesiologie gehört zu den wichtigsten Gebieten, auf welchen die RO noch zu arbeiten hat.

---

[36] Ebd., 396.

[37] Bestürzend ist hier J. Milbanks Äußerung, der Islam, das Judentum und der Protestantismus hätten durch ihr Fehlen eines Lehramtes nicht nur Anarchie, sondern auch staatlichen Terror möglich gemacht: ebd., 395. Daß ein Lehramt wie das von Rom mit Hilfe eines willfährigen Staates jahrhundertelang Terror ausüben konnte, wird nicht mehr wahrgenommen. Andererseits ist Milbank auch imstande, mehr Demokratie für die Kirche zu fordern: ebd., 400.

6. Genealogien des Abirrens

Die RO pflegt das, was sie positiv vertritt, mit einer Genealogie des Abirrens von der Wahrheit zu verbinden.[38] Diese ist gleichsam der dunkle Hintergrund, vor dem die Wahrheit ausgesagt werden muß. Dieses Unterfangen ergibt sich aus der historischen Situation der RO. Man will die vormoderne christliche Tradition neu durchdenken und gegenüber dem postmodernen Denken wieder zur Geltung bringen. Wodurch hat sich aber das Denken aus der Integration mit dem christlichen Glauben gelöst? Wann und wodurch entsteht ein modernes im Sinne eines fortschreitend säkularen, also entchristlichenden Denkens? Was ist überhaupt modernes, säkulares Denken?

Es ist konsequent, wenn die RO erklärt, daß die falsche Weichenstellung selber eine theologische sein muß. Denn es gibt nichts Säkulares, das unabhängig von Glaube und Theologie wäre. Es muß sich also um eine falsche Theologie handeln, aus welcher der Säkularismus entsteht.[39] Die RO meint, daß diese falsche Weichenstellung mit Johannes Duns Scotus († 1308) eintritt. Denn Scotus vertritt anders als Thomas von Aquin die *Univozität des Seins*. Das Prädikat »ist« hat in dem Satz »Gott ist.« Und in dem Satz »Eine Kreatur ist.« die gleiche Bedeutung. Der Unterschied zwischen dem Sein Gottes und dem Sein einer Kreatur ist dann dieser, daß das Sein Gottes unendlich ist, das der Kreatur aber endlich. Genau dadurch sind aber Gott und die Kreatur unendlich weit voneinander entfernt – soweit wie eben das Unendliche vom Endlichen. Bei Thomas sind zwar auf der einen Seite das Sein Gottes und das Sein der Kreatur etwas Verschiedenes – sie sind zueinander nur analog –, andererseits gibt es die innigste Verbindung zwischen göttlichem und kreatürlichem Sein, weil dieses nur ist aufgrund der Anteilhabe, der μεθεξις am göttlichen Sein. Gottes Transzendenz ist also mit einer Immanenz verknüpft. Bei Scotus komme, so die Interpretation der RO, auf diese Weise eine Isolierung der menschlichen Existenz von der Existenz Gottes und umgekehrt zustande. Genau dies sei eine Voraussetzung dafür, menschliche Existenz dann schrittweise ohne Gott zu denken, so, als ob es Gott nicht gäbe – *etsi Deus non daretur.*

Auch auf dem Gebiet der Erkenntnistheorie schafft Duns Scotus eine zu große Differenz.[40] Es ist hier zunächst die Differenz zwischen dem erkannten Gegenstand und der *Repräsentation* dieses Gegenstands, welche dieser im Geist des

---

[38] S. Oliver, Introduction, ebd. 12; 21–24; J. Milbank, Afterword, ebd., 379–387. Er nennt dies, 383, eine »intellectual deviation« (ID) narrative. Das Motiv dieser Spurensuche wird bereits angeschlagen von Milbank/Ward/Pickstock, Introduction, RONT (s. Anm. 1), 2 f.

[39] S. Oliver, Introduction, RO Reader (s. Anm. 13), 6 f.

[40] Ebd., 23 f. Im RO Reader findet sich die Auseinandersetzung mit Duns Scotus repräsentiert durch den Aufsatz von C. Pickstock, Duns Scotus: his historical and contemporary significance, ebd., 116–146, erstveröffentlicht: Modern Theology, 21/4, 2005, 543–574.

Erkennenden hat. Das platonische Gegenmodell besteht darin, daß Erkenntnis ein Prozeß ist, durch welchen der erkennende Geist aus der Realität des Erkannten die Form abstrahiert, welche dieser Realität innewohnt, nun aber zugleich auch im Geist des Erkennenden aufgenommen worden ist. Folgt man jedoch Scotus, dann kann die Repräsentation des Erkannten zum Gegenstand von Skepsis werden, dann kann sich die Reflexion über menschliche Erkenntnis verlagern auf die Bedingungen der Möglichkeit von Erkenntnis im Erkenntnissubjekt, dann wird die Beziehung zu Gott wieder abgeblendet, welche im platonischen Modell gerade darin besteht, daß die Form des Erkannten nicht nur (1) in dessen Realität und (2) im Erkenntnissubjekt, sondern auch (3) ursprünglich im schöpferischen Verstand Gottes existiert. Die Weichenstellung zu Kant hin erfolgt somit bei Duns Scotus.

Im Bereich der Gesellschaftstheorie geht die RO – in der Darstellung Simon Olivers[41] – nicht so weit zurück, sondern nur bis zum Nominalismus. Es ist nominalistisch zu sagen – wie dies in unseren Tagen Margaret Thatcher getan hat –, daß es keine Gesellschaft gibt, sondern nur Einzelne. Eine solche Ontologie der Gesellschaft liegt der gesellschaftstheoretischen Konzeption von Thomas Hobbes zugrunde, wonach am Anfang der menschlichen Gesellschaftsbildung der Kampf aller gegen alle stand. Genau dies ist eine Ontologie der Gewalt im Gegensatz zu der Ontologie des Friedens. Die modernen Gesellschaftstheorien können nach Oliver dabei durchaus einen gesellschaftlichen Frieden anstreben, wie dies schon Thomas Hobbes getan hat. Weil sie aber keinen Begriff von Gemeinschaft als einer Realität haben, einer Realität, die lebendige Glieder in sich vereint, bleiben sie an ihrem Ausgangspunkt haften, wonach am Anfang die Gewalt steht, mythologisch ausgedrückt: das Chaos. Sie wenden selber Gewalt an, weil sie versuchen, die natürliche Verschiedenheit der Menschen einzuebnen. Ein Merkmal dieser modernen Gesellschaftstheorien ist eben dieses Einebnen (»flattening«).

7. Würdigung und Kritik der RO: wo bleibt das reformatorische Christentum?

7.1 Das Übergehen und die Kritik der Reformation durch die RO

Es ist folgerichtig, daß die RO sich gegen Formen des Christentums wendet, welche die Position des Christentums in der säkularen Gesellschaft akzeptiert haben – eine Nischenposition auf Abruf –, auch wenn sie sich selber als im Gegensatz zu dieser säkularen Gesellschaft definieren. Die RO-Vertreter nennen darunter den protestantischen Biblizismus, aber auch den römischen Ul-

---

[41] Ebd., 9 f.

tramontanismus.[42] Die Kritik der RO richtet sich dabei auch gegen die Reformation. Zugleich ist bemerkenswert, daß die RO, die in so weitem Umfang die geistesgeschichtlichen Traditionen des Christentums oder dessen, was mit dem Christentum in Berührung gekommen ist, aufarbeitet, die Reformation dabei aber links liegen läßt.

Als Ursache dafür kann als erstes genannt werden, daß die Reformation des 16. Jahrhunderts *nach* der entscheidenden geistesgeschichtlichen Wende liegt, welche die Geschichtsdeutung der RO mit Duns Scotus ausmacht. Das, was die Reformatoren sagten, hatte – so zu denken liegt aus der Sicht der RO nahe – nichts beizutragen zu einer Gegenwende gegen diese Entwicklung. Sie hätten gerade den Gegensatz von Vernunft und Offenbarung, von Athen und Jerusalem betont. In dem berechtigten Unternehmen, die Unterschiedenheit Gottes vom Menschen wieder herauszustellen, hätten sie die Teilnahme des Menschen am Leben Gottes übersehen.[43] Milbank meint, daß die Reformatoren beeinträchtigt gewesen seien von der proto-modernen Philosophie, deren Fehler sie zwar zum Teil sahen, die sie aber doch nicht von Grund auf überwanden.[44]

An dieser Stelle ist vom reformatorische Standpunkt aus eine Antwort und eine Kritik an der RO gefordert, von der ich indes hoffe, daß sie in konstruktiver Weise die positiven Anliegen der RO aufzunehmen vermag.

7.2 Verschiedenheit und Zusammenhang der Hauptthemen von Reformation und RO

Zunächst ist zu sagen, daß diese Kritik die Reformatoren, gerade auch Luther, keineswegs trifft. Es ist ein Irrtum, zu meinen, die reformatorische Theologie sei abhängig von einer bestimmten Philosophie, sei es einer »proto-modernen«, sei es irgendeiner anderen. Der Maßstab, dem sich reformatorische Theologie unterstellte, ist allein die Schrift. Luther ist zwar in der nominalistischen Schule ausgebildet worden, aber das von ihr, womit er sich beschäftigt hat, war nicht die

---

[42]   R. Shortt, RO Reader (s. Anm. 13), 29. Hier in der Hinsicht, daß beide, weil sie die Beziehung zwischen Glauben und Vernunft unterbrechen, autoritär sind. Im einen Fall ist es die gewaltsame Autorität der Bibel, im anderen die des römischen Lehramtes.

[43]   R. Shortt, ebd., 29; J. Milbank, ebd., 39, ist etwas milder. Er gesteht den Reformatoren zu, sie hätten versucht, eine partizipatorische Sicht der Christologie wiederherzustellen. Er meint allerdings, Luther sei im Grund ein Nominalist geblieben, Calvin hingegen sei offen auf die Deutung zu einer besseren Ontologie hin. Afterword, ebd., 372, meint Milbank sogar, Erik Petersons Übertritt zur römischen Kirche sei das Totengeläute des Protestantismus gewesen.

[44]   J. Milbank, ebd, 373. Milbank meint, daß diese Beeinflussung durch eine falsche Philosophie auch ihre Christologie verdorben habe, bei Luther in Richtung Monophysitismus, bei Calvin in Richtung Nestorianismus. Diese Behauptung läßt sich nicht erhärten.

nominalistische Position in der Universalienfrage, sondern die latent pelagia-nische Gnadenlehre des Gabriel Biel. Die nominalistische Universalienlehre, die skotistische Lehre von der Univozität des Seins oder von Erkenntnis als Reprä-sentation sind, weder explizit noch implizit, von irgendeiner Bedeutung für die Theologie Luthers noch die anderer Reformatoren. Luthers ›Disputatio contra scholasticam theologiam‹ (1517) richtet sich gegen Biel und gegen Scotus, und zwar in der Gnadenlehre.

Damit tritt auch zutage, daß die Reformatoren (ich meine mit den »Refor-matoren« in erster Linie Luther, aber alles hier zu Sagende gilt auch für Calvin) andere Hauptthemen haben als die RO.[45] Sie setzten die Dogmen der Alten Kirche voraus, das nicaenische Bekenntnis zur Dreieinigkeit Gottes und die chalcedo-nensische Lehre von der Einheit der göttlichen und der menschlichen Natur in Jesus Christus, sie vertreten die auf verschiedene Weise in der Bibel, von den Kirchenvätern und von mittelalterlichen Theologen wie Anselm von Canterbury bezeugte und durchdachte Versöhnung der gefallenen Menschheit mit Gott durch den sündentilgenden Tod Jesu Christi und konzentrieren sich auf die Aneig-nung dieser Versöhnung durch die Rechtfertigung des Sünders. In enger Ver-bindung damit werden die Buße und das Tun von guten Werken thematisiert, das Wort, d. h. das Absolutionswort, aber auch die Predigt, und die Sakramente als Heilsmittel und der Glaube als Bedingung des Empfangs der rechtfertigenden Gnade. Daraus ergibt sich eine Beschreibung der Kirche als einer Gemeinschaft von Glaubenden, mit einem zentralen Amt, das beauftragt ist mit dem Gebrauch dieser Heilsmittel. In dieser Konzentration auf das Wesentliche versuchen die Reformatoren Kirche zu denken, ohne daß diese vom Papsttum abhängig ist, von dem sie sich polemisch abgrenzen. Die Position, welche die Reformatoren in der Gnadenlehre einnehmen, besagt in der Tat zuerst eine deutliche Scheidung des Menschen von Gott. Allerdings nicht, weil er Mensch ist, sondern weil er Sünder ist. Das Ziel der Rechtfertigung, die Perspektive, in welche die Reformatoren blicken, ist dann aber allerdings die Teilhabe des gerechtfertigen Menschen am Leben Gottes.

Die reformatorische Theologie versteht sich als Auslegung der Bibel, parti-zipiert aber auch an der christlichen Tradition: den Kirchenvätern und, stärker selektiv, an den beiden Formen der mittelalterlichen Theologie, der Scholas-

---

[45]   Damit soll nicht gesagt sein, daß es nicht auch spezifische Themen der Reformatoren gibt, über welche die Theologen der RO auch geschrieben haben. So immerhin eine Ver-söhnungslehre, ›Being reconciled. Ontology and Pardon‹, von J. Milbank, London 2003. Daraus sind das fünfte und das sechste Kapitel in den RO Reader aufgenommen worden: »Christ the exception«, 202–227. Milbank entwickelt die Lehre von der Versöhnung, indem er den Begriff der Gabe (»gift«) verfolgt. Dieser ist offensichtlich ein Aspekt der *methexis*: Ge-schöpfliches Sein selbst ist Gabe. Milbank betrachtet also die Versöhnungslehre als Fall der Ontologie. Die Reformatoren hingegen sind von der Versöhnungslehre ausgegangen.

tik und der monastischen Theologie, wobei sie mehr dieser als jener verbunden ist.[46] Protestantismus im Sinne der reformatorischen Theologie und der »Protestantismus« des Neuprotestantismus, wie er durch die Aufklärungstheologie des 18. Jahrhunderts, durch Schleiermacher, Ritschl, Harnack, Troeltsch, Emanuel Hirsch bestimmt ist, sind allerdings zweierlei.[47]

So wie die RO und die Reformation des 16. Jahrhunderts verschiedene Hauptthemen haben, so sind auch die Traditionen, welche sie aufnehmen, entsprechend andere. Es ist gerade der antipelagianische Augustin, der Lehrer der Gnade, der Augustin von ›De spiritu et littera‹, den die Reformatoren rezipieren. Die RO beruft sich zwar viel auf Augustin, übergeht aber diese Seite seiner Lehre.

Was hat nun diese Verschiedenheit der Hauptthemen zu besagen? Sie besagt keineswegs, daß das eine für das andere ohne Bedeutung sei und umgekehrt. Es besteht vielmehr ein Zusammenhang zwischen ihnen, der es ermöglicht, vom reformatorischen Standpunkt aus die Anliegen der RO aufzunehmen. Denn es wird an der Rechtfertigung des Sünders durch den Glauben allein (welche den Sühnetod Christi, die Gottmenschheit Christi und die Dreieinigkeit Gottes voraussetzt) konkretisiert, was christliche Theologie überhaupt erst zu christlicher Theologie macht. Das ist aber verknüpft mit einem berechtigten Anliegen der RO, Theologie so zu treiben, daß sie *christliche* Theologie und nicht irgend eine Theologie ist. Damit wird aber auch deutlich, daß der Glaube den Vorrang vor der Vernunft hat und haben muß. Der Versuch der RO, weder einen »Fideismus« noch eine »natura pura« zu lehren, sollte nicht darüber hinwegtäuschen, daß es zwischen dem Glauben und dem Versuch des Menschen, ohne Gnade sich selbst zu besinnen, kein Drittes gibt. Der Gegensatz lautet allerdings nicht »Glaube und Vernunft«, denn Vernunft kann auch etwas sein, das sich vom Glauben leiten läßt, und sie soll genau das sein. Gegenüber einer »Vernunft«, einer Philosophie allerdings, die Instrument einer solchen gnadenlosen Selbstbesinnung des Menschen ist, kann der Glaube nichts anderes sein als eine Torheit.

Daraus ergibt sich aber das berechtigte Anliegen Karl Barths, die reformatorische Rechtfertigungslehre auf die Bedingungen der menschlichen Erkenntnis Gottes anzuwenden.[48] Ich habe bereits oben den Hinweis gegeben, daß Barth so weitergedacht werden kann und weitergedacht werden muß, daß dies keinen Ausschluß oder keine Gleichgültigkeit der Philosophie gegenüber bedeuten muß.

---

[46]   S. Grosse, Der junge Luther und die Mystik. Ein Beitrag zur Frage nach dem Werden der reformatorischen Theologie, in: Gottes Nähe unmittelbar erfahren. Mystik im Mittelalter und bei Martin Luther, hg. V. B. Hamm u. V. Leppin, 187–235.

[47]   S. Grosse, Christentum und Geschichte: Troeltsch – Newman – Luther – Barth, in: Ders., Das Christentum an der Schwelle der Neuzeit (s. Anm. 32), 97–155.

[48]   Siehe das Kap. 5 der Kirchlichen Dogmatik, KD II/1, und K. Barths Schrift ›Nein!‹ gegen Emil Brunner (womit nicht entschieden sein soll, ob Brunner tatsächlich von dieser Kritik getroffen worden ist).

Die rechte Philosophie wird dann aber getrieben von einem Subjekt, das durch den Glauben vor Gott gerechtfertigt worden ist. Es wäre gut, wenn die RO dies deutlich hervorheben würde. Das für die Christlichkeit der Theologie und die christliche Sicht auf den Menschen und die menschliche Gesellschaft *entscheidende* Thema ist nicht, wie das Verhältnis von Schöpfer und Geschöpf zu denken ist – so wichtig dies auch sein mag. Entscheidend ist das Verhältnis des heiligen und liebenden Gottes zu dem Menschen, der Sünder ist.

Die Kluft, welche beseitigt werden muß, ist an erster Stelle nicht die Kluft, die im Denken entsteht, wenn man Gott als unendliches, die Kreatur aber als endliches Sein denkt (und zugleich »Sein« beide Male univok aussagt). Das, was zwischen die Natur und die Gnade, welche die Natur nicht aufhebt, sondern voraussetzt und vervollkommnet, hineinkommt, ist die Sünde, und diese ist die entscheidende Kluft. Sie besteht nicht erst im Denken, sondern objektiv und wird nicht durch eine Korrektur des Denkens, sondern durch den Sühnetod Christi und die Rechtfertigung aus Glauben überbrückt. Wenn aber nun diese zentralen Aussagen über die Versöhnung gemacht sind, dann ist es gestattet und geboten, sich den Themen zuzuwenden, welche die RO im Blick hat. Das Durchdenken der spezifischen Themen der RO würde dann deutlich machen, *welche Tragweite* die Versöhnung durch Christus und die Rechtfertigung des Gottlosen haben. Wenn man nicht zu den Themen der RO überginge, dann würde die Rechtfertigung des Gottlosen ein Ereignis sein, das allein im innerseelischen Ghetto stattfindet.

Die lutherische Reformation hatte selber die kulturschöpferische Kraft, von dem »fröhlichen Wechsel« zwischen Christus und dem Sünder ausgehend verschiedene Bereiche von Theologie, Frömmigkeit und Gesellschaft zu durchdringen, und dabei auch Themen einzunehmen, welche im spezifischen Interesse der RO liegen dürften. Johann Anselm Steiger hat solche Themen als Zentralthemen der Theologie Luthers und seiner Erben erschlossen.[49]

7.3 Die Bedeutung der Bibel

Die Abblendung von den reformatorischen Hauptthemen hängt zusammen mit einer bemerkenswerten Vernachlässigung der Bibel in den Diskursen und Argumentationen der RO. In der Einführung zu der ersten RO-Aufsatzsammlung heißt es, der Barthianismus neige dazu, »schwerfällig exegetisch« zu sein.[50] Die RO scheint diese Schwerfälligkeit zu scheuen und lässt über weite Strecken hinweg die Bibel gar nicht zur Sprache kommen. Wenn man etwa die Ausführungen über die Ontologie Gottes und des Geschöpfes liest, fragt man sich, nach

---

[49]   J. A. Steiger, Fünf Zentralthemen der Theologie Luthers und seiner Erben. Communicatio – Imago – Figura – Maria – Exempla, Leiden u. a. 2002 (SHTC 104).

[50]   »ploddingly exegetical«, Milbank/Ward/Pickstock, Introduction, RONT (s. Anm. 1), 2.

welchem *Kriterium* hier eigentlich geurteilt wird. Für christliche Theologie müßte dies die Bibel sein. Es ist klar, daß es nicht einfach sein wird, die Bibel in angemessener Weise zur Beurteilung solcher Fragen heranzuziehen. Aber das ist genau die Herausforderung, welcher sich christliche Theologie zu stellen hat.

Augustin hat in De vera religione VII einen kurzen Begriff von dem Gegenstand und dem Weg christlichen Theologietreibens gegeben und erklärt, daß ihr Hauptgegenstand die *Geschichte* ist, so wie sie durch die Prophetie, d. h. durch die biblischen Schriften durchsichtig gemacht wird auf das Handeln Gottes zur Errettung des Menschengeschlechtes hin. Von dort her aufsteigend gelangt man schließlich zur Erkenntnis des ewigen Gottes und seines Verhältnisses zu der von ihm geschaffenen Welt. Christliche Theologie muß sich also auf das ganze Konglomerat von historischer Kontingenz einlassen, wie es in der Bibel beschrieben wird und sich in der Bibel als historischem Dokument selbst ausdrückt. Mit diesem Denkweg vollzieht sie den Weg des vollkommenen und ewigen Gottes nach, der eine Welt und eine Menschheit erschuf, deren Geschichte kontingent ist, der sich in vielfältigsten Weisen der Akkomodation auf den Menschen in seiner Geschichte einließ und der selber Mensch wurde.[51]

Die Beziehung zur Bibel würde auch der Hochschätzung der *Liturgie* stärkere Konkretion geben, welche die RO zum Ausdruck gebracht hat.[52] Denn es darf nicht um »Liturgie an sich« gehen, lediglich bestimmt durch ihren Gegensatz zu einer cartesianischen »Spatialisierung« der Wirklichkeitsauffassung,[53] sondern um konkrete christliche Liturgie. Diese besteht aber in einer fortwährenden Wiederholung, Einprägung und Neuversprachlichung des biblischen Stoffes: in den biblischen Lesungen, in dem Gebet mit den Worten der Psalmen – die in engeren und freieren Paraphrasen von den Kirchenliedern aufgenommen werden –, und in der Predigt.

Die reformatorische Theologie fängt mit der Bibel an, die selber meist von sehr konkreten Sachverhalten spricht. Sie konzentriert sich auf das Verhältnis der sündigen Menschen zu Gott und die Frage, wie der Mensch gerechtfertigt wird,[54] und sie entwirft darin eine Denkbewegung, welche der der RO entge-

---

[51] Neben Augustin, De vera religione VII, 13, ist eine erhellende patristische Stelle Tertullian, Adversus Marcionem II, 27,6.

[52] C. Pickstock, After Writing: On the Liturgical Consummation of Philosophy, Oxford 1998.

[53] Zur Charaktierierung dieser Gegensätze s. Simon Olivers Einführung zu dem ausgewählten Abschnitt aus Pickstocks Buch, RO Reader (s. Anm. 13), 151–153.

[54] Damit soll nicht das Klischee unterstützt werden, die Grundfrage Luthers sei gewesen »Wie kriege ich einen gnädigen Gott?« Dies ist die Frage des vom *amor sui* beherrschten Menschen, und wenn er diese Frage nicht loswird, wird er unter dem Gericht bleiben. Die Theologie Luthers ist vielmehr 1. Eine Verkündigung des Evangeliums, durch das sich Gott einen gerechtfertigten Sünder schafft, und 2. Eine Anweisung an dem Menschen, wie er das an sich geschehen lassen soll.

gengesetzt ist. Sie geht sozusagen von innen nach außen, vom Konkreten zum Allgemeinen, während die RO von außen nach innen, vom Allgemeinen zum Konkreteren zu gehen trachtet.[55] Beide Denkbewegungen sind berechtigt. Es muß nur beachtet werden, im Widerstand *wogegen* diese Denkbewegungen vollzogen werden. Dies soll im folgenden Abschnitt herausgearbeitet werden.

7.4 Die Gefährdungen des Christentums

Das Anliegen der RO, die Säkularisierung zu überwinden, wird in der richtigen Proportion betrachtet, wenn man sich eine Übersicht verschafft über die stärksten Gefährdungen, welchen das Christentum im bisherigen Lauf seiner Geschichte ausgesetzt war

Als *erste* ist diese zu nennen, in welche das Christentum hineingeboren wurde: der religiöse Pluralismus, damals der Pluralismus der antiken Welt, des römischen Imperiums. In diesem Pluralismus konnte die Verehrung des Kaisers bzw. seines Genius vom römischen Staat verlangt werden, ohne das man den Kult aufgab, dem man sich sonst widmete. Wenn die Christen an dieser Verehrung teilgenommen hätten, dann hätten sie sich in diesen Pluralismus eingeordnet.

Die *zweite* Gefährdung bestand und besteht im Islam. Hier handelt es sich um eine Religion, die bemerkenswerte Gemeinsamkeiten mit dem Christentum hat und wie das Christentum beansprucht, die einzige richtige Wahl zu sein. Sie verwirft also wie das Christentum den Pluralismus, tritt aber nun, weil sie an entscheidenden Punkten doch deutlich anders ist, mit einem Vollendungs- und Überbietungsanspruch dem Christentum gegenüber auf.

Zur *dritten* Gefährdung wurde das Christentum sich selbst: durch die Alleinherrschaft, welche die lateinische Kirche in einem großen Teil Europas über lange Zeit hinweg ausüben konnte. Das Christentum konnte in dieser Zeit, dem sogenannten Mittelalter, die Gesellschaft in fast jeder Hinsicht durchdringen. Die christlich geprägten Formen übten jedoch auch eine Rückwirkung auf die Existenz der einzelnen Menschen aus. »Christ-Sein« wurde zunehmend bestimmt durch die Teilnahme an den christlich geprägten Formen des gesellschaftlichen Lebens und nicht durch den Impuls des Glaubens. Der je persönlich zu glaubende Glauben wird so irrelevant. Auf diese Weise kommt es jedoch zu einer verborgenen, schleichenden Verweltlichung des Christentums. Verborgen ist diese Verweltlichung unter den christlich geprägten Formen, die in der gesamten Gesellschaft kursieren.[56] Luther hat in seiner ersten Vorlesung unter Aufnahme

---

[55] Daraus ergibt sich Milbanks Zugang zur Versöhnungslehre in ›Being reconciled‹ unter dem Begriff der Gabe, wie er oben charakterisiert wurde.

[56] J. Huizinga, Herbst des Mittelalters. Studien über Lebens- und Geistesformen des 14. und 15. Jahrhunderts in Frankreich und den Niederlanden (Erstausgabe 1919), übers. V. Kurt

eines Geschichtsschemas des Bernhard von Clairvaux die falsche Sicherheit die größte Not der Kirche genannt: jeder hält sich für einen Christen, einfach weil er an den Formen einer christlich geprägten Gesellschaft teilnimmt: »Denn die Trägheit herrscht schon derart, daß überall zwar Gott verehrt wird, aber eben nur dem Buchstaben nach, ohne innere Anteilnahme und ohne den Geist [...]«.[57] Zwingli diagnostiziert: »Statt selber heilig zu werden, waren wir alle vielmehr darauf bedacht, heilige Dinge entweder zu betasten oder um und bei uns zu haben, ja, um offen zu reden, wir waren eifrig bestrebt, durch unsere eigene Kraft Dinge heilig zu mache, die vielleicht gar nicht heilig waren. [...] Die wahre Gottesfurcht aber [...] haben wir so im Stich gelassen, daß [...] die allgemeine, d. h. die menschliche Gerechtigkeit nicht einmal bei den Heiden so sehr darniederliegt wie bei den Christen.«[58]

Gegen diese Gefährdung wandte sich die Reformation des 16. Jahrhunderts. Aus diesem, aber aus keinem anderen Grunde ist bewirkte sie ein Stück weit auch eine Entsakralisierung der Gesellschaft, weil sie den falschen Putz herunterreißen wollte, unter dem sich eine ungläubige Existenz verbarg.[59] Der Selbstentfremdung des Christentums setzte sie eine »normative Zentrierung«,[60] eine

---

Köster, 11. Aufl., Stuttgart 1975, 209–245: Der religiöse Gedanke und seine bildliche Gestaltung. Dies ist zu bedenken, wenn man, wie S. Oliver unter Verweis auf E. Duffy, von einer Welt spricht, in der alles durch den Glauben an Gott geprägt ist: S. Oliver, Introducing RO, RO Reader (s. Anm. 13), 4, bei Anm. 1; E. Duffy, The Stripping of the Altars: Traditional Religion in England 1400–1580, New Haven/London 1992. Huizingas Darstellung trifft, auch wenn es klar ist, daß diese Verweltlichung durch Inflation des Religiösen bereits vor der Reformation Gegenbewegungen erzeugte und die Reformation selbst als eine Fortsetzung dieser Gegenbewegungen angesehen werden kann.

[57] »Quia accidia iam regnat adeo, vt vbique sit multus cultus Dei, scil. Literaliter tantum, sine affectu et sine spiritu [...]«, Dictata in Psalterium, Einleitendes Scholion zu Ps 69 (68 Vulg.), WA 3, 416 / 55/II, 383 f., Zitat: 384,14 f. Voraus gehen die Nöte der Kirche durch die äußeren Verfolgungen und durch die Häresien. Die Stelle bei Bernhard, auf die Luther verweist, ist Serm. Cant. 33, 16, Opera, hg. v. Jean Leclercq u. a., Bd. 1, Rom 1957, 244.

[58] »Nunc, qum omnes ad hoc intenti fuimus, ut sancta potius attrectaremus, aut circum nos haberemus, quin palam dicam, sancta faceremus, nostra virtute scilicet, quam fortasse sancta non erant [...] quam ut ipsi sancti fieremus [...] Veram autem pietatem [...] sic deseruimus, ut communem iusticiam, hoc est: humanam, ne apud infideles quidem sic frigere videamus, ut apud Christianos.« Zwingli, De vera et falsa eformat eformation, 18. De eucharistia, Zwinglis SämtlicheWerke, hg. V. Emil Egli, Georg Finsler u. Walther Köhler, Bd. 3 (CR 90), 774,27–32; 775,4–7.

[59] B. Hamm, Die Einheit der Reformation in ihrer Vielfalt, in: B. Hamm/M. Welker, Die Reformation – Potentiale der Freiheit, Tübingen 2009, 60 f.

[60] B. Hamm, Normative Zentrierung im 15. Und 16. Jahrhundert. Beobachtungen zu Religiosität, Theologie und Ikonologie, in: Ders., Religiosität im späten Mittelalter. Spannungspole, Neuaufbrüche, Normierungen, hg. V. R. Friedrich u. W. Simon, Tübingen 2011, 3–

Konzentration auf die Quellen christlicher Existenz entgegen. Die Absicht des Hauptstroms der Reformationen des 16. Jahrhunderts (nicht aber des schwärmerischen »linken Flügels«, jedenfalls nachdem ihre radikalen Projekte von allen Verantwortlichen der damaligen Gesellschaft zurückgewiesen worden waren[61]), war allerdings, die christliche Prägung der Gesamtgesellschaft an sich aufrechtzuerhalten. Sie sollte nur geläutert und von innen her erneuert werden. An diesem Reformbestreben nahm dann schließlich, durch die Reformation gedrängt, in ihrer Weise auch die um das römische Papsttum sich aufbauende Kirche des Konzils von Trient teil.

Die *vierte* große Gefährdung des Christentums ist nun die Säkularisierung.[62] Während vor Beginn der Reformation ein Übermaß an christlicher Prägung der Gesamtgesellschaft die christliche Existenz zu ersticken drohte, ist es nun ein schrittweises Zurückdrängen der durch den Glauben erzeugten Verbindlichkeiten aus der Gesamtgesellschaft, welche ihm den nötigen Freiraum nimmt und schließlich ihn, teils in einem schnellen, gewaltsamen Vorgehen, teils durch ein langsames Ausbluten, ganz auszulöschen trachtet. Dieses Zurückdrängen geschieht vor allem dadurch, daß eine immer abstraktere Version von Christentum für die Gesamtgesellschaft für verbindlich erklärt wird. Dieser Abstrahierungsvorgang ist genau das, was man als »Säkularisierung« bezeichnet. Dieses Abstrahieren vollzieht die Säkularisierung gegenüber allen Religionen. Die Wiederkehr der Religiosität in den letzten 30 Jahren ist keine Wiederkehr – oder kein Neueindringen – von Religionen mit der ihnen genuinen Verbindlichkeit. Es kann sich, solange die Säkularisierung die Gesamtgesellschaft prägt, nur um eine unverbindliche, abgeschwächte Religiosität handeln. Dies unterscheidet den religiösen Säkularismus auch noch von dem religiösen Pluralismus, wie er etwa im römischen Imperium existierte.

Die Säkularisierung entsteht zunächst bei einzelnen Denkern und in kleinen Gruppen im 16. Jahrhundert (Sebastian Franck, Sebastian Castellio) und im

---

40; Ders., Reformation als normative Zentrierung von Religion und Gesellschaft, in: Jahrbuch für Biblische Theologie 7 (1992), 241–279; Ders., Von der spätmittelalterlichen eformation zur Reformation: der Prozess normativer Zentrierung von Religion und Gesellschaft in Deutschland, in: ARG 84 (1993), 7–82.

[61]   G. Seebaß, Der »linke Flügel der Reformation«, in: Ders., Die Reformation und ihre Außenseiter. Gesammelte Aufsätze und Vorträge, hg. v. I. Dingel, Göttingen 1997, 151–164.

[62]   Zu dem Folgenden, insbesondere zu Cherbury, Grotius und dem Deismus, s. S. Grosse, Die Neuzeit als Spiegelbild des antiken Christentums, in: Ders., Das Christentum an der Schwelle der Neuzeit (s. Anm. 37), 1–50, inbes. 22–40, zu Castellio und Spinoza: Ders., Konkurrierende Konzepte von Toleranz in der frühen Neuzeit, in: Ders., Das Christentum an der Schwelle der Neuzeit, 51–96, inbes. 61–66; 78–85. Zu Sebastian Franck: s. S. Grosse, Geist und Buchstabe. Varianten eines biblischen Themas in der Theologiegeschichte, in: JBTh 24 (2009) Heiliger Geist, 157–178, hier: 173–176.

17. Jahrhundert (Edward Herbert von Cherbury, Hugo Grotius, Thomas Hobbes, Spinoza, der englischer Deismus) und gewinnt etwa ab dem zweiten Drittel des 18. Jahrhunderts zunehmend an Einfluß. Sein Ausgangspunkt ist die Problematik, in welche sich die lateinische Christenheit des 16. Jahrhunderts durch die konfessionelle Spaltung angesichts der Reformation brachte. Die Antwort, welche die Proto-Säkularisten gaben, war eine Reduzierung des Wahrheitsanspruchs des Christentums auf das allen Konfessionen (Castellio), ja, allen Religionen (Cherbury) gemeinsame. Ihre Begründung war, daß sich nur so religiöser Friede aufrecht erhalten lasse (Castellio) bzw. daß angesichts miteinander konkurrierender religiöser Wahrheitsansprüche sich nur so aufrecht erhalten lasse, daß es in Sachen Religion überhaupt Wahrheit gibt und sie sich finden läßt (Cherbury).

Bedenkt man dies, dann liegt die entscheidende Wende zum Säkularismus doch (von den Vorläufern im 16. Jahrhundert abgesehen) im 17. Jahrhundert.[63] Denker wie Johannes Duns Scotus oder Wilhelm von Ockham im 14. Jahrhundert bieten bestimmte Konzeptionen, die in die säkularistische Denkweise hineinpassen. Im Kontext der mittelalterlichen Gesellschaft und ihres Denkens, und im Kontext von Reformation und konfessionellem Zeitalter konnten diese Konzeptionen keine besondere Tragweite gewinnen. Erst, als in der Zeit von der Mitte des 17. Bis zu der Mitte des 18. Jahrhunderts hin das gesamteuropäische Denken allmählich kippte, konnte eine geistesgeschichtliche Konstellation entstehen, in welcher sich rückschauend eine Genealogie aufbauen läßt, die bis Duns Scotus zurückreicht.[64]

Daß das Christentum von verschiedenen Richtungen her gefährdet werden kann, muß beachtet werden. Die RO hat die aktuelle Gefährdung durch den Säkularismus im Blick. Sie unterzieht dabei die gesamte bisherige christliche Tradition einer Prüfung, inwieweit sie tauglich ist, Rüstzeug gegen diese Gefährdung zu liefern. Sie muß sich dabei dessen bewußt sein, daß es auch andere Gefährdungen gab und gibt außer dieser einen. Die Reformation darf nicht an der gegenwärtigen Problemlage gemessen werden. Sie bleibt aber für die Gegenwart

---

[63]   Dem entsprechen die geschichtsdeutenden Entwürfe der RO, soweit es sich um die Staatstheorie handelt, s. S. Oliver, Introducing RO, RO Reader (s. Anm. 13), 10, über Thomas Hobbes; W. T. Cavanaugh im selben Band, 314–337: »A fire strong enough to consume the house«. The Wars of Religion and the Rise of the Nation State, erstveröffentlicht in: Modern Theology 11/4 (1995), 397–420.

[64]   Erhellend ist hier der Artikel von W. Dettloff über Duns Scotus. Er vertritt ebenfalls die Einschätzung, daß Duns Scotus bis in die Neuzeit reichende Weichenstellungen in der Metaphysik vorgenommen hat, andererseits weist er auf seine durch Franz von Assisi geprägte Christlichkeit hin: Art. »Duns Scotus / Scotismus«, TRE 9, Berlin/New York 1982, 232 f.; 219.

relevant, weil sie den Weg zu den zentralen Quellen gewiesen hat, aus denen das Christentums sich immer speisen wird.[65]

8. RO und Postmoderne

Die RO tut also gut daran, sich der komplexen Geschichte des Christentums mit seinen vielfältigen Gefährdungen bewußt zu sein. Daß sie ansonsten in eine Schieflage berät, kann an den Äußerungen mancher ihrer Vertreter über die Postmoderne bemerkt werden. Mit dieser hat sie gemeinsam, daß sie die Moderne ablösen und auf Einseitigkeiten und Schwachstellen aufmerksam machen will. Wenn sich die RO aber nicht klar an der Tradition des Christentums mit ihren Kriterien orientiert, kann das, was sie mit der Postmoderne gemeinsam hat, zu großes Gewicht für sie bekommen. Dabei ist es durchaus geboten, da die RO sich mit der Postmoderne auseinandersetzt, so wie mit allen aktuellen und historischen Diskursen, um zu zeigen, wie sie von der einen christlichen Wahrheit abhängen.

John Milbank zeigt in seinem Essay ›Postmodern critical Augustinianism. A short summa in forty-two responses to unasked questions‹ eine Reihe von Ähnlichkeiten zwischen der Denkweise der Postmoderne und der Augustins auf.[66] Aus größerem Abstand betrachtet, sozusagen mit dem Weitwinkelobjektiv, kann man dies durchaus tun. Er wechselt jedoch unversehens von der Position des Beobachters in diejenige des Wegweisers, wenn er in der 40. These erklärt, daß Debatten in der Polarität von »Liberal« gegen »Konservativ« über die Historizität der Auferstehung keinen Platz hätten in einer postmodernen Theologie.[67] Die Frage ist, ob man überhaupt eine »postmoderne Theologie« haben soll. Wenn die RO sich an die Seite Augustins hält, wird sie wissen, wie sie über die Historizität der Auferstehung zu urteilen hat.

Graham Ward reflektiert in seiner Abhandlung ›Transcorporeality: the ontological scandal‹[68] über das »ist« in den Einsetzungsworten des Abendmahls,

---

[65]   Das Verhältnis zwischen RO und reformatorischer – näherhin: reformierter – Theologie ist bereits zum Thema gemacht worden auf einer Tagung am Calvin College, Grand Rapids, 2003 und dem daraus entstandenen Band ›Radical Orthodoxy and the Reformed Tradition. Creation, Convenant, and Participation‹, hg. v. J. K. A. Smith u. J. H. Olthuis, Grand Rapids (MI) 2005. Darin sind die im Untertitel genannten Themen sowie die Themen Gesellschaft und Kirche und Eucharistie behandelt worden.

[66]   RO Reader (s. Anm. 13), 49–61, erstveröffentlicht in: Modern Theology, 7/3 (1991), 225–237.

[67]   »›liberal versus conservative‹ debates about the historicity of the resurrection, etc., will have no place in a postmodern theology.« Ebd., 60.

[68]   Ebd., 287–304, erstveröffentlicht als drittes Kapitel von: Cities of God, London 2001.

»dies *ist* mein Leib«, »dies *ist* mein Blut«: Christi Leib würde hier – wie auch an anderen Stellen in den Evangelien – seine Identität verändern.[69] Er streicht dabei die Ähnlichkeiten mit der postmodernen, modernekritischen Auffassung des Körpers heraus und ebnet den Unterschied zwischen dem heilbringenden Leib Christi und den Körpern behinderter, kranker, insbesondere aidskranker Menschen ein.[70] Hier hat ein RO-Theologe völlig, dogmatisch und ethisch, die Kriterien christlicher Theologie verloren und sich der Orientierungslosigkeit der Postmoderne ausgeliefert.

Klar christlich ist hingegen die Position von Catherine Pickstock, die herausarbeitet, daß Postmoderne nichts als eine konsequente Radikalisierung der Moderne, d. h. des Säkularismus ist, in welcher die ganze Brüchigkeit der Moderne zum Vorschein kommt.[71] Ihr Aufsatz über die Eucharistie bei Thomas von Aquin[72] bezieht sowohl zur Moderne als auch zur Postmoderne eine Gegenposition: Will die Moderne eine »Präsenz« – ein Gegenwärtig-Sein, ein Dabei-Sein bei den Dingen (an anderer Stelle nennt sie dies auch eine »Spatialisierung«[73]) –, so setzt die Postmoderne bei Derrida dem die »Absenz«, die Abwesenheit entgegen: man kann die Bedeutung eines Dings nie vollständig erschließen, es entzieht sich immer wieder. Catherine Pickstock überschreitet nun dialektisch diese Entgegensetzung von Präsenz und Absenz und versucht dies, in der Lehre des Thomas von der Eucharistie aufzuweisen: der eucharistische Leib Christi ist zugleich real gegenwärtig als auch verborgen. Er kann nie aufgezehrt werden, sondern wird immer wieder erneuert. In dieser Dialektik von Gegenwärtigkeit und Verborgenheit – die sich bei Luther noch stärker aufweisen ließe als bei

---

[69]   Ward spricht auch von »transfiguration«, etwa ebd., 302 f. Verwiesen sei auch auf seine Abhandlung ›The Schizoid Christ‹, ebd., 228–256, erstveröffentlicht als zweites Kapitel von: Christ and Culture, Oxford 2005. Dort behandelt er mit ähnlicher Tendenz die Perikope von der blutflüssigen Frau, Mk 5,24–28.

[70]   Bezeichnend etwa die Bemerkung über die Trauung eines homosexuellen Paares, von dem der eine Partner während der Abendmahlsfeier an Aids stirbt »Only in the context of [...] the liturgies of marriage and communion [...] does the brokenness of David's AIDS and Jon's bereavement become redemptive [...] For these broken bodies too [...] are transcorporeal [...]«, RO Reader (s. Anm. 13), 302, vgl. 287 f.

[71]   Duns Scotus: his historical and contemporary significance, ebd., 140 (erstveröffentlicht in: Modern Theology 21/4 (2005), 543–574).

[72]   Thomas Aquinas and the quest for the Eucharist, ebd., 265–286 (erstveröffentlicht in: Modern Theology 15/2 (1999), 159–189). Siehe hierzu die Einführung von S. Oliver, ebd., 261–263.

[73]   Man sucht, alles in eine beständige Gleichzeitigkeit zu bringen, man hat dann nicht mehr Zeit, in welcher einem etwas entgehen könnte, sondern nur noch Raum, und gliedert diesen Raum klar erfaßbar auf: C. Pickstock, Spazialization: the middle of modernity, ebd., 154–178 (erstveröffentlicht in: Dies., After Writing: On the Liturgical Consummation of Philosophy, Oxford 1998, 47–74). Erhellend dazu die Einführung von S. Oliver, ebd., 151 f.

Thomas – überwindet Catherine Pickstock den Horizont von Moderne und Postmoderne und bringt die Wahrheit der christlichen Lehre in einem übergreifenden Horizont zur Sprache.

9. Abschließende Würdigung

Der Entwurf der ›Radical Orthodoxy‹ ist in der Tat radikal. Er stellt die Dispositionen des Denkens und der Wahrnehmung infrage, die in der westlichen Welt vorherrschend geworden sind, zu einem guten Teil auch im christlichen Bereich. Ein solcher Vorstoß provoziert, d. h. er erregt auch Widerspruch. Er hat aber auch ein grundsätzliches Recht: man darf nie eine bestimmte Denkrichtung als akzeptabel ansehen, nur weil sie Faktum geworden ist. Sie muß sich stets mit Argumenten ausweisen können und imstande sein, auf Gegenargumente zu antworten. Dabei ist allerdings auch auf die historische Situation zu achten, in welcher die Argumentierenden stehen. Es ist grundsätzlich auch erlaubt, auf das Denken lang zurückliegender Epochen zurückzugreifen. Christliche Theologie tut das immer, schon deswegen, weil sie an die Bibel gebunden ist. Aber auch hier ist dann etwas zu bedenken: daß dieser Rückgriff in der eigenen historischen Situation, die eine andere ist als die desjenigen, worauf zurückgegriffen wird, etwas anderes erzeugt als das, was in jener gegeben war. Es ergibt sich zwar eine Kontinuität – oder die Wiederaufnahme einer Kontinuität –, aber auch ein Neues. Es sind also auf diese Kriterien zu achten: auf die Klarheit der christlichen Grundlegung, auf die Schärfe der Argumentation, auf die Perspektivik des eigenen Standpunktes und der Standpunkte, mit denen man sich auseinandersetzt.

Die RO bietet eine enorm vitale, originelle und anspruchsvolle Lektüre. In ihrem historischen Quellenbezug und in dem Bewußtsein ihrer historischen Perspektivik ist sie allerdings ein stückweit zu befragen. Die hier an einigen Stellen vorgebrachte Kritik hat indes eine Voraussetzung: es lohnt sich sehr, die Gedanken aufzugreifen und weiterzudenken, welche die RO vorträgt. Sie hat erkannt, daß dem Christentum in seiner Lage in der gegenwärtigen westlichen Welt nur gedient ist, wenn man *umfassend* diese Lage durchdenkt und fragt, was das Christentum in jeder Beziehung zu sagen hat. Die RO hat den *Mut*, daran zu glauben, daß die Bibel, die Kirchenväter und Scholastiker wie Thomas von Aquin im gegenwärtigen Denken Entscheidendes zu sagen haben. Das unterscheidet sie von der in der deutschen protestantischen Theologie vorherrschenden Meinung, daß ein Rückgang auf die Theologie Schleiermachers und seiner Epigonen das Gebot der Stunde sei – also der Rückgang auf eine Theologe, welche Kant unhintergehbar zur Voraussetzung erklärt und selber eine Anpassung christlichen Denkens an die Maßstäbe vollzieht, wie sie in der frühsäkularisierten deutschen Gesellschaft zu Beginn des 19. Jahrhunderts galten. Es handelte sich um einen Versuch, die Gebildeten unter den Verächtern des Christentums für das Christentum zurückzugewinnen, für ein Christentum allerdings, das in seinem Wesen umgeformt worden war. Durch diesen Versuch hat das Christentum sein Wesen verloren, die Gebildeten unter seinen Verächtern – und überhaupt seine Verächter – nicht zurückgewonnen. Es ist nicht empfehlenswert, diesen Versuch zu wiederholen.

Es ist zu hoffen, daß die deutsche Theologie es aufgibt, einen Sonderweg zu verfolgen und die Theologie zu ignorieren, die in den romanischen und den angelsächsischen Ländern getrieben wird. Die RO ist beispielhaft als eine Theologie, die mit einem großen Traditionsbewußtsein und mit einer scharfen Wahrnehmung der Gegenwart arbeitet.

Die Neuzeit als Spiegelbild des antiken Christentums

Hinführung

Der Begriff »Neuzeit« bezeichnet sowohl eine Periode in der Geschichte als auch eine geistige Macht, eine Bewegung, welche diese Periode prägt. Ob jeder, der in dieser Periode lebt, auch zu dieser geistigen Bewegung gehört – oder zumindest auf irgendeine Weise von ihr abhängig sein muß – soll zu Beginn dieser Überlegungen noch offengehalten werden. Wir nennen hier »Neuzeit« eine geistige Bewegung, auch wenn es sein könnte, daß die Periode, die mit dieser Bewegung verknüpft ist, einmal zu Ende gehen sollte und man dann einen anderen Namen für sie bräuchte.[1]

Der Versuch, das Wesen dieser geistigen Bewegung zu bestimmen, ist eng verknüpft mit der Frage nach ihrer Herkunft. So kann Neuzeit gedeutet werden als »Säkularisierung«.[2] Neuzeit ist dann, was entstand durch Verweltlichung, Säkularisation von Geistes- und Lebensformen der vorausgehenden, christlich geprägten Periode. An dem neu Entstandenen sind aber Merkmale und Spuren des Alten noch auszumachen; das Wesen des Neuen läßt sich am besten erklären durch die Darlegung des Prozesses der Loslösung. Man kann schließlich »Säkularisierung« so verstehen, als sei die Neuzeit in ihrem Wesen, also bleibend, abhängig von der vorausgehenden, christlich geprägten Periode des Mittelalters. Gegen diese These, Säkularisierung sei also nichts als eine »*Umsetzung* authentisch theologischer Gehalte in ihre säkulare Selbstentfremdung«, hat Hans Blumenberg energischen Einspruch erhoben.[3] Man könne nicht von einer

---

[1] Vgl. Joachim Mehlhausen, Art. Neuzeit I. Historisch. In: Theologische Realenzyklopädie 24 (1994), 393, 1–31.

[2] Eine Darstellung der Diskussion dieser Deutung bei Ulrich Barth, Art. Säkularisierung I. Systematisch-theologisch. In: Theologische Realenzyklopädie 29 (1998), 603–634, hier 603–611.

[3] Hans Blumenberg, Die Legitimität der Neuzeit, Frankfurt a. M. 1966, Erster Teil: Säkularisierung – Kritik einer Kategorie des geschichtlichen Unrechts, Zitat: 42. Zur Diskussion

»Kulturschuld« sprechen, welche die Neuzeit gegenüber dem Christentum habe, dessen gedankliches Eigentum durch Säkularisation in fremde Hände geraten und dadurch verweltlicht worden sei. Die Neuzeit sei nicht durch widerrechtliche Eigentumsentwendung hervorgegangen, sondern legitim, sie sei nicht durch eine solche »Umsetzung«, sondern durch »*Umbesetzung* vakant gewordener Positionen von Antworten« entstanden, die einst das Christentum auf bestimmte Fragen gegeben hatte und die nun andere Antworten gefunden hätten.[4] In einer ähnlichen Lage habe sich einstmals auch das frühe Christentum befunden, als es in die geistige Welt der Antike eintrat: Ihm seien Fragen entgegengetreten, »deren Lösung«, so Blumenberg, »es von Haus aus überhaupt nicht bzw. nicht in der Präzision mitbrachte, die ihm in der Auseinandersetzung mit der hellenistischen Geisteswelt abgefordert wurde.«[5]

Diese Bemerkung Blumenbergs leitet dazu an, zwei Schnittstellen miteinander zu vergleichen: diejenige des Eintretens des Christentums in die geistige Welt der Antike und diejenige, an welcher die Loslösung des neuzeitlichen Denkens aus der christlich geprägten Geisteswelt anhebt. Bei einem solchen Vergleich kann geprüft werden, ob es sich jeweils bloß um eine »Umbesetzung« der Position einer Antwort auf eine bereits vorhandene Frage handelt oder ob der Wechsel der Antwort auch ihre Qualität mindert, eine geeignete Antwort zu sein.

Der Vergleich soll nicht in einem breiten Durchgang durch die Geistesgeschichte erfolgen,[6] sondern durch eingehende Analyse ausgewählter beispielhafter, überschaubarer Texte bestimmter Denker, in der Erwartung, daß durch das genaue Hinsehen auf das Detail und durch das Herausarbeiten der einzelnen Gedankenschritte Klarheit über die Richtung einer ganzen Tendenz in der Geistesgeschichte gewonnen werden kann.[7]

über Blumenbergs These s. Ulrich Barth (s. Anm. 2), 608 f., s. auch Mehlhausen (s. Anm. 1), 399 f.

[4]   Blumenberg (s. Anm. 3), 41 f., das Zitat an das in vorangegangener Anmerkung anschließend. Für Blumenbergs Arbeit aufschlußreich ist bereits das Motto von André Gide, welches er ihr vorangestellt hat: »C'est curieux comme le point de vue diffère, suivant qu'on est le fruit du crime ou de la légitimité« (ebd., 5).

[5]   Blumenberg (s. Anm. 3), 43 f.

[6]   So wie es Blumenberg bei seinen Untersuchungen tut. Trotz aller Fülle von Apostrophierungen kommen entscheidende Stücke der Argumentation dann doch zu kurz, s. die von Ulrich Barth, (s. Anm. 2), 608, 41–50 referierte Kritik an Blumenberg.

[7]   Dieses Vorgehen ist vergleichbar demjenigen bestimmter »moderner Schriftsteller« (des 20. Jahrhunderts) in ihren Werken oder dem »moderner Philologen [...], welche meinen, es lasse sich aus einer Interpretation weniger Stellen aus Hamlet, Phèdre oder Faust mehr und Entscheidenderes über Shakespeare, Racine oder Goethe und über die Epochen gewinnen als aus Vorlesungen, die systematisch und chronologisch ihr Leben und ihre Werke behandeln [...]« So Erich Auerbach: Mimesis. Dargestellte Wirklichkeit in der abendländischen Literatur.

Für die Alte Kirche werden, als zwei Beispiele der Begegnung des Christentums mit seiner geistigen Umwelt, Tertullian († nach 220) und, diesen ergänzend und vertiefend, Augustin († 430) behandelt, für die beginnende Neuzeit als Ausgangspunkt der englische Philosoph Edward Herbert, Lord Cherbury († 1648).

1. Antikes Christentum

1.1 Tertullian

Tertullian gilt als Vertreter einer »position pure«, die das Christentum gegenüber allen anderen ihn umgebenden Positionen einzunehmen habe, auch genüber derjenigen der Vernunft.[8] Die klassische Formel, die daraus zu entspringen scheint, ist das »Credo, quia absurdum est«, welche, in Tertullians originaler Formulierung, »credibile, quia ineptum est« lautet.[9] Gerade die nähere Ansicht der Passage, in welcher sich dieser Satz findet, gibt Aufschluß, wie sich Tertullian das Verhältnis von Glaube und Vernunft gedacht hat.[10]

Der Satz Tertullians findet sich in der Schrift *De carne Christi* innerhalb folgender Reihe: »Crucifixus est dei filius: non pudet, quia pudendum est. Et mortuus est dei filius; credibile est, quia ineptum est. Et sepultus resurrexit: certum est, quia impossibile.«[11] Diese Urteile »pudendum«, »ineptum«, »impossibile« sind aber nun gerade nicht Urteile der Wahrheit, nicht Urteile, welche die Vernunft schlechthin fällt, sondern die Urteile »unseres Sinnes.«[12] Was damit gemeint ist, geht aus aus dem Zusammenhang hervor: Tertullian bekämpft hier

Tübingen/Basel ⁹1994 (¹1946), 509, wobei Auerbach sich mit ›Mimesis‹ selbst unter diese Philologen einschließt.

[8]   So der Titel des Aufsatzes von André Labhardt, Tertullien et la philosophie ou la recherche d'une ›position pure‹. In: Museum Helveticum 7, 1950, 159–180.

[9]   Tertullian, De carne Christi V, 4. In: Ders.: Opera montanistica. Turnhout 1954 (= Corpus Christianorum, Series latina 2), 881,28. Vgl. Friedrich Loofs, Leitfaden zum Studium der Dogmengeschichte, Tübingen ⁷1968, 118, bei Anm. 15.

[10]   Dazu und zu dem weiteren über Tertullian s. Sven Grosse, Christliche Apologetik als Integration und Konfrontation. Grundstrukturen der Apologetik Tertullians. In: Theologie und Philosophie 79 (2004), 166–170 und 161–173 im Ganzen.

[11]   »Gekreuzigt ist der Sohn Gottes: das macht nicht beschämt, weil es beschämend ist. Und gestorben ist der Sohn Gottes: das ist glaubhaft, weil es töricht ist. Und nachdem er begraben war, ist er auferstanden: das ist gewiß, weil es unmöglich ist.« Tertullian, De carne Christi (s. Anm. 9) V, 4, 881,26–28.

[12]   Tertullian, De carne Christi (s. Anm. 9) IV, 5, ebd., 2,879, 38 f.: »Plane stultum, si de nostro sensu iudicemus deum.«

die u. a. von Marcion vertretene Position, wonach es Gottes unwürdig sei, einen Leib anzunehmen, mit diesem Leib geboren zu werden, gekreuzigt zu werden, zu sterben und wieder aufzuerstehen.[13] Mit dem »sensus noster« ist also die Vernunft des Menschen gemeint, insofern sie diese Position einnimmt. Wenn sie Tertullian so nennt, identifiziert er sich in gewisser Weise mit ihr. Es ist dem Menschen, so wie er ist, offenbar eigentümlich, so zu denken. Sofort überschreitet Tertullian aber ein solches Menschsein. Denn er richtet sich aus nach den biblischen Sätzen: »Stulta mundi elegit deus, ut confundat sapientia.« (1. Kor 1,27) und »Qui mei confusus fuerit, confundar et ego eius.« (Mt 10,33par). Er entschließt sich also, sich dessen nicht zu schämen, was der »sensus noster« und die »sapientia mundi« (1. Kor 1,21) für beschämenswert und unwürdig erklären. Für die Ausdrücke »pudendum«, »ineptum«, »impossibile« in den oben aufgeführten Reihe kann folglich eingesetzt werden »das, was Gott erwählt hat«, und dies ist wiederum das, was der Gläubige anerkennt und dessen er sich nicht schämt. Man sieht also, daß Tertullian mit seiner Aussage »credibile est, quia ineptum« keineswegs die Wahrheit der Logik verneinen will, sondern ihr vielmehr folgt. Und doch scheinen sich nun zwei Auffassungen der Wirklichkeit unvereinbar gegenüber zu stehen: auf der einen Seite die Auffassung des »sensus noster« und der »sapientia mundi«, auf der anderen Seite die Auffassung des Menschen, der sich nach dem Urteil und der Weisheit Gottes orientiert. Tertullian bekräftigt aber, daß diese Auffassung die der Weisheit schlechthin ist: »Du wirst nicht weise werden«, redet er seinen Gegner an, »wenn du nicht nach den Begriffen der Welt töricht geworden bist, indem du die Torheiten Gottes glaubst.«[14] Diese Auffassung richtet keine Welt auf, die neben der Welt jener Auffassung existiert. Vielmehr gibt es nur eine Wirklichkeit, und in dieser gilt, daß wahrhaft in ihr Christus gekreuzigt wurde, starb und auferstanden ist. Christus ist in dieser Welt gerade nicht, wie Marcion meint, als ein »phantasma« erschienen.[15] Versteht man unter »Welt« die eine Wirklichkeit des Seins, dann hat die »sapientia mundi« folglich eine unzureichende Auffassung von der Welt und ist in Wahrheit gar nicht weise, sondern töricht.

Tertullian bestimmt das Verhältnis von Weisheit Gottes und Weisheit der Welt in ›De carne Christi‹ als einen Gegensatz, zugleich aber, in der Auseinandersetzung mit demselben Gegner, kann er sie auch so bestimmen, daß die Weisheit

---

[13]   Man verfolge den Gedankengang in Tertullian, De carne Christi (s. Anm. 9) ab Cap. I, insbes. III, 1, ebd., 2, 875,36–38; IV,1, ebd., 878,1–3.

[14]   »Sed non eris sapiens, nisi stultus in saeculo fueris, dei stulta credendo.« V, 2, ebd., 2,880, 7–9.

[15]   »Sed iam hic responde, interfector ueritatis, nonne uerus crucifixus est dominus? Nonne uere mortuus, ut uere crucifixus? Nonne uere resucitatus, ut uere scilicet mortuus?« Ebd., 2, 880,12–15. Die marcionitische These, Christus habe nur scheinbar einen Leib gehabt, sei also nur ein »phantasma« gewesen, wird ebd., 2, 880, 10. 17 angesprochen.

der Welt etwas ausspricht, was tatsächlich als eine particula veri im Ganzen der Wahrheit identifiziert werden kann, welche die Weisheit Gottes erkennt. In ›Adversus Marcionem‹ erklärt er: »Was auch immer ihr also fordert als eines Gottes würdig, das hat man in dem unsichtbaren und unzugänglichen Vater, der durch nichts aus der Ruhe gebracht werden kann, der, daß ich's so sage, der Gott der Philosophen ist. Was ihr aber als unwürdig zurückweist, das wird dem Sohn zugeschrieben. Er wurde gesehen und gehört; er war zugänglich. Er ist der Zeuge und Diener des Vaters; er vereinigt in sich Mensch und Gott, in den Stärken Gott, in den Schwächen den Menschen, damit er dem Menschen das zutrage, was er Gott entzog.«[16] Die Weisheit der Welt erkennt also durchaus schon etwas Richtiges, wenn sie sagt, mit dem Leiblichen und überhaupt mit dem Menschen sich gemein zu machen, sei Gottes unwürdig. Dies ist nämlich Gott dem Vater zuzuschreiben. Die Weisheit der Welt übersieht aber, daß Gott nicht nur ein unveränderlich erhabenes Wesen ist, sondern auch der Sohn, dem es sehr wohl möglich ist, in die Niederungen des menschlichen Daseins hinabzusteigen. Sie übersieht auch, daß der über alles erhabene Gott dann aber auch als der Vater des leidenden Sohnes verstanden werden muß, den er aus Liebe zu den gefallenen Menschen gesandt hat, sie zu erretten. Das Maß dieser Liebe wird an dem Abstand zwischen dem unversehrbaren Vater und dem gekreuzigten Sohn sichtbar.

Der Gegensatz zwischen der Weisheit Gottes und der Weisheit der Welt entsteht also daraus, daß die Welt in ihrer Weisheit nicht die volle Wahrheit erfaßt, sondern nur ein Bruchstück, den »deus philosophorum« als eine erste, grobe Näherung an Gott Vater, dies aber für die ganze Wahrheit hält. Für diese Auffassung muß alles andere, wie die Menschwerdung Gottes, als Torheit erscheinen. Die Konfrontation, in welche Tertullian den christlichen Wahrheitsanspruch mit den Wahrheitsansprüchen der Häretiker und der Philosophen führt, impliziert also, daß die gegnerischen Aussagen in der christlichen Lehre integriert sind. Tertullian vertritt somit nicht in der Weise eine »position pure«, daß er nur etwas lehren würde, was man nicht woanders, jedenfall ähnlich, wiederfinden könnte. Er erhebt keine »Kampfansage an die Vernunft«[17] schlechthin, sondern nur gegen eine Vernunft, deren Horizont beschränkt ist. Er propagiert zwar in der Tat ein schneidendes »aut-aut«, ein Entweder-Oder, aber gerade darum, weil er zugleich ein »et-et« lehrt, eine

---

[16] »Igitur quaecumque exigitis deo digna, habuntur in patre inuisibili incongressibileque et placido et, ut ita dixerim, philosophorum deo, quaecumque autem ut indigna reprehenditis, deputabuntur in filio et uiso et audito et congresso, arbitro patris et ministro, miscente in semetipso hominem et deum, in uirtutibus deum, in pusillitatibus hominem, ut tantum homini conferat quantum deo detrahit.« Tertullian, Adversus Marcionem. In: Ders.: Opera catholica, Turnhout 1954 (= Corpus Christianorum, Series Latina 1), II, 27, 6,441–726, hier 506, 27–507, 2.

[17] So Leslie William Barnard, Art. Apologetik I. Alte Kirche. In: Theologische Realenzyklopädie 3 (1978), 371–411, hier 403, 43.

Vereinigung von Wirklichkeiten, die in der Vorstellung sonst auseinanderfallen, so etwa des leiblichen, zerbrechlichen Menschseins und der göttlichen Würde. In seinem ›Apologeticum‹ bezeichnet Tertullian den Christen als den »integrator veritatis«[18] und erklärt grundsätzlich: »Omnia adversus veritatem de ipsa veritate constructa sunt«.[19]

Die Linie der Integration vertritt Tertullian nun nicht nur gegenüber der Philosophie oder den Häretikern, sondern gegenüber jeglicher Position, die dem Christentum zu seiner Zeit gegenübertrat. Mit den Juden hat das Christentum deren Schriften gemeinsam und den Glauben an einen Messias, und zwar, daß er am Ende der Welt in Herrlichkeit kommen werde.[20] Mit der mythologischen Religion stimmt es überein in der Vorstellung von einem »Sohn Gottes«[21] und mit einer bestimmten philosophischen Position – Tertullian nennt ausdrücklich die Stoiker Zeno und Kleanthes – vertritt es, daß Gott, der Vater und der Sohn, Geist seien.[22] Bei jeder Übereinstimmung versäumt Tertullian nicht, auf den Gegensatz aufmerksam zu machen: bei den Juden, daß sie nicht zugleich an das vorangehende Kommen Christi in Niedrigkeit glauben und deswegen Jesus nur für einen Menschen halten, beim Mythos, daß die Abstammung des Sohnes Gottes dort so vorgestellt wird, daß er aus einer erotischen Verbindung eines Gottes mit einer Frau hervorgegangen sei, bei der Philosophie, daß der christlichen Lehre zufolge der Sohn Gottes, der geisthafte Logos, Fleisch angenommen hat.[23]

Betrachten wir hier noch einmal genau Tertullians Aussagen über das Verhältnis zwischen Christentum und Mythologie. Er beschreibt das Kommen Christi so, daß jüdische, philosophische und mythologische Elemente darin er-

---

[18] Tertullian, Apologeticum. In: Ders., Opera (s. Anm. 16), Turnhout 1954 (= Corpus Christianorum, Series latina 1), XLVI, 18,85–171, hier 162, 80–84. Demgegenüber sagt er von den verschiedenen Philosophenschulen:»de una uia obliquos multos et inexplicabiles tramites sciderunt.« Apol. XLVII, 9, ebd., 134, 36 f.

[19] Apol. XLVII, 11, ebd., 164, 44 f. Dieser Schlüsselsatz formuliert einen komplexen Sachverhalt, was deutlich wird an den verschiedenen Möglichkeiten, ihn ins Deutsch zu übersetzen:»Alle Mittel gegen die Wahrheit sind auf der Wahrheit selbst aufgebaut [...].« So in der Ausgabe Tertullian, Apologeticum / Verteidigung des Christentums, lat.-dt., hrsg., übers. u. erl. von Carl Becker. München ⁴1992, 211. »Alles, was gegen die Wahrheit aufgestellt wird, ist aus der Wahrheit selbst entnommen [...].« Tertullians ausgewählte Schriften, Bd. 2. Übers. u. mit Einleitungen versehen von Heinrich Kellner, durchges. u. hrsg. von Gerhard Esser, Kempten/München 1915 (= Bibliothek der Kirchenväter, 2. Aufl., I. Reihe, Bd. 24), 33–182, hier 166. Was gegen die Wahrheit gerichtet wird, ist zum einen von ihr abhängig, »baut« also auf ihr »auf«, andererseits handelt es sich um einen destruktiven, beraubenden Vorgang.

[20] Tertullian, Apologeticum (s. Anm. 18) XXI,1-3; 15–17.

[21] Ebd., XXI, 7–9, vgl. 14.

[22] Ebd., XXI, 10–14.

[23] Dieser Gedankengang wird ausführlich dargelegt bei Grosse (s. Anm. 10), 161–166.

kennbar werden: »Dieser Strahl Gottes also ist, wie früher ständig vorausgesagt wurde, in eine Jungfrau herabgeglitten, und, in ihrem Leibe Fleisch geworden, wird er geboren als Mensch, der mit Gott vereinigt ist« und fährt fort, indem er dies eine »fabula« nennt, einen »Mythos«, der den Mythen der Heiden ähnlich ist.[24] Tertullian bezeugt, daß der Gegenstand dieses Mythos aber wirklich existiert und daß dementsprechend ihm Verehrung gebührt, während er es ablehnt, die Götter der Heiden zu verehren, da sie keine Götter sind.[25] Er erklärt, er sehe da »lediglich die Namen einiger in alter Zeit Verstorbener, höre Mythen und bemerke die Kulthandlungen, die von den Mythen handeln.«[26] Diese Götter sind nichts als Menschen, die zu Göttern erhoben worden sind.[27]

Daß dem so ist, bestreiten die Anhänger der Mythen aber gar nicht: nach ihrem Tode sind bestimmte Menschen zu Göttern erhoben worden.[28] Genau dies ist, wie Mircea Eliade gezeigt hat, das Merkmal einer ›archaischen‹ Gesellschaft: Menschen, die aufgrund bestimmter Taten und Umstände herausragen, nach ihrem Tod der profanen Geschichte, welche eine Aufeinanderfolge unwiederholbarer, einmaliger, zufälliger Ereignisse ist, zu entrücken und sie zu archetypischen Gestalten einer mythischen Zeit werden zu lassen, die lange vor dieser geschichtlichen Zeit gewesen ist.[29] Das Bemerkenswerte an Tertullian ist nun, daß er sich durchaus bewußt ist, daß die christliche Verkündigung von Christus solchen Mythen ähnlich ist; er gesteht dies sogar frei der Gegenseite zu. Er kann aber offenbar nicht den Prozeß mitvollziehen, der im mythischen Denken aus einer geschichtlichen Person ein der Geschichte enthobenes, göttliches und zu verehrendes Wesen macht. Wie er von dem Ursprung der christlichen Gemeinschaft spricht, liegt es für ihn nahe, sich auf die Grundlegung dieser Gemeinschaft durch die uralten Schriften der Juden zu berufen, doch kann er andererseits, ohne sich dabei Abbruch zu tun, zu erklären, daß dieser Ursprung in der

---

[24]   »iste igitur dei radius, ut retro semper praedicabatur, delapsus in virginem quandam et in utero eius caro figuratus nascitur homo deo mixtus [...] recipite interim hanc ›fabulam‹ - similis est vestris [...].« Tertullian, Apologeticum (s. Anm. 18) XXI, 14,135, 64–68.

[25]   Ebd., X, 2.

[26]   »quantum igitur de deis vestris, nomina solummodo video quorundam veterum mortuorum et fabulas audio et sacra de fabulis recognosco.« Ebd., XII, 2,109, 3–5.

[27]   Ebd., X, 3 und die folgenden Ausführungen.

[28]   Ebd., XI, 1.

[29]   Mircea Eliade, Kosmos und Geschichte, Kap. I: Archetypen und Wiederholung, I. 7: Die Mythen und die Geschichte, in der Ausgabe Frankfurt a. M. 1984/1994: 48–62 (frz. Original: Le mythe de l'éternel retour: Archétypes et répetition. Paris 1949). Eliade vollzieht damit jenes Verständnis von Mythos nach, wie es in der antiken Mythenkritik seit Euhemeros vorgetragen wurde, macht dabei aber deutlich, daß es für das Selbstverständnis mythischen Denkens gar keine Abwertung, weil gar nicht von Belang ist, daß eine mythische Gestalt aus einem gewöhnlichen Menschen hervorgegangen ist.

damals noch gar nicht weit zurückliegenden Zeit des Kaisers Tiberius liegt.[30] Die Verkündigung von Jesus Christus hat also in gewisser Weise den Gehalt eines Mythos – so wie auch Gott Vater in gewisser Weise der »deus philosophorum« ist. Doch gewinnt die Person Jesu diesen Gehalt nicht durch einen Prozeß, der aus einer geschichtlichen Person einen mythischen Gott schafft, sondern er ist umgekehrt Gott, der unter den Bedingungen der profanen, konkreten Geschichte Platz nimmt.

Wir können also resümieren: das Christentum tritt in der Weise in Begegnung mit anderen geistigen Welten, daß es diesen bestimmte Elemente entnimmt, oder vielmehr: daß es aufweist, daß zu seinem eigenen Wesen integrierende Elemente gehören, die sich, für sich betrachtet und abgewandelt, in verschiedenen dieser anderen geistigen Welten vorfinden. Im Ganzen des Christentums sind diese Elemente vereint, während sie außerhalb seiner verstreut sind, ja sogar nte, aber zugleich Daten von geschichtlicher Konkretion, und wiederum Positionen philosophischen Denkens. Mythos, Geschichte, Philosophie stehen untereinander getrennt da, innerhalb des Christentums sind sie miteinander verbunden. Sowohl die Mythendichter, erklärt Tertullian, als auch die Philosophen haben aus dem Quell der Propheten getrunken.[31] Diese These konnte als auf einer historischen Abhängigkeit beruhend verstanden werden, aber auch gemäß der Lehre vom λόγος σπερματικός, wonach die nichtchristlichen Denker Teile des samenhaften göttlichen Wortes empfangen haben, das in Jesus Christus Mensch geworden ist.[32] Diese Samen werden im Christentum vereinigt und zur Fülle ausgekeimt.

---

[30]   Tertullian, Apologeticum (s. Anm. 18) XXI, 1,122, 1–4. »antiquissimis Iudaeorum instrumentis« (ebd., 122, 1 f.). Damit ist zumindest eine Nähe zur mythischen Urzeit gegeben. Die Datierung auf die Zeit des Tiberius widerspricht hingegen der Tendenz mythischen Denkens, die tatsächlichen geschichtlichen Umstände, gerade was »Persönlichkeiten« und »Ereignisse« betrifft, abzustreifen, s. Eliade (s. Anm. 29), 57, bei Anm. 67, und 58–60. Siehe dazu die in dem Titel seines Aufsatzes formulierte These von Clive Staples Lewis, Myth became Fact. In: Ders., God in the Dock. Essays on Theology and Ethics. Hrsg. von Walter Hooper. Grand Rapids, Michigan 1970, 63–67.

[31]   »quis poetarum, quis sophistarum, qui non omnino de prophetarum fonte potaverit?« Tertullian, Apologeticum (s. Anm. 18) XLVII, 2.

[32]   Justin sagt von den Philosophen, Dichtern und Geschichtsschreibern, die etwas Wahres gesagt haben: »ἕκαστος γάρ τις ἀπὸ μέρους τοῦ σπερματικοῦ θείου λόγου τὸ συγγενές ὁρῶν καλῶς ἐφθέγξατο [...] ὅσα οὖν παρὰ πᾶσι καλῶς εἴρηται, ἡμῶν Χριστιανῶν ἐστι τὸν γάρ ἀπò ἀγεννήτου καὶ ἀρρήτου θεοῦ λόγον μετὰ τὸν θεὸν προσκυνοῦμεν καὶ ἀγαπῶμεν, ἐπειδὴ καὶ δι᾿ ἡμᾶς ἄνθρωπος γέγονεν [...].« Justinus Martyr, Apologia Minor, 13, in der Ausgabe Saint Justin: Apologie pour les Chrétiens. Hrsg. u. übers. von Charles Munier, griech.-franz. Fribourg 1995 (= Paradosis 39), § 81 (13) 3 f., 142.

Diese Vereinigung ist nun keine synkretistische. Als bezeichnend für »Synkretismus« mag hier die klassische Formulierung im abschließenden Buch der ›Metamorphosen‹ des Apuleius von Madaura († nach 180) gegeben werden. In einem Traum erscheint einem Schlafenden eine Göttin und spricht: »Da bin ich [...] die Mutter der Schöpfung, die Herrin aller Elemente, der Ursproß der Jahrhunderte, die höchste der Gottheiten, die Königin der Geister, die erste der Himmlischen«, die Erscheinung der Götter und Göttinnen in einer Gestalt [...]«. Sie führt dann eine lange Reihe von Namen auf, die verschiedene Völker ihr geben, u. a. Minerva, Venus, Diana, Proserpina, Juno, und endet schließlich: »diejenigen, die mich mit mir eigenen Zeremonien verehren, nennen mich mit wahrem Namen die Königin Isis«.[33] Hier liegt auch eine Integration vor, aber diese Integration ist eine Addition. Sie nimmt ihren Ausgangspunkt bei den verschiedenen Kulten, die es schon gibt. Unter verschiedenen Namen verehren sie dieselbe Gottheit. Das, was dieser besondere Kult als Eigentümliches einzubringen hat, ist der »wahre Name«, die »facies uniformis« dieser Vielfalt. Beim Christentum handelt es sich hingegen um mehr als um einen Namen und eine Erscheinungsform. Es geht aus von seinem eigenen Gehalt und nicht von den anderen Kulten, die es lediglich unter seinem Namen zusammenfügt. Es übernimmt nicht alle diese Kulte, nur unter Hinfügung einer Einheitsformel mit besonderen Zeremonien, die dieser eigentümlich ist. Es entdeckt vielmehr gewisse Übereinstimmungen mit anderen Geistesformen, die sich aber auf gewisse Elemente beschränken und die, genau betrachtet, nur Ähnlichkeiten und grobe Annäherungen sind. Die Einheit dieser Elemente im Christentum ist bereits vorgegeben. In der Begegnung mit nicht-christlichen Geistesformen wird es sich dieser Ähnlichkeiten dann bewußt und verwendet sie als Argumente in der Kontroverse. Nur aufgrund einer ihm bereits eigentümlichen Affinität zu diesen Elementen in außerchristlichen Geisteswelten hat es diese überhaupt aufgreifen wollen; auf Anpassung war die Kirche jener Zeit der Verfolgungen keinesfalls aus.

---

[33]   »En adsum [...] rerum naturae parens, elementorum omnium domina, saeculorum progenies initialis, summa numinum, regina manium, prima caelitum, deorum dearumque facies uniformis [...] caeremoniis propriis percolentes appellant vero nomine reginam Isidem.« Apuleius: Metamorphosen oder Der goldene Esel, lat. u. dt. von Rudolf Helm. Berlin ²1956 (= Schriften und Quellen der Alten Welt 1), XI, 5,326, 35–328, 10.

1.2 Augustinus

Bei Augustin tritt die integrative Dimension des Christentums stärker hervor als bei Tertullian,[34] doch bleibt zugleich die konfrontative Dimension sichtbar. Ich konzentriere mich, um die Weise der christlichen Integration noch mehr zu erfassen, auf die Integration der Philosophie, mit der sich Augustin eingehend befaßt hat. Ich ziehe dazu vor allem seine frühe Schrift *De vera religione* heran und sein reifes Werk *De civitate Dei*.

Bereits die Begriffsbildung ›vera religio‹ zeugt von dieser Integration. Denn ›Wahrheit‹ ist eine Eigenschaft, die der Philosophie zugesprochen werden kann und nach ihr trachtet die Philosophie, für ›religio‹ hingegen, wie dieser Begriff damals außerhalb des christlichen Kreises gefaßt wurde, kam das Prädikat ›wahr‹ nicht in Frage. ›Religio‹ wird als Kult ausgeübt und es kann mehrere Kulte zugleich geben. Die Verschiedenheit zwischen diesen Kulten ist nicht die Verschiedenheit zwischen ›wahr‹ und ›nicht wahr‹. Von einer ›wahren Religion‹ kann beim Christentum darum gesprochen werden, weil in ihm sich Elemente der nicht-christlichen Religion mit Elementen der Philosophie verbunden finden: »So nämlich glaubt und lehrt man [im Christentum], daß es das Hauptstück des menschlichen Heils ist, daß Philosophie, d. h. Streben nach Weisheit, und Religion nichts verschiedenes sind.«[35] So ist dann von der ›wahren Religion‹ auszusagen: »Der Zugang zu jedem guten und seligen Leben liegt in der wahren Religion begründet, durch welche ein einziger Gott verehrt und durch eine völlig gereinigte Frömmigkeit als Ursprung aller Wesen erkannt wird [...].«[36] Augustin beweist dies durch zweierlei. Erstens: Die nicht-christlichen Philosophen, die verschiedene Positionen vertreten, können sich gleichwohl an einem gemeinsamen Kult beteiligen.[37] Daß dies miteinander vereinbar ist, zeigt, daß sich die Religion indifferent zu der Wahrheit verhält, um welche die Philosophen streiten. Religion und Philosophie bestehen nur in einem Nebeneinander. Andererseits ist es so,

---

[34]   Genannt sei hier nur das auch schon bei Origenes begegnende Motiv, das antike, heidnische Bildungsgut sei etwas wie die spolia aegyptorum, das Gut, welches die Israeliten bei ihrem Auszug rechtmäßigerweise den Ägyptern entziehen und für sich verwenden durften, s. De doctrina christiana [doctr. chr.], II, 40, 60–42, 63, sowie Confessiones [conf.], VII, 9, 14.

[35]   »Sic enim creditur et docetur quod est humanae salutis caput, non aliam esse philosophiam, id est sapientiae studium, et aliam religionem [...].« De vera religione [uera rel.] V. [8] 26. Die Angabe der Stellen hält sich an die in der Ausgabe De vera religione / Über die wahre Religion, lat.-dt. Übers. u. Anm. von Wilhelm Thimme, Nachwort von Kurt Flasch, Stuttgart 1983.

[36]   »[...] omnis vitae bonae ac beatae via in vera religione sit constituta, qua unus deus colitur et purgatissima pietate cognoscitur principuum naturarum omnium [...].« uera rel. I. [1] 1.

[37]   Ebd.

daß die »katholischen« und »orthodoxen Christen« diejenigen, deren Lehre sie ablehnen, von ihren Sakramenten, also ihrem Kult ausschließen.[38] Wahrheitsentscheidung und Zugehörigkeit zu einer Kultgemeinschaft fallen also in eins.

Dementsprechend entscheidet sich Augustin in ›De civitate Dei‹ unter den drei Gattungen von »theologia«, die Varro aufführt, für die zweite Gattung, das »genus physicon«, welches die Theologie der Philosophen ist, und gegen das »genus mythicon« und das »genus civile«.[39] Jene, die erste Gattung, ist die Theologie der mythologischen Dichter, die im Theater sich darstellt, diese, die dritte Gattung, die Theologie der Staatskulte. Die Entscheidung Augustins hat ihre Pointe darin, daß er die *theologia naturalis,* welche das wahre Wesen Gottes oder der Götter zu erforschen sucht, als identisch ansieht mit der christlichen Religion, welche als Religion einen Kult hat. Der Gott, über den diejenigen, die nur Philosophen sind,[40] lediglich disputieren können, ist der Gott, der sich im Kult den Menschen als zugänglich erweist.[41]

Wie Augustin den Aspekt, daß die Philosophie im Christentum integriert ist, auffaßt, zeigt sich konkret in seiner Auseinandersetzung mit den Platonikern. In *De vera religione* erklärt er, daß die platonischen Philosophen nur einen Schritt noch vom Christentum entfernt seien, »und wenn nur wenige Worte und Lehrsätze geändert würden, würden sie Christen, wie es auch die meisten Platoniker unserer jüngsten Zeit geworden sind«.[42]

Diesen Standpunkt, welchem der der Platoniker so nahe ist, gewinnt das Christentum indes nicht auf philosophischem Wege, sondern dadurch, daß es glaubend eine Autorität anerkennt, dann aber wird »alles, was wir anfangs geglaubt haben, indem wir nur einer Autorität gefolgt sind, teils so eingesehen, daß

---

[38]   uera rel. V. [8] 26. Die Gemeinschaft, der Augustin zugehört, nennt er die, »qui Christiani catholici vel orthodoxi nominatur.« uera rel. V. [9] 29.

[39]   De civitate Dei [ciu.] VI, 5, diese Begriffe in der Ausgabe hrsg. von Bernhard Dombart u. Alfons Kalb, Stuttgart 1924 (Darmstadt ^{5}1981), Bd. 1, 252, 17–20. Die Polemik Augustins richtet sich durchgehend (VI, 4–12) gegen die theologia mythica und die theologia civilis, die er für eine Variante der ersteren erklärt.

[40]   »Secundum genus est, inquit [Varro], quod demonstravi, de quo multos libros philosophi reliquerunt«. Ebd., Bd. 1, 253, 10–12; »Quod de diis immortalibus philosophi disputant [...].« Bd. 1, 253, 25.

[41]   Siehe Joseph Ratzinger, Volk und Haus Gottes in Augustins Lehre von der Kirche, München 1954 (= Münchener Theologische Studien II. 7), 267–276, insbes. 271–275. Ratzinger hat diese Einsicht in die Einsicht Augustins nachher mehrfach vorgetragen und weiter entwickelt, z. B. in seiner Bonner Antrittsvorlesung von 1959, abgedr., Der Gott des Glaubens und der Gott der Philosophen. In: Vom Wiederauffinden der Mitte, Freiburg 1997, 50–53.

[42]   »et paucis mutatis verbis atque sententiis Christiani fierent, sicut plerique recentiorum nostrorumque temporum Platonici fecerunt.« Augustin, De vera religione (s. Anm. 35) IV. [7] 23.

wir es als vollkommen gewiß sehen, teils daß wir sehen, daß es hat geschehen können und angebracht gewesen ist, daß es geschieht.«[43] An späterer Stelle führt er dies so aus: die Medizin der Seele besteht aus zwei Komponenten, die hintereinander gereicht werden: »Autorität und Vernunft. Die Autorität verlangt Glauben und bereitet den Menschen auf die Vernunft vor. Die Vernunft führt zu Einsicht und Erkenntnis. Doch verläßt die Vernunft nicht völlig die Autorität, wenn man überlegt, wem man glauben soll, und gewiß hat die erkannte und klar einleuchtende Wahrheit die höchste Autorität.«[44] Der Glaube ist also nicht in jeglicher Beziehung blind, und das Erlangen der Einsicht in das Geglaubte be-

---

[43]   »omnia quae primo credimus, nihil nisi auctoritatem secuti, partim sic intelleguntur ut videamus esse certissima, partim sic ut videamus fieri posse atque ita fieri oportuisse [...].« Ebd., VIII. [14] 42. Auch in der Folge der Gegenstände der Betrachtung unterscheidet sich die christlichen Lehre von der Philosophie. Was als erstes im Glauben angenommen wird, ist nicht das unveränderliche Dasein Gottes, sondern die Geschichte, durch welche Gott das Heils der Menschen gewirkt hat: »Huius religionis sectandae caput est historia et prophetia dispensationis temporalis divinae providentiae pro salute generis humani in aeternam vitam reformandi atque reparandi.« Ebd., VII. [13] 39.

[44]   »Quam ob rem ipsa quoque animae medicina, quae divina providentia et ineffabili beneficentia geritur, gradatim distincteque pulcherrima. Tribuitur enim in auctoritatem atque rationem: auctoritas fidem flagitat et rationi praeparat hominem, ratio ad intellectum cognitionemque perducit. Quamquam neque auctoritatem ratio penitus deserit, cum consideratur cui credendum sit; et certe summa est ipsius iam cognitae atque perspicuae veritatis auctoritas.« Ebd., XXIV. [45] 122. In ›De utilitate credendi‹ hat Augustinus gegenüber einem Gesprächspartner, der von der Kritik der Manichäer an diesem katholischen Prinzip, das zuerst den Glauben verlangt, beeinflußt war, dieses bekräftigt und begründet: »Nam vera religio, nisi credatur ea, quae quisque postea, si se bene gesserit dignusque fuerit, adsequatur atque percipiat [...].« / »Denn zur wahren Religion kann man umöglich einen richtigen Zugang finden, wenn man nicht folgendermaßen vorgeht: Man muß zunächst das glauben, was man später erst erfaßt und einsieht, wenn man sich sittlich gut verhalten hat und würdig geworden ist [...]«, De utilitate credendi [util. cred.] 21, in der Ausgabe De utilitate credendi / Über den Nutzen des Glaubens. Übers. u. eingel. von Andreas Hoffmann, Freiburg u. a. 1992 (= Fontes Christiani 9), 136, 21–24. Wenn Carl Andresen zu dieser Stelle in uera rel. bemerkt, Augustins Argumentation sei hier »platonisierend« und dies mache evident, daß seine Konzeption des »Christus medicus« popularphilosophischen Ursprungs sei, dann zeugt dies von völliger Verkennung des Verhältnisses zwischen christlicher Lehre und Philosophie, wie sie Augustin bestimmt. Nicht hat jene in dieser ihren Ursprung, sondern umgekehrt: Andresen, Anm. zu 453 unten. In: Aurelius Augustinus, Vom Gottesstaat. Aus dem Lat. übertr. von Wilhelm Thimme. Eingel. u. komm. von Carl Andresen, Bd. 1., München 1977 (Zürich 1955), 608 f.

deutet nicht die Loslösung von der bislang geglaubten Autorität. Denn es ist die Autorität Gottes, der zugleich die Wahrheit ist.[45]

Von diesem durch den Glauben begründeten Standpunkt aus sichtet Augustin die verschiedenen Philosophenschulen und stellt bei den Platonikern das größte Maß von Gemeinsamkeiten mit dem Christentum fest. In Buch VIII von *De civitate Dei*, der Darstellung der verschiedenen Vertreter der theologia naturalis, in Buch IX, der Auseinandersetzung mit dem in dieser Sache als Platoniker auftretenden Apuleius und in Buch X, der Auseinandersetzung mit dem Platoniker Porphyrius († vor 305), führt Augustin diese Gemeinsamkeiten auf. Diese sind (1), daß es einen Gott gibt, der sich um die Menschen kümmert,[46] (2) von der Welt unterschieden ist, (3) die vernünftige, geistige Seele durch Teilhabe an seinem Wesen selig macht,[47] (4) daß er als Schöpfer dieser Seele selbst geistig ist,[48] (5) daß zu diesem Zweck des Erlangens der Seligkeit ein Mittler zwischen Gott und den Menschen da sein muß.[49] Es gibt (6) eine Trinität[50] und (7) die Notwendigkeit einer Gnade, um zu Gott zu gelangen.[51]

Die Unterschiede, die bleiben, sind folgende: Mittler zwischen Gott und den Menschen sind den Platonikern zufolge die Dämonen, nach Augustin aber Christus. Damit verbunden ist die platonische These »Nullus Deus miscetur homini«.[52] Eine Menschwerdung Gottes würde dann ausgeschlossen sein. Dies ist

---

[45] Augustin hält es dabei nicht für notwendig, daß jeder Christ zu dieser Vernunfteinsicht in das Geglaubte gelangt. Er hält es nur für grundsätzlich möglich. Ciu. VIII, 10 spricht er von dem Christen, der keine philosophischen Schriften, sondern nur die Bibel kennt. Er weiß, daß die christliche Lehre auch mit verborgenen Wahrheiten zu tun hat, doch ist dies Absicht: »Nam et mysteriorum expositio ad ea dirigitur quae apertissime dicta sunt. Et si ea tantum essent quae facillime intelleguntur, nec studiose quareretur nec suaviter inveniretur veritas [...].« uera rel. XVII. [33] 88.

[46] Augustin, De civitate Dei (s. Anm. 39) VIII, 1, Bd. 1, 321,3 f. Vgl. X, 1.

[47] Ebd. VIII, 1, Bd. 1, 321,11–17, wörtlich: »participatione sui luminis incommutabilis et incorporei beatam facit.« Vgl. VIII,10, Bd. 1, 335, 32–336, 13.

[48] Ebd. VIII, 5, Bd. 1, 329, 7–9.

[49] Wobei die Platoniker, hier Apuleius, meinen, die Dämonen seien dieser Mittler. Diese Meinung diskutiert Augustin in Buch IX, s. Bd. 1, 368, 26–30. Die Platoniker begründen diese Notwendigkeit mit dem Satz: »nullus deus homini misceatur« (ebd., 28), Augustin hingegen damit, daß der Mensch nicht die Nähe Gottes ertragen könnte: »[...] quoniam inmortali puritati, quae in summo est, ea quae in imo sunt, mortalia et inmunda convenire non possunt, opus est quidem mediatore [...].« IX, 17, Bd. 1, 392, 29–31.

[50] Ebd., X, 29, Bd. 1, 447, 25–30. Hier kommt Augustin, ähnlich wie zuvor Tertullian, zu der Einschätzung, daß die Philosophie zu einer, wenngleich unklaren Vorstellung von dem Ziel des Menschen gekommen ist, sich aber der Einsicht verschließt, auf welchem Wege man zu diesem Ziel gelangt.

[51] Ebd., X, 29, Bd. 1, 448, 6–15.

[52] Ebd., IX,16, Bd. 1, 389, 14. Vgl. oben Anm. 49.

auch der Streitpunkt mit Porphyrius: er lehnt ab, daß die zweite Person der Trinität, der unwandelbare Sohn Gottes, Mensch wird, er erkennt den konkreten und höchsten Erweis von Gottes Gnade, nämlich die Menschwerdung, nicht an.[53] Porphyrius wiederholt die Punkte des Anstoßes, denen gegenüber bereits Tertullian sein »credo, quia absurdum« formuliert hat: daß Christus, von einer Frau geboren, einen Leib angenommen hat und mit diesem Leib gekreuzigt wurde und starb,[54] verbunden damit, daß er von einer Jungfrau geboren wurde und in der Auferstehung wieder seinen Leib annahm.[55]

Augustin argumentiert gegen diese differierende Lehre der Platoniker durchweg mit Vernunftargumenten, die, wie er in *De vera religione* gesagt hat, entweder die völlige Gewißheit oder jedenfalls die Möglichkeit und Angemessenheit der christlichen Lehren beweisen. Diese Argumente seien hier aufgeführt, weniger, um sich selbst auf diese Kontroverse einzulassen, als um zu zeigen, wie er hier die Integration der Vernunft in das Christentum vollzieht.

Apuleius gegenüber zeigt er, daß die Dämonen nicht geeignet sind, Mittler zwischen Gott und den Menschen zu sein, so daß sie den Menschen zur Seligkeit verhelfen könnten. Eine Mittlerschaft ist nötig, wie beide Positionen annehmen, wegen der Größe des Abstandes zwischen Gott und den Menschen: (1) jener ist erhaben, dieser niedrig, (2) jener hat ewiges Leben, dieser ist sterblich, (3) jener ist glückselig, dieser elend.[56] Die Dämonen haben nun mit Gott die Ewigkeit, aber mit den Menschen die Unseligkeit gemein. Sie können also den Menschen nur ein ewige Unseligkeit vermitteln.[57] Aber auch die guten Engel vermögen nicht zu vermitteln, da sie, wie Gott selbst, selig und unsterblich sind.[58] Es zeigt sich, daß Augustin hier eine Antwort auf die Fragestellung des Apuleius findet, aber eine, welche deren Struktur überschreitet. Der Mittler ist kein solcher, der von einer mittleren Position zwischen Gott und den Menschen aus vermittelt, sondern es ist Gott selbst, der Mensch wird, dadurch die Sterblichkeit des Menschen annimmt, aber die Seligkeit Gottes behält, in der Auferstehung zusammmen mit seiner angenommenen Sterblichkeit aber auch die Sterblichkeit des Menschen überhaupt überwindet und dem menschlichen Fleisch Unsterblichkeit und zugleich seine Seligkeit verleiht.[59] Dieser Weg überspringt also die Zwischenstufe der Engel und hat gegenüber einem Weg, der den Menschen zuerst auf die Stufe der

---

[53]   Ebd., X, 29, Bd. 1 447, 30–448, 5; 448, 15–18.

[54]   Ebd., X, 28, Bd. 1, 446, 29–31.

[55]   Ebd., X, 29, Bd. 1, 449, 18–28.

[56]   Ebd., IX, 12.

[57]   Ebd., IX, 15, Bd. 1, 388, 3–8. Daß die Dämonen nicht gut, und somit unselig sind, entwickelt Augustin aus den Ausführungen des Apuleius, IX, 8.

[58]   Ebd., IX, 15, Bd. 1, 387, 22 f.

[59]   Siehe den ganzen Gedankengang der Darlegungen von ebd., IX, 15, sowie X, 29.

Engel führen würde, den Vorteil der Kürze: er führt unmittelbar zu der Teilhabe an Gottes Wesen, an dem auch die Engel teilhaben und dadurch selig sind.[60]

Die christliche Lehre von der Mittlerschaft aufgrund der Menschwerdung Gottes ruft natürlich erst recht den platonischen Einspruch aufgrund der These »Nullus Deus miscetur homini« hervor. Die Verhandlung dieses Einspruchs wird in der Auseinandersetzung mit Porphyrius fortgesetzt. Wird jene These von den Platonikern so verstanden, daß Gott durch die Berührung mit Menschlichen verunreinigt würde, so kehrt Augustin dagegen ausgerechnet die gerade von den Platonikern vertretene Auffassung von der Erhabenheit Gottes als geistigem Wesen:[61] eben weil Gott erhaben ist, kann er durch nichts Menschliches verunreinigt werden und ist imstande, Menschheit anzunehmen.[62] Gegen die verwandte These, daß schlechthin alles Körperliche zu fliehen sei, wendet er unter anderem ein, daß die Leiber der Auferstandenen so wie der Leib des auferstandenen Christus selbst sein werden und damit so beschaffen, daß sie den Blick der Seele auf Gott nicht im geringsten behindern.[63] Die Inkarnation dient dem Erreichen dieser Schau Gottes; sie läßt sich auf die Bedingungen des menschlichen Wesens ein, das von Natur aus Leib und Seele zusammengesetzt sein muß,[64] und widerspricht zugleich nicht der Gottheit Gottes. Die Struktur von Augustins Argumentation ist wie folgt: zunächst bedenkt er eine grundlegende These der Platoniker, die Erhabenheit Gottes als Geist, konsequenter als sie selbst und stellt sie in einen anderen Zusammenhang, den der Inkarnation. So gelangt er zu dem entgegengesetzten Ergebnis, daß diese These nicht der Inkarnation widerspricht, sondern ihre Möglichkeit erklärt. Im zweiten Schritt differenziert Augustin eine platonische These – »omne corpus fugiendum esse« – und das heißt: er versteht sie genauer und tiefer als die Platoniker sie bis dahin verstanden haben. Denn nicht der Körper an sich ist etwas Schlechtes, sondern die Begierde, welche die Seele auf ihn als etwas Zeitliches und Wandelbares richtet.[65] Der Körper ist hingegen dazu geeignet und bestimmt, mit Unsterblichkeit und Leidensunfähigkeit versehen zu werden und so beschaffen zu sein, daß er die Schau Gottes nicht hindert.

---

[60] Ebd., IX, 15, Bd. 1, 388, 30–399, 5.

[61] Ebd., IX, 16 f., insbes. Bd. 1, 392, 8–14.

[62] Ebd., IX, 17, Bd. 1, 392, 30–393, 1.

[63] Ebd., X, 29, Bd. 1, 450, 12–23. Nebenbei bemerkt, zeigen solche Ausführungen, daß eine Bemerkung wie die Kurt Flaschs, Augustins habe »die Verachtung des Leibes als die gemeinsame Hauptlehre von Christentum und Platonismus« herausgestellt, von völliger Blindheit zeugt: Flasch (s. Anm. 35), 226. Vgl. dazu nur uera rel. X, 21.

[64] Augustin, De civitate Dei (s. Anm. 39) X, 29, Bd. 1, 449, 12 f.

[65] Ebd., IX, 17, Bd. 1, 392, 18 f., als Weiterdenken eines Plotin-Zitats »Fugiendum est igitur ad carissimam patriam [...].« Ebd., 392,12 f.

Resümierend können wir feststellen: Augustin gelangt mittels der Offenbarung, an die er glaubt, zu Auffassungen, die mit der Vernunft als gewiß oder jedenfalls als möglich und angemessen nachzuvollziehen sind, zu denen aber de facto die Vernunft noch nicht gelangt war. Er integriert eine außerhalb des Christentums gewonnene Fragestellung – wie es zu einer Mittlerschaft zwischen Gott und den Menschen kommen kann – in den Zusammenhang der christlichen Lehre und kommt dadurch zu einer Lösung dieser Fragestellung, welche der bisher, außerhalb des Christentums, vertretenen Lösung überlegen ist. Er akzeptiert eine philosophische These – die Erhabenheit Gottes über der menschlichen Natur – und zeigt, daß sie erst dann zur vollen Geltung kommt, wenn sie mit der Lehre von der Inkarnation verknüpft ist. Er nimmt gleicherweise das platonische Gebot auf, sich vom Körperlichen abzuwenden, und zeigt, was eigentlich damit gemeint ist.

Demnach führt die Integration der Philosophie in die christliche Lehre die Philosophie zu einer volleren Erfassung der Wahrheit, was wiederum heißt, daß sie tiefer, differenzierter und komplexer wird.[66] Sie wird dies de facto gerade mit Hilfe der Anerkennung der Autorität der christlichen Offenbarung; dies geschieht aber nicht *nur* de facto, also aufgrund einer geschichtlichen Zufälligkeit, sondern aus einem inneren Grunde: weil die Autorität, welche der philosophierende Christ anerkennt, und die Wahrheit, welche die Einsichten der Philosophie einleuchtend macht, sachlich miteinander identisch sind. Weil diese Autorität anerkannt wird, darum wird auch an Einsicht gewonnen. Daraus erklärt sich umgekehrt, warum die Philosophie außerhalb des Christentums nicht zu dieser Fülle, Schärfe und Tiefe von Einsicht gelangte.

Es ist nicht zufällig so, daß gerade die Menschwerdung Gottes der Punkt ist, den die heidnischen Platoniker als nicht überzeugend ablehnen. Denn dieser Punkt ist eben derjenige, der ihnen Demut abverlangen würde. Sie müßten nämlich, die Inkarnation akzeptierend, anerkennen, daß sie der Heilung bedürftig sind, deretwegen Gott sich erniedrigt hat und Mensch geworden ist. Die Demut, die sie zeigen müßten, indem sie sich eingestehen würden, daß sie erlösungsbedürftig sind, ist zugleich die Demut, die sie bereit machen würde, die Autorität der Offenbarung anzuerkennen, durch die sie zu der Einsicht gelangen würden, daß Gott tatsächlich Mensch geworden ist.[67] Der Mangel an Demut führt

---

[66]   Es ist hier zu erinnern an die Ausführungen von Josef Pieper, wonach die Philosophie erstens von ihren Anfängen her schon von einer religiösen Offenbarung her philosophiert habe, und zweitens das christliche Philosophieren sich nicht durch glattere, einfachere Lösungen als das nicht-christliche auszeichne, sondern durch einen Weg, der eine größere Weite der Wirklichkeit bedenkt, dadurch schwieriger ist und trotz allem Streben nach Klarheit Sinn für das Geheimnis besitze, s. Josef Pieper, Was heißt philosophieren? Vier Vorlesungen, München 1948, Vorlesung IV, 89–114, insbes. 89–109.

[67]   Augustin, De civitate Dei (s. Anm. 39) X, 29, Bd. 1, 450, 10–12. 24 f.; 451, 5–10.

zu einem Mangel an Erkenntnis. Und umgekehrt würde, wenn man im Besitz der rechten Erkenntnis ist, aber denjenigen nicht ehrt, welcher der Grund dieser Erkenntnis ist, auch die Wahrheit, die man erkannt hat, an Überzeugungskraft verlieren und einem entschwinden. Dies ist die These des Paulus in Röm 1,20ff., die Augustin wiederholt in seine Ausführungen einbringt.[68]

2. Neuzeit

2.1 Edward Herbert Lord Cherbury

Edward Herbert, der im Jahre 1631 den Titel eines Barons von Cherbury erhielt[69] und in der Literatur teils mit seinem Familiennamen, teils mit diesem Adelstitel genannt wird, Bruder des anglikanischen Geistlichen und Dichters George Herbert, eines hervorragenden Vertreters des ›metaphysical poets‹, verfaßte in den Jahren 1617–19 sein Werk ›De Veritate, Prout distinguitur a Revelatione, a Verisimili, a Possibili, et a Falso‹. 1619–24 war Edward Herbert Gesandter des englischen Königs in Paris.[70] Er legte dort das Manuskript dieses Werkes Hugo Grotius vor, der damals als Emigrant in Paris weilte, sowie Daniel Tilenius. Diese rieten ihm zu Veröffentlichung, wozu ihn ein Zeichen vom Himmel bestärkte, das er erbeten hatte, um sich seiner Sache sicher zu sein.[71] 1624 wurde ›De Veritate‹ erstmals in Paris gedruckt.[72] Cherbury selbst ist zwar im Laufe der Zeit vergleichsweise in Vergessenheit geraten, aber wohl gerade aus dem Grunde, weil, »was er zu sagen gehabt hatte«, »eben so sehr in das allgemeine Bewußtsein übergegangen« war, »daß man ihn selbst entbehren konnte«.[73] Dementsprechend

---

[68] Ebd., VIII, 23, Bd. 1, 356; X, 1, Bd. 1, 401.

[69] Günter Gawlik, Einleitung. In: Edward Lord Herbert of Cherbury, De Veritate, Editio Tertia. De causis errorum. De religione Laici, Parerga, Faksimile-Neudruck der Ausgaben, London 1645. Hrsg. u. eingel. von Günter Gawlik. Stuttgart-Bad Cannstatt 1966, VII–XLVIII, hier XXII.

[70] Ebd., IX.

[71] Ebd., XIIIf.

[72] Ebd., XIV; XVI. Die ›Editio tertia‹, welche hier der Darstellung zugrundliegt ist von 1645. Bei der Wiedergabe des lat. Textes werden Abkürzungen aufgelöst. Eine englische Übersetzung dieser Schrift, die, wie Heinrich Scholz (s. Anm. 73), 15, sehr euphemistisch sagt, in »ritterlich-nachlässigem« Latein verfaßt ist, liegt vor unter dem Titel: De Veritate, by Edward, Lord Herbert of Cherbury. Translated with an Introduction by Meyrick H. Carré, Bristol 1937.

[73] Heinrich Scholz, Vorwort zu: Die Religionsphilosophie des Herbert von Cherbury. Auszüge aus ›De veritate‹, 1624, und ›De religione gentilium‹, 1663, mit Einl. u. Anmerkungen. Hrsg. von Heinrich Scholz, Gießen 1914 (= Studien zur Geschichte des neueren Protestantismus. Quellenheft 5), Vf., hier V.

spricht man von dem »stillen Einfluß« seiner Schriften, mit welchen der Anfang der Religionsphilosophie der Aufklärung gesetzt wurde.[74] Es ist also aus dem Grunde hier von Cherbury die Rede, weil man bei ihm in der Situation des Anfangs, Impulse und Grundgedanken in elementarer Klarheit finden kann, welche für die Neuzeit, insofern sie durch die Aufklärung bestimmt ist, prägend geworden sind.[75]

Die Ausgangslage Cherburys ist derjenigen des jungen, suchenden Augustin ähnlich. Er sah sich umgeben von Religionsparteien, von denen jede die Wahrheit beanspruchte, und zwar mit solchem Nachdruck, daß sie jeden Angehörigen einer anderen Partei auf Ewigkeit verdammt sah.[76] Die Situation der Spätantike im römischen Reich, in welcher die Wahrheitsansprüche verschiedener Philosophenschulen und verschiedener Gemeinschaften, die beanspruchten, christlich zu sein – beispielsweise der Katholiken und der Manichäer – miteinander konkurrierten, ist vergleichbar derjenigen des 17. Jahrhunderts in Europa mit dem scharfen Gegeneinander der christlichen Konfessionsparteien, aber auch mit dem wachsenden Bewußtsein von der Vielheit von Religionen, welches sich durch die Entdeckungen und die Ausdehnung der Handelsbeziehungen ausbreitete.

Cherbury nimmt indes in dieser Lage einen anderen Weg als Augustin. Überzeugt sich dieser davon, daß man zuerst den Weg des Glaubens an die Autorität einer bestimmten Gemeinschaft gehen müsse – und fragt sich dann, wem man glauben solle[77] –, so zieht Cherbury die Konsequenz, keiner dieser Parteien zu glauben und vielmehr auf die eigenen Kräfte zu vertrauen und sein

---

[74] Emanuel Hirsch, Geschichte der neuern evangelischen Theologie im Zusammenhang mit den allgemeinen Bewegungen des europäischen Denkens, Bd. 1., Gütersloh 1949, 252, vgl. ebd., 247 u. Scholz: Vorwort (s. Anm. 73), V; ders., Einleitung zu: Die Religionsphilosophie des Herbert von Cherbury (s. Anm. 73), 1–23, hier 1; Ulrich Barth (s. Anm. 2), 614–616. Übersichten über die ausdrückliche Rezeption von Cherburys Lehre und über ihre Fortwirkung finden sich bei Carl Güttler, Eduard Lord Herbert von Cherbury. Ein kritischer Beitrag zur Geschichte des Psychologismus und der Religionspsychologie, München 1897, 125–244, und Clemens Stroppel: Edward Herbert von Cherbury. Wahrheit – Religion – Freiheit, Tübingen/Basel 2000 (= Tübinger Studien zur Theologie und Philosophie 20), 181–258; 370–410.

[75] Emanuel Hirsch vergleicht denn auch den Ansatz Cherburys mit Schleiermacher, s. Hirsch (s. Anm. 74), Bd. 1, 251 f. Inwieweit das hier an Cherbury Herausgearbeitete beispielsweise auch auf Schleiermacher zutrifft, wird man sehen können.

[76] »Quid modò tam integrum, tam sanum in rebus sit, quò anxius et sui malè compos animus se vertat? Hinc tot sectae, schismata, διαιρέσεις, ὑποδιαιρέσεις, καθαιρέσεις, ex quibus ingenia doctorum, conscientiae indoctorum miserè torquentur [...].« Herbert of Cherbury, De Veritate (s. Anm. 69), 1. Vgl. 1–4 im Ganzen und 39: »[...] ita extorqueatur fides, ut omnes extra Ecclesiam suam [...] damnationem post hanc vitam subeant aeternam [...].«

[77] S. Anm. 43 u. 44, beachte vor allem Augustins Schrift ›De utilitate credendi‹.

eigenes Urteil zu bilden.[78] Er macht mit der Entscheidung für dieses Vorgehen bereits eine Voraussetzung, nämlich die, daß es in jedem Menschen, der von gesundem Verstand ist und verstehen kann, wovon die Rede ist, einen natürlichen Antrieb, einen »instinctus naturalis« gibt, der ihn zur Wahrheit führt. Dieser instinctus naturalis zeigt nämlich Kenntnisse auf, die allen Menschen gemeinsam sind. Er nennt sie »notiones communes«. Diese notiones communes sind nun untrüglich wahr.[79] Die Eigenschaften der notiones communes sind (1) ihre prioritas, d. h. ihr Vorrang vor der diskursiven Vernunft, (2) ihre independentia, ihre Unabhängigkeit von anderen Prinzipien – die vielmehr von ihnen abzuleiten sind –, (3) ihre universalitas: sie erlangen allgemeine Zustimmung, (4) ihre Gewißheit (certitudo), (5) ihre necessitas, ihre Notwendigkeit zur Erhaltung des Menschen, und (6) daß sie intuitiv, also unmittelbar erfaßt werden.[80]

Aus dieser Beschreibung der notitiae communes geht bereits hervor, wie man sie finden, sie also als notitiae communes erkennen und von anderen Einsichten oder falschen Vorstellungen unterscheiden kann. Es gibt zwei Wege: Erstens, da sie allgemein sind, muß man sie bei allen Menschen finden können. Man vergleicht also die Gesetze, die Religionen, die Bücher der Weisen aller Völker zu allen Zeiten und extrahiert daraus, was ihnen allen gemeinsam ist. Zweitens, da in jedem Menschen die Fähigkeiten vorhanden sind, die notitiae communes zu erfassen, soll man von diesen Fähigkeiten Gebrauch machen und wird wahrnehmen, wann diese Fähigkeiten mit den notitiae communes in Übereinstimmung kommen. Beide Wege sind hinreichend; man kann sich also der Mühe des ersten Weges entziehen, indem man den zweiten wählt, wiewohl Cherbury

---

[78] Dies schloß nicht aus, daß Cherbury dabei Gott um Hilfe anrief: »[...] praesidium aliunde quam à Deo Optimo Maximo non expectavimus. Ad hunc igitur conversi [...] auxilium ejus salutare impetravimus.« Herbert of Cherbury, De Veritate (s. Anm. 69), 3. Den Weg, den er dann beschritt, beschreibt er so: »Dehinc abjectis libris, Veritates nostras [...] in ordinem digessimus.« Ebd. Diejenigen, die diesen Weg nicht beschreiten, charakterisiert er als »fide quadam implicita seipsum miserè involvens, proprias impotens abnegat Facultates [...].« Ebd., 39.

[79] Ebd., 2 f.; 37 f.; 44. »Qvod neque per instinctum naturalem [...] tanquam verum propriè dictum nullo pacto probari potest.« Ebd., 37; »Qui igitur ex Instinctu Naturali probationem adfert, oportet ut Notitiam aliquam Communem à nullis (nisi ab insanis vel mente captis, qui verborum sensum non adsequti nihil non negare possunt) improbatam adducat:« Ebd., 38, desgleichen 210. Den Begriff der »notio communis« entnimmt Cherbury ausdrücklich der antiken Philosophie: »Communes Notitiae (veteribus κοιναὶ ἔννοιαι) fuerunt principia illa sacrosancta contra quae disputare nefas.« Ebd., 47.

[80] Ebd., 60 f.

häufig, wohl gerade, um sich mit dem Leser verständigen zu können, den ersten Weg nimmt.[81]

So beweist er, daß Religion eine notitia communis ist, weil es kein Volk und kein Zeitalter ohne Religion gibt. In der Religion ist dann als notitia communis und mithin als wahr anzusehen, was allen gemeinsam ist.[82] Desgleichen gibt es die Möglichkeit, ewige Seligkeit zu erlangen, denn es findet sich in jedem Menschen das Vermögen, sie zu suchen. Cherbury macht dabei die Voraussetzung, daß Gott, wenn er ein Verlangen nach etwas gibt bzw. das Vermögen zu diesem Verlangen, er auch das bereit gestellt hat, wonach sich dieses Verlangen ausrichtet und die Mittel anbietet, es zu erlangen. Diese Mittel und Bedingungen machen das aus, was er die »wahre Religion« nennt.[83]

Die notitiae communes der Religion, welche die Eigenschaften dieser wahren Religion ausmachen, hat Cherbury in seinen berühmten fünf Artikeln formuliert. Der erste Artikel lautet: ›Esse Supremum aliquod Numen‹.[84] Es ist also nicht von einem einzigen Gott die Rede, sondern von einem höchsten in der Klasse von

---

[81] »Si intereà quaenam sint illae Notitiae Communes petas? Respondemus, communes ut sint, in te existere oportet. Quae igitur informes, indigestae et erroribus admistae Notitiae Communes in te latent, si per examen nostrum (Ex qua facultate probas) separes, et in ordinem denique componas, illud ipsum quod labore immenso è legibus, religionibus, sapientiorum denique libris universis congessisse profitemur, adsequeris. Et quidem nimis doctum omne ferè saeculum regionem, hominem comperimus, sive Graecum, sive Barbarum, sive prius, sive quidem posterius fuerit [...] Habes interea Lector duplicem Methodum undè Notiones istas Communes investigare possis. Hasce igitur nactus orna, atque id dispone, ut unicuique sua tribuatur dignitas et ordo. Quod certè adeò non molestum comperies, ut miro quodam gaudio perfusus, intus Harmonicè respondentes Facultates undè conformantur, senseris. Neque grave ducas istas ex auctorum sententiis eruere. Quandocunque enim Facultatem aliquam intus excitari advertes, propositionem illam cui sensus internus respondet, in suam ultimam Notitiam Communem, et Facultatem denique conformantem resolve, et illud tanquam primum apud te habe. [...] Si tamen onerosum ducas vel molestum, Notitias istas Communes in aciem componere, te isto sublevare onere nobis propositum est.« Ebd., 62 f., desgleichen 40.
[82] »Religio est Notitia Communis; nulla enim sine Religione natio, saeculum. Videndum igitur est, quaenam in Religione ex consensu universali sint agnita: universa conferantur: quae autem ab omnibus tanquam vera in Religione agnoscuntur, Communes Notitiae habendae sunt.« Ebd., 43.
[83] »Denique et legibus et Analogiâ veritatum expensis, omnem facultatem cum objecto suo proprio conformari posse, sub quibusdam conditionibus deprehendimus; proinde et Facultatem illam quae Beatitudinem aeternam appetit, cum omni homini insit, frustra dari non posse; sed ex medio, sive conditonibus suis, verâ nimirum Religione, conformari posse advertimus. Neque enim sine medio finem, vel Deus proposuit, vel ipsa rerum natura patitur. Est igitur Beatitudo aeterna possibilis«, ebd., 4, vgl. 63–65.
[84] Ebd., 210.

Göttern. Da über die anderen, niedrigeren Götter indes keine Übereinstimmung besteht, sondern nur über den einen höchsten Gott, kann auch nur dessen Existenz als notitia communis gelten. Cherbury vergleicht dabei die Religionen der alten Römer und Griechen, die der Juden, der Moslems, der Indianer (konkret: der Inka) und der Inder. Als Eigenschaften dieses Gottes nennt er, (1) daß er selig ist, (2) das Endziel aller Dinge, (3) ihre Ursache, (4) das Mittel, welches Ursache und Ziel miteinander verbindet, also daß er Vorsehung wahrnimmt, (5) ewig ist, (6) gut, (7) gerecht, (8) weise, sowie, wenngleich diese Eigenschaften umstritten sind, (9) seine Unendlichkeit, (10) Allmacht und (11) Freiheit.[85]

Es folgt als zweiter Artikel: ›Supremum istud numen debere coli‹.[86] Dieser Artikel wird auch durch die Existenz von Atheisten nicht in Frage gestellt. Denn diese sind in Wahrheit nicht Atheisten. Sie lehnen nur einen Gott ab, dem falsche Eigenschaften zugeschrieben werden. Wüßten sie die wahren Eigenschaften Gottes, würden sie nicht nur glauben, daß es Gott gebe, sondern sich dies sogar wünschen.[87] Der dritte Artikel lautet: ›Virtutem cum pietate conjunctam [...] praecipuam partem Cultus Divini habitam esse et semper fuisse‹. Dies beweist er wiederum aus der Übereinstimmung, die in der Notwendigkeit der Tugend zwischen den verschiedenen Religionen besteht, während über Riten, Zeremonien, geschriebene und ungeschriebene Traditionen und über Offenbarungen keine Einigkeit vorhanden ist.[88] Allerdings besteht in all diesen Riten ein Konsens über einen Sachverhalt, der im vierten Artikel so formuliert ist: »Horrorem scelerum Hominum animis semper insedisse; Adeoque illos non latuisse Vitia et scelera quaecunque expiari debet ex penitentia.«[89] Cherbury verweist dazu auf die Sühneriten der Römer, Griechen, Ägypter, der Moslems im Ramadan und vor allem der Inder. Dieser Artikel enthält zwei Bestandteile: Erstens, daß man Böses nicht tun darf und Böses verabscheuen muß. Zweitens, daß man, wenn man Böses begangen hat, dies bereuen muß. Damit ist aber wiederum gegeben, daß man durch diese Reue auch frei von Schuld werden kann. Diesem Sühnen durch Reue entspricht auf der Seite Gottes, daß die Güte Gottes seiner Gerechtigkeit zum »Lösegeld« wird.[90] Cherbury argumentiert, daß, wenn Gott nicht diese Möglich-

---

[85]   Ebd., 210–212.

[86]   Ebd., 212.

[87]   »Neque moramur irreligiosos quosdam, immò et Atheos videri posse; re ipsa enim Athei non sunt; sed cùm falsa et horrenda attributa à quibusdam Deo affingi deprehenderint, nullum potiùs quam tale Numen, credere maluerunt. Veris honestetur attributis, tantum aberit, ut non credant, quod si nullum hujusmodi daretur, tale exoptaverint Numen.« Ebd., 214.

[88]   Ebd., 215.

[89]   Ebd., 217.

[90]   »quòd nisi solâ ex poenitentia et fide in Deum vitia et scelera quaecunque eliminari possint, et justitiae Divinae bonitas Divina adeò sit λύτρον [...].« Ebd., 218.

keit der Umkehr gegeben hätte, er von vornherein ausgeschlossen hätte, daß Menschen – da sie nun einmal sündigen – das Heil erlangen könnten. Er hätte sie damit verdammt unabhängig von ihrem Wissen und Wollen, was wiederum mehreren seiner Eigenschaften widersprechen würde: seiner Güte, aber auch seiner Gerechigkeit, weil er dem Reumütigen keine Chance gibt.[91] Nicht nur diejenigen, die Verehrung Gottes durch Tugend verbunden mit Frömmigkeit üben, sondern auch diejenigen, denen es daran mangelt, können also das Ziel der ewigen Seligkeit finden – wenn sie nur diesen Mangel bereuen. Ein anderes und angemesseneres Mittel der Genugtuung als die Reue kann nicht genannt werden, denn nur über dieses Mittel besteht unter den Religionen Übereinstimmung und nur dieses kann darum als gewiß aufgrund einer notitia communis angenommen werden.[92]

Der fünfte Artikel lautet schließlich: ›Esse praemium, vel poenam post hanc vitam‹.[93] Cherbury sagt, daß die Belohnung ewig sei; von der Bestrafung sagt er es nicht. Worin sie jeweils bestehen – die Bestrafung etwa in der Fortdauer der Seelenwanderung oder in der Hölle –, darüber gibt es Meinungsunterschiede. Einigkeit besteht aber in der Sache an sich. Wenn behauptet wird, es gebe kein Fortleben nach dem Tode, die Seele ginge mit dem Körper unter, ist dies als eine Art der Bestrafung aufzufassen. Daß die Seele wenigstens dann unsterblich ist, wenn Gott es so will, ist selbst als eine notitia communis aufzufassen.[94]

In einer abschließenden Betrachtung zu diesen notitiae communes circa Religionem erklärt Cherbury, diese seien das »symbolum«, also das Glaubensbekenntnis der Kirche, welche er, nach dem ursprünglichen Sinn des Wortes, die ›Ecclesia verè catholica sive universalis‹ nennt. Sie ruft Gott als den gemeinsamen Vater an. Außerhalb von ihr ist tatsächlich kein Heil.[95] Cherbury behauptet nun nicht, daß diese Kirche am Anfang der Zeiten als die einzige existiert habe. Seine Innovation wird nicht angeregt durch eine Hinwendung zu einem zurückliegenden Zeitalter, sondern durch die Konzentration auf etwas Grundsätzliches, Allgemeines, das, seiner Ansicht nach, jeglicher Geschichte einer positiven Religion vorausliegt. Er will auch nicht, daß diese allgemeine Kirche nun die anderen, partikularen Kirchen, d. h. Religionsgemeinschaften, ablöse.

---

[91]   Für die Erwägung dieses Falles sagt Cherbury: »Et tandem in id deveniendum sit. Ut quosdam (imò longè majorem hominum partem) inscios nedum invitos et creaverit, et damnaverit Deus Optimus Maximus quod adeò horrendum et providentiae, bonitati, imò et Iustitiae Divinae incongruum sonat [...].« Ebd., 218.

[92]   »An verò aliud et quidem convenientius detur medium, unde justitiae Divinae sit factum satis, non est heic in animo exponere; cùm nihil hoc in opere praeter veritates incontroversas ex Sensu, et consensu universali petitas, propositum habeamus.« Ebd., 217 f.

[93]   Ebd., 220.

[94]   Ebd.

[95]   Ebd., 222.

Vielmehr stellt er ein Modell der Koexistenz der allgemeinen Kirche mit den partikularen vor. Sie existiert in ihnen, und er gibt Hinweise, wie man deren Eigenheiten so verstehen soll, daß sie den Prinzipien der allgemeinen Kirche nicht widersprechen.

So ist es die Existenz der allgemeinen Kirche, worauf zurückzuführen ist, daß »in jeder Religion, ja, in jedem Gewissen, sei es von Natur, sei es aus Gnade, Mittel vorhanden sind, die genügen, um von Gott angenommen zu werden«.[96] Die partikularen Kirchen haben das Recht, die äußeren Formen ihres Gottesdienstes so zu ordnen, wie sie es wollen, desgleichen ihre Organisation und ihre geschichtlichen Überlieferungen. Dies gilt auch für besondere Offenbarungen, die in der jeweiligen Kirche überliefert werden. Diese Offenbarungen vermögen nichts wesentliches der Wahrheit der allgemeinen Kirche hinzuzufügen, welche die »religio rotunda« hat, die Religion, die wie die Gestalt eines Kreises vollkommen ist, der keiner Ergänzung bedarf.[97] Sie mögen hinzugefügt werden, solange sie keinen Widerspruch zu den Eigenschaften Gottes darstellen, die in den fünf Artikeln ausgesagt worden sind. Während diese ausreichend sind, um das Heil zu erlangen, kann das bei den Aussagen der Offenbarungen dahingestellt bleiben.[98] Entsprechend verhält es sich mit den niederen, also der Lehre der religio rotunda widersprechenden Teilen der gegebenen Religionen. Sie mögen abgelegt oder gemäß einem höheren Sinn interpretiert werden; wodurch der Mensch das Heil erlangt, ist mit Gewißheit allein die Befolgung der fünf Artikel.[99]

Damit ist auch schon das Wichtigste über das Thema Offenbarung gesagt. Der Titel von Cherburys Werk ›De Veritate, Prout distinguitur a Revelatione [...]‹ gibt bereits zu erkennen, daß er die Wahrheit von der Offenbarung unterscheidet. Dies schließt nicht aus, daß eine Offenbarung auch wahr sein könnte. Die Wahrheit, die Cherbury bis einschließlich des Kapitels über die fünf Artikel der

---

[96] »Sed in omni religione, imo et Conscientia, sive ex Natura sive ex Gratia media sufficientia dari unde Deo acceptum esse possint [...].« Ebd., 221.

[97] Ebd., 224 f.

[98] »Namque ubi Veritates nostrae Catholicae in adyta animae receptae ex indubià fide illic stabiliuntur, quod reliquum est, ex Authoritate Ecclesiae piè credi potest et debet; modò exclusis vel sublatis contradictionibus quibuscunque, ea solum in hominum animos inducantur, quae pacem communem concordiamque alant, vitaeque sanctimoniam promoveant. An verò haec Media ad salutem aeternam comparandam suffciant, viderit cui haec curae sunt Deus Optimus Maximus. Nos quidem occulta Dei judicia minimè rimamur.« Ebd., 223. Clemens Stroppel (s. Anm. 74), 312 f. mit Anm. 252, bezieht diese Stelle fälschlich auf die Frage der Heilssuffizienz der fünf Artikel, welche Cherbury doch als klar und gewiß bekräftigt, s. o. Anm. 95. Anders hingegen interpretiert Stroppel ihn 321 f.

[99] »ii omnes qui sequiores et nugis similiores Religionis partes rejecerint, aut fortasse ex Authoritate Antistitum suorum eas sensu mystico explicantium receperint [...].« Herbert of Cherbury, De Veritate (s. Anm. 69), 224.

allgemeingültigen Religion behandelt hat, ist jedoch von der Wahrheit der Offenbarung darin verschieden, daß sie ihr Fundament in unseren Fähigkeiten hat, diese jedoch in der Autorität des Offenbarenden.[100] Cherbury gibt eine Reihe von Kriterien an, wonach eine wahre Offenbarung als von Gott stammend unterschieden werden kann von einer falschen.[101] Doch auch die wahre Offenbarung kann nicht neben oder gar über die allgemeingültige Wahrheit in der Religion gestellt werden. Sie kann entweder nur zum eigenen Gebrauch empfangen werden, dann ist sie eine Privatoffenbarung und gehört zu der persönlichen Führung des Betreffenden durch die *providentia Dei particularis*,[102] oder sie dient als öffentliche und zu überliefernde Offenbarung der Bekräftigung der allgemeingültigen Wahrheiten.[103]

2.2 Anbrechende Neuzeit vis à vis antikes Christentum

Vergleichen wir nun in einem ersten Durchgang die Auffassung von Religion, wie sie Cherbury vertritt, mit derjenigen des antiken Christentums, und achten dabei auf die Gegensätze. Hier zeigt sich ein bezeichnender Unterschied zwischen der Position Cherburys und der Augustins oder Tertullians: jene gründet auf dem Vertrauen auf die eigenen Fähigkeiten,[104] diese aber auf der Anerkennung der Autorität einer Offenbarung. Damit ist verbunden, daß die christliche Position den Menschen in einem weit höheren Maße dem Übel unterworfen sieht als Cherbury, so daß der Mensch im strengen Sinne als erlösungsbedürftig zu bezeichnen ist. Die erlösende Gnade tritt damit im Gegensatz zu der beschädigten Natur des Menschen hervor. Cherbury, der sonst auf möglichst gleichen Abstand zu allen Religionsgemeinschaften achtet und die Konfessionen innerhalb des

---

[100] »Est et veritas quaedam revelata, quam nisi ingrati tacere non possumus; Cujus ratio tamen à priori adeò distat, ut veritatis nostrae fundamentum à Facultatibus nostris, veritatis revelatae fundamentum è revelantis auctoritate desumenda sit.« Ebd., 226, zu Beginn des Abschnittes ›De Revelatione‹, welcher auf den Abschnitt der ›Notitiae communes circa Religionem‹ folgt.

[101] Ebd., 226–228.

[102] »Si cui tamen aliquid ex Revelatione constiterit [...] in usum reponat; eâ lege, ut sibi sapiat, nisi publico aliquid permittatur bono. Neque enim ad humanum genus spectare posse videtur, quod Facultatum iudicio communi non constat.« Ebd., 222 f.

[103] Ebd., 221; 223–226. Darüberhinaus nennt Cherbury Offenbarung im weiteren Sinne alles das, was von Gottes Gnade kommt, d.h. zu einer noch stärkeren Befolgung der Verehrung Gottes führt, die in den fünf allgemeinen Artikeln gefordert ist, s. ebd., 228.

[104] Was nicht ausschließt, daß der in diesem Sinne religiöse Mensch auf Gott vertraut und Gott um Hilfe anruft, s. Anm. 78. Aber diese Zuwendung zu Gott ist aufgrund der eigenen Kräfte möglich.

Christentums gar nicht mit eigenen Namen hervorhebt, hat dennoch gegen eine Richtung eine besondere Aversion. Man kann sie, obgleich er sie nicht nennt, identifizieren als die der Calvinisten, welche in extremer Weise die augustinische Gnadenlehre vertraten. Cherbury wirft ihnen Blasphemie vor, wenn sie die Natur als gänzlich verdorben bezeichnen. Sie suchen die Gnade auf Kosten der Natur zu erhöhen, verderben aber dadurch auch noch die Gnade, weil ihnen zufolge auch die Fähigkeit, Gott um Hilfe anzurufen, nutzlos ist. Demgegenüber erklärt Cherbury die Gnade als providentia particularis für einen Teil der Vorsehung, deren anderer Teil die Natur als providentia communis ist.[105] Gnade ist also als die persönliche Führung des Individuums durch Gott anzusehen, die sich mit der Leitung der gesamten Schöpfung durch Gott verbindet.

In dem gerade von Augustin im antiken Christentum geprägten Konzept ergänzen sich hingegen Natur und Gnade auf eine andere Weise: hier bringt Gnade etwas, das die Natur gar nicht mehr zu leisten vermag. Damit verbunden ist eine besondere Bestimmung des Glaubens; Glauben dabei als eine Haltung verstanden, die sich hinwegsetzt über alles, was auf den ersten Blick hin den Anschein hat, wahr zu sein, und deswegen die Zustimmung aller gewinnen kann. Tertullian hatte gesagt, daß Christus deswegen sich nicht dem ganzen Volk als Auferstandener gezeigt hatte, damit der Glaube herausgefordert wird. Die Auferstehung büßt durch diesen Mangel an Bezeugung an Wahrscheinlichkeit ein; der Glaube hält gerade dieser Schwierigkeit stand.[106]

Mit dem Glauben übt der Mensch Demut ein, und diese Demut ist notwendig, damit er überhaupt das Heil erlangt. Demut ist notwendig, damit der Mensch

---

[105] »Impiè igitur à quibusdam factum, qui Naturam sive Providentiam rerum universalem suis blasphemiis impetunt, illam penitùs corruptam, depravatam praedicantes; à cujus bonitate habent, ut illam adeò impunè convitiari possint. Sed dicunt se Gratiam isto pacta exaltare: Respondemus, Gratia ista si sit universalis, partem esse Providentiae illius Communis; sin verò particularem esse contendunt, remedia malis paria nondum invenere; sed universalem tollunt, particularem suam ut commendent Gratiam, quam tamen ita consiliis, occultis judiciis et praedestinationibus involvunt, ut nisi ab aeterno eoque ex beneplacito petatur salus decreto, frustrà ab ipsâ fide, oratione, et totis quae gratiam sive providentiam particularem provocant facultatibus, implorabitur. Videant igitur annon dum illam adstruere aggrediuntur, utramque labefactent; et neque Naturae, neque Gratiae, sed Fato cuidam Stoico totum salutis mysterium tributum sit [...].« Ebd., 57 f., und die Beschreibung des Programms seiner Schrift in der Einleitung: »Quod quidem eo animo et pietate tractandum cepimus, ut ea quae sunt Natura sive Providentia rerum communis, cum Gratià sive Providentià rerum particulari ita conciliemus, ut utrique sua stet dignitas.« Ebd., 1.

[106] »ut et fides, non mediocri praemio destinata, difficultate constaret.« = »damit auch der Glaube, dem kein mäßiger Lohn bestimmt ist, der Schwierigkeit standhalte.« Tertullian, Apologeticum (s. Anm. 18) XXI,22. Vgl. Grosse (s. Anm. 10), 170, Anm. 45. Siehe auch Augustin, De vera religione (s. Anm. 35) XVII [33] 88: »Et si ea tantum essent, quae facillime intelleguntur, nec studiose quaereretur nec suaviter inveniretur veritas.«

sich eingesteht, daß er sich in der Lage eines Kranken befindet, welcher der Heilung bedürftig ist. Widerstrebt er der Demut, dann verschließt er sich zugleich der Erkenntnis, daß er krank, d. h. erlösungsbedürftig ist, und damit auch der Erkenntnis des Heilmittels.[107] Der Glauben führt hingegen zu einer Wiederherstellung der Einsicht, welche dem Menschen durch den Sündenfall verlorengegangen ist.[108]

Wir haben also, einander gegenüberstehend, bei Cherbury (1) Vertrauen auf die eigenen Fähigkeiten, in dem durch Tertullian und Augustin repräsentierten antiken Christentum Vertrauen auf die göttliche Autorität, (2) hier Einordnung der Gnade in die Natur, dort Eingreifen der erlösenden Gnade in die verdorbene Natur, (3) hier Aufbau von Gewißheit nach dem, was die Zustimmung aller hat, dort Glaube an das, was genau diesem entgegengesetzt ist.

Der Vergleich zwischen beiden Positionen deckt indes in einem zweiten Durchgang auch eine Ähnlichkeit auf. Denn wir sehen bei Cherbury eine dritte Möglichkeit, etwas Allgemeingültigkeit Beanspruchendes im Bereich der Religion zu finden. Bei Apuleius in der Darstellung der Isis-Epiphanie handelt es sich um eine Addition der gegebenen Religionen, wobei nur ein Kultus als Offenbarung des verum nomen zu den anderen hinzutritt. Tertullian und Augustin verkünden das Christentum als vera religio, die sich durch ihren ausschließli-

---

[107] Augustin, De civitate Dei (s. Anm. 39) X, 29, s. o. Anm. 68.

[108] Augustin: Enarrationes in Psalmos [en. Ps.], in Ps. 118, 73, Sermo XVIII, 3. Hrsg. von Eligius Dekkers u. Iohannes Fraipont. Turnhout 1956 (= Corpus Christianorum, Series Latina 39 f.) hier Bd. 40, 1724, 15-1725, 43. Es zeigt sich also, daß »Heilswerte« im Christentum immer mit »Erklärungswerten« verbunden sind, so daß sich beides nicht entgegensetzen läßt, wie Blumenberg es, hier unter Gebrauch des Begriffs »Umsetzung« getan hat: »Dabei« – beim Eintreten des Christentums in die antike Geisteswelt – »zeigt sich als Grundprozeß der Einstellung auf das angetroffene formale System die Umsetzung von genuinen Heilswerten in Erklärungswerte, ein irreversibler Prozeß, den dennoch rückgängig zu machen immer wieder vergeblich versucht worden ist, bezeichnenderweise am radikalsten durch die reformatorische Theologie in eben der geschichtlichen Situation, die das als Scholastik angewachsene Syndrom dieser Erklärungswerte zur Krise gebracht hatte. Die Reduktion des Christentums auf seine Heilswerte in der Reformation war also zugleich der Versuch, sich dem Problemdruck zu entziehen, der das Resultat seiner Verweltlichung als System der Welterklärung geworden war.« Blumenberg (s. Anm. 3), 44. Was das Verhältnis von Anweisung zum Heil und Erklärung in der reformatorischen Theologie betrifft, ist besonders aufschlußreich die Passage in Luthers ›De servo arbitrio‹, in: Martin Luther: Werke. Kritische Gesamtausgabe, Bd. 18, Weimar 1908, 551-787, hier 632 f. / Luthers Werke in Auswahl. Unter Mitwirkung von Albert Leitzmann hrsg. von Otto Clemen, Bd. 3, Berlin ⁵1959, 94-293, hier 123, 26-124, 15: weshalb verkündet werden soll, daß der Sünder unfähig ist, aus eigenem Vermögen sich wieder Gott zuzukehren, bedarf keiner Erklärung. Wenn diese Verkündigung aber angenommen wird, erschließt sich ihr Sinn. Denn durch die Demütigung, die sie erzeugt, wird der Mensch zum Heil geführt.

chen Anspruch, von dem einzigen Gott offenbart zu sein, von allen anderen Religionen unterscheidet, deren Gehalt sich auch nicht aus deren Addition ergibt, in der sich aber einzelne Elemente nicht nur von Religionen, sondern auch von philosophischen Schulen und ausgewählte Ereignisse der Geschichte als »Heilsgeschichte« wiederfinden. Cherbury hingegen erhält eine Allgemeingültigkeit durch *Abstraktion.* Nur das, was sich in allen Religionen findet bzw. damit übereinstimmt, darf als wahr gelten und soll von allen anerkannt werden; und nur das, was sich in allen findet, führt auch mit Sicherheit zum Heil.

Cherbury vertritt also in seiner Weise eine religio vera so wie sie auch Augustin vertreten hat.[109] Die Wahrheit dieser Religion wird im Vergleich der vorhandenen Religionen gefunden, sie kann aber auch durch eine Analyse der Innerlichkeit des Menschen erfaßt werden, in welcher bei jedem Menschen die notitae communes circa religionem gegeben sind. – Cherbury gebraucht übrigens weitgehend nicht den Begriff der Vernunft, um die Wahrheiten dieser Religion zu kennzeichnen.[110] Er meint vielmehr, daß sie als notitae communes der diskursiv vorgehenden Vernunft vorgegeben seien. Doch schließt seine Position nicht aus, daß seine wahre Religion auch als die Religion aufgefaßt werden kann, deren Artikel mit der Vernunft übereinstimmen, wenn die Vernunft nur die passenden Begründungen für diese Artikel findet.[111]

---

[109] Scholz, Einleitung (s. Anm. 73), 21, meint, daß Cherburys Lehre »den grundsätzlichen Bruch mit der kirchlichen Unterscheidung von wahren und falschen Religionen« bedeute: »An die Stelle dieser obsolet gewordenen Unterscheidung tritt die bessere, in der Sache wurzelnde Unterscheidung zwischen vollkommenen und minder vollkommenen Religionen«. Abgesehen davon, daß jeweils nur von *einer* wahren bzw. vollkommenen Religion die Rede ist – die »kirchliche« Unterscheidung unterschied nicht so zwischen wahr und falsch, daß in der falschen Religion nicht auch Bruchstücke der Wahrheit zu finden wären – Prädikate, die nur mit dem richtigen Subjekt verbunden werden müssen, Begriffe, die noch stärker differenziert werden müssen. Der Satz: »nulla umquam fuit tam barbara sive religio sive philosophia, cui non stetit veritas.« Herbert of Cherbury, De Veritate (s. Anm. 69), 39, hätte im Sinne der Lehre vom λόγος σπερματικός auch von einem Kirchenvater formuliert worden sein können.

[110] Scholz, Einleitung (s. Anm. 73), 16–21, gebraucht irreführenderweise bei der Beschreibung von Cherburys Lehre von der Religion durchgehend die Begriffe »Vernunft«, »Vertrauen auf die Vernunft«, »Vernunftwahrheiten«, »Religion der reinen Vernunft«, »Urvernunft« usw. Cherbury sagt »Providentiam Divinam Universalem [...] asseri posse ex Communis Rationis Principiis« (Herbert of Cherbury, De Veritate [s. Anm. 69], 224), doch ist das eine seltene Ausdrucksweise.

[111] Man könnte also, mit John Locke davon ausgehend, daß wir nur Sinne, Wahrnehmung und Vernunft (»Sense, Perception, and Reason«) haben, aber keine angeborenen Ideen (»innate Ideas«), zu denselben universellen Wahrheiten gelangen, die Cherbury als angeborene Ideen behauptet hat. Entscheidend ist, daß diese allen Menschen gleichermaßen zugänglichen Wahrheiten die Norm gegenüber Ansprüchen von Offenbarungswahrheit be-

Diesen Rang einer religio vera beansprucht die durch die fünf Artikel bestimmte Religion gegen jede andere Religion, welche notwendig die Religion einer »ecclesia particularis« sein muß, also auch gegen das Christentum. Die »ecclesia catholica« befindet sich zwar mit ihr in Übereinstimmung dort, wo diese Religion selbst die fünf Wahrheiten enthält. Doch wo anderen Lehrsätzen dasselbe oder noch größeres Gewicht zugemessen wird wie den fünf Wahrheiten oder wo gar etwas gelehrt wird, das diesen widerspricht, grenzt sie sich von ihr ab.[112] Die über die fünf Wahrheiten hinausschießenden Lehren des Christentums können nur beibehalten werden, wenn sie nach einem »sensus mysticus« im Sinne dieser Wahrheiten umgedeutet, mithin »umgeformt«[113] werden. Grundlage einer solchen Umdeutung sind genau die Ähnlichkeiten, welche das Christentum seinerseits zwischen sich und anderen Religionen oder den philosophischen Schulen fand, und die es als Werk des λόγοσ σπερματικός deutete.

Die solchermaßen entwickelten Lehren des Christentums werden aber nun vom Standpunkt der ecclesia catholica Cherburys als Analogien aufgefaßt zu den Abstracta, die allen Religionen gemeinsam sind. Sie dürfen, um mit der religio rotunda vereinbar zu sein, nur als Gleichnisse dieser Abstracta gedeutet werden. So ist, wie dies Cherbury selbst angedeutet hat, die christliche Lehre, daß Jesus Christus für uns zum Lösegeld geworden sei (Mk 10,45) dann nur als Ausdruck dafür zu verstehen, daß die Güte Gottes seiner Gerechtigkeit ein Lösegeld ist.

---

haupten sollen. Ob Locke dies nun selbst getan hat, ist ein Kapitel für sich. Siehe Lockes Kritik von Cherburys Methode, seinen Beweis der Existenz Gottes und seine Verhältnisbestimmung von Vernunft und Glaube im ›Essay Concernig Human Understanding‹ von 1690: I, III, § 15–21; IV, x; IV, xvIII, in der Ausgabe hrsg. von Peter H. Nidditch. Oxford 1975, 77–81; 619–630; 688–696.

[112] Man muß sich fragen, worin die »zukunftweisende fundamentaltheologische Kriteriologie« besteht, die Stroppel (s. Anm. 74), 545, als römisch-katholischer Theologe an Cherbury begrüßt. Bei Cherbury findet die Ablösung des Christentums als religio vera statt; die von ihm gefundenen fünf Artikel sind nicht fundamentaltheologische Bestimmungen, zu denen noch wesentliche Bestimmungen hinzugefügt werden können, sondern sie schließen alles ab, was es wesentlich zur wahren Religion zu sagen gibt. Zur Kritik Stroppels s. auch die Rezension seiner Arbeit durch Walter Sparn (Theologische Literaturzeitung 131 [2006], Sp. 1083–1086, bes. Sp. 1085).

[113] Bezeichnend der programmatische Titel des von Emanuel Hirsch zusammengestellten Lesebuchs »Die Umformung des christlichen Denkens in der Neuzeit« (Tübingen 1938). Bezeichnend für die Theologie, die sich daraus ergibt, ist folgende Bemerkung Güttlers (s. Anm. 74), 238: »Allerdings kann man darüber sehr verschiedener Meinung sein, inwieweit die christlichen Grunddogmen sich symbolisieren und rationalisieren lassen, ohne ihren historischen Charakter zu verlieren, ob z. B. Philosophen wie Kant, Fichte, Schleiermacher, Schelling, Hegel, christlich sprechen, ohne christlich zu denken, oder ob sie zwar christlich denken, aber recht unchristlich sprechen.«

Das Christentum hatte einen Prozeß hervorgerufen, in welchem es andere Positionen und geistige Welten integriert hat, indem es Entsprechungen zu diesen in sich selbst fand. In Bezug auf diese geschichtliche Bewegung bedeutet Cherburys Wendung nun, daß ihr Einhalt geboten wird. Denn diese Bewegung beruht gerade darauf, daß über das hinausgegangen wird, was beispielsweise bis dahin als philosophische Einsicht galt, daß also erst recht über das Abstractum, das alle Positionen gemeinsam haben, hinaus gegangen wird. Cherbury hingegen ist zufrieden, wenn er ein Mindestmaß an Übereinstimmung gefunden hat.[114] Über dieses Minimum darf man nicht mehr hinausgehen. Wird einem Prozeß Einhalt geboten, so kehrt er sich um. Das heißt: was das Christentum zusammengefügt hat, beginnt nun wieder auseinanderzufallen. Im Fortlauf der Geschichte zeigen die Ideen ihre Eigenschaften. Cherburys Idee von Religion mußte einen Prozeß der Auflösung hervorrufen und tat es auch. Ich will an einigen ausgewählten Beispielen Stadien dieses Zerfallsprozesses aufzeigen.

Die erste Auflösung, die stattfindet, ist die der Verbindung von Wahrheiten, die allgemeine Anerkennung verdienen, mit der Geschichte. Sie ist bereits bei Cherbury selbst zu finden. Augustin hatte gesagt, daß der Erkenntnisweg erst zu den Ereignissen in der Geschichte führen muß, durch die Gott unser Heil gewirkt hat, erst dann zu dem Dasein Gottes jenseits der Geschichte.[115] Daß der unwandelbare Gott in einer Dreieinigkeit Gott ist, in welcher er Gott ist als der Sohn, der imstande und willens ist, alle Niedrigkeit und Schmach der Welt auf sich zu nehmen, und als der Vater, der imstande und willens ist, den Sohn in diese Niedrigkeit zu senden, weil »nichts Gottes würdiger ist als das Heil der Menschen«,[116] kann nur erkannt werden, wenn man ausgeht von dem Mensch gewordenen Gott. Diese Verknüpfung der wahren Religion mit der Geschichte fällt nun weg, denn gültig ist allein das, was zu allen Zeiten als wahr anerkannt worden ist. Kein Ereignis in der Geschichte kann mithin zu einer Erkenntnis führen, die über das bloße Auffassen dieses Ereignisses als einer historischen Tatsache hinausgeht und von allgemeiner Bedeutung sein soll.[117]

---

[114] Bei den Erörterungen zum fünften Artikel sagt Cherbury: »Sed nos qui [...] ea quae omnes sani et integri asserunt investigantes [...], ut satis habeamus ineptiarum figmentorum cumulum immensum ruspantes, aliquam vel minimam Notitiam Communem eruere posse.« Herbert of Cherbury, De Veritate (s. Anm. 69), 220 f.

[115] S. Anm. 43: »Huius religionis sectandae caput est historia et prophetia dispensationis temporalis divinae providentiae pro salute generis humani in aeternam vitam reformandi atque reparandi.« Augustin, De vera religione (s. Anm. 35) VII. [13] 39.

[116] »nihil tam dignum deo quam salus hominis«. Tertullian, Adversus Marcionem (s. Anm. 16), II, 27, 6, 505, 27 f., im Zusammenhang der oben, Anm. 16 zit. Passage.

[117] Pointiert kann man darum mit Heinrich Scholz sagen: »was an den historischen Religionen wahr ist, ist nicht historisch« – d. h. beruht nicht auf der Einsicht in ein einmaliges Ereignis in der Geschichte – »und was an ihnen historisch ist, ist nicht wahr« – ist nämlich

Ein ähnlicher Vorgang ist etwa zur selben Zeit bei Grotius zu beobachten, mit dem Cherbury in Verbindung stand. Grotius veröffentlichte in den Jahren 1641–45 seine ›Annotationes in novum testamentum‹ bzw. ›in vetus testamentum‹, mit welchen die Entwicklung neuzeitlicher Bibelkritik eingeleitet wird. In seiner Schrift ›Votum pro pace ecclesiastica‹ erklärt er, daß die Verfasser von Geschichtsberichten unter den biblischen Schriften, wie etwa Lukas, nicht inspiriert gewesen seien, dies sei auch bei ihrer Aufgabe nicht nötig gewesen, da es bei ihr eben nur um einen Geschichtsbericht gegangen sei.[118] So werden die Geschichtsberichte der Bibel geschieden von den Berichten von inspirierten Menschen, die Offenbarungen empfangen haben. Es wird aber damit die Pointe der biblischen Offenbarung fallen gelassen, derzufolge gerade in der vordergründigen, also von jedermann ohne Inspiration rekonstruierbaren Geschichte sich Ereignisse finden, die als solche zugleich religiösen Gehalt haben.[119]

Ein weiteres Zeichen der Auflösung ist bei John Toland auszumachen. In ›Christianity not mysterious‹, rund 50 Jahre nach der dritten Auflage von Cherburys ›De Veritate‹ erschienen, wendet er sich gegen den Charakter des Christentums als eines Mysteriums und verwendet dabei einen Begriff von Mysterium, daß es etwas sei, das die Vernunft in keiner Weise begreifen könne. Die Vernunft ist dabei im sicheren Besitz des Maßstabes, was überhaupt wahr sein kann, und mißt mit ihm, was überhaupt als Wahrheit in einer Offenbarung angenommen werden kann.[120] Daß der Glaube überhaupt etwas verstehen muß, um glauben zu können,

---

Aberglaube und »Fabeln«, welche die Wahrheit der fünf Artikel verunreinigen, s. Scholz, Einleitung (s. Anm. 73), 21. Vgl. Herbert of Cherbury, De Veritate (s. Anm. 69), 224: »Satis fuerit monuisse Mentem humanam Notitiis Communibus instructam [...] ut superstitionibus fabulisque abdicatis, quinque articulis nostris solummodo insisteret [...].«

[118] »Verè dixi non omnes libros qui sunt in Hebraeo Canone, dictatos à Spiritu Sancto [...] à Spiritu Sancto dictari historias nihil fuit opus: satis fuit scriptorem memoriâ valere circa res spectatas, aut diligentia in describendis Veterum commentariis [...] Si Lucas Divino afflatu dictante sua scripsisset, inde potiùs sibi sumsisset auctoritatem, ut Prophetae faciunt, quàm a testibus, quorum fidem est secutus.« Hugo Grotius, Votum pro pace ecclesiastica, contra Examen Andreae Riveti et alios irreconciliabiles, Abschnitt: De Canonis Scripturis. In: Ders.: Opera Omnia Theologica. Faksimile-Neudruck der Ausgabe Amsterdam 1679, Bd. 3, Stuttgart-Bad Cannstatt 1972, 653–676, hier 672b–673a. Vgl. Andreas Schlüter: Die Theologie des Hugo Grotius, Göttingen 1919, 26 f.; Hirsch (s. Anm. 74), Bd. 1, 225–231, insbes. 229; 235.

[119] S. bei Anm. 30.

[120] »[...] we hold that Reason is the only Foundation of all Certitude, and that nothing reveal'd, whether to its Manner or Existence, is more exempted from its Disquisitions, than the ordinary Phenomena of Nature [...] there is nothing in the Gospel contrary to Reason, nor above is; and that no Christian Doctrine can be properly call'd a Mystery.« John Toland, Christianity not mysterious, in der Ausgabe 1. Aufl., London 1696. Faksimile-Ndr. hrsg. u. eingel. von Günter Gawlik, Stuttgart-Bad Cannstatt 1964, 6.

war auch eine Augustin geläufige Binsenwahrheit gewesen.[121] Doch führt die Annahme der Offenbarung bei Augustin zu einem Wachsen der Vernunft über ihre bisherigen Grenzen hinaus, so daß sie nicht nur die Offenbarung versteht, sondern auch deren Wahrheit einsieht. Toland hingegen verwarf als über die Grenzen seiner Vernunft hinausgehend sowohl die römische Lehre von der Transsubstantiation als auch die lutherische Lehre von der Ubiquität des verklärten Leibes Christi und schließlich die überlieferte Lehre von der Trinität: sie seien widersprüchlich und der Vernunft nicht begreiflich.[122] Was in der Religion als vernünftig akzeptiert werden soll, muß von einer genauso einfachen Beschaffenheit und dementsprechend genauso leicht auffaßbar sein wie ein Stück Holz oder ein Stein.[123] Das Wachsen der Vernunft hin zur Einsicht noch komplexerer und tieferer Wirklichkeiten, das bei Augustins Auseinandersetzung mit den Platonikern auszumachen gewesen war, verkehrt sich nun in ihre Verflachung.[124]

Schließlich löst sich auch die Verbindung eines nach Wahrheit trachtenden Philosophierens und einer Zugänglichkeit Gottes für den Menschen auf, welche die Alte Kirche hergestellt hatte. Dies geschieht mit der Ablehnung des Bittgebets. Daß zwischen Gott und dem Menschen eine Beziehung besteht als von einer Person zu einer anderen, die eine bittend, die andere hörend, antwortend, auf die Bitte hin handelnd, auch Wunder tuend, wird als der Vollkommenheit Gottes unangemessen verworfen. Diesen Begriff von Gottes Vollkommenheit entwirft die Vernunft, stellt ihn als wahr hin und scheidet alles aus, was ihm zu widersprechen scheint. So verwirft Reimarus mit der Auffassung, daß die besondere Vorsehung Gottes auch Wunder einschließen könne, auch das Bittgebet: »Aus eben der irrigen Vorstellung von der besonderen Vorsehung geschieht es, daß einige sonst nicht böse Menschen mit ihrem Gebethe, so zu reden, den Himmel zu stürmen gedenken, und Gott andere Rathschlüsse gläubigst abzwingen wollen, als seine ewige Weisheit festgesetzt hat; da sie vielmehr ihre Pflicht sorgfältig

---

[121] »Quamuis enim, nisi aliquid intellegat, nemo possit credere in Deum; tamen ipsa fide quae credit, sanatur, ut intellegat ampliora.« Augustin, Enarrationes in Psalmos (s. Anm. 108), in Ps 118,73, Sermo XVIII, 3, 1724, 26–29.

[122] Auf die Überschrift »The Absurdity and Effects of admitting any real or seeming Contradictions in Religion« folgt Tolands ironische Bemerkung: »This famous and admirable Doctrine is the undoubted Source of all the Absurdities that ever seriously vented among Christians [...].« Darauf folgt eine Aufzählung solcher Lehren: Christianity not mysterious, Sect. 2, Chap. 1, § 2, in der Ausgabe von 1696 (s. Anm. 120), 24 f.

[123] Ebd., Section 3, Chap.2, § 12, 80: That what is reveal'd in Religion [...] it must und may be as easily comprehended, and found as consistent with our common Notions, as what we know of Wood or Stone [...].«

[124] Es ist ein Zeichen weiterer Auflösung, wenn zu dieser Verflachung eine solche Kompliziertheit der Ausdrucksweise und Gedankenführung hinzutritt, die keinen Grund in dem Verhältnis des denkenden Verstandes zur Wirklichkeit der bedachten Sache hat.

thun, und den Erfolg der göttlichen Vorsehung in gelassenem Vertrauen empfehlen sollten.«[125]

Von dort aus ist es nur ein kleiner Schritt dazu, die Personalität Gottes zu
leugnen, weil Persönlichkeit und Bewußtsein nur als etwas Endliches und Beschränktes zu denken seien, und alles aus dem Gottesbegriff ausgeschieden
werden muß, was endlich ist, weil es dem Vernunftbegriff von Gott als etwas
Unendlichem widerspricht. Tertullian hatte den »deus philosophorum« integriert
gefunden in dem Gegenüber von Gott Vater und Sohn als eine Annäherung an die
Eigenart Gott Vaters. Johann Gottlieb Fichte erklärt hingegen 1798: »Denn wenn
man euch nun auch erlauben wollte, jenen Schluß zu machen, und vermittelst
desselben ein besonderes Wesen, als die Ursache jener moralischen Weltordnung
anzunehmen, was habt ihr denn nun eigentlich vorgenommen? Dieses Wesen soll
von euch und der Welt unterschieden seyn, es soll in der letzteren nach Begriffen
wirken, es soll sonach der Begriffe fähig seyn, Persönlichkeit haben und Bewusstseyn. Was nennt ihr denn nun Persönlichkeit und Bewusstseyn? Doch wohl
dasjenige, was ihr in euch selbst gefunden, an euch selbst kennen gelernt, und
mit diesem Namen bezeichnet habt? Dass ihr aber dieses ohne Beschränkung und
Endlichkeit schlechterdings nicht denkt, noch denken könnte, kann euch die
geringste Aufmerksamkeit auf eure Construction dieses Begriffs lehren [...] Ihr
seyd endlich; und wie könnte das Endliche die Unendlichkeit umfassen und
begreifen?«[126]

---

[125] Hermann Samuel Reimarus: Abhandlungen von den vornehmsten Wahrheiten der natürlichen Religion, IX, § 15, Hamburg ⁶1791 (¹1754), 610, im Kontext von 603–611. Vgl.
Ulrich L. Lehner, Kants Vorsehungskonzept auf dem Hintergrund der deutschen Schulphilosophie und-theologie, Leiden 2007 (= Brill's Studies in Intellectual History 149), 140. Die
Möglichkeit, zu einer solchen Denkweise zu kommen, ist schon bei Leibniz gegeben, wenn er
sich vornimmt, durch die Einsicht der Vernunft, durch das Aufzeigen der wahren Eigenschaften Gottes, Liebe zu Gott zu erwecken, anstatt daß durch das erbetene Empfangen von
etwas, das der Mensch dringend braucht, die Liebe zu Gott entsteht: »L'amour est cette affection qui nous fait trouver du plaisir dans les perfections de ce qu'on aime, et il n'y a rien de
plus parfait que Dieu, ni rien de plus charmant. Pour l'aimer, il suffit d'en visager les perfections; ce qui est aisé, parce que nous trouvons en nous leur idées.« Gottfried Wilhelm
Leibniz, Essais de Theodicée sur la Bonté de Dieu, la liberté de l'homme et l'Origine du mal,
Préface. In: Die philosophischen Schriften von Gottfried Wilhelm Leibniz. Hrsg. von Carl
Immanuel Gerhardt, Bd. 6., Berlin 1885 (Reprint Hildesheim 1961), 1–165, hier 27. Philosophische Schriften. Hrsg. u. übers. von Herbert Herring [frz.-dt.], Bd. II/1; II/2, 2–268,
Darmstadt 1985, hier Bd. II/1, 6–8. Dazu Sven Grosse, Theodizee im Bittgebet. Melanchthons
Position zum Theodizeeproblem. In: Neue Zeitschrift für Systematische Theologie 46 (2004),
149–167, insbes. 154.

[126] Johann Gottlieb Fichte, Ueber den Grund unseres Glaubens an eine göttliche Weltregierung. In: Fichtes Werke. Hrsg. von Immanuel Hermann Fichte, Bd. 5., Berlin 1971, 187.
Ebd., 186, identifiziert Fichte die moralische Weltordnung mit Gott.

Man könnte nun meinen, es handle sich bei diesem Prozeß lediglich darum, daß sich von den gegebenen partikularen Religionen die Vernunft – oder eine auf allgemeiner Zustimmungsfähigkeit beruhende Lehre von der Religion – abkopple. Innerhalb dieser neugefundenen Position dürfte es dann keine Widersprüche geben, sondern nur noch in allen wesentlichen Punkten Einheit. Doch das ist nicht der Fall. So wie Tertullian gesagt hatte, daß die nicht-christlichen Philosophen den einen Weg der Wahrheit in viele schiefe und ausweglose Pfade zerspalten haben,[127] kommt es nun zur Spaltung der sich auf die befreite Vernunft Berufenden. Hatte Cherbury beispielsweise das Dasein Gottes als eine im Geist eines jeden Menschen gegebene Wahrheit angesehen, kommt es im 18. Jahrhundert zum ausdrücklichen Atheismus. Paul Henri Thiry d'Holbach legt in seinem ›Système de la Nature‹ von 1770 die Gründe dar, welche zum Atheismus führen,[128] und entgegnet dem Deisten, welcher einwendet, seine Gründe gegen das Dasein Gottes träfen nur das Gottesbild der Abergläubischen, daß der Gottesbegriff der Deisten widersprüchlich und unmöglich sei.[129] Die weite Verbreitung der Annahme der Existenz Gottes und die Schwierigkeit, den Atheismus zur allgemeinen Anerkennung gelangen zu lassen, habe seinen Grund darin, daß der Mensch ein furchtsames und unwissendes Wesen sei.[130] »Neuzeitliche Rationalität« führt also nicht nur zu einer bestimmten »Umformung« der Religion, sondern ebensogut zu ihrer Beseitigung.[131]

Wir kommen also zu dem Bild, daß es eine Absetzbewegung von der christlichen Einheit gibt, die aber in mehrere Richtungen führt. Es gibt nicht nur den Entwurf einer allgemeinen, vernünftigen Religion, sondern auch den eines vernünftigen Atheismus. Dementsprechend steht dem Entwurf eines Idealismus der eines auf die Naturwissenschaften sich berufenden Materialismus gegen-

---

[127] S. Anm. 18.

[128] Paul-Henri Th. d'Holbach, Système de la Nature ou des lois du monde physique et du monde moral. Nouvelle Édition, avec de notes et des correctiones, par Diderot, Paris 1821, (Reprint Hildesheim 1966), Bd. 2, ch. 28, 490: »Des motifs qui portent a‹l'athéisme«.

[129] »Le déiste nous dira qu'il [dieu] n'est point tel que la superstition nous le dépeint; mais cette supposition ne prouve point son existence. D'ailleurs, si le dieu des superstiteux est révoltant, celui du théiste sera toujours un être contradictoire et impossible.« Ebd., Bd. 2, 491.

[130] »L'homme, en sa qualité d'animal craintif et ignorant, devient nécessairement superstitieux dans ses malheurs.« Ebd., Bd. 2, 492. Das Votum der Atheisten unter den französischen Aufklärern ist nicht zu bagatellisieren, wie es Ulrich Barth (s. Anm. 2), 619, 23, tut. Entscheidend ist, daß es innerhalb des einen Horizonts der »Vernunft« (Ulrich Barth, ebd., 619, 46) möglich war, zu einem solchen Widerspruch zum Theismus zu gelangen.

[131] Gegen Ulrich Barth (s. Anm. 2), 617,26 f.: »Neuzeitliche Rationalität führt nicht zur Beseitigung, sondern zur Subjektivierung der Religion.« Die Geschichte des 19. und erst recht des 20. Jahrhunderts haben diese Option der Religionslosigkeit und Religionsvernichtung noch deutlicher gemacht.

über, einer Position, die alles auf die Subjektivität bezieht, eine Position, die jegliche Subjektivität leugnet usw. Ist die Moral ein wesentlicher Bestandteil der Cherburyschen Religion, so gibt es später, etwa bei Nietzsche, die Absage an jegliche moralische Verpflichtung. Fragt man sich, worin das gemeinsame Wesen der so auftretenden Neuzeit bestehe, so ist es gerade der Ausgang der verschiedenen Denkbewegungen aus der christlichen Einheit. Das Eintreten des Christentums in die antike Geisteswelt hatte eine bestimmte Art von Integration verschiedener Geistesformen bewirkt, und die Christenheit hat, unter verschiedenen Variationen des Themas, diese bewahrt, unbeschadet des Auseinanderdriftens des östlichen und des westlichen Teils der Kirche und der Spaltungen, welche in der westlichen Kirche im 16. Jahrhundert stattfanden. Was die reformatorische Theologie gegenüber der römisch-katholischen oder der ostkirchlichen Theologie auszeichnet, ist lediglich die Freilegung des konfrontativen Elements, das aber, wie wir gesehen haben, mit dem integrativen Element des Christentums sich in unauflöslichem Zusammenhang befindet.[132]

Diese Integrationsfähigkeit gilt im Prinzip auch noch weiterhin für das Christentum, soweit es einer Anpassung an die beschriebene neuzeitliche Entwicklung und entsprechenden Umformung widerstanden hat und sich auch nicht dazu hat verleiten lassen, eine bloße Gegenposition dazu einnehmen zu wollen. Das Charakteristische der Neuzeit ist demgegenüber die Umkehrung des spätantiken Vorgangs. Die Neuzeit ist das Spiegelbild des antiken Christentums – wenn mit dieser Metapher nicht eine Übereinstimmung zum Ausdruck gebracht werden soll, sondern die Vertauschung der Seiten. Man kann auch an das umgekehrte Bild denken, das eine Blende an die Rückseite einer Camera obscura wirft. Es handelt sich um eine zentrifugale Bewegung anstelle einer zentripetalen, auf den Mittelpunkt hinführenden.

Um zu der eingangs zitierten These Blumenbergs Stellung zu nehmen: die Neuzeit ist nun doch wesentlich als Säkularisierung zu beschreiben. Sie hat nichts Gemeinsames, als die gemeinsame Herkunft ihrer einander widersprechenden Positionen aus dem Christentum. Es geschieht nicht nur eine »Umbe-

---

[132] Als Beispiel für das konfrontative Element nenne ich die Thesen 21, 22 und 39 von Luthers Heidelberger Disputation von 1518: »Theologus gloriae dicit malum bonum et bonum malum, Theologus crucis dicit id quod res est.« »Sapientia illa, quae invisibilia Dei ex operibus intellecta conspicit, omnino inflat, excaecat et indurat.« »Qui sine periculo volet in Aristotele Philosophari, necesse est ut ante bene stultificetur in Christo.« Martin Luther, Werke. Kritische Gesamtausgabe, Bd. 1., Weimar 1883, 350–374, hier 354 f. Luthers Werke in Auswahl. Unter Mitwirkung von Albert Leitzmann hrsg. von Otto Clemen, Bd. 5, Berlin ⁵1959, 375–417, hier 379, als Beispiel für das integrative Element in der reformatorischen Theologie Luthers Disputatio de homine von 1536. Martin Luther, Werke. Kritische Gesamtausgabe, Bd. 39/1, Weimar 1926, 175–177. Siehe dazu auch Johann Anselm Steiger, Kontrafaktizität und Kontrarationalität des Glaubens in der Theologie Martin Luthers [noch unveröffentlicht].

setzung« von Antwortpositionen, sondern eine »Umsetzung«, welche sich auf die Substanz der neuen Antworten auswirkt, oder, besser noch, eine Zersetzung der vormals gegebenen Einheit. Nun könnte man von Blumenbergs Standpunkt aus einwenden, daß das hier beschriebene Bild der Neuzeit sich nur ergebe, wenn man sie vom Standpunkt der christlichen Einheit aus betrachte. Unweigerlich führe die Verabschiedung eines Alten zunächst einmal zu dessen Auflösung; dann aber würde daraus Neues entstehen. Allerdings haben Denker der Neuzeit immer wieder den Abbruch des alten, christlichen Gedankengebäudes als Vorbereitung zum Aufbau eines neuen verstanden.

Lessing hat die Kritik in die Öffentlichkeit getragen, welche Reimarus an den historischen Überlieferungen des Christentums, so gerade an derjenigen von der Auferstehung Jesu, geübt hat; er meinte aber, daß bei diesen Irrtümern Gott seine Hand im Spiel gehabt habe. In seiner ›Erziehung des Menschengeschlechts‹ (1778/80) erklärt er: »Und warum sollten wir nicht auch durch eine Religion, mit deren historischen Wahrheit, wenn man will, es so mißlich aussieht, gleichwohl auf nähere und bessere Begriffe vom göttlichen Wesen, von unsrer Natur, von unseren Verhältnissen zu Gott, geleitet werden können, auf welche die menschliche Natur nimmermehr gekommen wäre?«[133] Freilich handelt es sich um Einsichten, welche die Vernunft dann schließlich selbständig und in reinerer Form gewinnt: »Also gibt auch die Offenbarung dem Menschengeschlechte nichts, worauf die menschliche Vernunft, sich selbst überlassen, nicht auch kommen würde: sondern sie gab und gibt ihm die wichtigsten dieser Dinge nur früher.«[134] Auf diese Weise kommt es, ganz ähnlich wie bei Cherbury, zu einer Umformung der Lehre von der Genugtuung durch Gott den Sohn. Gott Vater will »in Rücksicht auf seinen Sohn, d.i. in Rücksicht auf den selbständigen Umfang aller seiner Vollkommenheiten, gegen den und in dem jede Unvollkommenheit des Einzelnen verschwindet, lieber verzeihen«.[135] – Man sieht die Ähnlichkeit mit Augustins Programm in *De vera religione*,[136] aber auch den Unterschied. Das geschichtliche Moment wird abgestreift; es wird nicht das, nun aus der Vernunft

---

[133]   Gotthold Ephraim Lessing, Die Erziehung des Menschengeschlechts, § 77. In: Ders.: Gesammelte Werke. Hrsg. von Paul Rilla, Bd. 8, Berlin 1956, 590–615, hier 610f. Vgl. im Vorbericht: »Diesen unseren Hohn, diesen unseren Unwillen« – er meint den der Aufklärer gegen die überlieferten, ›positiven‹ Religionen – »verdiente in der besten Welt nichts: und nur die Religionen sollten ihn verdienen? Gott hätte seine Hand bei allem im Spiele: nur bei unsern Irrtümern nicht?« Ebd., Bd. 8, 591.

[134]   Lessing, Erziehung des Menschengeschlechts, § 4, ebd., Bd. 8, 591.

[135]   Lessing, Erziehung des Menschengeschlechts, § 75, ebd., Bd. 8, 610. Die Offenbarungsgeschichte bringt der Menschheit auf diese Weise die Wahrheit, daß ein einziger Gott ist (ab § 6), daß die Seele unsterblich ist (ab § 22), daß Gott dreieinig ist (§ 73) und es eine Erbsünde gibt (§ 74 der ›Erziehung des Menschengeschlechts‹).

[136]   S. bei Anm. 43.

begründet, gedacht, was die geschichtliche Offenbarung darbot, sondern etwas gedacht, dem die Geschichte fehlt. – Es entsteht dabei die Erwartung eines noch größeren Fortschritts der Erkenntnis, die Sehnsucht nach dem Eintreten in ein neues Zeitalter, auf dessen Schwelle man sich bereits befindet: »Sie wird gewiß kommen, die Zeit eines neuen ewigen Evangeliums [...].«[137] Das ist etwas für die Neuzeit Charakteristisches: die Herauslösung aus dem Zusammenhang der vorangegangenen, christlichen Periode wird als Befreiung erlebt; man erhofft den Eintritt in etwas noch Größeres, Höheres. Nur wird dieses Größere, Höhere doch nicht in der Geschichte sichtbar. Man merkt, wie Lessing selbst daran gezweifelt hat: »Geh deinen unmerklichen Schritt, ewige Vorsehung! Nur laß mich dieser Unmerklichkeit wegen an dir nicht verzweifeln. – Laß mich an dir nicht verzweifeln, wenn selbst deine Schritte mir scheinen sollen, zurück zu gehen.«[138] Es gibt offenbar Grund genug, so zu zweifeln; was Lessing als Einsichten des bisherigen Fortschritt ansah, das Dasein Gottes beispielsweise, erst recht also seine Dreieinigkeit usw., waren schon zu seiner Zeit auf völlige Ablehnung gestoßen.

Ähnlich wie mit Lessings Zukunftshoffnung verhält es sich mit Immanuel Kants Anspruch, der Metaphysik nun »den sicheren Gang einer Wissenschaft« zu geben, welchen die Logik und die Mathematik schon von Anfang an gehabt, die Naturwissenschaft seit dem 17. Jahrhundert mittlerweile gefunden habe.[139] Man glaubt durch die Überwindung des Alten, hier der alten Metaphysik, etwas Neues zu finden, das größere Gewißheit hat. Die Vermittlung zwischen den widerstreitenden Positionen des ›Dogmatismus‹ und des ›Skeptizismus‹ sollte diesen Weg ebnen. Es ist eine Sache für sich, die eigenen Raum beanspruchen würde, das Recht von Kants ›kritischem‹ Ansatz zu prüfen. Hier soll es nur um das Auftreten eines Anspruchs geben, einen philosophischen Entwurf von einer solchen Gewißheit und Überzeugungskraft vorzutragen, daß alle widersprechenden Meinungen auf Dauer zum Schweigen gebracht werden. Doch die Geschichte hat Kant darin nicht recht gegeben, daß das von ihm aufgestellte philosophische System von nun an einen solchen »sicheren Gang« wie die anderen genannten Wissenschaften genommen habe. Er war vielmehr nur eine, allerdings sehr bedeutsame Etappe, auf dem Weg zu noch tiefer greifenden Infragestellungen und einer noch größeren Vielfalt der Positionen.

---

[137]   Lessing, Erziehung des Menschengeschlechts, § 86, ebd., Bd. 8, 612. Lessing zitiert dabei bewußt den Begriff des ›evangelium aeternum‹, mit welchem Gerhard von Borgo San Donnino seine Ausgabe der Werke Joachims von Fiore betitelt hatte, s. Dieter Berg, Art. Gerhard (18.) von Borgo S. Donnino. In: Lexikon des Mittelalters 4 (1989), Sp. 1316.

[138]   Lessing, Erziehung des Menschengeschlechts, § 91, ebd., Bd. 8, 613f.

[139]   Immanuel Kant, Kritik der reinen Vernunft. Vorrede zur zweiten Auflage von 1787, B VII–XVI, in der Ausgabe hrsg. von Raymundt Schmidt, 2. Aufl., Leipzig 1930, 14–19.

Nach dem bisherigen Verlauf der »Neuzeit« wird man darum sagen müssen, daß sie ihrem Wesen nach »Säkularisierung« ist, und das heißt: im wesentlichen, wenngleich in negativer Weise abhängig von Christentum. Die Suggestionskraft der Neuzeit, das scheinbar Zwangsläufige ihrer Entwicklung, liegt nicht im ·Bereich von Sachdiskussionen,[140] sondern im Bereich der Mentalität, d. h. einer bestimmten Disposition, einen bestimmten Gedanken zu denken und einen anderen nicht.[141] Diese Mentalität entwickelt sich durch die zentrifugale Abkehr von der christlichen Einheit. Man ist also geneigt, das zu denken, was von dieser Mitte weiter wegführt. Der Säkularismus ist damit ein Modell einer post-christlichen Geisteswelt – »post-christlich« in dem Sinne genommen, daß hier durch eine bestimmte geistige Wandlung das Christentum abgelöst wird, dem es aber durchaus unbenommen ist, vital und fröhlich trotz alledem daneben weiterzubestehen.

Dieses Modell begann zu entstehen, als eine solche Antwort auf die Zersplitterung des abendländischen Christentums Plausibilität gewann, wie sie Edward Herbert Baron Cherbury gab. Es stammt aus der Aufklärung und hat, auch wenn man zwischen ›Aufklärung‹ und ›Moderne‹ differenzieren möchte, bis jetzt Bestand bewahrt. Merkmale dieses Modells sind sowohl das Suchen nach etwas allen Gemeinsamen und darum für alle Gültigen, das man zur Grundlage des weltweiten Zusammenlebens machen möchte, als auch das weitere Auseinanderdriften in Extreme. Die sogenannte Postmoderne verwirklicht programmatisch diese zweite Möglichkeit und ist darum nur eine Variante der Moderne, gewissermaßen eine ›Ultramoderne‹ . Hinzu kommen die Verheißung

---

[140] Wie Ulrich Barth (s. Anm. 2), 620, 1–6, meint: »Es ist völlig ungeschichtlich, den von der Aufklärung vollzogenen Säkularisierungsprozeß mental annullieren oder gar ideenpolitisch umkehren zu wollen. Die von ihm bewirkten Veränderungen sind nicht das Produkt willkürlicher Einfälle und Launen, sondern das in langen Debattenzusammenhängen entstandene Resultat von Sachfragen und Problemstellungen, deren Gewicht auch dann weiterbestünde, wenn man vor den dort gegebenen Antworten die Augen verschließen würde.« Diese Sachdebatten sind, zumindest in nuce, schon in der Spätantike geführt worden, nur mit einem entgegengesetzten Ergebnis.

[141] Theodor Geiger unterscheidet »Ideologie« und »Mentalität« in dem Sinne, daß »Ideologie« »Lebens- und Weltdeutungen oder auch Gedankengefüge« seien, »die sich auf enger abgesteckte Gegenstandsbereiche« beziehen, »Mentalität dagegen ist geistig-seelische Disposition«. »Aus der Mentalität wächst die Ideologie als Selbstauslegung hervor- und umgekehrt: kraft schichttypischer Mentalität bin ich für diese oder jene ideologische Doktrin empfänglich.« Vgl. Theodor Geiger, Die soziale Schichtung des deutschen Volkes. Soziographischer Versuch auf statistischer Grundlage. Darmstadt 1967 ([1]1931), 77 f. Was Geiger hier von schichttypischen Mentalitäten gesagt hat, läßt sich übertragen auf Mentalitäten im Wandel der Zeiten bzw. auf Mentalitäten als religiöse Grundhaltungen. Vgl. Sven Grosse, Zum Verhältnis von Theologie- und Mentalitätsgeschichtsschreibung. In: Zeitschrift für Kirchengeschichte 105, 1994, 178–190, insbes. 179.

von etwas grundsätzlich Neuem, die Grenzüberschreitung, damit verbunden der Abbruch bisheriger Tradition, und das Nicht-Erfülltwerden dieser Verheißung. Diese Merkmale sind nicht nur im 18. Jahrhundert – und vorbereitend in kleinen Zirkeln schon im 17. Jahrhundert – auszumachen, sondern auch im 19. und 20. Jahrhundert.[142] Sie finden sich dann nicht nur in Philosophie und Religion, sondern in allen Lebensbereichen, besonders greifbar auch in den bildenden Künste und in der Musik.

Das andere große Modell einer post-christlichen Geisteswelt, schon 1000 Jahre zuvor verwirklicht, ist der Islam. Die gegenwärtige Lage wird durch das Aufeinandertreffen dieser drei Mächte bestimmt, und es lohnt, auszufindig zu machen, in welcher Weise Säkularismus und Islam als zwei post-christliche Gedankenwelten miteinander in Konflikt geraten.

Das Christentum ist dabei keineswegs in auswegsloser Lage. Es kann den Zerfallsprozeß, in welchem die Säkularisation ihr Wesen hat, als Chance nehmen, die ihm aufgetragene Einheit noch tiefer zu verstehen, als es unter den Bedingungen der christlichen Einheitsgesellschaft im isolierten europäischen »Mittelalter« möglich gewesen ist. Der Zerfall ist Gelegenheit zu einer Analyse, die im intakten Zustand nicht möglich gewesen wäre. Diese Analyse kann zu einer noch tiefer begründeten Neu-Synthese führen, wenn nur zu einer solchen die Kraft und der Mut vorhanden sind. Innovation, Erneuerung des Christentums kommt dann gerade durch den Rückgriff auf die Synthese zustande, welche das antike Christentum zuwege gebracht hatte. Das Hindurchgehen durch die Krise der Neuzeit kann zu einer noch stärkeren Bekräftigung des einmal Gewonnenen, dann aber Angefochtenen führen.

---

[142] Ulrich Barth (s. Anm. 2), 630, 8, meint, man werde »die Differenz von Aufklärung und Moderne wesentlich schärfer akzentuieren müssen«. Dies trifft aber nicht zu, weil die gemeinsame Grundlage der »Vernunft«, auf welche die Aufklärung sich berief, eben keine tragfähige ist, und den weiteren Zerfall provozierte. Dies wird deutlich gerade in dem Resümee, das Emanuel Hirsch aus den Bemühungen des deutschen Idealismus zieht: »Gegen Mitte des neunzehnten Jahrhunderts steht das deutsche Denken nun doch vor der Frage, ob nicht die ganzen Grundlagen der christlichen Religion sich als mythische Erzeugnisse einer längst vergangenen Zeit ins Nichts auflösen müssen, ja, ob nicht mit dem christlichen Glauben die gesamte Welt des über diese Erde hinaus auf ein Überwirkliches schauenden Religiösen sich als eine schöne Täuschung erweise.« Emanuel Hirsch, Geschichte der neuern evangelischen Theologie, Bd. 3, Gütersloh 1951, 13.

Konkurrierende Konzepte von Toleranz in der frühen Neuzeit

»Toleranz sollte eigentlich nur eine vorübergehende Gesinnung sein: Sie muß zur Anerkennung führen. Dulden heißt beleidigen.«[1]

Goethes Bemerkung lenkt den Blick darauf, daß der Begriff der Toleranz selbst problematisiert werden muß. Was wird mit ihm ausgesagt? Einen Menschen *nur* zu dulden, dessen Ansichten man nicht teilt, heißt gewiß, ihn zu beleidigen. Aber heißt »Anerkennung« auch, seine Ansichten anzuerkennen? Man kann darüberhinaus den Begriff der Toleranz, weil unzureichend, durch den Begriff der Religionsfreiheit ersetzen, aber auch dieser ist nicht ausreichend, wenn es um die Option geht, keine Religion zu haben. In dieser Studie wird, wie zumeist in der Literatur, der Begriff »Toleranz« verwendet und nach Konzepten von Toleranz gefragt. Das heißt, es geht darum, wie »Toleranz« bestimmt wird und in welchen Zusammenhang von Begriffen sie eingeordnet wird. Von der Reformation bis zur Französischen Revolution sind verschiedene Konzepte von Toleranz entwickelt worden, die auch heute zur Debatte stehen.

Am 23. Oktober 1553 wurde Michael Servet in Genf als Ketzer verbrannt. Im Jahre 1554 veröffentlichte Sebastian Castellio im Protest dagegen sein Buch ›De haereticis, an persequendi sint‹. Es ist allgemein anerkannt, daß diese Veröffentlichung einen Markstein in der Herausbildung des Toleranzgedankens in der Neuzeit darstellt.[2] Castellios Schrift enthält indes nicht lediglich von ihm

---

[1]   Johann Wolfgang v. Goethe, Maximen und Reflektionen über Literatur und Ethik, Weimarer Ausgabe (Sophien-Ausgabe), I/42.2, Weimar 1907, 221.

[2]   Sebastian Castellio, De haereticis an persequendi sunt et omnino quomodo sit cum eis agendum, Luteri & Brentii, aliorumque multorum tum veterum tum recentiorem sententiae, 1554; Nachdruck: Reproduction en Fac-Similé de l'Édition de 1554, avec une introduction de Sape van der Woude. Genf 1954; in engl. Übers.: Concerning Heretics, Now first done into English, together with excerpts from other works of Sebastian Castellio and David Joris on religious liberty by Roland H. Bainton. New York 1935 (= Records of civilization. Sources and

selbst verfaßte Texte, sondern stellt eine Sammlung von Texten und Textaus-
zügen verschiedener christlicher Schriftsteller, altkirchlicher und Castellios eigener Epoche angehörender dar.[3] Castellio war Humanist, und das heißt, unterwiesen in den *studia humaniora*, zu denen auch die Rhetorik zählt.[4] Er stellte
die Texte in ›De haereticis, an persequendi sint‹ als Rhetoriker zusammen, und
das besagt, er sammelte Argumente jeglicher Art, die nur geeignet waren, die
Adressaten zu überzeugen. So ist es zu erklären, daß er es fertig brachte, sogar
Auszüge aus Calvin in sein Buch aufzunehmen, wiewohl doch Calvin die Anklage
gegen Servet erhoben hatte. Es ging Castellio nicht darum, ob die Verfasser der
von ihm gesammelten Text tatsächlich hinter seinem Anliegen standen. Es ging
ihm auch nicht darum, daß diese Texte ein übereinstimmendes Konzept in der
Frage der Tolerierung der Häretiker entwarfen. Es ging ihm lediglich darum, daß
sie alle schließlich dieselbe Antwort auf die Frage gaben, die der Titel stellt:
Häretiker sind nicht zu verfolgen.

So kommt es, daß zwei klar voneinander unterscheidbare Konzepte von
Toleranz respective von Religionsfreiheit sich in Castellios Buch finden. Diese
beiden Konzepte sind von größter Bedeutung bis hin zur Gegenwart. Sie sind
bislang von den Gelehrten kaum klar voneinander unterschieden worden. Die
Entwicklung dieser beiden Konzepte soll hier verfolgt werden.

---

studies 22) [2. Aufl. 1965, 3. Aufl. 1979]. Dort, 3–11, auch ein Überblick von Bainton über die
Entstehung des Werkes.

[3]   Es handelt sich, der Reihe nach, um Luther (in einem Teil der Auflage unter dem Namen
»Aretius Catharus«), Johannes Brenz (in einem Teil der Auflage unter dem Namen »Wit-
lingius«), Erasmus von Rotterdam, Sebastian Franck (unter dem Namen »Augustinus Eleu-
therius«), Laktanz, Calvin (!), Otto Brunfels, Konrad Pellican, Urbanus Rhegius, Augustinus,
Johannes Chrysostomus, Hieronymus, Coelius Secundius Curio († 1569). Voraus geht die
Widmung eines »Martinus Bellius« (d. i. Castellio), der als der Herausgeber auftritt, an Herzog
Christoph von Württemberg; nach dem Auszug aus Curio kommt ein Auszug unter Castellios
eigenem Namen, gefolgt von Texten eines Georgius Kleinbergius und eines Basilius Mont-
fortius, hinter denen sich ebenfalls Castellio verbirgt. In der deutschen und der französischen
Ausgabe von Castellios Buch finden sich außerdem Texte von Caspar Hedio und Johann
Agricola von Eisleben, nur in der französischen solche von Jakob Schenck und Christoph
Hoffmann. Sie sind enthalten in der Übersetzung von Bainton (s. Anm. 2), 199–202. Zu diesen
verschiedenen Ausgaben und ihren Texten s. Sape van der Woude, Introduction zu: Castellio
(s. Anm. 2), (I–XXV) XVI–XX; Bainton, 3–11.

[4]   Zu Castellios Ausbildung s. Hans R. Guggisberg, Art. Castellio. In: Theologische Realenzyklopädie 7, 1981, 663–665; zum Begriff »Humanist« s. Lewis W. Spitz, Art. Humanismus.
In: Theologische Realenzyklopädie 15, 1986, (639–661) 640,1–23. Zur Definition der Rhetorik als »Fähigkeit, in jeder einzelnen Sache zu sehen, was in ihr geeignet ist, zu überzeugen«: Aristoteles, Rhetorik I,2, 1355b.

1. Martin Luther

Nach dem Vorwort, das Castellio unter dem Pseudonym ›Martinus Bellius‹ an den Herzog Christoph von Württemberg vorausschickt, eröffnet Martin Luther die Reihe der Gegner der Ketzerverfolgung. Es handelt sich um den zweiten Teil der Schrift von weltlicher Obrigkeit von 1523,[5] um einen Auszug aus einer Predigt über das Gleichnis vom Unkraut unter dem Weizen, Mt 13,24–30, in der ›Fastenpostille‹ von 1525,[6] und einen Auszug aus einer Predigt über Lk 6,36, »Seid barmherzig [...]«.[7] In diesen Texten findet sich das erste erwähnte Konzept von Toleranz. Um es vollständig dazustellen, müssen wir etwas weiter ausholen und noch einige andere Stellen bei Luther heranziehen.

Castellio hat nicht ohne Absicht Luther der ganzen Sammlung von Verfechtern der Toleranz an den Anfang gestellt. Man kann annehmen, daß er es schon deswegen tat, weil das Ansehen Luthers in dem Adressatenkreis von Castellios Schrift besonders groß war; er war der Anfänger der reformatorischen Sache gewesen. Sodann hat Luther selbst ein Beispiel des Widerstand gegen die Verfolgung eines Menschen als Ketzer gegeben, das von äußerst großer Wirkung war. In diesem Zusammenhang ist nun eine Passage aus Luthers Erläuterungen seiner Ablaßthesen, den ›Resolutiones disputationum de indulgentiarum virtute‹ von 1518 von Bedeutung.[8] In einem Exkurs zur Erläuterung von These 80 spricht Luther von der mühseligen Arbeit, die heiligen Schriften zu meditieren; durch sie unterwiesen, könnten wir die Mauern und alle Höhe, die sich gegen die Erkenntnis Gottes auftürmt (2. Kor 10,5) niederreißen. Doch kürzen wir, sagt er, selbstkritisch an Stelle der Kirche sprechend, diese Arbeit ab, so daß wir »nicht Häresien und Irrtümer niederreißen, sondern Häretiker und Irrende verbrennen«.[9] Dieses Vorgehen widerspricht dem Rat, den ein weiser Heide, Scipio Nasica, im Widerspruch zu Cato dem Älteren gab.[10] Es ist auch gegen den Willen des Heiligen Geistes. Denn Ri 3,3–6 werden die Völker genannt, die auch nach der Landnahme Israels im gelobten Land wohnen blieben und von Israel nicht vertrieben werden konnten, und dieses Faktum wird in Ri 3,1 f. so erklärt, daß

---

[5] Weimarer Ausgabe 11, 261–271 / Luthers Werke in Auswahl. Hrsg. v. Otto Clemen 2, 376–386, in ›De haereticis‹ (s. Anm. 2), 29–45.

[6] Weimarer Ausgabe 17 II, 125,1–25, nur enthalten in der französischen Fassung, bei Bainton (s. Anm. 2), 153 f., dort auf Mt 24 bezogen.

[7] Weimarer Ausgabe 41, 327,6–19, erstgedruckt 1535, nur enthalten in der deutschen Fassung, bei Bainton (s. Anm. 2), 154.

[8] Weimarer Ausgabe 1, 624 f. / Luthers Werke in Auswahl. Hrsg. v. Otto Clemen 1, 141–143, insbes. 142, 17–35.

[9] »non ut haereses aut errores destruamus, sed haereticos et errantes concrememus«, Weimarer Ausgabe 1, 642,25 f. / Luthers Werke in Auswahl. Hrsg. v. Otto Clemen 1, 142,23 f.

[10] Plutarch, Marcus Cato, 27.

dadurch Gott die Israeliten in der Übung des Krieges erhalten wollte. Dies ist aber eine Figur für die Koexistenz der Christen mit den Häretikern: gemäß 1. Kor 11,19 muß es Häresien geben. Die Existenz von Häretikern ist also von den Christen auszuhalten. Diese Koexistenz besteht zwar in einem ständigen Krieg; der Krieg der Christen gegen die Häretiker wird aber, wie Luther zuvor mit den Worten von 2. Kor 10,5 gesagt, hat, mit anderen Waffen geführt als der der Israeliten gegen die Heiden. Luther bringt dabei auch das Gleichnis vom Unkraut unter dem Weizen (Mt 13,24–30; 36–43) ins Spiel, das eines der wichtigsten Argumente in der Toleranzdebatte darstellt. Wer die Ketzer tötet, der reißt den Weizen mit dem Unkraut heraus.

Was Luther hier vortrug, wurde in der Bannandrohungsbulle ›Exsurge Domine‹ Papst Leos X. von 1520 zutreffend in der These zusammengefaßt: »Die Häretiker zu verbrennen ist wider den Willen des Geistes.« und als dreiunddreißigster unter 41 Lehrsätzen Luthers verurteilt.[11] Das Plädoyer, Ketzer nicht zu verbrennen, wurde einem Grund für den Urteilsspruch, der ihn selbst dem Feuertod ausliefern sollte.

In der kurzen Passage innerhalb der ›Resolutiones‹ sind einige Gedanken im Keim enthalten, die zu der Toleranzkonzeption gehören, welche die Luther-Texte in Castellios Buch vortragen.

(1) Was »Häresie« genannt wird, betrifft einen Streit um die Wahrheit einer Lehre. In diesem Streit nimmt Luther einen Standpunkt ein, und von diesem Standpunkt aus bestimmt er auch seinen Umgang mit denen, die seinem Standpunkt widersprechen. Der »Häretiker« ist von seinem Standpunkt aus wirklich ein Häretiker.

(2) Häretiker dürfen aber nun nicht verbrannt oder überhaupt getötet werden. Sie dürfen überhaupt nicht wegen ihrer Häresie bestraft werden. Denn die von Gott gebotene Weise des Umgangs mit ihnen ist, wie 2. Kor 10,3–6 besagt, keine Auseinandersetzung mit irdischen Mitteln, sondern ein Krieg der Gedanken. Die Meditation der Heiligen Schrift gibt die richtigen Argumente für die Überwindung der häretischen Lehre.[12]

---

[11] Heinrich Denzinger, Enchiridion symbolorum, definitionum et declarationum de rebus fidei et morum / Kompendium der Glaubensbekenntnisse und kirchlichen Lehrentscheidungen [lat.-dt.], verbes., erw., ins Dt. übertr. u. unter Mitarbeit v. Helmut Hoping hrsg. v. Peter Hünermann, 39. Aufl., Freiburg u. a. 2001, Nr. 1483.

[12] Luther unterscheidet sich an diesem Punkt von Erasmus, der das Gleichnis vom Unkraut unter dem Weizen so auslegt, daß zwar die Tötung von Häretikern verboten ist, nicht aber ihre Bestrafung mit anderen Mitteln, s. bei Castellio (s. Anm. 2), 74–88, z.B: 80 / bei Bainton (s. Anm. 2), 169–183, dort 174; Erasmus von Rotterdam, Svppvtatio Errorvm in Censvris Beddae, Propositio 22, Opera omnia. Hrsg. v. Joannes Clericus (Jean Le Clerc), Bd. 9, Leiden 1706 (Nachdruck: Hildesheim 1962) 582D. Erasmus schließt sich hier Augustins Stellung gegenüber den Donatisten an. Augustin trat dafür ein, daß deren Kirchengüter eingezogen

(3) Eben darum sind die Person des Häretikers und die häretische Lehre voneinander zu unterscheiden, wie dies Luthers in der prägnanten Formulierung tut: die irregeleitete Kirche würde »nicht Häresien und Irrtümer niederreißen, sondern Häretiker und Irrende verbrennen.« Der Häretiker ist ein Mensch, der empfänglich sein kann für die Argumente, die aus der Meditation der Heiligen Schrift gewonnen werden. Er muß als ein solcher Mensch geachtet und behandelt werden.

(4) Mit dem Verbot, den Häretiker seiner Häresie wegen zu töten oder ihm irgendwie sonst Gewalt anzutun, wird ein Recht gesetzt, demzufolge der Häretiker von solchen Maßnahmen verschont werden muß. Dieses Recht ist also nicht ein Recht, das derjenige für sich in Anspruch nimmt, der für einen Häretiker gehalten wird, in Wirklichkeit aber die Wahrheit glaubt. Sondern es ist ein Recht, das derjenige beachten muß, der die Wahrheit glaubt, wenn er mit dem umgeht, der die häretische Lehre glaubt. Dieses Recht zu mißachten ist eine Schande der Kirche. Wozu Luther in Resolution 80 aufruft, ist, einer Kirche wieder aufzuhelfen, die in eine solche Schande gefallen ist.[13]

Luther hat an anderer Stelle natürlich auch von dem Recht des rechtgläubigen Christen gesprochen, nicht verfolgt werden zu dürfen. In der Verteidigung der dreiunddreißigsten von Rom verurteilten These geht er sogar soweit zu behaupten, die wahre Kirche habe nie Häretiker verbrannt, sie sei immer nur verfolgt worden, während die falsche Kirche die Verfolgerin sei.[14] In der Predigt über das Gleichnis vom Unkraut unter dem Weizen von 1525, in dem Stück, das Castellio in sein Buch aufgenommen hat, bekräftigt Luther aber wiederum, daß auch die wahre Kirche Ketzer verbrannt, Juden und Türken verfolgt hat.[15] Man kann also zusammenfassen: gleich ob es sich um wirkliche oder um vermeintliche Häretiker handelt, es ist von Gott verboten, sie zu verfolgen.[16]

---

würden. Zur schillernden, von lauter Rücksichtnahmen auf mögliche und tatsächliche Angriffe durchsetzten Stellungnahme des Erasmus s. auch Bainton, Introduction, ebd., 30–42. Bainton charakterisiert ihn zutreffend, 46: »[he] had his tongue in his cheek«.

[13]   In der Fortsetzung der oben referierten Passage, Weimarer Ausgabe 1, 625 / Luthers Werke in Auswahl. Hrsg. v. Otto Clemen 1, 142,33–143,14.

[14]   Grund unnd ursach aller Artickel D. Marti. Luther, szo durch Romische Bulle unrechtlich vordampt seyn, 1521, Weimarer Ausgabe 7, (309–457) 439–442, vgl. Assertio omnivm articvlorum M. Lvtheri per Bullam Leonis X. novissimam damnatorum, 1520, Weimarer Ausgabe 7 (94–151) 139 f.

[15]   »Daraus mercke, wilch rasende leute wyr sind so lange zeyt gewesen, die wyr die Türcken mit dem schwerd, die ketzer mit dem fewr, die Juden mit tödten haben sollen zum glauben bringen [...]«, Weimarer Ausgabe 17 II, 125,12–14.

[16]   Roland Bainton gibt also Luthers Stellungnahme zu Thema nicht vollständig wieder, wenn er sagt, Duldung habe er nur eingefordert für die wahre Kirche, die ein verfolgter Rest sei: Bainton, Introduction (s. Anm. 2), 43–49. Diese Ausführungen Baintons sind eine Zu-

Der wichtigste Text, in dem Luther diese Toleranzkonzeption weiter ausführt, ist der zweite Teil der Obrigkeitsschrift, der überschrieben ist: »Wie weytt sich weltlich vberkeyt strecke«. Der entscheidende Punkt ist dabei die Autonomie der Seele des Menschen gegenüber jeglicher staatlicher Gewalt: »Darumb wo welltlich gewallt sich vermisset/ der seelen gesetz zu geben/ do greyfft sie Gott ynn seyn regiment/ vnd verfuret und verderbet nur die seelen«.[17] Die Seele ist dazu bestimmt, von Gott allein regiert zu werden, ohne irgendeine Vermittlung durch eine menschliche Gewalt. Die Herrschaft Gottes über die Seele wird alleine dadurch aufgerichtet, daß ein Mensch zum Glauben gelangt. Vom Glauben gilt aber: »Auch ßo ligt eym iglichen seyne eygen fahr dran/ wie er glewbt/ vnd muß fur sich selb sehen/ dz er recht glewbe. Denn so wenig als eyn ander fur mich ynn die helle odder hymel faren kan/ so wenig kan er auch fur mich glewben oder nicht glewben/ vnd so wenig er myr kan hymel oder hell/ auff odder zu schliessen/ ßo wenig kan er mich zum glawben oder unglawben treyben. Weyl es denn eym iglichen auff seym gewissen ligt/ wie er glewbt odder nicht glewbt/ vnd damit der weltlichen gewallt keyn abbruch geschicht/ sol sie auch zu friden seyn/ vnd yhrs dings wartten/ vnd lassen glewben sonst oder so/ wie man kan vnnd will/ vnd niemant mit gewallt dringen. Denn es ist eyn frey werck vmb den glawben/ dazu man niemandt kan zwingen. Ya es ist eyn gottlich werck ym geist/ schweyg denn/ das es eußerliche gewallt sollt erzwingen vnd schaffen. Da her ist der gemeyne spruch genomen/ den Augustinus auch hatt: Zum glawben kan vnnd soll man niemants zwingen.«[18]

Diese Wahrheit wird von Luther noch allgemeiner gefaßt. Er spricht nicht nur von Glaubens-, sondern überhaupt von Gedankenfreiheit und sagt, in einer Variante des Sprichworts »Gedanken sind frei«: »Gedancken sind zoll frey.«[19]

Luther hat diese Schrift als einen geistlichen Rat für Christen verfaßt, die, weil sie ihn unterstützten – konkret: weil sie seine Übersetzung des Neuen Testaments kaufen oder verkaufen wollten –, dem Druck von Fürsten ausgesetzt

---

sammenfassung seines Aufsatzes ›The Development and Consistency of Luther's Attitude to Religious Liberty‹. In: Harvard Theological Review 22, 1929, 107–149.

[17]   Weimarer Ausgabe 11, 262,10–12 / Luthers Werke in Auswahl. Hrsg. v. Otto Clemen 2, 377,8–10. Voraus geht die These: »Denn vber die seele kan vnd will gott niemant lassen regirn/ denn sich selbs alleyne.« Ebd., 9 f. / 7 f.

[18]   Weimarer Ausgabe 11, 264,11–23 / Luthers Werke in Auswahl. Hrsg. v. Otto Clemen 2, 379,6–19. Bei dem Augustin-Zitat handelt es sich um ›Contra litteras Petiliani‹ Liber II, cap. LXXXIII, 184, Patrologiae cursus sompletus. Accurante Jacques-Paul Migne. Series Latina 43, 315 / Corpus scriptorum ecclesiasticorum Latinorum 52, 112,25 f.: »Ad fidem quidem nullus est cogendus inuitus.«

[19]   Weimarer Ausgabe 11, 264,28 f. / Luthers Werke in Auswahl. Hrsg. v. Otto Clemen 2, 379,24 f. Siehe dazu Weimarer Ausgabe 11, 264, Anm. 2.

waren.[20] Er setzt diese Argumentation aber auch ein, wenn es um die Bekämpfung von wirklichen Ketzern durch staatliche Gewalt geht. Der Einspruch, mit dem er sich auseinanderzusetzen hat, lautet: »Ya welltlich gewallt zwingt nit zu glewben/ sondernn weret nur eusserlich/ das man die leutt mit falscher lehre nicht verfure/ wie kundt man sonst den ketzern weren?«[21] Luthers Entgegnung lautet: »Gottis wort soll hier streytten/ wenns das nicht auß richt/ ßo wirtts wol vnausgericht bleyben von welltlicher gewallt [...] Ketzerey ist eyn geystlich ding/ das kan man mitt keynem eyßen hawen/ mitt keynem fewr verbrennen [...]« – worauf er wieder sich auf 2. Kor 10,4 f. beruft.[22]

In der Predigt über das Gleichnis vom Unkraut unter dem Weizen wird dieser Gedanke noch weitergeführt. Diejenigen, die Häretiker und andere Nicht-Christen töten, machen sich eines doppelten Mordes schuldig, weil sie nicht nur den Leib zeitlich, sondern auch die Seele leiblich töten, denn sie nehmen ihnen die Möglichkeit, sich zu bekehren, sie scheiden sie von Gottes Wort.[23]

In dem dritten von Castellio aufgeführten Text Luthers betont dieser, daß er und die Seinen sich den »Papisten« gegenüber an die Mahnung Christi gehalten haben: »Seid barmherzig, wie auch euer Vater ist.« (Lk 6,36). Sie hätten keinem von ihnen um ihres Glaubens willen Gewalt angetan; sie hätten nur »mit schrifften freundlich und ernstlich von ampts wegen, das uns Gott befohlen hat, treulich vermanet.«[24] Es muß also nicht nur körperliche Gewalt, sondern auch eine Gewalt in Worten vermieden werden.

Soweit die Toleranzkonzeption Luthers in seinen von Sebastian Castellio aufgenommenen Schriften. Es ist bekannt, daß er selbst sich in der Praxis so gut wie nie an diesen letzten Punkt gehalten hat und nicht nur »Papisten«, sondern jeden, von dem er meinte, daß er anderer Überzeugung war als er selbst, mit persönlich verletzender Polemik angegriffen hat. Darüber hinaus hat Luther noch eine andere Konzeption zum Thema der Toleranz vorgetragen, und diese ging nun gerade in die entgegengesetzte Richtung. Weil Kirche und Staat gemeinsam das *corpus christianum* bilden, haben Positionen, die sich von derjenigen der wahren Kirche unterscheiden, auch im Staat keine Berechtigung. Wer schließlich sich

---

[20] Weimarer Ausgabe 11, 246,23–247,11; 267,14–29 / Luthers Werke in Auswahl. Hrsg. v. Otto Clemen 2, 362,10–23; 382, 4–20.

[21] Weimarer Ausgabe 11, 268,19–21 / Luthers Werke in Auswahl. Hrsg. v. Otto Clemen 2, 383,2–5. Dies ist gerade die Position Augustins, in der er für staatlichen Zwang in Glaubensdingen sich ausspricht, s. Epistula XCIII, V,16 f., an Vincentius, Corpus scriptorum ecclesiasticorum Latinorum 34/2, 461,3–462,23.

[22] Weimarer Ausgabe 11, 268, 24–28 / Luthers Werke in Auswahl. Hrsg. v. Otto Clemen 2, 383, 9–13. Vgl. Weimarer Ausgabe 11, 269,16–31 / Luthers Werke in Auswahl. Hrsg. v. Otto Clemen 2, 383,37–384,14.

[23] Weimarer Ausgabe 17 II, 125,17–20.

[24] Weimarer Ausgabe 41, 327,17 f.

dem *corpus christianum* entziehen will, wie die Wiedertäufer, muß vom Staat verfolgt werden.[25]

Gleichwohl stellen die von Castellio ausgewählten Texte eine geschlossene Konzeption dar, derzufolge nicht nur für die Gläubigen, sondern für jeden Menschen in seinem Denken Freiheit zu fordern und anzuerkennen ist; darüber hinaus ist jedem Menschen Freundlichkeit und Barmherzigkeit zu erweisen. Die Argumente, die Luther dafür aufführt, sind Schriftargumente, also vom christlichen Glauben abhängig, so das Gleichnis vom Unkraut unter dem Weizen (Mt 13, 24–30, vgl. 13, 36–43) und 2. Kor 10, 3–5, außerdem Röm 13,7; 1. Ptr 2,13; Mt 22,21; Ps 115,16; Apg 5,29.[26] Er nennt aber auch Sachverhalte, die er z. T. zwar mit Schriftworten begründet, welche die Vernunft aber auch aufgrund ihres natürlichen Vermögens erkennen kann: a) daß kein Mensch die Seele zu töten vermag, b) daß eine Gewalt nur da handeln soll, wo sie auch etwas sehen kann; weltliche Gewalt aber nicht ins Herz sieht, c) daß jeder Mensch für seinen Glauben selbst Verantwortung wahrnehmen muß, d) daß Gedanken frei sind, e) weltlicher Zwang darum nur zu Heuchelei führt, f) daß es keine größere moralische Stärkung sowohl des Glaubens als auch der Ketzerei gibt, als wenn sie verfolgt werden.[27]

---

[25]   Bainton, Introduction (s. Anm. 2), 45–49; Martin Ohst, Art. Toleranz IV. Geschichtlich. In: Religion in Geschichte und Gegenwart[4] 8 (2005), Sp.463; Heinrich Bornkamm, Art. Toleranz II. In der Geschichte des Christentums. In: Religion in Geschichte und Gegenwart[3] 6 (1962) (Sp.933–946) Sp.937 f.; Heinrich Hoffmann, Art. Toleranz. II. In der Geschichte des Christentums. In: Religion in Geschichte und Gegenwart[2] 5 (1931), Sp.1214 f.; Klaus Schreiner, Art. Toleranz, I.–X. In: Geschichtliche Grundbegriffe, Bd. 6 (1990), (446–491) 476–480. Gelegentlich wurde in der Forschung übersehen, daß Luther zwei einander widersprechende Konzeptionen zum Thema Toleranz vertrat, und man erwähnt ihn nur als Anwalt der Intoleranz: Gisela Schlüter/Ralf Grötker, Art. Toleranz. In: Historisches Wörterbuch der Philosophie, Bd. 10 (1998) (Sp.1251–1262) Sp. 1253 f. Hans R. Guggisberg hat gar keinen Text von Luther in seine Textsammlung aufgenommen, Religiöse Toleranz. Dokumente zur Geschichte einer Forderung, Stuttgart-Bad Cannstatt 1984 (= Neuzeit im Aufbau 4), anders hingegen Manfred Hofmann, Toleranz und Reformation, Gütersloh 1979 (= Texte zur Kirchen- und Theologiegeschichte 24), dort: 27–40.

[26]   Weimarer Ausgabe 11, 265,28–266,37 / Luthers Werke in Auswahl. Hrsg. v. Otto Clemen 2, 380,25–381,31.

[27]   Weimarer Ausgabe 11, 263,11–265,3; 268,33–269,15 / Luthers Werke in Auswahl. Hrsg. v. Otto Clemen 2, 378,9–379,34; 383,18–36.

2. Sebastian Castellios eigenes Konzept

Dem ganzen Buch ›De haereticis, an persequendi sint‹ geht das Widmungsschreiben von Herzog Christoph voran, das Castellio selbst verfaßt hat. Er eröffnet es mit einem Gleichnis und wählt damit die rhetorische Strategie, seinen
Leser von einer Sache zu überzeugen, indem er ihn zunächst von der Beurteilung
eines analogen Sachverhaltes in dem Gleichnis überzeugt: »Wenn du, erlauch-
tester Fürst, deinen Untertanen bekanntgegeben hättest, daß du sie zu unbe-
stimmter Zeit einmal besuchen würdest, und wenn du ihnen befohlen hättest, zu
deinem Empfang weiße Kleider bereitzulegen, um weiß gekleidet, wann auch
immer du kämest, dir entgegenzukommen: was würdest du tun, wenn du hin-
terher kommen würdest und fändest, daß sie sich nicht um die weißen Kleider
gekümmert, sondern vielmehr über dich diskutiert hatten, und zwar in einer
Weise, daß die einen behaupteten, du seist in Frankreich, die anderen: du seist
nach in Spanien gegangen, daß wieder andere behaupten, du kämest zu Pferd,
andere: im Wagen, die einen: mit großem Gefolge, die anderen: ohne Begleitung
[...]?«[28] Diese Meinungsverschiedenheiten werden mittlerweile mit Gewalt ausgetragen. Diejenigen, die sich, wie befohlen, ein weißes Kleid anlegen, werden
von den anderen zu Tode gebracht. Es ist klar, daß der Fürst darauf nur unwillig
reagieren kann und diejenigen bestrafen wird, die sich nicht an seine Anordnung
gehalten haben. Der Fürst ist, erklärt nun Castellio, Christus. Das weiße Kleid,
das man tragen muß, um seine Rückkehr zu erwarten, ist, daß man fromm und
freundschaftlich lebt, ohne Streit, und einer den anderen liebt. Das heißt: man
müßte darüber reden, wie man zu Christus kommt, nämlich durch Verbesserung
des Lebens. Stattdessen streitet man über Stand und Amt Christi, darüber, wo er
jetzt ist, was er tut, wie er zur Rechten des Vaters sitzt, auf welche Weise er mit
dem Vater eins ist. Desgleichen über die Trinität, über die Prädestination, über
den freien Willen, über Gott, die Engel, den Zustand der Seelen nach diesem
Leben. All das kann man nicht wissen; man muß es aber auch nicht wissen, um
durch den Glauben gerettet zu werden. Man kann diese Dinge erst erkennen,
wenn das Herz rein geworden ist (Mt 5,8). Versucht man es zuvor, gelangt man
nur zu Wissen oder zu vermeintlichem Wissen, das aufbläht (1. Kor 8,1); der Stolz

---

[28] »Si tu, Princeps Illustrissime, praedixisses tuis subditis, te ad eos incerto tempore
venturum, iussissesque ut vestes albas sibi omnes pararent, et tibi, quocunque tempore
venires, obviam candidati prodirent: quid faceres, si postea veniens, invenires eos de vestibus
albis nihil curasse, sed inter sese de te tantum disceptare, ut alii dicerent, te in Gallia esse, alii
in Hispaniam profectum, alii venturum in equo, alii in curru, alii magna cum pompa, alii nullo
comitatur [...]«, De haereticis (s. Anm. 2), 3.

darauf führt zur Grausamkeit gegen alle, die andere Vorstellungen von der Sache haben.[29]

Mit dieser Ouvertüre sind schon die Grundlinien von Castellios Toleranzkonzept gezogen. Die Lehren, um die gestritten und deretwegen Menschen als Häretiker verfolgt werden, sind unwesentliche Dinge. Sie sind genauso unwesentlich wie die Dinge, um die sich die Untertanen des Fürsten in jenem Gleichnis streiten. Und ein Streit um unwesentliche Dinge ist es nicht wert. Vor allem ist es nicht angemessen, deswegen zu Gewalt zu greifen. Weil die Diskussion über Häresien in der Christenheit ein Streit um unwesentliche Dinge ist, sollen Häretiker nicht verfolgt werden.

Dieser Gedanke wird durch einen zweiten ergänzt. Das, was wesentlich ist, was notwendig ist, um zu Christus und zum Heil zu gelangen, ist der liebevolle Umgang mit anderen Menschen. Wenn man sich also auf das wesentlich Christliche, auf das im Leben zentral Gebotene konzentriert, wird man keinen Menschen wegen Häresie verfolgen.

Schließlich ist noch ein dritter Gedanke damit verbunden, der der Skepsis. Über diese unwesentlichen und zum Heil nicht notwendigen Dinge braucht man nicht nur nicht Bescheid zu wissen. Man kann sie auch gar nicht mit Gewißheit erkennen. Während man über Fragen der Lebensführung, also der Ethik, leicht zu einem Urteil kommen kann, ist das bei Fragen der Lehre nicht so einfach. Castellio betrachtet nicht nur die verschiedenen christlichen Konfessionsparteien, sondern auch die Juden und die Türken, d.i. die Moslems, und kommt zu dem Ergebnis, daß unter ihnen Einigkeit nur besteht darüber, daß Ein Gott ist. Die Moslems kommen mit den Christen außerdem darin überein, daß sie Christus hochschätzen. Die Christen habe darin Einigkeit untereinander, daß sie Jesus Christus als den Sohn Gottes, den Heiland und Richter der Welt betrachten. Über alles weitere sind sie uneins. Die Gewißheit über diese Fragen nimmt mit der faktisch gegebenen Einigkeit darüber ab. Die Kontroversen zeigen gerade, daß man in diesen Fragen keine Gewißheit erlangen kann. Castellio folgert daraus, daß Juden, Moslems und Christen einander nicht nur nicht verfolgen, sondern auch nicht verurteilen sollen. Das Gleiche soll für das Verhalten der Christen untereinander gelten.[30]

Dieses Konzept Castellios ist tiefgreifend von dem Luthers unterschieden. Um dies als erstes zu nennen: es steht für ihn keineswegs fest, wer überhaupt ein Häretiker ist. Er hält zwei Bestimmungen dieses Begriffs für möglich: 1. ein Mensch, der hartnäckig an einer ethisch falschen Lebensführung festhält, ein Geiziger, ein Säufer beispielsweise, aber auch ein Verfolger, 2. ein Mensch, der in geistlichen Dingen und in der Lehre sich hartnäckig verschließt. Das ist die ei-

---

[29]   Ebd., 3–6. An anderer Stelle fügt Castellio die Frage hinzu, ob man das Herrenmahl *sub utraque specie* nehmen soll und, wann ein Mensch getauft werden soll: ebd. 9, vgl. 20.

[30]   Ebd., 22–25.

gentliche Bedeutung des Wortes. Castellio nennt Hananias (Jer 28) als Beispiel dafür, erklärt aber dann, wie bereits gesagt, daß es sehr schwer ist, zu beurteilen, ob jemand ein Häretiker ist.[31] Dies wird, fügt Castellio an anderer Stelle hinzu, erhärtet durch die Dunkelheit der Heiligen Schrift.[32]

Wenn man aber niemand mit hinreichender Gewißheit als Häretiker beurteilen kann, dann darf man ihn auch nicht als solchen behandeln, geschweige denn, ihn verfolgen. Sebastian Castellios Toleranzkonzept ist also im Unterschied zu dem Luthers nicht eine Anweisung, wie man jemanden behandeln soll, von dem man überzeugt ist, daß es sich bei ihm um einen Häretiker handelt, sondern eine Vorschrift, wie Menschen miteinander umzugehen haben, von denen keiner weiß, wer in den Lehren recht hat, die sie voneinander unterscheiden. Eben deswegen, weil diese Ungewißheit besteht, soll man den anderen nicht verfolgen. Es gehört zu diesem Konzept, daß man in den strittigen Fragen einen eigenen Standpunkt nur im uneigentlichen Sinne einnehmen kann. Man mag zwar einen Standpunkt haben, aber man muß sich immer eingestehen, daß man nicht genügend Gewißheit in dieser Sache haben kann.

Damit verbunden ist eine Bestimmung des Wesens des Christentums. Luther hat sein Toleranzkonzept mit seiner Überzeugung von der Wahrheit des Christentums verbinden können und tatsächlich auch verbunden. Aber sein Toleranzkonzept läßt es auch zu, daß jemand mit einer anderen Auffassung von der Wahrheit des Christentums es übernimmt. Aus Luthers Sicht handelt es sich dann um einen Häretiker, aber dieser Häretiker wird, wenn er sich an Luthers Toleranzkonzept hält, Luther oder jedem Andersgläubigen Toleranz im beschriebenen Sinne erweisen müssen. Bei Castellio ist das nun anders. Gegenüber den Auffassungen der streitenden christlichen Religionsparteien muß das Wesen des Christentums reduziert werden auf die unstrittigen Teile. In erster Linie ist dies die Verbesserung des Lebens, was einschließt, daß man mit anderen Menschen freundlich umgehen muß. Castellio kennt noch weitere Inhalte des Christentums: den Glauben an Gott den Vater und an Jesus Christus, seinen Sohn, und den Heiligen Geist. Das ist, wie Castellio sagt, die Goldmünze, die überall in dem konfessionell zerrissenen Europa Wert hat, unabhängig von den Prägungen, die verschiedene Konfessionen ihr verleihen.[33] Castellios Bekenntnis zur Trinität läßt dabei offen, wie man sie auffassen muß: im Sinne des Konzils von Nicaea oder so, wie Servet es getan hat. Er ist sich dessen bewußt, daß diese vorrangig ethische Bestimmung des Christentums ihm den Vorwurf eintragen

---

[31]   Ebd., 21 f.

[32]   Es handelt sich hier um den Part, den Castellio mit seinem eigenen Namen gezeichnet hat, seine Vorrede zu seiner Eduard VI. von England gewidmeten Übersetzung der Bibel, ebd., 118 f., vgl. die vorausgehende, von Bainton übersetzte Passage (s. Anm. 2): 212.

[33]   Ebd., 9; 19 f. Castellio fügt die Gebote der Heiligen Schrift noch hinzu, womit er wieder bei der ethischen Bestimmung des Christentums ankommt.

kann, er lehre die Rechtfertigung aufgrund von Werken.[34] Gleichwohl bekennt er sich dazu, daß der Mensch durch den Glauben gerechtfertigt werde, ohne weiter zu erläutern, was er damit meint.[35]

Wenn man überzeugt ist, daß dies die wesentlichen Bestandteile des Christentums sind, wird man mit niemandem über die anderen Lehren des Christentums in Streit geraten, geschweige denn Gewalt anwenden. Man muß offenlassen, ob Castellio zu dieser Neubestimmung des Christentums kam, weil sein erstes Anliegen war, daß Toleranz besteht, oder weil er von seiner Neubestimmung des Christentums die Konsequenz zog, daß allseitige Toleranz geboten ist. Fest steht aber, daß beides zusammengehört. Im Unterschied zum Lutherschen Konzept wird jemand, der Castellios Auffassung des Christentums nicht teilt, auch nicht sein Toleranzkonzept übernehmen können. Denn dieses sieht vor, daß *nur* deswegen Toleranz zu üben ist, weil die Dinge, deretwegen die Christen intolerant werden, unwesentlich sind, und man gar nicht über sie Gewißheit erlangen kann. Castellio geht nicht auf die Frage ein, ob man auch zu jemand tolerant sein müsse, mit dem man tatsächlich in *wesentlichen* Fragen uneins ist.

Castellio bringt in den von ihm seinem Buch beigesteuerten Schriften eine Fülle von Argumenten gegen die Ketzerverfolgung, die nicht oder nicht unbedingt diesem hier dargestellten Toleranzkonzept zugeordnet werden müssen. Daß jeder Mensch auf seine eigene Verantwortung hin glauben muß,[36] ist auch ein Element des Lutherschen Konzepts. Ein weiteres Element ist die Forderung, daß der Krieg gegen die Häretiker gemäß Eph 6,10–20 und 2. Kor 10,3–5 geistlich zu führen ist.[37] An einer Stelle erklärt Castellio sogar, daß er die Häretiker haßt, trägt aber dann Gründe vor, sie nicht zu verfolgen.[38] Das Vorbild Christi[39] wird man in verschiedene Toleranzkonzepte eintragen können. Daß Verfolgungen den Staat zerrütten,[40] ist ein Argument, das bereits bei einem Fürsten Erfolg verspricht, der allein nach politischen Maßstäben die Dinge beurteilt.[41] Die hier als das Konzept Castellios vorgestellte Position stimmt allerdings mit der Schrift

---

[34] Ebd., 7.

[35] Ebd., 5; 10 (hier in dem Zitat aus Röm 14,23); 140 (hier in der Ablehnung einer Begründung der Ketzerverfolgung aus dem Alten Testament).

[36] Ebd., 9 f.

[37] Ebd., 121.

[38] Ebd., 12. Unter dem Pseudonym des Basilius Montfortius erklärt er sogar, er wünsche sich alle Häretiker tot, wenn sie sich nicht bessern. Er fügt hinzu, daß man das Unkraut aber erst zur Zeit der Ernte, also am Ende der Welt ausreißen darf: ebd., 158.

[39] Ebd., 10. Vgl. 132–134.

[40] Ebd., 125.

[41] Man kann hier, mit Eckehart Stöve, von dem Konzept einer pragmatischen Toleranz sprechen, s. Stöve, Art. Toleranz I. Kirchengeschichtlich. In: Theologische Realenzyklopädie 33, 2002, (646–663) 647.

überein, in welcher er sein eigenes Denken konzentriert dargestellt hat: ›De arte dubitandi et confitendi, ignorandi et sciendi‹.[42]

3. Roger Williams

Die Religionsverhältnisse im Deutschen Reich und überhaupt in Europa sind auf lange Zeit nach dem Prinzip »Cuius regio, eius religio« bestimmt worden. Eine Chance, sie anders zu gestalten, gab es nicht in Europa, sondern im englischen Einflußbereich in Nordamerika. Die Geistesgeschichte des kolonialen Nordamerikas stellt sich als ein besonderer Fall der Geistesgeschichte des frühneuzeitlichen Europas dar. Ideen konnten hier zur einer Verwirklichung gelangen, die ihnen in Europa vornächst verwehrt war. Dies zeigt sich besonders eindrücklich im Fall von Roger Williams.

Roger Williams, etwa 1604 in London geboren, studierte in Cambridge, wurde anglikanischer Geistlicher, schloß sich dem Puritanismus an, wanderte 1630 nach Neuengland aus und ließ sich in der Kolonie Massachusetts nieder. Diese war von Puritanern 1620 gegründet worden, um ihrer Glaubensrichtung eine Heimstatt zu geben. Williams trat dort für die konsequente Trennung von Staat und Religionsgemeinschaft ein. Er wurde 1635/36 unter anderem deswegen aus Massachusetts verbannt. Sein wichtigster theologischer Gegner in dieser Sache war der Puritaner John Cotton. Williams nutzte den weiten Raum, den Amerika bot, gründete 1636 die Siedlung Providence, woraus die Kolonie Rhode Island wurde, und verwirklichte dort seine Überzeugung von Religionsfreiheit: das religiöse Bekenntnis wurde nicht Voraussetzung der Zugehörigkeit zu der Kolonie. 1642-44 hielt er sich wieder in England auf, um eine »charter«, eine königliche Anerkennung seiner Kolonie, zu erhalten. In dieser Zeit verfaßte er

---

[42] ̄Siehe die Bestimmung der wesentlichen und heilsnotwendigen und der unwesentlichen und fraglichen Glaubensinhalte: Liber I, cap. XX; XXII, in der Edition, hg. v. Elisabeth Feist Hirsch, Leiden 1981 (= Studies in Medieval and Reformation Thought 29), 54; 58, vgl. die Einführung, von Elisabeth Feist Hirsch, 3; 5; zu der Bedeutungs dieses Werkes s. Hans R. Guggisberg, Sebastian Castellio 1515-1563. Humanist und Verteidiger der religiösen Toleranz im konfessionellen Zeitalter, Göttingen 1997, 246f. Eine besondere Stellung nimmt in diesem Entwurf die Kunst des Zweifelns ein, mit der die Ungewißheit von Glaubensartikeln aufgedeckt wird, s. Feist Hirsch, Introduction, 5; Guggisberg, Castellio, 248f. Des Weiteren s. Elisabeth Feist Hirsch, Castellio's ›De arte dubitandi‹ and the Problem of Religious Liberty. In: Autour de Michel Servet et de Sebastien Castellion. Hrsg. v. Bruno Becker, Haarlem 1953, 244-258; Roland Bainton: Sebastian Castellio. Champion of Religious Liberty, 1515-1563, in: Castellioniana. Quatre Études sur Sébastien Castellion et l‹idée de la tolérance. Hrsg. v. Roland Bainton u. a., Leiden 1951, 25-79, insbes. 74.

zur theologischen Begründung seines Handelns seine Schrift ›The bloudy tenent of persecution‹, die anonym 1644 in London veröffentlicht wurde .[43]

Roger Williams eröffnet sein Werk mit zwölf Thesen. Die erste lautet: »Daß das Blut von so vielen hunderttausenden Seelen von Protestanten und Papisten, das in den Kriegen der gegenwärtigen oder vergangenen Zeit ihres Gewissens wegen vergossen wurde, weder verlangt noch angenommen wurde von Jesus Christus, dem Fürsten des Friedens.«[44] Es folgt viertens: »Die Lehre von der Verfolgung aus Gewissensgründen ist als schuldig an dem Blut der Seelen überführt, die unter dem Altar nach Rache schreien [Apk 6,9 f.].«[45] Es schließt sich an die These einer klaren Trennung der geistlichen und der staatlichen Gewalt: Fünftens: »Es wird bewiesen, daß alle politischen Staaten mit ihren Gerichtsbeamten unter ihren jeweiligen Gesetzen und Verwaltungen wesentlich politisch sind und darum nicht Richter, Gouverneure oder Verteidiger des geistlichen oder christlichen Staates und der Gottesverehrung.«[46] Daraus ergibt sich sechstens: »Es ist Wille und Befehl Gottes, daß, seit der Ankunft seines Sohnes, des Herrn Jesus, die meisten Überzeugungen und Kulte der Heiden, Juden, Moslems oder Antichristen allen Menschen in allen Nationen und Ländern erlaubt werden. Sie sollen einzig mit dem Schwert bekämpft werden, das alleine in Angelegenheiten der Seele geeignet ist, zu erobern, nämlich dem Schwert des Geistes Gottes, dem Wort Gottes.«[47] Achtens besagt: »Gott verlangt nicht, daß eine

---

[43]   Alan Heimert, Art. Williams, Roger. In: Encyclopedia Americana. International Edition 28, 1996, 790 f.; R. K. Macmaster, Art. Williams, Roger. In: New Catholic Encyclopedia² 14 › 2003, 759 f.; Edwin S. Gausted, Liberty of Conscience. Roger Williams in America, Grand Rapids 1991. Das Werk ist ediert, hrsg. v. Samuel L. Caldwell, Providence, Rhode Island, 1847 (= Publications of the Naragansett Club, 1st Series, Vol. III) = The Complete Writings of Roger Williams, New York 1963, Bd. 3. Ein Auszug ist übersetzt bei Guggisberg: Religiöse Toleranz (s. Anm. 25), 166–170. Kurze Zeit nach der Gründung von Providence, im Jahre 1639, wurde auch in der Kolonie Maryland, die, 1634 von dem Katholiken Cecil Calvert, Lord Baltimore gegründet, sowohl Katholiken als auch Puritanern Freiraum bot, Religionsfreiheit gewährt, s. J. J. Tierneyr/R. T. Conley, Art. Maryland, Catholic Church in. In: New Catholic Encyclopedia² 9, 2003, (299–302) 299; T. O. Hanley, Art. Toleration Acts of 1639 and 1649, Maryland. In: New Catholic Encyclopedia² 14, 2003, 103 f.

[44]   »That the blood of so many hundred thousand soules of Protestants and Papists, spilt in the Wars of present and former Ages, for their respective Consiences, is not required nor accepted by Jesus Christ the Prince of Peace.« The bloudy tenant (s. Anm. 43), 3.

[45]   »The Doctrine of persecution for cause of Conscience, is proved guilty of all the blood of the soules crying for vengeance under the Altar.« Ebd.

[46]   »All Civill States with their Officers of justice in their respective constitutions and administrations are proved essentially Civill, and therefore not Judges, Governours or Defenders of the Spirituall or Christian state and Worship.« Ebd.

[47]   »It is the will and command of God, that (since the comming of his Sonne the Lord Jesus) a permission of the most Paganish, Jewish, Turkish, or Antichristian consciences and worships,

Uniformität der Religion in irgendeinem politischen Staat verwirklicht oder erzwungen wird. Diese erzwungene Uniformität ist früher oder später die größte Ursache von Bürgerkrieg, Vergewaltigung des Gewissens, Verfolgung Christi in seinen Dienern, Heuchelei und Zerstörung von Millionen von Seelen.«[48] Diese Uniformität vermischt die staatliche und die religiöse Ordnung und verneint darüber hinaus die Prinzipien sowohl des Christentums als auch der staatlichen Ordnung; umgekehrt wird sowohl eine wahre staatliche Ordnung als auch das Christentum blühen trotz der Zulassung verschiedener und einander entgegengesetzter Religionen.[49]

Williams zieht zur Begründung dieser Thesen eine Schrift heran, die wahrscheinlich von dem englischen Baptisten John Murton verfaßt worden ist, und die er unter dem Titel ›Scriptures and Reasons written long since by a Witness of Iesus Christ, close Prisoner of Newgate, against Persecution in cause of Conscience‹ in sein Buch einfügt.[50] Diese Schrift enthält eine Sammlung von Argumenten, angefangen mit biblischen Aussagen, voran dem Gleichnis vom Unkraut unter dem Weizen, Mt 13, 30–38, Äußerungen von Königen des 17. Jahrhunderts, den Kirchenvätern Hilarius, Tertullian und Hieronymus, Brenz und Luther. Von Luther wird als erstes die Hauptthese aus dem zweiten Teil der Schrift von weltlicher Obrigkeit wiedergegeben: die Gesetze der Obrigkeit erstrecken sich nur auf den Leib und alles, was äußerlich ist; Gott läßt es nicht zu, daß über die Seele ein Mensch herrscht; er allein will über sie herrschen.[51] In dem von Williams selbst verfaßten Teil seines Buches wird dieser Gedanke Luthers aufge-

---

bee granted to all men in all Nations and Countries: and they are onely to bee fought against with that Sword which is only (in Soule matters) able to conquer, to wit, the Sword of Gods Spirit, the Word of God.« Ebd.

[48] »God requireth not an uniformity of Religion to be inacted or inforced in any civill state; which inforced uniformity (sooner or later) is the greatest occasion of civill Warre, ravishing of conscience, persecution of Jesus Christ in his servants, and of the hypocrisie and destruction of millions of souls.« Ebd., 3 f.

[49] (10) »An inforced uniformity of Religion throughout an Nation or civill state, confounds the Civill and Religious, denies the principles of Christianity and civility [...]«, (12) »true civility and Christianity may both flourish in a state or Kingdome, notwithstandig the permission of divers and contrary consciences, either of Iew or Gentile.« Ebd., 4.

[50] Ebd., 29–39. Es handelt sich dabei um Kap. 6–9 einer Schrift, die Murton um 1620 anonym unter dem Titel ›A Most Humble Supplication of many of the King's Majesty's Loyal Subjects‹ veröffentlicht hatte. Abgedruckt ist sie in: Tracts on Liberty of Conscience and Persecution, 1614–1661. Hrsg. v. E. B. Underhill, London 1864, 181–231, s. Hans Rudolf Guggisberg, Roger Williams, in: Ders., Alte und Neue Welt in historischer Perspektive. Sieben Studien zum amerikanischen Geschichts- und Selbstverständnis, Bern/Frankfurt a. M. 1973, (9–37), 32. Ebd. auch zu den anderen Quellen, die in dieser Schrift verwendet werden; sowie Gaustad (s. Anm. 43), 72.

[51] Ebd., 35–37.

nommen und erläutert.[52] Williams zieht die Unterscheidung zwischen dem Begriff der Kirche und den der staatlichen Gewalt weiter aus. Die Kirche oder die Gesellschaft der Menschen, die eine Religion praktizieren (sei sie wahr oder falsch) ist wie eine Vereinigung von Ärzten oder Kaufleuten (wie etwa die East India Company) mit ihren eigenen Satzungen, ihrer eigenen Gerichtsbarkeit usw. In einer solchen Vereinigung mag ein Streit ausgetragen werden, sie mag sogar auseinanderbrechen. Das Wesen der Stadt, in welcher sich diese Vereinigung befindet, wird aber dadurch nicht angetastet. Die Stadt, und damit auch das Wohlergehen und der Friede der Stadt sind wesentlich von den partikularen Gemeinschaften in der Stadt unterschieden. Desgleichen wird das Wesen eines Gemeinwesens auch nicht angerührt von dem Streit zwischen zwei religiösen Gemeinschaften in ihr. Williams benutzt hier das Beispiel der Stadt Ephesus, in der es nach dem Bericht der Apostelgeschichte zu einem Aufruhr der Anhänger der Diana gegen die Christengemeinde kam (Apg 19,23–40).[53]

Das Staatswesen ist hingegen gekennzeichnet durch das politische Schwert (»Civill Sword«), welches von materieller, bürgerlicher Natur ist. Es dient dazu, Personen, die gegen das Staatswesen verstoßen (»uncivill or injuriuous persons«) staatliche Strafen aufzuerlegen (»civill punishment«). Seit der Ankunft Christi sind alle Nationen etwas rein Bürgerliches ohne einen Charakter von Heiligkeit, wie ihn Israel zuvor gehabt hatte.[54] Weil Staat und Religion zwei verschiedene Ordnungen sind, kann auch ein religiöser Lehrer, der mit seinen Lehren in die Irre führt, ein loyales Glied eines Staates sein und seine Lebensführung muß kein Ärgernis erregen.[55] Darüber hinaus kann ein Nicht-Christ auch der Lenker eines Staates sein. Williams stellt dies dar in einem Gleichnis von dem Lenker eines Schiffes. Wenn er die nötigen Qualitäten dazu hat, ist seine Führung genauso gut, wie die eines qualifizierten Christen. Dieser unterscheidet sich von ihm nur dadurch, daß er aus der Furcht Gottes und der daraus entspringenden Liebe zur Menschheit handelt, daß es ihm mehr darum geht, Gott zu verherrlichen als bezahlt zu werden oder die Reise durchzuführen. In Sturm oder Ruhe wird er immer auf Gottes Willen achten. So ist die Schnur der Seefahrt bei dem Nicht-Christen und dem Christen die gleiche, nur ist sie bei diesem mit Gold überzogen.

---

[52] Chapter LXXIII, ebd., 202 f. Es handelt sich hier um eine Zwiegespräch zwischen Frieden und Wahrheit. Williams' Standpunkt wird von der Wahrheit formuliert.

[53] »The Church or company of worshippers (whether true or false) is like unto a body or Colledge of Physicians in a Citie, like unto a Corporation, Societiy, or Company of East-Indie or Turkie-Merchants [...] which Companies may break into Schismes and Factions [...] and yet the peace of the Citie not be in the least measure impaired or disturbed; because the essence or being of the Citie, and so the well-being and peace therof is essentially distinct from those particular Societies [...]«, ebd., 73.

[54] Chapter LI, ebd., 160.

[55] Chapter LVI, ebd., 171.

Die Befehlsgewalt beider betrifft aber nicht die Seelen der Menschen auf dem Schiff.[56]

Man hat gesagt, die Kirche sei für Williams »eine rein private Organisation«[57]; er habe Religionsfreiheit erreicht um den Preis der Säkularisation des Staates.[58] Es ist jedoch zu beachten, daß Williams an der genannten Stelle die Kirche aus der Perspektive des Staates betrachtet, d. h. unter Absehung davon, daß in ihr die Wahrheit gelehrt wird, die letztlich über das Leben eines Menschen in der Ewigkeit entscheidet. Sie wird dann lediglich als eine Vereinigung aus religiösen Motiven aufgefaßt, die sich wie andere Vereinigungen z. B. aus kommerziellen Motiven innerhalb des Staates befindet, ihre eigenen Rechte hat, aber nicht die Rechte des Staates berühren darf. Man kann jedoch Williams so erläutern, daß vom Standpunkt der wahren Kirche aus es aber möglich ist, es so zu betrachten. Die Kirche nimmt dann in der menschlichen Gesellschaft eine Knechtsgestalt an, so wie auch ihr Herr Jesus Christus es getan hat. Williams betrachtet andererseits den Staat aus der Perspektive der wahren Kirche, wenn er ihm eine Grenze setzt, die Grenze zwischen der geistlichen und der – im erweiterten Sinne – leiblichen Sphäre des Menschen. Es handelt sich auch dabei nicht um zwei völlig von einander getrennte Ordnungen. Verstöße gegen die moralischen Gesetze, die im Staat geahndet werden, sind Verstöße gegen Gebote Gottes.[59] Williams folgt also strikt der Zwei-Reiche-Lehre Martin Luthers und dem Toleranzkonzept, das aus ihr entspringt. Im Bereich der Welt, d. h. der Nicht-Christen regiert Gott durch die staatliche Gewalt. Auch diese ist eine Regierungsweise Gottes. Sie muß aber klar unterschieden werden von der geistlichen Regierungsweise, in welcher Gott über die Seelen der Menschen regiert oder regieren will. Williams teilt seine Prämissen mit Luther, zieht aber die Konsequenzen weiter.[60] Er mag Castellios ›De haereticis, an persequendi sint‹ gekannt haben[61] und auch dadurch in Kenntnis

---

[56] Chapter CXXXII, 399 f.

[57] Hans Rudolf Guggisberg, Roger Williams (s. Anm. 50), 24.

[58] Roland Bainton, The Travail of Religious Liberty. Nine Biographical Studies, Philadelphia 1951, 226 f., vgl. Rainer Forst, Toleranz im Konflikt. Geschichte, Gehalt und Gegenwart eines umstrittenen Begriffs, Frankfurt a. M. 2003, 242.

[59] The bloudy tenant (s. Anm. 42), 171 (ch. LVI). Siehe dazu: Le Roy Moore, Religionsfreiheit. Roger Williams und die revolutionäre Ära, in: Zur Geschichte der Toleranz und Freligionsfreiheit. Hrsg. v. Heinrich Lutz, Darmstadt 1977 (Wege der Forschung CCXLVI), (276–307) [erstverschienen unter dem Titel: Religious Liberty, Roger Williams and the Recolutionary Era. In: Church History 34, 1963, 57–76, ins Dt. übers. v. Herta Lazarus], 285–287.

[60] Bainton, Travail (s. Anm. 58), 224 f.

[61] Guggisberg behauptet dies in seiner Biographie Sebastian Castellios (s. Anm. 42). 280–283, nachdem er in seiner Studie über Roger Williams (s. Anm. 50), 35 f., dies bestritten hatte. Es mag auch sein, daß die von Williams aufgenommene Schrift Murtons die Vermittlerin war.

von Luthers Obrigkeitsschrift gelangt sein. Auf jeden Fall folgt er eindeutig dem Toleranzkonzept Luthers und nicht dem Castellios.[62] Das heißt, sein Toleranzkonzept schließt ein, daß man mit anderen Personen und religiösen Gemeinschaften um die Wahrheit streiten muß und daß dieser Streit keineswegs um nebensächliche Dinge geht. Doch ist dieser Streit als geistlicher Kampf zu führen. Seine Auffassung des Christentums war keine reduktionistische, wie die Castellios, sondern ein Puritanismus eigener Art.[63] Roger Williams hat dieses Konzept von Toleranz nicht, wie Luther, durch ein Konzept der Intoleranz konterkariert und er hat es in Amerika in die Wirklichkeit umgesetzt.

4. Locke, Spinoza, Bayle

4.1 Locke zwischen Luther und Castellio

John Locke führt in seiner ›Epistola de Tolerantia‹ von 1685 in erstaunlicher Weise einen Balanceakt zwischen dem Lutherschen und dem Castellioschen Konzept von Toleranz durch.[64] Man kann die ›Epistola‹ nach der einen und nach der anderen Seite hin auslegen, und das ist wohl auch die Absicht des Autors gewesen.

Für eine Zuordnung zur Lutherschen Konzeption spricht, daß Locke nirgendwo seine eigene Auffassung des Christentums zu erkennen gibt, also auch keine reduktionistische Interpretation vorträgt, wie Castellio.[65] Zu der Castellioschen Konzeption würde es aber gehören, eine solche Bestimmung des Christentums zum Ausgangspunkt der Toleranzforderung zu machen. Lockes Definition von Kirche läßt bewußt die Wahrheitsfrage offen. Das heißt, er ent-

---

[62]   Gegen Guggisberg, Roger Williams (s. Anm. 50), 35 f.; die Differenz zwischen Castellio und Williams wird auch nicht klar erfaßt bei Bainton, Travail (s. Anm. 58), 219.

[63]   Siehe die These des Aufsatzes von Moore (s. Anm. 59), 279 und passim, und als Beispiel Williams' Kritik am Quäkertum, ›George Fox Digg'd out of His Burrouws‹, The Complete Writings of Roger Williams, New York 1963, Bd. 5, s. Moore, 290.

[64]   Der Brief wurde 1685 verfaßt und 1689 das erste Mal im Druck veröffentlicht: Epistola de tolerantia ad Clarissimum Virum T.A.R.P.T.O.L.A. scripta à P.A.P.O.I.L.A., Gouda 1689. Zitiert wird nach der Edition: Epistola de Tolerantia / A Letter concerning Toleration [lat.-engl.]. Latin Text edited with a Preface by Raymond Klibansky. English Translation with an Introduction and Notes by J. W. Gough, Oxford 1968 (= Philosophy and World Community 1). Zu den Entstehungsbedingungen s. Klibanky: Preface, ebd., vii–xliv.

[65]   Reinhart Koselleck irrt, wenn er meint, die Voraussetzung von Lockes Toleranzkonzept sei eine deistische Auffassung des Christentums, s. ders.: Aufklärung und die Grenzen ihrer Toleranz, in: Glaube und Toleranz. Das theologische Erbe der Aufklärung. Hrsg. v. Trutz Rendtorff, Gütersloh 1982, (256–271) 260; 262 f.

scheidet auch nicht, daß sie nicht zu lösen sei. Dies gehört zu seiner Strategie in der Toleranzfrage. Er trägt als Definition von Kirche vor: »Kirche scheint mir eine freie Gesellschaft von Menschen zu sein, die freiwillig zusammenkommen, um Gott öffentlich auf eine Weise zu verehren, von der sie glauben, daß sie von der Gottheit angenommen würde zum Heil der Seelen.«[66] Einem fiktiven Gesprächspartner, der den Einwand äußert, daß eine konkretere Definition der Kirche notwendig sei, wonach nämlich die Kirche eine Leitung mit apostolischer Autorität brauche, erklärt er, daß er das Recht habe, einer Kirche mit einer solchen Leitung anzugehören, wenn er Andersdenkenden nur das Recht lasse, sich einem anderen Typ von Kirche anzuschließen. Locke wendet sich also, sofern es um die Toleranz geht, nicht gegen eine konkretere Definition von Kirche. Seine hier gegebene Definition ist nur ein Kriterium, das in jeder konkreteren Definition von Kirche enthalten sein muß. Wird es akzeptiert, dann kann man von jedem beliebigen Standpunkt aus im Streit der christlichen Religionsparteien keine Intoleranz mehr üben. Denn dieses Kriterium legt fest, daß der Zusammenschluß in einer Kirche freiwillig zu sein hat.[67] Toleranz ist demnach eine Umgangsform zwischen verschiedenen Religionsparteien, deren Unterschiede sehr wohl erheblich sind und in deren Streit man zu einer festen Überzeugung kommen kann. Diese Position wird von Locke bekräftigt, wenn er jeder Kirche das Recht zur Mission zugesteht. Ist dies doch gerade die höchste Pflicht für Christen. Sie dürfen Menschen aus anderen Religionsgemeinschaften zum Übertritt zu ihrer eigenen zu gewinnen suchen. Bedingung ist nur, daß diese Bemühungen gewaltlos und in einer freundlichen Weise geschehen.[68] Umgekehrt hat jede Kirche das Recht, jemanden auszuschließen, der ihre Regeln beharrlich verletzt und sich nicht ermahnen läßt.[69]

Andererseits hat Locke erklärt, daß die verschiedenen Wege der christlichen Religionsparteien kürzer oder länger alle zum selben Ziel hinführten. Das spricht für die Konzeption Castellios: die Unterschiede zwischen den Religionsparteien sind unerheblich, wesentlich ist das eine Ziel, das sie alle miteinander gemeinsam haben. Doch auch hier räumt Locke ein, daß es nur einen Weg geben könnte, der zum Ziel führt, und die anderen Wege in andere Richtungen führen. Allein er erklärt, es sei nicht die Aufgabe des Staates diesen Weg vorzuschreiben, und damit hat er wieder sein Ziel erreicht: er hat eine Begründung dafür gefunden,

---

[66] »Ecclesia mihi videtur societas libera hominum sponte sua coeuntium, ut Deum publice colant eo modo quem credunt numini acceptum fore ad salutem animarum.« Epistola de tolerantia (s. Anm. 64), 70,23–26.

[67] Ebd., 72,27 ff., insbes. 74,9–14.

[68] »[...] si omnia charitatis monita et studium errores redarguentium, quae maxima Christiani officia [...]«, ebd., 124,8–10.

[69] Ebd., 76,18–78,21.

daß Toleranz zwischen den Kirchen geübt werden muß.[70] Damit hat er wiederum der Lutherschen Toleranzkonzeption Raum gegeben. An einer anderen Stelle meint Locke, die Kirche Christi solle die Bedingungen ihrer Gemeinschaft nur in solchen Sätzen bestimmen, die in der Heiligen Schrift klar und ausdrücklich als heilsnotwendig erklärt werden. Man dürfe nicht irgendwelche Interpretationen hinzufügen.[71] Da aber das wahre Verständnis eines Satzes sich immer erst in seiner Interpretation erweist und da es im Fortlauf der Geschichte notwendig ist, den Sinn eines Satzes durch eine Interpretation zu erklären, schließt Locke – man muß sich fragen, absichtlich? – damit im Grunde jede Möglichkeit aus, die Wahrheit der biblischen Sätze zu bewahren.

Ähnlich geht er in dem Anhang seines Briefes zum Thema Häresie und Schisma vor.[72] Er definiert »Häresie« dort als Aufkündigung der kirchlichen Gemeinschaft zwischen Menschen derselben Religion wegen gewisser Meinungen, die keineswegs in der Regel dieser Religion – also etwa der Bibel – ausdrücklich enthalten sind. Papisten und Lutheraner sind sogar nicht dadurch getrennt, daß eine dieser beiden Gruppen häretisch wäre, denn diese erkennen nur die Schrift als ihre Regel an, jene haben aber außer der Schrift noch die Tradition und die Erlasse der Päpste als Regel. Beim Schisma ist dasselbe der Fall, nun nicht die Lehre, sondern den Kultus betreffend. Damit belegt aber Locke alle diejenigen mit dem Namen »Häretiker«, die die Wahrheit der Bibel dadurch bewahren, daß sie sie erläutern. Was bleibt, ist eine Bekennen von bestimmten Sätzen, deren wahres Verständnis nicht einmal unter Beweis gestellt werden darf, weil das sofort zu einer Interpretation führen würde. Damit vertritt Locke die Konzeption Castellios und verschärft sie sogar noch. Es wird nur als wahr anerkannt, was nicht umstritten ist.

Jonathan Israel hat Locke kritisiert, daß sein Toleranzkonzept weniger Freiheit mit sich bringe als das Spinozas. Das liege daran, daß sein Konzept auf theologischen Prämissen beruhe, das Spinozas hingegen auf philosophischen. Dies werde besonders deutlich an den drei Einschränkungen, die Locke der Toleranz setzt. Sie gilt 1. nicht für Individuen, sondern nur für Religionsgemeinschaften, 2. nicht für Glieder der römisch-katholischen Kirche und 3. nicht für Atheisten. – An diesem letzten Punkt war Pierre Bayle entgegengesetzter Auffassung. – Das alles habe theologische Gründe.[73] Ich will mich mit dieser These

---

[70] Ebd. 90–92.

[71] Ebd., 74,15–23.

[72] Ebd., 148–154, s. vor allem 150,13–19 die Definition von Häresie, 154,18–23 die von Schisma.

[73] Israel hat diese These in mehreren Variationen vorgetragen, The Intellectual Debate about Toleration in the Dutch Republic. In: From Persecution to Toleration. In: The Emergence of Tolerance. Hrsg. v. Christiane Berkvens-Stevelinck, Jonathan Israel u. Guillaume Henri Marie Posthumus Meyjes, Leiden 1997 (= Studies in the History of Christian Thought 76), 3–

hier auseinandersetzen, weil dadurch sowohl das Profil von Lockes wie auch von Spinozas und Bayles Toleranzkonzept deutlich wird.

4.2 Locke und Spinoza

Was den ersten Punkt betrifft: Locke hat in seinem Toleranzbrief ein bestimmtes Thema, nämlich die Toleranz für Menschen in Religionsgemeinschaften. Er erklärt:»Alle Menschen wissen und erkennen an, daß Gott öffentlich verehrt werden muß; wozu sonst sind wir zu öffentlichen Versammlungen genötigt? Die Menschen, in dieser Freiheit geschaffen, müssen in eine kirchliche Gemeinschaft eintreten können, um Zusammenkünfte zu feiern, nicht nur zur gegenseitigen Erbauung, sondern auch, um vor der Öffentlichkeit zu bezeugen, daß sie Verehrer Gottes sind.«[74] Wovon Locke hier spricht, ist offenbar etwas, was er für eine Natureigentümlichkeit des Menschen hält. Da Locke »Kirche« als einen freiwilligen Zusammenschluß definiert hat, kann der Ausduck »wir werden genötigt« (»cogimur«) hier nur im Sinne eines inneren Antriebes zu verstehen sein. Der Mensch ist nicht nur ein religiöses Wesen; es verlangt ihn auch danach, seine Religiosität öffentlich zu bekunden. Es handelt sich nicht um einen Zwang, der auf ihn ausgeübt wird, sondern um eine Freiheit, die er wahrzunehmen trachtet. An anderer Stelle wendet sich Locke sogar ausdrücklich gegen alle Versuche, einen Menschen zu zwingen, sich einer Kirche anzuschließen; er spricht dabei nicht davon, daß er sich diesen Versuchen nur verwehren dürfte, wenn er stattdessen einer anderen Kirche angehört.[75] Locke wird einen Individualismus

---

36; Locke, Spinoza and the Philosophical Debate concerning Toleration in the Early Enlightenment (1670–1750) In: Mededelingen van de Afdeling Letterkunde, Royal Netherlands Academy of Sciences, new series 62, 1999, 5–19; Spinoza, Locke and the Enlightenment Battle for Toleration. In: Toleration in Enlightenment Europe. Hrsg. v. Ole Peter Grell u. Roy Porter, Cambridge 2000, 102–113; Radical Enlightenment. Philosophy and the making of Modernity 1650–1750, Oxford 2001, 265–270; Enlightenment contested. Philosophy, Modernity, and the Emancipation of Man 1670–1752, Oxford 2006, 135–163. Reinhart Koselleck (s. Anm. 65), 262, behauptet gleichermaßen:»Jedermann ist genötigt, Kirchenmitglied zu sein, um überhaupt geduldet zu werden« und bringt dann das Beispiel Spinozas, der, nach seinem Ausschluß aus der Synagoge, keiner Religionsgemeinschaft angehörte und deswegen keine Toleranz hätte genießen dürfen.

[74] »Deum publice colendum et sciunt et agnoscunt omnes; quorsum alias ad coetus publicos cogimur? Hominibus itaque in ea libertate constitutis ineunda est societas ecclesiastica, ut coetus celebrent, non solum ad mutuam aedificationem, sed etiam ut se coram populo testentur cultores esse Dei [...]« Ebd., 100,13–18.

[75] Ebd., 88,12–18.

in religiösen Dingen anerkannt haben, wenngleich er der Meinung war, daß dies nicht der Regelfall sein dürfte.

Spinoza spricht hingegen über ein anderes Thema, wenn er sagt, es sei das höchste Naturrecht, wonach ein Mensch Herr seiner Gedanken ist, und der Zweck eines freien Staates sei die Freiheit.[76] Gedankenfreiheit und Freiheit der öffentlichen religiösen Versammlung sind zwei verwandte, aber doch verschiedene Themen, und wenn ein Schriftsteller sich zu einem Thema äußert, besagt das nicht, daß er zu dem anderen Thema nichts zu sagen hätte oder daß er dort nur verneinen würde. Locke schließt keineswegs Gedankenfreiheit für den Einzelnen auch außerhalb einer religiösen Gemeinschaft aus. Spinoza indes äußert sich auch zu dem Thema der Freiheit zu religiösen Versammlungen, und hier beschränkt er diese Freiheit sehr stark. Nur eine einzige Religion hat das uneingeschränkte Recht zu solchen Versammlungen, und das ist die Staatsreligion. In seinem Staatsentwurf, dem ›Tractatus politicus‹, cap. VIII, § 46, schreibt er über die führende Klasse seiner aristokratisch verfaßten Republik: »alle Patrizier müssen derselben Religion angehören, nämlich der ganz einfachen und im höchsten Maße allgemeinen, welche wir in jenem Traktat [dem Tractatus theologico-politicus] beschrieben haben. Denn vor allem muß verhütet werden, daß die Patrizier sich in Sekten teilen, und die einen diese, die anderen jene Sekte begünstigen, und schließlich ist zu verhüten, daß sie, im Aberglauben befangen, ihren Untertanen die Freiheit wegzunehmen suchen, zu sagen, was sie meinen. Sodann: auch wenn jedem die Freiheit zu gewähren ist, das zu sagen, was er meint, sind große Versammlungen zu verbieten. So ist denjenigen, die einer anderen Religion angehören, zwar zuzugestehen, so viele Tempel zu bauen, wie sie wollen, aber sie müssen klein sein, und von gewissen Ausmaßen und an Orten, die einigermaßen weit voneinander entfernt sind. Aber bei Tempeln, die der Religion des Vaterlandes bestimmt sind, ist es von Bedeutung, daß sie groß und prächtig sind, und daß nur die Patrizier und Senatoren Hand an die wichtigsten Verrichtungen des Kultus legen dürfen [...]«.[77] Die Stelle im ›Tractatus

---

[76] Tractatus theologico-politicus, cap. XX, in den Opera. Hrsg. v. Carl Gebhardt, Bd. 3, Heidelberg 1925 (Nachdruck: Heidelberg 1972), 239–247, insbes. 240, 15–17; 241,7 f. / Baruch Spinoza, Tractatus Theologico-Politicus (Gebhardt Edition, 1925), translated by Samuel Shirley, with an Introduction by Brad S. Gregory, Leiden u. a. 1989, 292.

[77] »quod omnes patricii ejusdem religionis, simplicissimae scilicet et maxime catholicae, qualem in eodem tractatu descripsimus, esse debeant. Nam apprime cavendum est, ne ipsi patricii in sectas dividantur, et ne alii his, alii aliis plus faveant, et deinde ne superstitione capti libertatem subditis dicendi ea, quae sentiunt adimere studeant. Deinde quamvis unicuique libertas dicendi ea, quae sentit, danda est, magni tamen conventus prohibendi sunt: atque adeò iis, qui alii religioni addicti sunt, concedendum quidem est, tot quot velint templa aedificare, sed parva, et certae cujusdam mensurae et in locis aliquantulum ab invicem dissitis. At templa, quae patriae religioni dicantur, multum refert, ut magna et sumptuosa

theologico-politicus‹, auf die Spinoza hier verweist, charakterisiert diese »simplicissima atque maxima catholica religio« durch sieben Dogmen: 1. Es gibt einen Gott; er ist völlig gerecht und barmherzig. 2. Er ist einzig. 3. Er ist allgegenwärtig. 4. Er hat das höchste Recht und die höchste Herrschaft über alles. 5. Die Verehrung Gottes und der Gehorsam gegen ihn besteht bloß in der Gerechtigkeit und in der Liebe oder Nächstenliebe. 6. Alle, die in dieser Lebensweise Gott gehorchen, erhalten das Heil, die übrigen aber gehen verloren. 7. Gott verzeiht denen ihre Sünden, die sie bereuen.[78] Spinoza trägt diese Religion als die Lehre, und zwar als die einzige Lehre der Heiligen Schrift des Alten und des Neues Testaments vor. Deren Hauptzweck besteht, zusammengefaßt, darin, den Gehorsam Gott gegenüber zu lehren.[79] Dieser Gehorsam impliziert bestimmte Aussagen über die Wirklichkeit, wie sie in den sieben Dogmen expliziert worden sind. Selbstverständlich müssen diese Dogmen wahr sein. Es geht aber bei diesen Dogmen nicht um ihre Wahrheit an sich, also als Gegenstand einer reinen Betrachtung, sondern darum, daß sie im Handeln, nämlich im Gehorsam verwirklicht werden.[80]

Spinoza unterscheidet scharf zwischen dem Glauben und der Theologie einerseits und der Philosophie andererseits. Denn diese gründet auf der Vernunft, jene aber gründen auf der Heiligen Schrift, also auf der Autorität Gottes in seiner Offenbarung.[81] Was nun die Schrift betrifft, weiß Spinoza sehr wohl, daß es eine Fülle widersprechender Auslegungen von ihr gibt. Diese verschiedenen Ausle-

---

sint, et ut praecipuo ipsius cultui solis patriciis vel senatoribus manus admovere liceat [...]«, Tractatus politicus VIII,46, Baruch Spinoza, Politischer Traktat / Tractatus politicus. Neu übers., hrsg., mit Einleitung u. Anmerkungen vers. v. Wolfgang Bartuschat. Lat.-Dt., Hamburg 1994 (= Sämtliche Werke 5.2), 186,6–19 / Opera, Bd. 3, 345,9–22 / Benedict de Spinoza, The Political Works. The Tractatus Theologica-Politicus in part and the Tractatus Politicus in full, edited and translated, with an Introduction and Notes by A. G. Wernham, Oxford 1958, 411.

[78] Tractatus theologico-politicus XIV, Opera, Bd. 3, 177,21–178,10 / translated by Shirley (s. Anm. 76), 224 f.

[79] Tractatus theologico-politicus XIV, Opera, Bd. 3, 174,5–11 und das ganze Kapitel.

[80] So dürfte der Satz zu verstehen sein: »[...] haec [Scriptura] non expresse exigit vera, sed talia dogmata, quae ad oboedientiam necessaria sunt, [...]«, Tractatus theologico-politicus XIV, Opera, Bd. 3, 176,29 f. Damit ist Israel zu widersprechen, wenn er, Spinoza, Locke (s. Anm. 73), 107, behauptet, »Spinoza is effectively denying that faith and religious doctrines contain any truth at all.« S. den Passus 107 f. insgesamt. Vgl. dagegen auch die Schlußbemerkung von Cap. XIII, wo er von der Erkenntnis (cognitio) der göttlichen Gerechtigkeit und Liebe spricht, die zum Gehorsam nötig ist.

[81] Tractatus theologico-politicus XIV, Opera, Bd. 3, 179,26–180,12, und das ganze Kapitel mit Querverweis auf cap. VII; cap. XIII, sowie cap. II. Spinoza erklärt übrigens am Ende von cap. XV, daß ein Zweck der Vernunft, bzw. der Philosophie auch dieser ist, eine tugendhafte Lebensführung zu erreichen, daß aber nur den wenigsten dies gelingt, weshalb Gott durch die Offenbarung den Menschen dieses Ziel gewiesen hat: Opera, Bd. 3, 188,22–30.

gungen sind Spinoza zufolge jedoch nur Anpassungen der Schrift an die Meinungen der jeweiligen Sektenlehrer. Diese Lehrmeinungen sind also nicht wahr; wahr hingegen ist die Auslegung der Heiligen Schrift, wie sie Spinoza in cap. XIV vorträgt und wie sie zu den sieben bereits genannten Dogmen führt. Spinoza gesteht jeder Sekte zu, ihre Sondermeinung zu lehren, wenngleich sie nicht im strengen Sinne wahr ist, sondern nur eine Anpassung der Wahrheit an die Vorstellungen einer bestimmten Gemeinschaft. Er erwartet nur, daß sie anderen Sekten diese Freiheit dann auch zugesteht.[82] Aus der wahren Lehre der Schrift, nämlich der Nächstenliebe, folgt darum die Verurteilung derjenigen, die andere des Glaubens wegen verfolgen: »die sind in Wahrheit Antichristen, die ehrbare Männer, welche die Gerechtigkeit lieben, verfolgen, weil sie von ihnen abweichen, und weil sie nicht mit ihnen dieselben Dogmen [ihres besonderen] Glaubens vertreten [...]«.[83] Zugleich sind diese Verfolgungen im höchsten Maße staatsgefährdend.[84] Folgt man der Bestimmung der biblischen Lehre, die Spinoza hier vorträgt, dann ist, meint er, kein Raum mehr für kirchliche Streitigkeiten.[85]

Man sieht, daß Baruch de Spinoza völlig konsequent dem Toleranzkonzept Sebastian Castellios folgt. Er verbindet dies mit einer Scheidung der Theologie und der Philosophie, durch die er der Philosophie einen unbegrenzten Freiraum des Denkens eröffnen will, ohne daß sie mit der Theologie, dem Glauben und den Interessen verschiedener religiöser Gemeinschaften in Konflikt geraten könnte. Was den Inhalt seiner höchst einfachen und allgemeinen Religion betrifft, so stimmt sie nicht nur mit der Castellios überein, sondern auch mit derjenigen, die einige Jahrzehnte zuvor der Engländer Edward Herbert, späterer Baron von Cherbury, als die fünf Wahrheiten auf dem Gebiet der Religion formuliert hatte:[86] 1. Es gibt ein höchstes göttliches Wesen. 2. Dieses muß verehrt werden. 3. Diese Verehrung besteht in Tugend, verbunden mit Frömmigkeit. 4. Die Vergehen der Menschen müssen, sie können aber auch gesühnt werden. 5. Es gibt eine Be-

---

[82]   Tractatus theologico-politicus XIV, Opera, Bd. 3, 173. Er verbindet dies mit seiner historisch-kritischen Einschätzung der Bibel: ihre Schriften seien selbst nur Anpassungen der Wahrheit an verschiedene Zeitverhältnisse und schwache Menschen.

[83]   »[...] eos revera Antichristos esse, qui viros honestos, et qui Justitiam amant, persequuntur, propterea quod ab ipsis dissentiunt, et cum ipsis eadem fidei dogmata non defendunt [...]«, ebd., 162,13–16.

[84]   Ebd., 173,32 f.

[85]   Ebd., 177,12 f.

[86]   De Veritate, Prout distinguitur a Revelatione, a Verisimili, a Possibili, et a Falso, Erstausgabe Paris 1624. Zum folgenden s. Sven Grosse, Die Neuzeit als Spiegelbild des antiken Christentums, Kamen 2010, 22–31.

lohnung oder eine Strafe nach diesem Leben.[87] Diese fünf Sätze machen das Bekenntnis der »Ecclesia verè catholica sive universalis« aus.[88] Cherbury gelangt zu ihnen durch eine Zusammenschau nicht nur der drei monotheistischen Religionen, sondern auch noch weiterer Religionen auf verschiedenen Kontinenten. Auch die Atheisten würden diese Wahrheiten im Grunde anerkennen. Ihr Atheismus richte sich nur gegen eine falsche Auffassung von Gott.[89] Cherbury gewinnt diese Sätze nach demselben Verfahren, das auch Castellio angewandt hat: wahr kann nur sein, was nicht umstritten ist.[90] Es handelt sich um *notiones communes*, die unfehlbar und unserem diskursiven und fehlbaren Verstandesdenken vorausgesetzt sind; sie sind also nicht von einer Offenbarung abhängig.[91] Cherbury hat dabei ausdrücklich dasselbe Anliegen wie Castellio und Spinoza: er will den Querelen religiöser Parteien entgehen, von denen jede die Wahrheit allein für sich beansprucht und alle anderen verdammt.[92] Er konzentriert sich lediglich auf die Frage, wie tatsächlich Wahrheit zu finden ist. Mit Cherbury beginnt das Unterfangen, eine Religion zu konstruieren, in welcher alle positiven Religionen, die in der Geschichte sich finden, sich einordnen lassen müssen und dergemäß sie sich umformen lassen müssen. Castellio und Spinoza hingegen konzentrieren sich auf die praktische Aufgabe, gewaltsamen Streit zwischen den Religionsparteien zu verhindern.

Spinoza geht dabei nun noch einen gewichtigen Schritt weiter als Castellio: er erklärt es zur Aufgabe des Staates, darauf zu achten, daß es keinen gewaltsamen Religionskampf gibt. Daraus erhellen seine Ausführungen im ›Tractatus politicus‹. Die »religio maxime catholica« wird zur Staatsreligion erklärt. Die höheren Kleriker dieser Staatsreligion sind identisch mit den Personen, welche Spinozas aristokratische Republik leiten. Um die Staatsreligion und damit den religiösen Frieden zu sichern, dürfen die Patrizier keiner anderen Religion angehören. Um der Gedankenfreiheit willen darf es auch andere Religionen geben. Um aber von vornherein zu verhindern, daß diese Religionen politischen Einfluß ausüben und durch einen gewaltsamen Kampf gegen andere Religionsgemeinschaften die Ruhe des Staates gefährden oder auch die Gedankenfreiheit einzelner beeinträchtigen, müssen ihnen größere Zusammenkünfte verboten werden, ihre Kirchen müssen klein und unansehnlich sein; es darf nicht einmal ein Stadtviertel oder eine Gegend auf dem Land geben, wo eine dieser Religionsgemeinschaften

---

[87] Edward Lord Herbert of Cherbury, De Veritate, Editio Tertia. De causis errorum. De religione Laici, Parerga, Faksimile-Neudruck der Ausgaben, London 1645. Hrsg. u. eingel. v. Günter Gawlik, Stuttgart-Bad Cannstatt 1966, 210; 212; 215; 217; 220.

[88] Ebd., 222.

[89] Ebd., 214.

[90] Ebd., 62 f.

[91] Ebd., 38; 60 f.

[92] Ebd., 1–4; 39.

mit ihren Gotteshäusern massiv und vorherrschend vertreten ist. Spinoza denkt also an einen ähnlichen Status der positiven Religionen, wie sie in den Niederlanden seiner Zeit die nicht-reformierten Religionsgemeinschaften hatten oder wie ihn in den moslemischen Staaten die Christen und Juden einnehmen.

Vergleichen wir nun John Locke und Spinoza miteinander, müssen wir Locke zugestehen, daß sein Toleranzkonzept das größere Maß an Freiheit gewährleistet. Locke hat sich in seiner ›Epistola de tolerantia‹ die Aufgabe gestellt, Toleranz so zu denken, daß die Freiheit öffentlicher religiöser Versammlung im Prinzip uneingeschränkt gewährt werden kann. Er läßt erkennen, daß auch ihm bewußt war, welche Gefahr für den Staat und für andere religiöse Bekenntnisse von einer großen, öffentlich auftretenden Religionsgemeinschaft ausgehen kann. Er gestaltet darum sein Toleranzkonzept so, daß dieser Gefahr gewehrt wird. Andererseits sieht er es als Wesensanlage der Menschen an, öffentlich Gott zu verehren. Folglich kann man auch nicht ausschließen, daß dabei große Religionsgemeinschaften entstehen. Locke gelangt zu dieser Freiheit der öffentlichen Religionsversammlung gerade dadurch, daß er sich nicht völlig dem Toleranzkonzept Castellios anschließt. Würde er das tun, dann bliebe für alle Religionsgemeinschaften, die nicht eine reduzierte Auffassung vom Christentum vertreten, nur ein inferiorer Status übrig. Dieser würde zumindest darin bestehen, daß sie alle Lehren als ihre *differentia specifica* vertreten, die über das allen Gemeinsame hinausgehen und die darum, wie Castellio sagte, keine Gewißheit haben können, oder wie Spinoza sagte, im Grund nicht wahr sind. Nach Spinoza wären diese Gemeinschaften auch politisch und gesellschaftlich deklassiert. Locke nimmt in sein Konzept indes auch spezifische Elemente des Konzepts auf, das wir bei Luther und Roger Williams gefunden haben. Er hält, was die Toleranzsache betrifft, die Frage nach der Wahrheit einer Religion in diesen Teilen seiner Briefes völlig offen und vertritt darum prinzipiell die völlige Gleichstellung aller Religionsgemeinschaften in der Gesellschaft.

4.3 Die katholische Kirche und die Atheisten

Nun müssen wir aber noch die beiden anderen Einschränkungen der Toleranz betrachten, auf die Jonathan Israel sich berufen hat. Zunächst zu der Verweigerung der Toleranz für Glieder der römisch-katholischen Kirche. Wenn Locke sie mit Namen in seiner ›Epistola‹ erwähnt, gibt er ein Beispiel dafür, daß der einen wie der anderen Kirche Toleranz gewährt werden muß.[93] In den Abschnitten, die so verstanden wurden und auch so von ihm beabsichtigt waren,

---

[93]   Epistola de tolerantia (s. Anm. 64), 140,29–142,2: »Licetne more Romano deum colere? Liceat et Genevensi. Permissumne est Latini loqui in foro? Permittatur etiam quibus libet in templo [...]«, ähnlich 90,20–22.

daß sie die Verweigerung der Toleranz für Katholiken begründet, nennt er ihren Namen nicht, sondern argumentiert ganz allgemein:[94] a) keine Religionsgemeinschaft darf Toleranz erhalten, die für sich ein Vorrecht beansprucht, das dem bürgerlichen Recht widerspricht. Ein solches Vorrecht wäre, daß man Menschen, die von dieser Gemeinschaft zu Häretikern erklärt worden sind, nicht zur Treue verpflichtet sei. Wenn ein König also von ihr exkommuniziert ist, sind seine Untertanen, die zu dieser Kirche gehören, von ihr der Loyalität diesem König gegenüber entbunden. Letztlich sind sie von ihr dazu ermächtigt, selbst die Macht an sich zu reißen. Die Variante b) lautet: eine Kirche darf in einem Staat keine Toleranz erhalten, zu deren Lehre gehört, daß ihre Glieder eo ipso Untertanen eines anderen Fürsten sind. Damit würde dieser Staat sich diesem anderen Fürsten preisgeben. Dieser Fall ist auch dann gegeben, wenn man sich unmittelbar nur einem religiösen Oberhaupt unterstellt, dieses aber wiederum bedingungslos einem weltlichen Fürsten unterworfen ist. Locke nennt als Beispiel einen Moslem in einem christlichen Staat, der sich aufgrund seines Glaubens dem Mufti von Konstantinopel unterordnet, während dieser dem Sultan völlig untertan ist. Demnach wird dieser Moslem auch in politischen Dingen letztlich von dem Sultan gelenkt und entzieht sich kraft seiner Religion der Führung des christlichen Staates, in dem er lebt. Noch offenkundiger, erklärt Locke, ist dies der Fall, wenn der Mufti und der Sultan miteinander identisch sind. – Es war den Zeitgenossen Lockes klar, daß er mit diesen Fällen an die Exkommunikation der englischen, anglikanischen Könige durch den Papst und ihre bekannten politischen Folgen dachte, daß er mit dem Mufti von Konstantinopel und dem Sultan an den Papst gedacht hat, und daß seine Einschränkung der Toleranz in diesem zweiten Fall auch für einen englischen König gelten mußte, der wie Jakob II. Katholik war.

Wenn man diese Einschränkungen Lockes beurteilen will, muß man bedenken, daß es kein religiöser Grund ist, der Locke dazu führt, sondern weil durch diese genannten Positionen die Rechte des Staates verletzt würden.[95] Zu den Aufgaben des Staates gehört auch, darauf zu achten, daß kein Bürger und keine Religionsgemeinschaft die Rechte der anderen verletzt. Die Toleranz, über die der Staat zu wachen hat, darf nicht dazu führen, daß Toleranz wieder aufgehoben wird. Lockes Verdikt gegen die römisch-katholische Kirche gilt nur, insofern sie es zu einem Teil ihrer Religion macht, solche politischen Ansprüche

---

[94] Ebd., 130,21–134,11. Vgl. Klibansky, Preface (s. Anm. 64), xxxiv. Nach Ebbinghaus sind nicht nur die Katholiken, sondern auch die »Quintomonarchisten« gemeint, s. Julius Ebbinghaus, Anmerkungen zu: John Locke. Ein Brief über Toleranz, engl.-dt., übers., eingel. u. in Anmerkungen erläutert v. Julius Ebbinghaus, Hamburg 1957 (= La Philosophie et la Communauté mondiale 1), 133, Anm. 29 zur Stelle.

[95] So zutreffend Forst (s. Anm. 58), 293.

zu stellen.[96] Deswegen war es ihm auch möglich, dieses Verdikt auszusprechen, ohne den Namen der römischen Kirche zu nennen. Sobald diese Kirche solche Ansprüche zurücknehmen und bedingungslos auch die Religionsfreiheit anderer Religionsgemeinschaften anerkennen würde,[97] würde ihr Locke aufgrund seiner Kriterien nicht mehr die Toleranz versagt haben.

Der Fall der Atheisten ist verwandt.[98] Locke verweigert ihnen die Toleranz nicht wegen ihres Atheismus, sondern weil seiner Überzeugung nach der Atheismus sie dazu führt, keine moralischen Verpflichtungen mehr anzuerkennen und damit auch die Grundlagen des Staates zu untergraben. Locke würde das Verdikt gegen die Atheisten zurückgenommen haben, wenn er sich davon hätte überzeugen lassen, daß Atheismus nicht notwendig zur Leugnung der Moral und der bürgerlichen Verpflichtungen führt. Es mag Locke zugestanden werden, daß die Gültigkeit der Moral abhängig ist von der Existenz Gottes, aber dennoch kann jemand, der Gottes Existenz leugnet, der Auffassung sein, daß er moralische Verpflichtungen hat. Immanuel Kant hat dies in seinem teleologischen Beweis des Daseins Gottes so dargestellt, daß ein wohlgesinnter Atheist – als Beispiel dafür nennt er delikaterweise Spinoza – durch die moralische Absicht seiner Lebensführung das Dasein Gottes setzt, in dieser Hinsicht also gar kein Atheist ist.[99] John Locke ist selbst zu dieser Berichtigung seiner Einschätzung nicht gekommen, doch kann man sehen, daß der Kern seines Toleranzkonzeptes von einer solchen Berichtigung nicht berührt würde.

Lockes Zeitgenosse Pierre Bayle hat im Unterschied zu ihm behauptet, daß Atheismus als solcher nicht zum Verlust der Moral führe.[100] Außerdem hat er Toleranz auf dem Recht begründet, seinem Gewissen folgen zu müssen, auch

---

[96] Wie sie programmatisch formuliert worden sind von Gregor VII. in seinem ›Dictatus papae‹ von 1075, These 12: »Quod illi [papae] liceat imperatores deponere«, These 27: »Quod a fidelitate iniquorum subjectos potest absolvere.«, s. Patrologiae cursus sompletus. Accurante Jacques-Paul Migne. Series Latina 148, Sp. 408.

[97] So ausdrücklich geschehen in der Erklärung ›Dignitatis Humanae‹ des II. Vatikanischen Konzils von 1965, s. Lexikon für Theologie und Kirche², Ergänzungsbd. 2: Das Zweite Vatikanische Konzil. Dokumente u. Kommentare. Konstitutionen, Dekrete u. Erklärungen lat. u. dt., hg. v. Heinrich Suso Brechter u.a., Teil II, Freiburg 1967, Sp. 703–746. Diese Erklärung schließt sich Luthers Konzept von Toleranz an: Toleranz besagt nicht die Aufgabe des eigenen Wahrheitsanspruches in einer kontroversen Angelegenheit.

[98] Epistola de tolerantia (s. Anm. 64), 134,12–18.

[99] Immanuel Kant, Kritik der Urteilskraft (1790), § 87, zweite Hälfte, in: Kant's gesammelte Schriften, hrsg. von der Königlich Preußischen Akademie der Wissenschaften, Bd. 5, Berlin 1913, 451–453.

[100] So in mehreren Paragraphen seiner ›Pensées diverses sur la comète‹, Rotterdam 1683, etwa § 133: »L'Atheïsme ne conduit par necessairement à la corruption des mœures«, in der Edition hrsg. v. A. Prat, Bd. 2, Paris 1912, 5, vgl. Klibansky (s. Anm. 64), x, bei Anm. 2.

wenn es irrt.[101] Locke hat demgegenüber erklärt, daß es nicht genügt, sich allein auf den Spruch des Gewissens zu berufen. Wie soll man es mit Toleranz halten, wenn ein Gesetz für Toleranz gegen das Gewissen mancher Menschen verstößt, die keine Toleranz wollen?[102] Locke sieht also, daß man einen übergeordneten Gesichtspunkt wählen muß, wenn man die Toleranzfrage befriedigend klären will. Es genügt nicht, sie lediglich von dem Anspruch des Gewissens des Einzelnen aus zu regeln. In einer Gesellschaft leben verschiedene Menschen zusammen, deren Gewissen jeweils Verschiedenes verlangen mag. Man muß die Regeln der Gesellschaft, und das heißt hier: die Regeln des Staates, so bestimmen, daß Toleranz möglich wird.[103] Dies tut Locke, indem er das unterschiedliche Wesen von Religion und Staat bestimmt. Toleranz bedeutet, die Grenzen von Staat und Religion zu beachten.

Fassen wir zusammen: John Locke definiert Toleranz so, daß sie nicht nur die Gedankenfreiheit einzelner Menschen, sondern vor allem die Freiheit zur Bildung großer, öffentlich auftretender Religionsgemeinschaften betrifft, weil er das Wesen des Menschen so einschätzt, daß der Mensch eine Neigung hat, solche Gemeinschaften zu gründen. Toleranz ist nicht nur eine Angelegenheit des Gewissens des Einzelnen, sondern des Staates. Locke nimmt nur solche Menschen und Gemeinschaften von der Toleranz aus, die ihrerseits anderen keine Toleranz

---

[101] »Or c'est un péché incomparablement plus grand d'agit contre les lumieres de sa conscience que d'agit contre des loix que l'on ignore; [...]«, Nouvelles Lettres de l'auteur de la Critique générale de l'histoire du Calvinisme de M. Maimbourg, Lettre IX, in den Œuvres diverses, Bd. 2. Den Haag 1727 (Nachdruck: Hildesheim 1965), Sp. 227b–228a; »le droit inaliénable que nous avons, aussi bien que le rest des hommes, de faire profession des doctrines que nous croïons conformes à la pure vérité.« Ebd., Sp. 227a, wobei dieses Wahrheitsbewußtsein in Religionsangelegenheiten vom Gewissen und nicht von einer exakten Prüfung des Verstandes abhängt: »qu'en matiere de Religion, la regle de juger n'est point dans l'entendement, mais dans la conscience [...]«, Lettre XXII, ebd., Sp. 334b vgl. Klibansky (s. Anm. 64), xi.

[102] »[...] a law for toleration would as much offend their consciences as of limitation others.« First Tract on Government: Question: Whether the Civil Magistrate may lawfully impose and determine the use of indifferent things in reference to Religious Worship, 1660, in: John Locke, Two Tracts on Government, edited with an Introduction, Notes and Translation by Philip Abrams, Cambridge 1967, 124–175, hier 140 [10], zit. von Klibansky (s. Anm. 64), xxxv, als MS. Locke e.7, f.11r.

[103] Auch Thomas von Aquin hat erklärt, daß das irrende Gewissen bindet (S.Th. I–II, q.19, a.4, unter Berufung auf Röm 14,23). Andererseits hat er die Hinrichtung von Häretikern für berechtigt erklärt, und zwar um des Heils der anderen Menschen willen, die durch die Häresie ansonsten angesteckt würden: S.Th. II–II, q.1, a.3. Der Aquinate und John Locke haben also die Einsicht gemeinsam, daß der Blick auf das Wohl der Gesamtgesellschaft in der Behandlung der Religionsfreiheit nötig ist. Was sie unterscheidet, ist, daß Locke erkannt hat, daß das weltliche Gericht sich nur um das weltliche Wohl der Gesellschaft zu kümmern hat.

gewähren und sich nicht an die Regeln des Staates halten, die für alle gelten. Nun ist die Frage zu entscheiden: haben diese Besonderheiten der Lockeschen Toleranzlehre im Unterschied zu der Spinozas spezifisch theologische Gründe?

4.4 Die Begründung von Toleranz

Was Spinoza betrifft, so ist zu sagen, daß zu seinem Konzept wesentlich seine Bestimmung des Wesens der christlichen Religion gehört, und diese Bestimmung ist, seiner eigenen Begrifflichkeit gemäß, eine theologische. Er beansprucht, durch die richtige Auslegung der Bibel zu dieser Bestimmung zu kommen; und die Bibel hat Geltung kraft göttlicher Autorität. John Locke hingegen sagt zu Beginn seines Toleranzbriefes, daß »die Duldung derer, die andere Ansichten in religiösen Dingen haben, sowohl dem Evangelium als auch der Vernunft angemessen ist [...]«.[104] Er beruft sich also auf beide möglichen Autoritäten, auf den Glauben und auf die Vernunft. In der Durchführung seines Traktates benutzt er kaum Bibelstellen. Seinen eigenen Standpunkt innerhalb der verschiedenen Richtungen des Christentums verbirgt er geschickt. Doch er übernimmt dabei auch das Toleranzkonzept, das Martin Luther und Roger Williams vertreten haben. Dieses ist selbst für eine doppelte Begründung geeignet. Wir haben gesehen, daß Luther sowohl Schriftargumente als auch Argumente, welche die natürliche Vernunft überzeugen können, in Anspruch nimmt.

Wenn das Toleranzkonzept Roger Williams' über John Locke an die Gründungsväter der unabhängigen Vereinigten Staaten von Amerika vermittelt worden ist, diese aber Anhänger einer anthropozentrischen Aufklärung waren,[105] dann war das überhaupt möglich, weil dieses Konzept sowohl mit theologischen als auch mit

---

[104] »Tolerantia eorum qui de rebus religionis diversa sentiunt, Evangelio et rationi adeo consona est [...]«, Epistola de tolerantia (s. Anm. 64), 64,10 f. Julius Ebbinghaus übersieht dies wie Israel, wenn er von der lediglich religiösen Begründung der Toleranz bei Locke spricht und von dort zu einer reichlich wirren Kritik Lockes ansetzt: Ebbinghaus, Einleitung zu: Locke (s. Anm. 94), XXVII. Umgekehrt hat Reinhart Koselleck Locke unterstellt, rein philosophische, und zwar deistische Prämissen zu haben, s. o. Anm. 65. Über Lockes religiöse Einstellung sind sich die Gelehrten uneins, s. David Wootton, Introduction to: John Locke. Political Writings, edited and with an Introduction by David Wootton. London 1993, 7–131, hier 127 f.

[105] So LeRoy Moore (s. Anm. 59), 292–298. Wenn es so ist, wie Sidney E. Mead sagt, daß die theologische Rechtfertigung der Glaubensfreiheit eine noch ungelöste Aufgabe des amerikanischen Protestantismus ist, dann kann man sich sowohl an Locke, wie auch an Williams wie auch an Martin Luther halten, um diese Aufgabe zu lösen. Sidney E. Mead, American Protestantism during the Revolutionary Epoch, in: Church History 22, 1953, 293, zit. bei Moore, ebd. 306.

philosophischen Gründen vertreten werden kann. Es bedeutet für dieses Konzept als solches keine Minderung, aber auch keine Bereicherung, wenn man es nur mit philosophischen Argumenten vertritt. Wäre es an einen bestimmten Standpunkt gebunden, mit dem letztgültige Wahrheitsansprüche beurteilt werden sollen, dann befände es sich übrigens in der gleichen Lage wie das Konzept Castellios oder Spinozas: hier wird Toleranz nämlich an einen solchen Standpunkt gebunden, der in allen umstrittenen Fragen sich des Urteils enthält. Er wird nämlich dann zumindest beanspruchen, daß diese Fragen nicht wesentlich seien und sich dadurch in Widerspruch zu allen anderen Standpunkten setzen. Jeder, der nun dem Standpunkt nicht zustimmt, an den allein Toleranz gebunden wird, kann dann gar nicht anders, als Toleranz im Sinne dieses Konzepts nicht vertreten zu können. Er muß in diesem Sinne dann intolerant sein. Das von Luther, Roger Williams und John Locke vertretene Konzept läßt hingegen die Begründung durch verschiedene Standpunkte zu.[106]

5. Voltaire und darüber hinaus

5.1 Voltaire

Voltaire denkt auf der Linie von Castellios Toleranzkonzept und geht dabei einen wichtigen Schritt weiter als Castellio und Spinoza. Diese hatten noch ihre reduktionistische einfache Religion, auf welcher die Toleranz beruhen muß, als eine Interpretation des Christentums präsentiert. Voltaire vertritt nun einen »théisme« – andere würden ihn »Deismus« nennen –, den er scharf vom Christentum und allen anderen Religionen abgrenzt. In seiner ›Profession de Foi des Théistes par le Comte Da [...] au R.D‹ von 1768, die er an Friedrich II. von Preußen richtet,[107] nennt er als den Inhalt des Theismus die Verehrung des einen Gottes, des Schöpfers und Erhalters der Welt als des Vaters aller Menschen und das von ihm geforderte gerechte Verhalten der Menschen, das von Gott gerichtet wird.[108] Die darüber hinausgehenden Lehren des Christentums – wie auch die aller anderen Religionen – sind unbegründet. Sie stammen laut Voltaire auch nicht von Jesus oder den Aposteln. Für diese These beruft sich Voltaire auf seine kritische Beurteilung der historischen Überlieferung des Christentums.[109] Diese Sonder-

---

[106] Gegen Rainer Forst (s. Anm. 58), 243, der bei Williams von »der fehlenden Möglichkeit« spricht, »mit denen die Toleranzargumente zu *teilen*, die *nicht* dem protestantischen Glauben anhängen.« Wohl bringt Williams nur die Argumente vor, die auf seinem Glauben beruhen, aber dies schließt nicht die Möglichkeit anderer Begründungen aus.

[107] Voltaire, Œuvres Complètes. Nouvelle Édition, Bd. 27, Paris 1879, 55–74.

[108] Ebd. 56; 71 f.

[109] Ebd. 68–71.

lehren haben den Streit sowohl innerhalb des Christentums wie auch zwischen den Religionen überhaupt hervorgerufen.

Bei dieser Gelegenheit gibt Voltaire eine breite Darstellung der Greuel christlicher Intoleranz.[110] Während auch Castellio, der junge Luther und Roger Williams von diesen Greueln gesprochen haben, sie aber für unchristlich erklärten und sich bemühten, die Kirche so zu gestalten, daß solche Greuel unterblieben,[111] sind sie für Voltaire ein Grund, das Christentum zu verwerfen. Der Theismus hingegen hat, weil er als einzige Religion göttlich ist, niemals jemand Gewalt angetan.[112] Als Beispiel für die Toleranz des Theismus nennt Voltaire William Penn und die von ihm in Amerika gegründete Kolonie, die allen offen steht, die lediglich an einen ewigen und allmächtigen Gott, Schöpfer und Erhalter des Universums glauben, und beansprucht damit den Quäker Penn für den Theismus.[113] Während also alle anderen Religionen intolerant sind, ist der Theismus ihnen gegenüber tolerant. Voltaires Konzept zieht eine Konsequenz aus dem Konzept Castellios: weil Gewalt und Intoleranz zwischen den Religionen und Religionsparteien daraus entstehen, daß diese Religionen über das hinausgehen, was sie miteinander gemeinsam haben, muß man verwerfen, was ihre *differentia specifica* ist. Die tolerante Religion kann dann gar nicht mehr das Christentum oder irgendeine andere Religion sein, die in irgendeinem Punkt über das Gemeinsame hinausgeht. Man muß über das Christentum hinausgehen, wenn man Toleranz und eine tolerante Religion haben will.[114] So betrachtet, können das Christentum und die anderen Religionen, die nicht reduktionistisch sind, gar nicht anders, als intolerant zu sein.

---

[110]   Ebd. 70; 64–67.

[111]   Luther vergleicht in Resolutio 80 die intolerante Kirche mit dem Menschen in dem Gleichnis vom barmherzigen Samariter, der halbtot auf der Straße liegt; man darf an ihm nicht vorbeigehen wie die Menschen, die sich von der Kirche getrennt haben, sondern muß ihm aufhelfen: Weimarer Ausgabe 1, 625 / Luthers Werke in Auswahl. Hrsg. v. Otto Clemen 1, 142,36–143,14. Castellio klagt, daß man aus Christus einen Moloch gemacht habe, dem man lebendige Menschen verbrennt, und sagt, daß man damit unter das Niveau des Christentums gesunken sei: De haereticis (s. Anm. 2), 26.

[112]   Voltaire, (s. Anm. 107), 67; 73 f.

[113]   Ebd., 71 f.

[114]   Eine Alternative besteht dann nur noch darin, das Christentum umzudeuten und es als identisch mit der toleranten, reduktionistischen Religion aufzufassen, oder als eine bestimmte geschichtliche Erscheinungsform derselben. Dies erschien aber Voltaire angesichts der bisherigen Geschichte des Christentums als unglaubwürdig.

5.2 Die Französische Revolution

Einen weiteren Schritt über Voltaire hinaus stellt die Phase der Französischen Revolution von 1790 bis 1797 dar.[115] Angefangen mit der Zivilkonstitution, welche das Parlament dem römisch-katholischen Klerus auferlegte (12. Juli–24. August 1790) und der Verpflichtung der katholischen Kleriker auf die Verfassung (27. November 1790) kam es zu einer blutigen Verfolgung der katholischen Kirche, die nicht nur den Zweck hatte, sie innerhalb Frankreichs der Revolution gefügig zu machen und eine Stütze des *ancien régime* zu beseitigen, sondern die christliche Identität Frankreichs überhaupt auszulöschen. Am 25. November 1793 wurden alle Kirchen geschlossen. Das Christentum sollte durch eine Religion ersetzt werden, deren Charakter im wesentlichen durch Voltaires Theismus bestimmt war, und deren politische Funktion Spinozas Modell einer Staatsreligion entsprach. Der Beschluß des Konvents vom 18. Floréal des Jahres II, dem 7. Mai 1794, verpflichtet zu der Anerkennung der Existenz eines Höchsten Wesens. Der dem Höchsten Wesen würdige Kultus besteht in der Praktizierung der Pflichten des Menschen. An erster Stelle dieser Pflichten steht die Verachtung des schlechten Glaubens und der Tyrannen.[116] Mit dem »schlechten Glauben« ist das Christentum römisch-katholischer Prägung, aber auch das Christentum schlechthin gemeint, denn die Verfolgung richtete sich nicht nur gegen Katholiken, sondern auch gegen Protestanten, außerdem gegen Juden. Die Zeremonien der neuen Staatsreligion wurden von Bürgermeistern

---

[115]   Siehe dazu Rolf E. Reichardt, Art. Französische Revolution. In: Theologische Realenzyklopädie 11, 1983, 401–417, hier 405–410; Heinrich Hermelink, Das Christentum in der Menschheitsgeschichte. Von der Französischen Revolution bis zur Gegenwart, Bd. 1, Tübingen/Stuttgart 1951, 60–89, der recht geschwätzige Artikel von Bernard Plongeron, Eine Revolutionsregierung gegen das Christentum (1793–1795), in: Geschichte des Christentums. Hrsg. v. Norbert Brox u. a., Bd. 10, Freiburg u. a. 2000, 368–430, schließlich Albert Mathiez, La Théophilanthropie et le Culte Décadaire. Essai sur l'histoire religieuse de la Révolution 1796–1801. Paris 1903 / Nachdruck Genf 1975. Es ist aufschlußreich, daß der von Gerhard Besier verfaßte Teil des Art. Toleranz in Geschichtliche Grundbegriffe, Bd. 6, 1990, 495–523, hier 509 zwar die Aufnahme des Rechts der Religionsfreiheit in die französische Verfassung vom 3. September 1791 erwähnt, nicht aber die Entrechtung und Verfolgung der katholischen Kirche, die damals bereits begonnen hatte.

[116]   Art 1: »Le peuple français reconnaît l'existence de l'Etre-Suprême et l'immortalité de l'ame.« Art. 2: »Il reconnaît que le culte digne de l'Etre-Suprême est la pratique des devoirs de l'homme.« Art. 3: »Il met au premier rang de ces devoirs de détester la mauvaise foi et la tyrannie, de punir les tyrans et les traîtres, de secourir les malheureux, de respecter les faibles, de défendre les opprimé, de faire aux autres tout le bien qu'on peut, et de n'être injuste envers personne.« In: Histoire parlementaire de la Révolution Française, ou journal des Assemblées Nationales, depuis 1789 juqu'en 1815. Hrsg. v. Philippe-Joseph Benjamin Buchez u. P.-C. Roux, Bd. 32. Paris 1837, 379.

bzw. von Robespierre, dem Lenker des Staates, als Hohempriester, vollzogen.[117] Nach dem Sturz Robespierres am 9. Thermidor, dem 27. Juli 1794, ließ die Verfolgung nach. Am 11. August 1795 wurde Notre Dame de Paris aus einem Tempel des Höchsten Wesens wieder zu einer römisch-katholischen Kirche. 1797 gab es eine neue Verfolgung. In den Nachbarländern, die von den Truppen der Revolution erobert wurde, kam es zu ähnlichen Maßnahmen. Nachdem jahrhundertelang im christlich dominierten Europa Menschen, die sich als Christen bekannten, von anderen, die sich ebenfalls als Christen bekannten, verfolgt und diskriminiert worden waren, weil diese sie für Häretiker hielten, kam es nun erstmals seit dem Jahre 311 zu einer Verfolgung von Christen, weil sie Christen waren. Weitere Verfolgungen sollten kommen, immer dann, wenn es im neuzeitlichen Europa zu dem Versuch kam, auch mit Einsatz von Gewalt die *condition humaine* auf ein qualitativ höheres Niveau zu heben und deswegen das Christentum als Quell der Intoleranz zu beseitigen. Dabei ist nicht nur der Einsatz offener Gewalt möglich, sondern auch subtiler Druck.

5.3 Ausblicke

Es ist offensichtlich, daß der Horizont der Überlegungen sowohl eines Sebastian Castellio als auch eines Spinoza oder Voltaire durch diese Entwicklung überschritten worden ist. Doch liegt diese Entwicklung in der Konsequenz des Toleranzkonzepts, das Castellio in seinem Protest gegen die Verbrennung Servets formuliert hatte: Toleranz könne nur gewährleistet werden durch eine bestimmte Position in religiösen Dingen. Diese wird charakterisiert nicht durch bestimmte Lehren, sondern dadurch, daß sie sich auf ein Abstraktum zurückzieht: auf das, was den miteinander streitenden Standpunkten noch gemeinsam ist. In der weiteren Konsequenz wird diese Position nicht nur von widerstreitenden religiösen, sondern auch von ethischen Positionen abstrahieren und in der letzten Konsequenz wird sie inhaltlich völlig leer sein, denn man kann über alles Mögliche uneins sein. Der einzige für alle geltende Anspruch ist dann nur noch dieser, daß niemand einen Anspruch erheben dürfe, der für noch jemand mehr als ihn selbst gültig sein soll.

Da alle Positionen, die imstande sind, in Streit miteinander zu geraten, gemäß diesem Konzept potentiell intolerant sind, gefährden sie das Wohl der Gesellschaft, und der Staat als Hüter der Gesellschaft ist aufgerufen, sie zumindest aus der Öffentlichkeit zurückzudrängen und ihnen jeglichen Einfluß auf die Gesellschaft zu nehmen. Es ist deutlich, daß auf diese Weise die Intoleranz durch die Hintertür wieder hereinkommt und eine Position, die selber beansprucht, tolerant zu sein, intolerant wird.

---

[117] Reichardt (s. Anm. 115), 409,8–10. 23–32.

Die Alternative ist das von dem jungen Luther entwickelte und von Roger Williams verwirklichte Toleranzkonzept.[118] Es ist von christlichen Theologen entwickelt und von ihnen auch mit spezifisch christlichen Argumenten begründet worden. Damit stellt es einen Beleg dafür dar, daß das Christentum nicht nur zur Intoleranz taugt. Es ist aber auch offen dafür, von jemand vertreten zu werden, der diese christliche Begründung nicht übernehmen will. Es fragt sich aber auch, wer auf Dauer die Kraft aufbringt, es zu dulden, daß seine heiligsten Überzeugungen durch einen entgegengesetzten Wahrheitsanspruch verletzt werden, und auch bereit ist, die Person desjenigen nicht nur zu dulden, sondern zu achten, der sie verletzt. Es ist Ulrich Kronauer gegen Nietzsche zuzustimmen, daß praktizierte Toleranz nicht Ausdruck von Gleichgültigkeit und Schwäche ist, sondern eine starke Persönlichkeit voraussetzt.[119] Das Christentum oder wer auch immer ist herausgefordert, dies in der Praktizierung eines Konzepts von Toleranz zu zeigen, welches den Zusammenstoß widersprechender Wahrheitsansprüche nicht von vornherein zu entschärfen versucht.

---

[118]   Damit ist Rainer Forst zu widersprechen, der meint, Roger Williams sei eine Übergangserscheinung: Forst (s Anm. 58), 242, vgl. oben Anm. 106. Es ist kennzeichnend für die Schwäche des Entwurfes von Eckehart Stöve über verschiedene Typen von Toleranz, daß dieses von Luther vertretene Konzept von Toleranz gar nicht auftaucht: Stöve (s Anm. 41), 647,4–23. Stöve kennt nur die pragmatische Toleranz, welche faktisch von der Wahrheitsfrage absieht, die Konsensus-Toleranz, die wir hier im Konzept Castellios angetroffen haben, welche für das Noch-Gemeinsame einen Wahrheitsanspruch erhebt, und die dialogische Toleranz, welche absolut die Wahrheitsfrage suspendiert – oder damit doch wieder eine verschleierte und die letzte Konsequenz ziehende Form der Konsensus-Toleranz ist.

[119]   Ulrich Kronauer, Art. Toleranz, V. Philosophisch. In: Religion in Geschichte und Gegenwart⁴ 8, 2005; Sp. 464 f. hier Sp. 465. Die Stelle bei Nietzsche, an die Kronauer denkt, ist wohl Götzen-Dämmerung. Streifzüge eines Unzeitgemäßen, Nr. 18, 1886, Werke. Kritische Gesamtausgabe. Hrsg. v. Giorgio Colli u. Mazzino Montinari, Bd. 6/3, Berlin u. a. 1969, 116.

Christentum und Geschichte

Troeltsch – Newman – Luther – Barth

Eingangsüberlegung

Welchen Aufschluß über die Frage »Was ist das Christentum?« bringt die Betrachtung des Weges, den das Christentum in der Geschichte genommen hat? Man kann die Frage auch so formulieren: Welchen Nutzen hat das Studium der Geschichte des Christentums für die Erkenntnis seines Wesens? Diese Frage, so einfach sie klingt, enthält Voraussetzungen, die mit Bedacht erwogen werden müssen, und ihre Beantwortung verlangt somit Erörterung.

John Henry Newman eröffnet seinen großen ›Essay on the Development of Christian Doctrine‹ im Jahre 1845 mit der These: »Das Christentum ist lange genug in der Welt gewesen, um uns zu berechtigen, es als eine Tatsache der Weltgeschichte zu behandeln.«[1] Allerdings säumt er nicht, die Gegenthese zu präsentieren, »das Christentum falle nicht in das Gebiet der Geschichte.«[2] Diese Gegenthese könnte auch so formuliert werden, daß es schon Erscheinungen in der Geschichte gebe, die christlich genannt werden, doch es bestünde ihre Gemeinsamkeit lediglich im Namen des Christlichen: »Es sei für jedermann das, wofür es jedermann halte, und nichts sonst. Es sei also in Wirklichkeit nur ein Name für eine Gruppe oder Familie miteinander rivalisierender Religionen. Diese Religionen stünden miteinander in Konkurrenz, erhöben Anspruch auf dieselbe Benennung. Nicht weil man irgendwelche gleiche Lehre als die gemeinsame Grundlage aller angeben könne. Vielmehr gebe es hier oder dort gewissen Punkte der Übereinstimmung der einen oder anderen Art, durch die jede mit der einen

---

[1]   John Henry Kardinal Newman, Über die Entwicklung der Glaubenslehre. Durchges. Neuausgabe d. Übers. v. Theodor Haecker, besorgt, kommentiert u. mit erg. Dokumenten vers. v. Johannes Artz, Mainz 1969 (= Ausgewählte Werke, Bd. 8), 7 / John Henry Cardinal Newman, An Essay on the Development of Christian Doctrine, Westminster, Md., 1968 (= The Works of Cardinal Newman) [= Dev.], 3: »Christianity has been long enough in the world to justify us in dealing with it as a fact in the world's history.«

[2]   Werke 8, 7 / »that Christianity does not fall within the province of history.« Dev., 4.

oder anderen der übrigens jeweils verbunden sei.« Die Gegenthese kann auch noch in anderen Varianten vorgetragen werden. So, ein Christentum habe schon einmal in der Geschichte bestanden, und zwar an seinem Anfang, sei dann aber sofort in Verfall geraten, so daß man bei den Nachfolgeerscheinungen nicht von Christentum im selben Sinne reden könne. Oder es ist von der christlichen Lehre zu sagen: »Historisch gesprochen habe sie nämlich nicht einmal eine eigene Substanz, sondern sei von Anfang an und weiter auf der Bühne der Welt nichts weiter gewesen als eine bloße Sammlung von Lehren und Praktiken, die von außen stammten [...]«.[3]

Newman meint demgegenüber, daß es doch möglich sei, die Identität des Christentums als einer Tatsache in der Geschichte zu erkennen, und daß diese Erkenntnis aus der Untersuchung der Geschichte selbst gewonnen würde.[4] Dies sei möglich auch angesichts einer Reihe von, wie es scheint, Widersprüchen, welche die Geschichte des Christentums durchzieht.[5] Newman findet diesen Weg durch die Einführung des Begriffes der *Entwicklung*.[6]

Die historische Betrachtungsweise und den Begriff der Entwicklung hat mit Newman indes auch Ernst Troeltsch gemeinsam. Troeltsch veröffentlichte im

---

[3]   Werke 8, 7 f. / »that it is to each man what each man thinks it to be, and nothing else; and thus in fact is a mere name for a cluster or family of rival religions all together, religions at variance one with another, and claiming the same appellation, not because there can be assigned any one and the same doctrine as the common foundation of all, but because certain points of agreement may be found here and there of some sort or other, by which each in its turn is connected with one or other of the rest«, »historically it has no substance of its own, but from the first and onwards it has, on the stage of the world, been nothing more than a mere assemblage of doctrines and practices derived from without [...]«, Dev., 4. Newman nennt noch zwei weitere Varianten, die jedoch nicht genau unter die von ihm formulierte Gegenthese fallen: daß das Christentum zwar eine Identität und weiterhin Bestand habe, aber nur im Verborgenen, und daß es lediglich als Literatur oder Philosophie bestehe.

[4]   Werke 8, S. 8–11 u. darüber hinaus / Dev., 5–8.

[5]   Newman formuliert diese Schwierigkeit mit den Worten von Chillingworth: »Hier stehen Päpste gegen Päpste, Konzilien gegen Konzilien, die einen Väter gegen die anderen, dieselben Väter gegen sich selbst, ein Konsens von Vätern eines Zeitalters gegen einen Konsens von Vätern eines anderen Zeitalters, die Kirche eines Zeitalters gegen die Kirche eines anderen Zeitalters.« Werke 8, 10 / »There are popes against popes, councils against councils, some fathers against others, the same fathers against themselves, a consent of fathers against a consent of fathers of another age, the Church of one age against the Church of another age:«, Dev., 6. Newman räumt demgegenüber ein, »daß es tatsächlich gewisse anscheinende Veränderungen in dessen [des Christentums] Lehren gibt, die eine Erklärung fordern.« Ebd. / »that there are in fact certain apparent variations in its [the Christianity's] teaching, which have to be explained.« Dev., 7.

[6]   Werke 8, 28 f.; 35–41; 54–71 / Dev., 29 f.; 33–40; 55–75.

Jahre 1903 seinen längeren Aufsatz ›Was heißt »Wesen des Christentums«?‹.[7] In einer Reflexion über Adolf von Harnacks ›Das Wesen des Christentums‹ von 1900 und der Diskussion darüber bestimmt Troeltsch den Begriff des Wesens in der Geschichte als »die der Historie eigentümliche Abstraktion, vermöge dessen der ganze bekannte und im Detail erforschte Umkreis der zusammenhängenden Bildungen aus dem treibenden und sich entwickelnden Grundgedanken verstanden wird.« Er fährt fort: »Das ›Wesen‹ kann nur gefunden werden aus dem Ueberblick über die Gesamtheit aller mit diesem Gedanken zusammenhängenden Erscheinungen, und seine Auffindung erfordert die Uebung historischer Abstraktion, die Kunst der das Ganze zusammenschauenden Divination, zugleich die Exaktheit und Fülle des methodisch bearbeiteten Einzelmaterials.«[8] Dieses »Wesen« ist also, wie schon in der Definition angelegt, ein Entwicklungsbegriff.[9] Es drängt sich auf, die beiden Stellungnahmen miteinander zu vergleichen: die Newmans, welcher mit seinem ›Essay on the Development‹ die Wendung vom Anglikanismus zum römischen Katholizismus vollzog und seine Verwerfung des Protestantismus bekräftigte, und die von Ernst Troeltsch, der in seiner Fassung des Entwicklungsgedanken eine Rechtfertigung seines Neuprotestantismus sah. Im Vergleich beider soll gesehen werden, wie weit die These trägt, das Christentum sei hinlänglich als eine Tatsache in der Geschichte zu bestimmen. Im Gegenzug sollen dann Entwürfe betrachtet werden, die genau diese These ablehnen. Exemplarische Gegenentwürfe stammen von Martin Luther und von Karl Barth. Welches ist die zutreffende Auffassung des Christentums? In der Gegenüberstellung zu dieser Ausgangsthese Newmans soll indes auch gesehen werden, wieviel diese Gegenentwürfe austragen, um das Sein des Christentums in der Geschichte angemessen zu verstehen.

1. Ernst Troeltsch

Troeltsch erklärt: »Die Bestimmung des Wesens ist allerdings eine rein historische Aufgabe.«[10] und kommt zu einer vorläufigen Formulierung dieser Aufgabe: »dann müßte man sämtliche Bildungen des Christentums, das Urchristentum, den altkirchlichen, byzantinischen und römischen Katholizismus, den Protestantismus und das Täufertum, die protestantischen-pietistischen Sekten und die

---

[7]   Erstveröffentlicht in: Die christliche Welt 17, 1903, 443–446; 483–488; 532–536; 578–584; 650–654; 678–683. Ich zitiere nach der Ausgabe: Ernst Troeltsch, Gesammelte Schriften, Bd. 2: Zur religiösen Lage, Religionsphilosophie und Ethik, Tübingen 1913, Neudruck d. 2. Aufl., 1922: Aalen 1962, 386–451.

[8]   Schriften 2, 393.

[9]   Siehe bes. den Abschnitt 4: »Das Wesen als Entwicklungsbegriff«, Schriften 2, 411–423.

[10] Schriften 2, 397.

moderne christliche Religionsphilosophie als normale, an ihrem Ort notwendige und zwar teleologisch, nicht bloß kausal notwendige, Offenbarungen des Wesens betrachten. Und zwar wären sie solche Offenbarungen nicht bloß in dem Sinne, daß eben nur in der Totalität solcher verschiedener Bildungen zusammen und nebeneinander der ganze Reichtum und die Triebkraft der christlichen Idee zum Ausdruck käme.« Gegen diese vorläufige Formulierung der Aufgabe setzt er aber sogleich:»Aber dagegen protestiert nun zunächst und vor allem – wenn wir einmal vom rein historischen Denken absehen – unsere protestantische Überzeugung. Wir können nicht den ganzen Katholizismus als die teleologisch notwendige, organische Entfaltung betrachten und im Protestantismus nur die Zusammenfassung der in der katholischen Durcharbeitung gewonnenen vertieften christlichen Ideen sehen, die dann mit gleicher organischer Notwendigkeit aus sich den modernen christlichen Humanismus hervorbrächten. Für Protestanten ist eine solche Auffassung im Ernste unmöglich. Denn bei aller historischen Gerechtigkeit gegen den Katholizismus und bei aller Anerkennung des Umstandes, daß die urchristliche Mission direkt in den Katholizismus ausmündete, daß der Protestantismus den Katholizismus zu seiner Voraussetzung hat, und daß der gesamte Altprotestantismus mit ihm viele wichtige Merkmale gemeinsam hat, es bleibt im Protestantismus doch die Tatsache eines Bruches mit grundlegenden Ideen des Katholizismus und die Begründung dieses Bruches in einer, wenn auch nur relativen, Geltendmachung des Urchristentums. Der Protestantismus bleibt unter allen Umständen eine historische Katastrophe und ein Rückgriff auf verlassene urchristliche Ideen. Wer die protestantische Auffassung vom Christentum teilt, kann die organische Evolutionstheorie nicht bedingungslos durchführen. Von dieser letzteren Theorie aus würde der Katholizismus in Wahrheit immer im Vorteil bleiben. Er verfügt allein über eine verhältnismäßig ungebrochene Kontinuität, kann in seiner hierarchisch-kultisch-dogmatischen Totalität die organische Entwickelung des Wesens zu sein behaupten und vermag seinerseits den Protestantismus als einen einseitigen Nebenschößling der christlichen Entwickelung zu bezeichnen, indem er ihm eine relative Existenzberechtigung als Kritik der Schäden der spätmittelalterlichen Kirche zugesteht.«[11]

Dieser Einwand ist äußerst aufschlußreich, aber noch nicht das letzte, ausschlaggebende Argument, das Troeltsch aufzuführen weiß. Denn neben und vor der»protestantischen Überzeugung« muß hier das »rein historische Denken« die Entscheidung treffen. Und dieses bestimmt das Wesen als »Kritik«: der Wesensbegriff»ist nicht bloß Abstraktion aus den Erscheinungen, sondern zugleich Kritik an den Erscheinungen, und diese Kritik ist nicht bloß Messung des noch Unfertigen an dem in ihm treibenden Ideal, sondern Scheidung des dem Wesen Entsprechenden und des Wesenswidrigen« – und, wie Troeltsch noch hinzufügt,

---

[11]   Schriften 2, 403 f.

des Zufälligen. Dieses Ideal ist nun der intuitiv und divinatorisch erfaßte Geist des Ganzen.[12] Das Ideal des Christentums ist eingeordnet in die Ausrichtung des Geschichte auf ein Telos: Geschichte strebt »rastlos nach der Verwirklichung von Werten, die eine objektive innere Notwendigkeit haben [...]«. Was wesenswidrig ist, steht dieser teleologischen Ausrichtung des Christentum entgegen.[13]

Troeltsch kommt von da aus zu der Unterscheidung zweier Arten von Notwendigkeit: einer psychologisch-kausalen und einer Notwendigkeit im teleologischen und ethischen Sinne. Der Katholizismus gehört ihm zufolge zum Christentum nur im Sinne einer psychologisch-kausalen Notwendigkeit, nicht im Sinne der teleologisch-ethischen. Er gehört damit überhaupt nicht zum Wesen des Christentums.[14]

Es ist deutlich genug geworden, daß Troeltsch seine zunächst aus einem protestantischen Reflex vorgebrachte Kritik des Katholizismus nur innerhalb seiner »rein historischen« Denkweise vertreten kann, wenn er a) Geschichte als teleologisch ausgerichtet versteht und b) das Christentums in seinem Wesen als ein Ideal versteht, das sich mit diesem Telos in Übereinstimmung befindet. Es wäre dann allerdings noch zu fragen, ob und inwiefern der römische Katholizismus diesem Ideal des Christentums nicht entspricht. Hier soll nur überprüft werden, in welchem Sinne diese ideale Betrachtungsweise des Christentums als »historisch« aufzufassen ist.

In dem Abschnitt ›Der Wesenbegriff als Idealbegriff‹ erklärt Troeltsch, daß die Antwort auf die Frage nach dem Wesen des Christentums »sehr verschieden ausfallen wird, je nachdem man das Christentum für eine noch unerschöpfte und

---

[12] Schriften 2, 407. Dementsprechend ist der ganze Abschnitt 3., 401–411, überschrieben: »Das Wesen als Kritik«.

[13] Zu dem Argumentationsgang gehören die Sätze »Strebt die Geschichte rastlos nach der Verwirklichung von Werten, die eine objektive innere Notwendigkeit haben, so müssen diese Unwertbildungen schließlich auch als objektiv dem Wert und Ziel der Geschichte feindlich begriffen werden.« »Wer mit dem Begriff des Wesens in der Historie den Begriff eines aus einer idealen Nötigung stammenden Wertes und Zwecktriebs verbindet, der muß damit zugleich das radikal Böse zugestehen.« Schriften 2, 409; »je mehr die Theologie davon überzeugt ist, daß sie es im Christentum mit dem höchsten ethisch-religiösen Werte der Menschheit zu tun hat, um so weniger wird sie der Notwendigkeit ausweichen können, in der Geschichte des Christentums die aus dem reinen Trieb des Wesens hervorgehenden Erscheinungen abzugrenzen gegen die aus dem radikalen Bösen oder aus einem Kompromiß des Bösen und Guten hervorgehenden Erscheinungen.« Ebd., 410.

[14] Schriften 2, 410 f. »Es hat daher für das Wesen gar keine Bedeutung, wenn die Entwickelung der urchristlichen Mission zum Katholizismus und des Katholizismus zum Protestantismus usw. als psychologisch-kausal notwendig erkannt und beschrieben wird.« Ebd., 411, in Auseinandersetzung mit der von Alfred Loisy in ›L'évangile et l'église‹, 1902 vorgetragenen Kritik an Harnacks ›Wesen des Christentums‹.

in die Zukunft weiterwirkende, ja unvergängliche religiöse Kraft hält oder es für eine vorübergehende und bereits im Beginn der Auflösung begriffene Formation des religiösen Lebens hält«. Er fügt hinzu: »Die eigene persönliche Stellung zum Christentum der Gegenwart und die darin gegebene Schätzung des Christentums überhaupt wirkt auf die Wesensbestimmung entscheidend mit ein.«[15] Daraus folgt: »Die Stellungnahme zum Christentum ist nun aber bei allen begleitenden objektiven Erwägungen geschichtsphilosophischer und metaphysisch-spekula-tiver Art doch im letzten Grunde eine durchaus persönliche, durch persönlich religiöse Empfindung und Einstellung der christlichen Idee in den lebendigen Zusammenhang der Gegenwart bedingte Sache.«[16] Damit zeigt sich aber: »Das Wesen ist ein Idealgedanke, der zugleich die Möglichkeit neuer Verknüpfun-gen mit dem konkreten Leben der Gegenwart bildet, es ist selber eine lebendi-ge, individuelle historische Bildung, die sich an die bisherigen anreiht [...] We-sensbestimmung ist Wesensgestaltung.«[17] Die Verknüpfung der bisherigen Entwicklung mit der zu entwerfenden Zukunft ist indes nicht im Sinne eines Hegelschen Panlogismus zu berechnen, es handelt sich vielmehr um eine »Lehre von einer immer neuen, rein tatsächlichen und irrationalen Verknüpfung des als notwendig und wahr Erkannten mit der historischen Ueberlieferung und Erfahrung«.[18] Troeltsch scheut sich nicht, einzugestehen, »daß mit einer solchen Theorie prinzipiell dem Subjektivismus Tür und Tor geöffnet ist.«[19]

Damit wird aber deutlich, daß Troeltschs Vorgehensweise so rein historisch nicht ist, wie er es beansprucht. An anderer Stelle hat Troeltsch gesagt, man müsse »Geschichte durch Geschichte überwinden«.[20] Das Wort »Geschichte« hat in diesem Satz zweierlei Bedeutung. Troeltsch spricht nämlich von dem Über-winden der Bindung an einen Gesamtzusammenhang bisheriger Geschichte, in welchem alles relativ ist, durch eine normsetzende Neugestaltung der künftigen Geschichte, welche zwar hervorgeht aus der bisherigen Geschichte, deren Ziel-setzung aber aus ihr nicht ableitbar ist.[21]

---

[15]   Schriften 2, 424.

[16]   Schriften 2, 427.

[17]   Schriften 2, 431.

[18]   Schriften 2, 435.

[19]   Schriften 2, 436.

[20]   Ernst Troeltsch, Der Historismus und seine Probleme. Erstes Buch: Das logische Problem der Geschichtsphilosophie (= Gesammelte Schriften, Bd. 3), Tübingen 1922 / Neudruck Aalen 1962, 772: »Die Aufgabe selbst aber, die immer für jede Epoche bewußt oder unbewußt bestand, ist für unseren Lebensmoment ganz besonders dringend. Die Idee des Aufbaues heißt Geschichte durch Geschichte überwinden [...]«.

[21]   Dazu Karsten Lehmkühler, ›Geschichte durch Geschichte überwinden‹. Zur Verwendung eines Zitates. In: Jahrbuch für evangelikale Theologie 12, 1998, 115–137, hier 132.

2. John Henry Newman

An dieser Stelle des Gedankengangs müssen die Überlegungen Newmans herangezogen werden. Denn Newman sieht konsequent in seiner Untersuchung über die Entwicklung der christlichen Lehre von der Frage ab, ob diese Lehre wahr sei und ob sie Zukunft habe:»Ob es [das Christentum] göttlich sei oder menschlich [...] Ob es eine Religion für alle Zeiten sei oder für einen besonderen Zustand der Gesellschaft.«[22] Diese Selbstbeschränkung wird von ihm, im Unterschied zu Troeltsch, nie prinzipiell überschritten, wiewohl deutlich genug wird, daß Newman das Christentum für die Wahrheit hält. Newman führt diese Untersuchung durch, um zu sehen, ob das römisch-katholische Christentum, in dem Umfang, wie es sich selbst versteht, identisch ist mit dem Christentum, welches als Tatsache in der Geschichte existiert, und das heißt: sich entwickelt. Da seine Präferenz diese ist, das Christentum für wahr zu halten und die Zugehörigkeit zur rechten, d. h. historischen Form des Christentums für heilsentscheidend, führt das bejahende Ergebnis seiner Untersuchung zum Übertritt in die römisch-katholische Kirche.[23]

Newman kennt allerdings auch die Kategorie der falschen Entwicklung, das heißt, einer Entwicklung, die nicht als übereinstimmend mit dem Wesen der Sache betrachtet werden kann, deren Entwicklung sie ist. Newman nennt sie »Korruption« (*corruption*) und unterscheidet sie von der »echten Entwicklung« (*genuine development*). Er kommt jedoch zu dieser Unterscheidung und zu ihrem Gebrauch nicht durch einen Vorgriff auf die Zukunft und nicht durch eine subjektive Entscheidung des Einzelnen, der die Zukunft gestalten will.

Newman definiert durch eine Analogie im Bereich des Organischen:»Korruption ist [...] ein Zusammenbruch des Lebens, der sein Ende vorbereitet. Dieser Zerfall eines Körpers in seine Bestandteile ist das Stadium vor seiner Auflösung [...] Bis dieser Punkt der Umkehr erreicht ist [bei dem die Korruption einsetzt], hat der Körper seine Funktion aus sich selbst und eine Richtung und ein Ziel in seiner Tätigkeit und eine bestimmte Wesensart mit den ihr eigenen Gesetzen. All das büßt er jetzt ein, auch die Züge und Kennzeichen früherer Jahre und seine Fähigkeit zur Ernährung, Assimilation und Selbstwiederherstellung.«[24] Ob sich

---

[22] Werke 8, 7 / »[...] whether it [Christianity] be divine or human [...] whether a religion for all ages or for a particular state of society [...]«, Dev., 3.

[23] Dies wird deutlich an der Stelle, an welcher das Werk zum Abschluß gebracht wird: Werke 8, 383 / Dev., 445.

[24] Werke 8, 152 / Dev., 170 f.: »Corruption [...] is the breaking up of life, preparatory to its termination. This resolution of a body into its component parts is the stage before its dissolution [...] Till this point of regression is reached, the body has a function of its own, and a direction and aim in its action, and a nature with laws; these it is now losing, and the traits and

eine geistig begründete Gemeinschaft wie das Christentum in der Phase der
Korruption befindet, läßt sich demnach mit rein historischen Mitteln in einer
gewissen Wahrscheinlichkeit abschätzen, indem man seinen Zustand in der
jüngeren Zeit beobachtet.

Newman entscheidet, ob ein geschichtlicher Verlauf eine Korruption ist oder
eine Entwicklung im echten Sinne dadurch, daß er gewissen Kennzeichen (*notes*)
einer echten Entwicklung anwendet. Diese findet er in Analogie zum organischen
Leben, aber auch zum ethischen und politischen Leben oder zur Mathematik.
Sie sind gefunden, d. h. sie sind nicht abgeleitet, und man könnte sich denken,
daß sie ergänzt werden können. Als diese Kennzeichen nennt er: 1. Erhaltung
ihres Typus (*Preservation of its Type*), 2. Kontinuität ihrer Prinzipien (*Continuity
of its Principles*), 3. Assimilationsvermögen (*Power of Assimilation*), 4. Logische
Folgerichtigkeit (*Logical Sequence*), 5. Vorwegnahme ihrer Zukunft (*Anticipation
of its Future*), 6. Erhaltende Wirkung auf die Vergangenheit ihrer Entwicklung
(*Conservative Action upon its Past*), 7. Fortdauernde Lebenskraft (*Chronic Vigour*).[25]

Wendet man diese Kriterien auf den Neuprotestantismus an, so wie Troeltsch
ihn darstellt, wird offenkundig, daß es sich bei ihm um eine Korruption des
Christentums handelt. Troeltsch gibt eine Apologie des »freien Protestantismus«
gegen den Angriff Eduard von Hartmanns, der ihm Zersetzung des Christentums
vorwarf, und erklärt: »[...] so ist er [der freie Protestantismus] auf Grund der
objektiven Geschichte gewiß, daß gerade diese Schranken und Schalen. d. h. der
personalistische christliche Gottes- und Heilsglaube selbst das wesentliche sind.
Es handelt sich nur darum, daß für den neueren Protestantismus das Verhältnis
des Gottesglaubens zur Geschichte ein anderes geworden ist [...] Er kann das
Verhältnis von Glaube und Geschichte nicht mehr in den Formen der Inkar-
nations-Christologie deuten und muß das gegenwärtig Erlebbare über die Geschichte stellen. Nur aus diesem Grunde fällt die alte Christologie für ihn weg und
versucht er das Verhältnis zur Geschichte neu zu formulieren, wobei die einzelnen Lösungen des Problems hier gleichgültig sind.«[26] Das, was Troeltsch dann
für das bleibende Christliche hält, tritt aus solchen Worten hervor: »Die Christlichkeit ist behauptet, wenn man den Vater Jesu Christi für sein tägliches
Kämpfen und Arbeiten, sein Hoffen und Leiden gegenwärtig hat, wenn man in
der Kraft des christlichen Geistes sich auf die große Weltentscheidung, auf den

---

tokens of former years; and with them its vigour and powers of nutrition, of assimilation, and
of self-reparation.«

[25]   Werke 8, 151–153(–183) / Dev., 169–171(–206). In den folgenden Kapiteln des Werkes
kommt es zur Anwendung dieser Kennzeichen auf die Geschichte des Christentums.
[26]   Schriften 2, 444. Der Problementwurf von Hartmann wird ebd., 440 f., dargestellt. Es
handelt sich u. a. um Eduard von Hartmann, Die Selbstzersetzung des Christentums und die
Religion der Zukunft, 1874.

Sieg aller ewigpersönlichen Werte der Seele, rüstet; ob und wie man beides aber gegenwärtig habe, darüber entscheidet nur die eigene Erfahrung und innere Gewißheit, die Art, wie man die Kontinuität der Ueberlieferung selbständig fortbildet oder seine Selbständigkeit aus der Hingabe an die Ueberlieferung begrenzt.«[27]

Newman zeigt demgegenüber zutreffend, daß die Quelle, aus welcher die Prinzipien des Christentums stammen – deren Kontinuität ein Kennzeichen echter Entwicklung ist – die Menschwerdung Gottes ist, »die zentrale Wahrheit des Evangeliums«.[28] Daß bei Troeltsch das »gegenwärtig Erlebbare über die Geschichte« gestellt wird, verrät, daß er an diesem zentralen Punkt die Bindung an die bisherige Geschichte des Christentums verläßt.[29] Korruptionen können eine größere oder geringe Nähe zu dem haben, wovon sie Korruption sind. Das hebt nicht auf, daß es sich um Korruptionen handelt. Diese größere Nähe ist das, was die Korruption des Troeltschschen Neuprotestantismus von der neuen Religion Eduard von Hartmanns unterscheidet.

Troeltschs Formulierungen von »kann nicht mehr«, daß etwas »ein anderes geworden ist« und vom »gegenwärtig Erlebbaren« deuten auch auf den Grund hin, warum es bei ihm zur Korruption kommt. Es handelt sich um den Eindruck, daß die Zeiten sich so gewandelt hätten, daß das Christentum ihnen nachzukommen habe. Es steht dem bisherigen Christentum eine geistige Macht gegenüber – es können auch mehrere sein – die, aus welchem Grunde auch immer, das Christentum dazu veranlaßt, sich zu wandeln.[30] Dieser Wandel gehört zum Fortgang der Geschichte. Troeltschs Eintreten für die Auffassung des Christentums als einer Entwicklung, für die Bejahung des Fortgangs der Geschichte, welche auf ein gutes Ende hindrängt, ist verbunden mit dieser Bejahung eines Wandels des bisherigen Christentums, von dem er selbst erklärt, daß es den Altprotestantismus noch mit einschließt.[31]

---

[27] Schriften 2, 440.

[28] Werke 8, 281 / Dev., 324: »I will consider the Incarnation the central truth of the gospel, and the source whence we are to draw out its principles.« Man beachte dabei die Unterscheidung zwischen Prinzip und Lehre, die Newman trifft: Werke 8, 159–164 / Dev., 178–185. Aus der Inkarnation gehen die Prinzipien des Dogmas, des Glaubens, der Theologie, das sakramentale Prinzip, das Prinzip der mystischen Auslegung der Heiligen Schrift, das Prinzip der heiligmachenden Gnade, das der Askese und das das Heiligung der Materie hervor. In allen diesen besteht eine Analogie zu der Verbindung von Göttlichem und Menschlichem in der Inkarnation, s. Werke 8, 282 / Dev., 325 f.

[29] Dazu Lehmkühler (s. Anm. 21), 135–137.

[30] Troeltsch nennt den Neuprotestantismus »sozusagen den zweiten Akt des Protestantismus, der der total veränderten Gesamtlage entspricht.«, Schriften 2, 447.

[31] Schriften 2, 404; 447.

Nun gehört der Wandel in der Tat zum Wesen der Entwicklung. Wie kann Newman, der es ebenfalls für nötig hält, den Begriff der Entwicklung einzuführen, um die Identität des Christentums in der Geschichte behaupten zu können, die Konsequenz vermeiden, die Troeltsch aus seinem Begriff von Entwicklung zieht? Die meisten der Kriterien, die Newman für eine echte Entwicklung zusammenstellt, weisen auf die Bewahrung und nicht auf den Wandel. Das deutlichste Element, welches einen Wandel, eine Veränderung notwendig macht, ist das Vermögen zur Assimilation. Dieses erklärt Newman durch eine Analogie: »In der physischen Welt ist alles Lebendige durch Wachstum gekennzeichnet, so daß ›in keiner Beziehung mehr wachsen‹ soviel heißt wie ›aufhören zu leben‹. Das Lebendige wächst dadurch, daß es in seine eigene Substanz von außen Stoffe aufnimmt; und diese Absorption oder Assimilation ist vollendet, wenn die angeeigneten Stoffe schließlich zu ihm gehören und mit eingehen in seine Einheit. Zwei Dinge können nicht eines werden, wenn nicht eine Assimilationskraft in dem einen oder anderen ist.«[32]

Newman erklärt, daß diese Analogie zur physischen, organischen Entwicklung zwar nicht bei »mathematischen oder anderen abstrakten Schöpfungen« zu veranschlagen ist, sehr wohl aber bei Lehren und Anschauungen, »die sich auf den Menschen beziehen«. Sie »haben ihren Platz nicht in einem Leerraum, sondern in der bevölkerten Welt und bahnen sich ihren Weg vermöge eines gegenseitigen Sich-Durchdringens und entwickeln sich durch Absorption«.[33]

Für die christliche Lehre bedeutet das konkret: »Der allerseits zugegebene Sachverhalt ist dieser: Ein großer Teil dessen, was gemeinhin als christliche Wahrheit gilt, ist in seinen Rudimenten oder in seinen einzelnen Teilen in heidnischen Philosophiesystemen und Religionen zu finden. So findet man zum Beispiel die Lehre von einer Dreifaltigkeit sowohl im Osten wie im Westen [...] Die Lehre von einem göttlichen Wort ist platonisch [...] von einem göttlichen Königreich jüdisch [...] [usw.] Von dort aus argumentiert Milman nun so: ›Diese Dinge finden sich im Heidentum, darum sind sie nicht christlich.‹ Wir dagegen ziehen es vor zu sagen: ›Diese Dinge finden sich im Christentum, darum sind sie nicht heidnisch.‹ Das heißt, wir ziehen es vor zu sagen – und wir glauben, die Schrift unterstützt uns dabei: von Anfang an hat der geistige Herrscher der Welt die Samenkörner der Wahrheit weit und breit über die ganze Welt verstreut [...]

---

[32] Werke 8, 165 / »In the physical world, whatever has life is characterized by growth, so that in no respect to grow is to cease to live. It grows by taking into its own substande external materials; and this absorption or assimilation is completed when the materials appropriated come to belong to it or enter into its unity. Two things cannot become one, except there be a power of assimilation in one or the other.« Dev., 185.

[33] Werke 8, 165 / »it is otherwise with mathematical and other abstract creations [...] but doctrines and views which relate to man are not placed in a void, but in the crowded world, and make way for themselves by interpenetration, and develop by absorption.« Dev., 186.

und wie die niederen Tiere Anzeichen eines immateriellen Prinzips an sich tragen und doch keine Seele besitzen, so haben die Philosophiesysteme und Religionen der Menschen ihr Leben in bestimmten wahren Ideen, wenn sie auch nicht unmittelbar göttlicher Natur sind. Was der Mensch inmitten unvernünftiger Geschöpfe ist, das ist die Kirche inmitten der Schulen der Welt [...] Also weit entfernt davon, daß ihr Credo zweifelhaften Charakters sei, weil es fremden Theologien ähnlich sieht, glauben wir vielmehr, daß eines der besonderen Mittel, durch welche die Vorsehung uns göttliche Erkenntnis zuteil werden läßt, dieses ist, daß sie sie befähigt, Erkenntnis aus der Welt zu ziehen und zusammenzulesen [...].«[34]

Newman formuliert darum in scharfer Antithese zu einer entgegengesetzten Position: »Der Unterschied zwischen den beiden Theorien ist offenkundig und einleuchtend. Die Vertreter der einen setzen voraus, die Offenbarung sei ein einfacher, fertiger, isolierter Akt gewesen – oder fast ein solcher – zur Ver-

---

[34] Werke 8, 328 f. / »The phenomenon, admitted on all hands, is this: – that great portion of what is generally received as Christian truth is, in its rudiments or in its separate parts, to befound in heathen philosophies and religions. For instance, the doctrine of a Trinity is found both in the East and in the West [...] The doctrine of the Divine word is Platonic [...] of a divine kingdom is Judaic [...] Mr Milman argues from it, – ›These things are in heathenism, therefore they are not Christian:‹ we, on the contrary, prefer to say, ›these things are in Christianity, therefore they are not heathen.‹ that is, we prefer to say, and we think that Scripture bears us out in saying, that from the beginning the Moral Governor of the world hat scattered the seeds of truth far and wide over its extent [...] as the inferior animals have tokes of an immaterial principle in them, yet have no souls, so the philosophies and religions of men have their life in certain true ideas, though they are not directly divine. What man is amid the brute creature, such is the church among the schools of the world [...] so far then from her creed being of doubtful credit because it resembles foreign theologies, we even hold that one special way in which Providence has imparted divine knowledge to us has been by enabling her to draw and collect it together out of the world [...]«, Dev., 380 f. Es handelt sich hier um ein ausdrückliches Selbstzitat Newmans aus seinen Essays, Bd. 2, 231 = Essays, Critical and Historical; Bd. 2, 231, in der Uniform Edition der Werke Newmans, 1868 ff., Neudruck Westminster, Md., 1966 ff. Die fragliche Stelle steht in dem Essay ›Milman's View of Christianity‹ von 1841, in der Ausgabe Essays and Sketches, Bd. 2. New Edition, ed. with a Preface and Introduction by Charles Frederick Harrold, New York u. a. 1948, 257 f. Newman greift hier offenkundig auf altkirchliche Lehren zurück, auf Justins Lehre vom *logos spermatikos*, Apologia Minor, 13, in der Ausgabe: Iustini Martyris Apologiae pro Christianis. Hrsg. v. Miroslav Markovich, Berlin/New York 1994 (Patristische Texte und Studien 38), 157, und auf die von Origenes und Augustin vertretene Lehre vom heidnischen Bildungsgut als *spolia aegyptorum:* Origenes, Epistula ad Gregorium Thaumaturgum, 1 f., bei: Grégoire le Thaumatourge, Remerciement à Origène. Lettre d'Origène à Grégoire. Hrsg. v. Henri Crouzel, Paris 1969 (Sources Chrétiennes 148), 186 ff., abgedr. in: Das frühe Christentum bis zum Ende der Verfolgungen. Eine Dokumentation, Bd. 2: Die Christen in der heidnischen Gesellschaft. Hrsg. v. Peter Guyot u. Richard Klein, Darmstadt 1994, 86–88; Augustin, De doctrina christiana, II, 40,60–42,63.

mittlung einer bestimmten Botschaft; wir dagegen vertreten die andere Theorie, die göttliche Lehrweise sei wirklich die gewesen, welche die Analogie der Natur uns erwarten läßt, ›zu verschiedenen Zeiten und in vielerlei Weise‹ [Hebr 1,1], mannigfach, komplex, fortschreitend und sich selbst nach und nach ergänzend [...] Sie [die Vertreter der Gegenposition] sind immer auf der Jagd nach einer sagenhaften ursprünglichen Einfachheit; wir ruhen in katholischer Fülle [...] Sie sind genötigt, ihrerseits zu behaupten, daß die Lehre der Kirche niemals rein war; wir sagen, daß sie niemals korrupt sein kann. Wir glauben, daß eine göttliche Verheißung die katholische Kirche vor Lehrkorruptionen bewahrt; was für eine Verheißung sie jedoch bekommen haben, oder was sie ermutigt, nach ihrer phantastischen Reinheit zu suchen, das wird nie klar.«[35]

Es ist klar, weshalb Newman zu solchen Behauptungen kommen kann: im Prozeß der Assimilierung ist das Christentum das Subjekt, das Außerchristliche das Objekt. Das Christentum integriert sich Elemente außerchristlicher Positionen. Es wird nicht selbst in ein anderes integriert und assimiliert. Das Christentum steht also allen außerchristlichen Positionen in einer Haltung der Souveränität gegenüber, die sich darauf gründet, daß ihm die Wahrheit in der Fülle anvertraut ist. Es ist demnach imstande zu entscheiden, was in den Positionen, die es umgeben, wahr ist. Es löst diese Elemente der Wahrheit aus dem Zusammenhang, in dem es sich findet und verleibt sie sich ein. Dies geschieht mit dem Anspruch, daß sie ihm, dem Christentum, als der Treuhänderin der Wahrheit, rechtens zustehen. Innerhalb des Zusammenhanges, in dem sich diese verschiedenen Elemente nun im Christentum befinden, haben sie eine Übereinstimmung miteinander, die ihnen in ihren Zusammenhängen außerhalb des Christentums nicht gegeben ist. Man kann diesen Vorgang auch so ausdrücken: Durch die Begegnung mit außerchristlichen Positionen wird sich das Christentum bewußt, was, in bestimmten Punkten, seine eigene Lehre ist. Das, was es von anderen lernt, ist Ausbildung seiner eigenen Identität.

Dieser ganze Vorgang kehrt sich aber in dem Augenblick um, in dem das Christentum – genauer: diejenigen, die beanspruchen, Verantwortung für das

---

[35]   Werke 8, 330 / »The distinction between these two theories is broad and obvious. The advocates of the one imply that Revelation was a single, entire, solitary act, or nearly so, introducing a certain message; whereas we, who maintain the other, consider that Divine teaching has been in fact, what the analogy of nature would lead us to expect, ›a sundry times and in divers manners‹, various, complex, progressive, and supplemental of itself [...] They are hunting for a fabulous primitive simplicity; we repose in Catholic fulness [...] They are driven to maintain, on their part, that the Church‚s doctrine was never pure; we say that it can never corrupt. We consider that a divine promise keeps the Church Catholic from doctrinal corruption; but on what promise, or on what encouragement, they are seeking for their visionary purity does not appear.«, Dev., 382 = Essays and Sketches, Bd. 2 (wie vorhergehende Anm.), 259.

Christentum wahrzunehmen – diese Haltung der Souveränität aufgeben, oder, wie jemand mit Newman sagen würde, der vom christlichen Wahrheitsanspruch überzeugt ist: sich von der göttlichen Verheißung abwenden, die das Christentum vor Korruption schützt. Dies geschieht aber schon dann, wenn man wie Edward Herbert von Cherbury († 1648) meint, einzig verbindlich und wahr sei das, was das Christentum mit allen anderen Religionen gemeinsam habe. Cherbury hat damit der Bewegung neuzeitlicher Säkularisation einen wesentlichen Impuls gegeben. Diese Bewegung führt schließlich auch zu Troeltsch, die die Haltung einer Souveränität des Christentums vollends aufgegeben hat. Ihm zufolge habe das Christentum gegenüber einem Geist der Neuzeit, einem »neuzeitlichen Wahrheitsbewußtsein« usw. etwas anzuerkennen und sich deshalb zu wandeln. Dann gerät es sogleich in einen Prozeß der Auflösung, eben der Korruption hinein. Troeltschs Entwurf ist eine Etappe auf dem Wege der Säkularisation, und diese ist nichts anderes als ein zentrifugaler Prozeß, welcher die gedanklichen Elemente, die das Christentum zusammengefügt hat, auseinanderlöst, ohne jedoch eine eigene, neue Einheit zu erreichen.[36] Troeltsch ist dabei nur eine Etappe, über die man hinausgehen kann und auch hinausgegangen ist. Seine Auffassung von der teleologischen Ausrichtung der Geschichte, die er selbst seiner Bejahung des Christentums – in seiner Fasson – vorausgesetzt haben will, ist selbst noch eine christliche bzw. ins Christentum zu integrierende Überzeugung. Eine weiter fortschreitende Säkularisierung würde sie abstreifen, und Karl Löwith hat genau dies in großer Klarheit gesehen.[37]

Bei der Beurteilung von Troeltschs Entwurf ist allerdings noch ein wesentliches Argument von ihm zu berücksichtigen, nämlich seine Unterscheidung zwischen der dogmatischen und der historischen Methode. Dies wird an einer späteren Stelle unseres Gedankenganges auch noch geschehen. Zunächst soll aber bemerkt werden, ein welch ambivalentes Verhältnis seine historische Auffassung des Christentums zu der von Newman hat. Wird sie konsequent

---

[36]   Diese Sachverhalte des integrierenden Selbstaufbaus des Christentums in der Antike und der Selbstauflösung durch die Säkularisierung bzw. die Neuzeit – als einer geistigen Strömung, nicht als eines Zeitalters verstanden – sind analysiert in diesem Band in dem Aufsatz ›Die Neuzeit als Spiegelbild des antiken Christentums‹, vorausgehend (für die Alte Kirche) in: Sven Grosse, Christliche Apologetik als Integration und Konfrontation. Grundstrukturen der Apologetik Tertullians. In: Theologie und Philosophie 79/1, 2004, 161–173.

[37]   Karl Löwith, Weltgeschichte und Heilsgeschehen. Die theologischen Voraussetzungen der Geschichtsphilosophie, Stuttgart 1953 [ersterschienen in engl. Übers.: Meaning in History. Chicago 1949], 11–26. Siehe dort Anm. 1 zu 11: Löwith erklärt vom Standpunkt eines nicht-christlichen Geschichtsphilophen aus: »Wenn *Troeltsch* und *Dilthey* die dogmatischen Voraussetzungen der Theologie und Metaphysik der Geschichte zu überwinden versuchten, so bildete der dogmatische Glaube an den absoluten Wert der Geschichte als solcher ihren eigentlichen Maßstab.«

historisch durchgeführt und überwindet man das Ressentiment, das Troeltsch offenbar dazu geführt hat, eine solche subjektive Definition des Christentums durchzuführen, daß der Katholizismus ausgeschlossen wird, dann führt der Weg von Troeltsch zum römischen Katholizismus. Eben diesen Weg hat seine Schülerin Gertrud von le Fort beschritten, von welcher Marta Troeltsch, die Witwe des Theologen, in ihrem Vorwort seiner ›Glaubenslehre‹ schreibt, sie sei eine Hörerin Troeltschs, »die sich in die Gedankenwelt des Sprechenden vollkommen eingelegt hatte.«[38]

3. Martin Luther

Wir betrachten nun die Überlegungen Martin Luthers zu der Thematik des Christentums in der Geschichte, und zwar an einem Punkt, der völlig dem historischen Ansatz von Troeltsch und Newman entgegengesetzt ist.

In seiner Schrift gegen Erasmus über den unfreien Willen trägt Luther eine Entgegnung auf dessen Argument vor, daß doch das Urteil fast der gesamten Kirche in dieser Sache gegen Luther stünde. Luther referiert dies: »Denn auf dich macht doch die so sehr zahlreiche Reihe höchst gelehrter Männer, die durch übereinstimmendes Urteil so vieler Jahrhunderte anerkannt sind, unter denen in der heiligen Schrift überaus erfahrene, ebenso sehr Heilige, einige Märtyrer, viele durch Wunder berühmt Gewordene sich finden, einen starken Eindruck. Nimm hinzu die neueren Theologen, die vielen hohen Schulen, Konzilien, Bischöfe, Päpste [...]«[39] Nach der allgemeinen Meinung handelt es sich dabei um die Kirche,

---

[38]   Ernst Troeltsch, Glaubenslehre. Nach den Heidelberger Vorlesungen aus den Jahren 1911 und 1912. Mit einem Vorwort von Marta Troeltsch, München/Leipzig 1925. Diese Vorlesungen wurden von Gertrud von le Fort aufgrund ihrer Mitschriften herausgegeben. Karl Barth bemerkt dazu: »Troeltsch war ein geistreicher und in seiner Weise auch frommer Mann [...] Es war aber offenkundig, daß die ›Glaubenslehre‹ sich bei ihm in ein uferloses und unverbindliches *Gerede* aufzulösen im Begriff–daß die neuprotestantische Theologie überhaupt bei ihm bei allem hohen Selbstbewußtsein ihre Gehabens in die Klippen bzw. in den Sumpf geraten war [...] Es war zum Katholischwerden, wie denn die Freiin *Gertrud von le Fort*, der wir die posthume Redaktion und Herausgabe dieses Buches verdanken, tatsächlich ziemlich unmittelbar nach Abschluß dieser Arbeit katholisch geworden ist. Oder es mußte eben die ernsthafte theologische Arbeit von ganz anderswoher neu in Angriff genommen werden.« Kirchliche Dogmatik, Bd. IV/1. Zollikon 1953, 427.

[39]   »Movet enim te non nihil tam numerosa series eruditissimorum virorum tot saecultorum consensu approbatorum, inter quos fuerunt peritissimi sacrarum literarum, item sanctissimi, aliqui martyres, multi miraculis clari; Adde recentiores Theologos, tot Academias, Concilia, Episcopos, Pontifices [...]«, De servo arbitrio, Weimarer Ausgabe 18, 640,2–6. Die Überset-

um das Christentum.[40] Luther wendet dagegen mehrere Argumente. Als erstes erklärt Luther, daß diese allgemeine Meinung im Irrtum ist: »Viele werden auf Erden für Heilige gehalten, deren Seelen in der Hölle sind.« »Das ist keine so allgemeine Sache, mein Erasmus, ›Kirche Gottes‹, wie dieser Name ist: ›Kirche Gottes‹; und ›Heilige Gottes‹ begegnen nicht so weit und breit wie dieser Name ›Heilige Gottes‹«.[41] Die weiteren Argumente gestehen zu, daß alle diese Menschen tatsächlich die Christenheit gebildet hätten. Luther bestreitet dann aber, daß sie das Recht hätten, unbedingt verläßlich in Namen der Christenheit zu reden. Wenn sie für den freien Willen sprächen, hätte ihre Lehre keine Beweiskraft. Ihr Irrtum und ihr Versagen, darüber Aufschluß zu geben, was Christentum ist, wäre dann aber durchaus vereinbar damit, daß sie zum Christentum gehören. Luther rechnet hier mit zwei Möglichkeiten. Erstens, daß sie, »welche heilig, geisterfüllt und wundertätig sind, einigemal vom Fleisch überrascht nach dem Fleisch geredet und gehandelt haben, so doch dieses den Aposteln, die bei Christus selbst waren, mehr als einmal zugestoßen ist!« Oder die Heiligen haben, wenn sie Umgang mit Gott hatten, in ihrem Herzen bewegt die Wahrheit geredet; vor Menschen haben sie hingegen nicht die Wahrheit geredet.[42] Zweitens, daß die Erwählten zwar ihr Leben lang im Irrtum befangen waren, und erst vor ihrem Tode auf den rechten Weg zurückkehrten.[43] Das Ergebnis dieser Überlegungen lautet: »Die Kirche ist verborgen, die Heiligen sind unbekannt.«[44] Diese These ist das genaue Gegenteil zu der eingangs von Newman zitierten Behauptung, das Christentum sei wie die Institutionen Spartas oder die Religion Mohammeds eine Tatsache in der Geschichte und man könne auf dieselbe Weise wie bei anderen Tatsachen in der Geschichte sein Wesen erkennen.[45] Luther verbindet seine These

---

zung hät sich in der Regel an die von Bruno Jordahn in: Martin Luther, Ausgewählte Werke,. Hrsg. v. H. H. Borcherdt u. Georg Merz, 3. Aufl., Ergänzungsreihe, Bd. 1, München 1962.

[40]   Weimarer Ausgabe 18, 641 f.; 651.

[41]   »Multos in terra pro sanctis haberi, quorum animae sunt in inferno.« Weimarer Ausgabe 18, 641,28 f.; »Non est res tam vulgaris, Mi Erasme, Ecclesia Dei, quam est nomen hoc: Ecclesia Dei, nec ita passim occursant Sancti Dei, ut hoc nomen. Sancti Dei.« Ebd., 651,24-26. Luther zählt dazu auch eine Reihe von Beispielen aus der Kirchengeschichte auf, wo, nach späterem Urteil - auf welches er zum Teil mit dem Konsens der Erasmus rechnen darf (Elia, die Kirche während des arianischen Streits) - sie gezeigt hat, daß diejenigen, die den Namen der Kirche oder Israels hatten, nicht die Kirche oder Israel waren, daß vielmehr ein verachteter und verfolgter Rest von Gläubigen dies war: Weimarer Ausgabe 18, 650,23-651,7.

[42]   »Quid iam mirum, si ii, qui sancti, spirituales, mirabiles, fuerunt, aliquoties carne praeventi, locuti sunt et operati secundum carnem, quando id et ipsis Apostolis sub ipso Christo non semel accidit?« Weimarer Ausgabe 18, 642,6-9; 644,4-16.

[43]   Weimarer Ausgabe 18, 650,4-6.

[44]   »abscondita est Ecclesia, latent sancti.« Weimarer Ausgabe 18, 652,23.

[45]   Werke 8, 7 / Dev., 3.

allerdings nicht mit einem Skeptizismus, der meint, es sei grundsätzlich nicht möglich, das Wesen des Christentums zu erkennen.[46] Er meint durchaus, daß dies möglich sei, aber nicht, jedenfalls nicht entscheidend und verbindlich, durch die Betrachtung dessen, was Christentum in der Geschichte genannt wird, sondern durch die äußere Klarheit der Heiligen Schrift.[47]

Wenden wir uns jetzt dem Wesen des Christentums zu, wie es nach Luther in der Geschichte besteht. Es existiert nämlich sehr wohl in der Geschichte, Christus bleibt bei seiner Kirche bis ans Ende der Welt, und sie ist die Grundfeste und der Pfeiler der Wahrheit (1 Tim 3.15).[48] Zur Existenz der Kirche in der Geschichte gehört aber ihre Verborgenheit. Diese Verborgenheit beruht, wie wir gesehen haben, zum einen darin, daß das Christentum sehr häufig von der allgemeinen Meinung verkannt wird. Dies ist eine Aussage über das Verhältnis zwischen dem Christentum und der Welt, in welcher es sich befindet. Zum anderen beruht diese Verborgenheit darin, daß die Glieder der Christenheit sich in einem eigentümlich gebrochenen Verhältnis zu dem Gott befinden, an den sie glauben. Genauer gesagt: dies ist ein doppelt bestimmtes Verhältnis. Auf der einen Seite glauben sie an ihn, und aufgrund dieses Glaubens gibt es ein Christentum, das in der Geschichte existiert. Auf der anderen Seite sind die Gläubigen in ihrem Leben nicht konsequent: sie lehren nach außen, zur Welt hin, anders, als sie zu Gott hin reden. Sie sind zwar vom Heiligen Geist erfüllt, werden aber doch immer wieder vom Fleisch überwältigt, so daß ihr Zeugnis vom Christentum kein authentisches ist, aus dem zu Recht auf das Wesen des Christentums geschlossen werden dürfte. Es kann sogar der Fall bestehen, daß sie erst auf dem Sterbebett zu Christen werden. Es würde dann zwar eine Kette von Gläubigen durch die Geschichte hindurch geben. Es würde aber keine christliche Lehre geben, die von ihnen verkündigt würde.

Es ist klar, daß vor allem dieser letzte Punkt von Luther nur als Ausnahme angenommen worden ist. Er weiß auch, daß er sich in dieser Streitsache nicht nur, wie Erasmus meint, auf Wiclif und Lorenzo Valla, sondern auch auf Augustin berufen kann.[49] Eine historische Untersuchung über die Tradition des Augusti-

---

[46] Weimarer Ausgabe 18, 652,23–31.

[47] Weimarer Ausgabe 18, 653,13–31. Luther behandelt diese äußere Klarheit der Schrift, welche in den Dienst des Lehramtes gestellt ist, im Zusammenhang mit der inneren Klarheit der Schrift, welches dem Privaturteil des einzelnen Gläubigen zugeordnet ist aber auch noch für ihn selbst Bedeutung hat. Seine Ausführungen münden in den Satz: »daß die Heiligen Schriften das geistliche Licht sind, weit heller als die Sonne selbst« / »Scripturas sanctas esse lucem spiritualem, ipso sole longe clariorem.« Weimarer Ausgabe 18, 653,29 f. Er verweist damit zurück auf seine Ausführungen über die doppelte Klarheit der Schrift, Weimarer Ausgabe 18, 606,16–609,14; insbes. 609,4–14.

[48] Weimarer Ausgabe 18, 649,31–650,2.

[49] Weimarer Ausgabe 640, 8 f.

nismus in der Kirche würde diese Argumentationsbasis Luthers noch vergrößern. Luther zieht es aber hier vor, nicht mit der Fähigkeit des Christentums zu argumentieren, eine Tradition zu bilden, sich also in der Geschichte auszuwirken. Vorrangig ist es, das Wesen des Christentums zu beschreiben, wie es sich unabhängig von dem Bild entwirft, wie es sich in der Geschichte entwickelt. Dieses Wesen des Christentums ist bestimmt durch das Verhältnis, das die gläubigen Christen mit Gott verbindet. Gott ist jedoch kein Glied der Geschichte. Von seiten der Gläubigen ist dieses Verhältnis bestimmt durch den Glauben, aber auch durch ihre Versagen. Von Seiten Gottes ist dieses Verhältnis bestimmt durch Treue und durch Erbarmen: er hält an denen fest, die doch immer wieder, durch ihr Fleisch überwältigt, vor der Welt falsch von ihm reden, durch ihr Leben ein falsches Zeugnis von ihm geben, ja, die sogar fast ihr ganzes Leben im Unglauben gegen ihn verbringen mögen, die er aufgrund seiner freien Gnadenwahl in seinem Erbarmen aber dann doch zu sich reißt.

Das Christentum ist also eine Tatsache in der Geschichte, es ist aber noch mehr. Es ist durch das besondere Verhältnis zwischen den Christen und Gott, dem Herren der Geschichte bestimmt. Aus diesem Grunde ist es unangemessen, es lediglich oder vorherrschend rein historisch zu betrachten. Das Christentum ist aber nicht so außerhalb der Geschichte, daß es der übrigen Geschichte enthoben wäre. Das, was in der gesamten Geschichte eine wesentliche Tendenz ist: Gott zu widerstreben, sich ihm zu entfremden, tritt in der Geschichte Israels oder der Kirche in der Begegnung mit Gott besonders deutlich empor. Das, was die Christen als die Glieder des Christentums letztlich mit Gott verbindet, ist dessen Erbarmen, das in ihnen den Glauben weckt und an ihnen trotz ihrer Sünden festhält. Das theologische Lehrstück, das in einer Reflexion über das so aufgefaßte Wesen des Christentums in der Geschichte einen wesentlichen Platz einnimmt, ist die Lehre von der Rechtfertigung allein aus Glauben und allein aus Gnade, mit der These, daß die Gläubigen Gerechte und Sünder zugleich sind.

Gesetzt, das Wesen des Christentums wäre so aufzufassen, dann wäre es falsch, es lediglich oder vorherrschend historisch zu betrachten. Wenn wir aber davon ausgehen, daß es so aufzufassen ist: in welchem Verhältnis steht es dann zu dem Bild, welches das Christentum in der Geschichte von sich entwirft? Wie verhält es sich zu dem Charakter einer Entwicklung, der ihm eignet, weil und insofern es in der Geschichte existiert? Wie müssen dann die Kriterien beurteilt werden, die, Newman zufolge, eine echte Entwicklung in der Geschichte hat?

Unter den Kriterien, die Newman aufgestellt hat, ist es nun ausgerechnet – soll man sagen: bezeichnenderweise? – das letzte, in welchem sich bei genauerem Hinsehen eine Entsprechung findet zu der dialektischen Form der Existenz des Christentums in der Geschichte, wie Luther sie aufgefaßt hat.

Nachdem Newman zu dem Kriterium der »fortdauernden Lebenskraft« (*chronic vigour*) eine Reihe von Belegen gesammelt hat, aus denen, wie er meint, hervorgeht, daß die durch das Papsttum definierte Kirche sich in allem Krisen

und Gefährdungen als beständig erweist, kommt er am Schluß noch darauf zu
sprechen, daß es Zeiten gibt, in denen die Kirche fast am Erlöschen ist: »Zwar gab
es Zeiten, da die Kirche infolge der Wirksamkeit äußerer oder innerer Ursachen
fast in einen Zustand des Deliquium geriet. Aber ihr wunderbares Wiederauf-
leben, während die Welt schon über sie triumphierte, ist ein weiteres Zeugnis
dafür, daß sie [...] nicht korrupt ist.«[50] Diese Erfahrungen sind nun, von Luthers
Einsicht her betrachtet, gerade die Erfahrungen, die Aufschluß geben über das
Wesen des Christentums in der Geschichte. Es handelt sich nicht darum, daß das
Christentum gelegentlich an den Rand seiner Existenz gestoßen wird, sondern
Christ-Sein ist etwas, das sich stets am Rand seiner Existenz befindet, aber von
der überlegenen Macht Gottes immer bewahrt bleibt. Daß die Kirche in der Geschichte bestehen bleibt, liegt nicht an einer Eigenschaft wie »fortdauernder
Lebenskraft«, die ihr zueigen wäre. Der Grund liegt vielmehr außerhalb ihrer
selbst. Es ist die sich erbarmende Treue Gottes, welcher der Kirche treu bleibt,
auch wenn sie sündigt.

Weil das aber so ist, ergibt sich auch für Luther eine Kontinuität der Kirche in
der Geschichte, die er aber, weil ihm wie allen seinen Zeitgenossen das historische Denken – als Wahrnehmen einer historischen Entwicklung – unbekannt
war, nicht als Entwicklung aufgefaßt hat. Er stellt die Frage, woran ein »armer,
irriger Mensch« merken kann, daß da sei, was er glaubt, nämlich eine christliche
Kirche auf Erden,[51] und antwortet darauf mit einer Reihe von *notae ecclesiae:*
1. das Wort Gottes, 2. die Taufe, 3. das Sakrament des Altars, 4. der Gebrauch
der Schlüsselgewalt (Mt 18,15 ff.), 5. die Berufung von Dienern in die Ämter der
Kirche, 6. der öffentliche Gottesdienst, 7. »erkennet man eusserlich das heilige
Christliche Volck bey dem Heilthum des heiligen Creutzes, das es mus alles
unglück und verfolgung, allerley anfechtung und ubel [...] vom Teufel, welt, und
fleisch jnwendig trauren, blöde sein, erschrecken, auswendig arm, veracht,
kranck, schwach sein, leiden, damit es seinem Heubt Christo gleich werde [...]«.[52]

---

[50]   Werke 8, 382 / Dev., 444: »It is true, there have been seasons when, from the operation of
external or internal causes, the Church has been thrown into what was almost a state of
deliquium; but her wonderful revivals, while the world was triumphing over her, is a further
evidence of the absence of corruption [...]«.

[51]   »Wolan, der Kinder glaube lere uns (wie gesagt), das ein Christlich heilig Volck auff erden
sein und bleiben müsse bis an der welt ende, denn es ist ein Artickel des glaubens, der nicht
kan auffhören, bis da kömet, das er gleubet, wie Christus verheisst: ›Ich bin bey euch bis zur
welt ende.‹ Wobey wil oder kan doch ein armer jrriger Mensch mercken, wo solch Christlich
heilig Volck in der welt ist?« Von den Konzillis und Kirchen, 1539, Weimarer Ausgabe 50,
628,16–21.

[52]   Weimarer Ausgabe 50, 641,35–642,4; die Übersicht über diese *notae:* 628–643 (mit
einem Exkurs vor allem über den Zölibat: 633–641). Darüber hinaus nennt er noch ein
Zeichen, nämlich daß die Christen die zweite Tafel des Dekalogs beachten, d. h. ethisch

Mit diesem letzten Kriterium hat Luther abschließend wieder den dialektischen Charakter der Existenz der Kirche in der Welt gelehrt: es geht auch um die
innere Anfechtung dadurch, daß den Christen ihre Sünde bewußt wird. Bei dem
ersten Kriterium räumt Luther ein, daß es hier Veränderungen in der Kirche
geben kann. Dabei handelt es sich aber nicht um Entwicklungen, sondern um
Einbußen an der Reinheit des Wortes, die das Wort aber ertragen kann: »Etliche
habens gantz rein, Etlich nicht gantz rein. Die, so es rein haben, heissen die, so
gold, silber eddelsteine auff den grund bauen, Die es unrein haben, heissen die,
so heu, stro, holtz auff den grund bauen, doch durchs feuer selig werden [...]«[53]
(1. Kor 3,12 ff.). An einer anderen Stelle derselben Schrift, erklärt Luther sogar
unter Verweis auf dieselbe Bibelstelle, daß die Lehrer der Kirche, auch die Väter, auch die Konzilien irren könnten und tatsächlich auch geirrt haben. Der
Unterschied, welcher den Irrtum der Christen von dem Irrtum der Häretiker
scheidet, ist jedoch die Haltung der Christen, die bereit sind, sich von der
Wahrheit belehren zu lassen. Es ist also hier wieder nicht eine Qualität der Kirche,
die sie vor dem Irrtum bewahrt, sondern ihre Bereitschaft, Gottes Erbarmen zu
empfangen, welche sie Kirche sein läßt.[54]

4. Karl Barth

Wir werden uns mit Luthers Ansatz zum rechten Verständnis der Existenz des
Christentums in der Geschichte weiter befassen können, wenn wir uns Karl
Barths Aussagen zu diesem Thema zuwenden. Barth hat als jemand, der durch
den Neuprotestantismus hindurchgegangen ist, Grundeinsichten der Reformation wiederaufgegriffen und von dort aus sowohl gegen den Neuprotestantismus
wie gegen den römischen Katholizismus Stellung bezogen.

Im Band I/1 seiner Kirchlichen Dogmatik (1932) erklärt Barth, unter Voraussetzung des evangelischen Glaubens sei die Möglichkeit einer Verständi-
gung über die dogmatische Erkenntnis nach zwei Seiten hin abzugrenzen. Nach
links »durch den Verzicht auf die Voraussetzung einer existential-ontologischen

---

vorbildlich leben. Dieses Zeichen hat jedoch weniger Gewißheit, weil die Heiden sie hierin
zuweilen übertreffen. Eine ähnliche Liste findet sich in der Schrift ›Wider Hans Worst‹, 1541:
1. Taufe, 2. Sakrament des Altars, 3. Gebrauch der Schlüsselgewalt, 4. Predigtamt und Gottes
Wort, 5. das Glaubensbekenntnis der Alten Kirche, 6. das Vater Unser, 7. die Anerkennung der
weltlichen Herrschaft, 8. die Anerkennung des Ehestandes, 9. die Verfolgung der Kirche oder
das Mitleiden mit den Verfolgten, 10. die Ablehnung von Gewaltanwendung in Glaubensdingen: Weimarer Ausgabe 51, 479–485.
[53]   Weimarer Ausgabe 50, 628,29–629,1.
[54]   Weimarer Ausgabe 50, 544 f. Luther erklärt dies mit dem Verweis auf ein (angebliches?)
Wort Augustins (»Errare potero, haereticus non ero.«) und Tit 3,10 f.

Möglichkeit des Seins der Kirche, nach *rechts* durch den Verzicht auf die Voraussetzungen eines kontinuierlich-vorfindlichen Hineingebundenseins des Seins der Kirche in eine geschöpfliche Gestalt, in ein ›es gibt‹.«[55] Zu Linken handelt es sich um die »Häresie« des »pietistisch-rationalistischen Modernismus«, zur Rechten um die »des römischen Katholizismus«.[56] Die modernistische Dogmatik erklärt: »Kirche und Glaube wollen als Glied eines größeren Seinszusammenhangs und es will also Dogmatik als Glied eines größeren wissenschaftlichen Problemzusammenhangs verstanden werden [...].«[57] Im Unterschied dazu »wird in der *römisch-katholischen* Dogmatik der Ort, von dem aus sie sich selbst über ihren Erkenntnisweg vergewissert, als die mit sich selbst beginnende und auf sich selbst beruhende Wirklichkeit der göttlichen *Offenbarung* und des ihr entsprechenden übernatürlichen *Glaubens* beschrieben«.[58] »Ihre Voraussetzung ist doch wohl die, daß das Sein der Kirche, Jesus Christus, nicht mehr der freie Herr ihres Daseins, sondern in das Dasein der Kirche hineingebunden durch bestimmte konkrete Gestaltungen des menschlichen Verständnisses seiner Offenbarung und des sie ergreifenden Glaubens endgültig eingeschränkt und bedingt ist.« Barth grenzt sich hier ab gegen die »Art wie Gnade hier Natur wird, wie hier das Handeln Gottes alsbald verschwindet und aufgeht im Handeln des begnadeten Menschen, wie das Außerhalb aller menschlichen Möglichkeiten sich hier nun doch sofort wandelt in ein geschlossenes Innerhalb kirchlicher Wirklichkeit und der personale Akt göttlicher Zuwendung in eine kontinuierlich-vorfindliche Beziehung.«[59] Der Maßstab christlicher Erkenntnis ist jedoch weder von der kirchlichen Wirklichkeit noch von einer allgemein menschlichen Möglichkeit her zu gewinnen.

Diese Grundentscheidung legt Barth im Band I/2 der ›Kirchlichen Dogmatik‹ von 1938 in der Erörterung der Frage aus, ob dem Schriftprinzip nicht noch ein Traditionsprinzip zur Seite zu stellen sei. Dieses Traditionsprinzip verweist nach der römisch-katholischen Lehre auf eine Tradition mündlicher Lehre und befähigt das kirchliche Lehramt, die Heilige Schrift richtig auszulegen.[60] Versucht die Christenheit dies, dann versucht sie damit, muß nun mit Barth gesagt werden, sich dem »Außerhalb aller menschlicher Möglichkeiten«, dem Gegenüber Jesu Christi als des Herren und des Seins der Kirche zu entziehen. Es gibt zwar sehr wohl den Weg der mündlichen Überlieferung, jedenfalls: es gab ihn. Doch: »Er ist mit dem Zustandekommen der Schriftlichkeit ihres Zeugnisses der späteren Kirche gegenüber abgeschlossen und es beginnt mit diesem Zeugnis in seiner

---

[55]   KD I/1, 41.
[56]   KD I/1, 33.
[57]   KD I/1, 35.
[58]   KD I/1, 39.
[59]   KD I/1, 40.
[60]   KD I/2, 613–615.

Schriftlichkeit der Weg dieser späteren Kirche, der insofern ein neuer Weg ist, als sie nur insofern Trägerin der Offenbarung sein kann, als sie Trägerin und Verkündigerin jenes Zeugnisses ist.«[61] Von dem mündlichen Zeugnis gilt dann: »in dieser ersten Form seiner Wirksamkeit, auf jenem ursprünglichen Wege bis zu seiner Schriftlichkeit ist es der Kirche unsichtbar. Sie kennt es nicht anders denn in dieser seiner Schriftlichkeit. Oder kraft welcher Einsicht und Vollmacht könnte sie etwa hinter seine Schriftlichkeit zurückgreifen?«[62] Die mündliche Lehre – so kann man Barths Ausführungen ergänzen – mag sogar noch weiterbestehen, aber sie hat kein eigenes Kriterium dafür, daß sie noch mit der mündlichen Lehre übereinstimmt, welche die neutestamentlichen kanonischen Schriften hervorgebracht hat. Das Kriterium, nach welchem dies entschieden werden kann, liegt vielmehr in den kanonischen Schriften selbst vor. Behauptet aber das Lehramt der Kirche, vermöge der mündlichen Tradition über die rechte Auslegung der Heiligen Schrift entscheiden zu können, die ansonsten zu dunkel wäre, um sich selbst verständlich zu machen, dann entzieht sich die Kirche dem Verhältnis zur Heiligen Schrift, in welchem sie nur deren Dienerin und Schülerin sein kann. Denn es gilt, »daß die heilige Schrift das Wort Gottes für die Kirche *auf Erden* ist uns also der Lehrer für Schüler, die allesamt verlorene *Sünder* sind [...]«. Es würden dann »jene Schüler statt im Glauben zu der ihnen in der Schrift begegnenden Gnade nun vielmehr zu ihrer eigenen Sünde ja sagen und also das Schülerverhältnis, in welchem sie ihre ganze Hoffnung erkennen müßten, verlassen, um ein Jeder sich selbst zum Lehrer oder doch zum ebenbürtigen Gesprächspartner der Schrift gegenüber einsetzen«.[63]

Es handelt sich also letztlich nicht darum, daß mit dem Neuen Testament oder der ganzen Heiligen Schrift ein bestimmter Abschnitt der Geschichte der Kirche respective der Geschichte Israels (oder eine Auswahl von Zeugnissen der Geschichte dieser Zeit) der weiteren Geschichte der Kirche gegenübergestellt und zur Norm erklärt würde. Dies wäre nur eine vorläufige Bestimmung des Verhältnisses von Heiliger Schrift und Kirche. Barth erklärt, daß zum Wesen der Kirche ein Gehorsamsverhältnis gehört: »daß die Kirche, wo sie wirklich Kirche ist, als Kirche Jesu Christi sich demgegenüber, was ihr Sein, ihren Grund und ihre Wesen ausmacht, also gegenüber Jesus Christus, dem Worte Gottes, in einem erkennbaren und als solches immer wieder vollziehbaren *Gehorsams*verhältnis befindet«.[64] Dieses Gehorsamsverhältnis hat ein Urbild, nämlich »in den 40 Tagen nach Ostern, in denen die Apostel die Verheißung der Propheten erfüllt sahen vor ihren Augen«. In diesem Gehorsam empfingen die Apostel ein authentisches

---

[61]   KD I/2, 614.

[62]   KD I/2, 614 f.

[63]   KD I/2, 615 f. Der Kontext dieser Sätze ist eine Auseinandersetzung Barths mit der These von der Uneindeutigkeit der Heiligen Schrift.

[64]   KD I/2, 603.

Abbild der Offenbarung. Die Kirche kann sich wieder in dieses Gehorsamver-
hältnis einfinden, wenn sie sich nach diesem Urbild formen läßt. Dies geschieht
dann aber im Gehorsam konkret gegenüber der Heiligen Schrift. Denn: »Dieses
authentische Abbild der Offenbarung und dieses authentische Urbild des Gehorsams gegen sie ist dann der Inhalt des Zeugnisses der Propheten und Apostel
in der heiligen Schrift.«[65] Es handelt sich also bei dem Gegenüber von Schrift und
Kirche um das Gegenüber Jesu Christi, des sich selbst offenbarenden und sich
erbarmend in die Menschheitsgeschichte eingreifenden Gottes, und seiner Kirche.

5. Historische und dogmatische Methode

Wir wollen nun Einwände in die Debatte einbringen, welche man vom Standpunkte Troeltschs oder Newmans gegen den Standpunkt Luthers und Barths, ihr
sola scriptura-Prinzip und ihre Auffassung vom Sein der Kirche in der Geschichte
erheben dürfte.

Die Argumentation, welche dem Aufsatz über das Wesen des Christentums
zugrundliegt, hat Troeltsch bereits 1898 in seinem Aufsatz ›Ueber historische
und dogmatische Methode in der Theologie‹ dargelegt.[66] Luther und Barth sind
von seinem Standpunkt aus Fälle des Gebrauchs der dogmatischen Methode, wie
sie der Katholizismus, der ältere Protestantismus, das Judentum und der Islam
treiben oder getrieben haben; sie ist »das Ergebnis historisch nicht gebildeter
Zeitalter«.[67] Für Troeltsch wird dies im Falle Luthers unvermeidbar, im Falle
Barths unverzeihlich gewesen sein.

Die dogmatische Methode geht »von einem festen, der Historie und ihrer
Relativität völlig entrückten Ausgangspunkte« aus und gewinnt »von ihm aus
unbedingt sichere Sätze [...], die höchstens nachträglich mit Erkenntnissen
und Meinungen des übrigen menschlichen Lebens in Verbindung gebracht
werden dürfen. Diese Methode ist prinzipiell und absolut der geschichtlichen
entgegengesetzt. Ihr Wesen ist, daß sie eine Autorität besitzt, die gerade dadurch
Autorität ist, daß sie dem Gesamtzusammenhang der Historie, der Analogie
mit dem übrigen Geschehen und damit der alles das in sich einschließenden
historischen Kritik und der Unsicherheit ihrer Ergebnisse entrückt ist. Sie will
die Menschen gerade an einzelne Geschichtsatsachen binden und zwar an die

---

[65]   KD I/2, 604 f.

[66]   Schriften, Bd. 2 (s. Anm. 7), 729–753. Es handelt sich um Bemerkungen zu dem Aufsatze
›Ueber die Absolutheit des Christentums‹ von Niebergall; sie wurden ursprünglich veröffentlicht zusammen mit Niebergalls Abhandlung in den ›Studien des rheinischen Predi-
gervereins‹ 1898.

[67]   Schriften 2, 744.

Tatsachen, die den alle historische Analogie zerreißenden Charakter der Autorität bekunden. Sie kann diese Bindung auch bewerkstelligen; denn ihre Tatsachen sind andere als die der gewöhnlichen Geschichte und können daher durch Kritik nicht festgestellt und nicht erschüttert werden, sondern sind durch eine wunderbare Ueberlieferung und durch ein inneres Siegel der Beglaubigung in den Herzen sichergestellt.«[68] Diese Autorität verschafft sich also Anerkennung durch das Mittel des Wunders, und bei der Bekehrung handelt es sich auch um ein Wunder: »man muß doch die innere Uebernatürlichkeit der Gnadenwirkungen immer letztlich als Beweis für die Glaubwürdigkeit der den historischen Charakter erst wirklich aufhebenden äußeren Uebernatürlichkeit verwerten. Das Wunder ist in Wahrheit entscheidend [...]«.[69] Die Geschichte wird durch die Anwendung dieser Methode zweigeteilt: es gibt eine Heilsgeschichte und es gibt eine wunderlose Profangeschichte.[70]

Demgegenüber geht die historische Methode von dem Gesamtzusammenhang der Geschichte aus: »Nicht vom isolierten Urteil und Anspruch der christlichen Gemeinde aus, wie viele Theologen uns immer wieder einreden wollen, sondern nur vom Gesamtzusammenhang aus kann ein Urteil über das Christentum gewonnen werden, ebenso wie weder die Selbstbeurteilung der Griechen noch die der Römer unser Urteil über ihren dauernden Beitrag zum menschlichen Geiste ohne Weiteres bestimmen kann.«[71] Die historische Methode besteht aus drei Elementen, der historische Kritik, dem Auffinden von Analogien und der Wahrnehmung der zwischen allen historischen Vorgängen stattfindenden Korrelation.[72] Die historische Kritik kann wohl die Historizität bestimmter Einzelereignisse feststellen, aber nur mit einer gewissen Wahrscheinlichkeit. Dies aber hat zur Folge, daß man »die Bindung des religiösen Glaubens an historische Einzeltatsachen nur als eine mittelbare und relative faßt«, letztlich aber, daß man »die Verflechtung des Christentums in die allgemeine Geschichte beachtet und sich an die Aufgabe seiner Erforschung und Wertung nur von dem großen Zusammenhang der Gesamtgeschichte aus begibt«.[73] Damit ist schon genügend über die Korrelation, die Wechselwirkung aller Ereignisse in diesem Gesamtzusammenhang gesagt. Die Analogie »schließt aber die prinzipielle Gleichartigkeit alles historischen Geschehens ein, die freilich keine Gleichheit ist, sondern den Unterschieden allen möglichen Raum läßt, im übrigen aber jedesmal einen Kern gemeinsamer Gleichartigkeit voraus-

---

[68]   Schriften 2, 740.
[69]   Schriften 2, 742.
[70]   Schriften 2, 742 f.
[71]   Schriften 2, 736 f.
[72]   Schriften 2, 731, entfaltet in 731–739.
[73]   Schriften 2, 738.

setzt [...]«.[74] Damit darf aber kein Einzelereignis als Heilstatsache besonders her-
ausgehoben werden.

Troeltsch meint offenbar, daß schon allein durch den Gebrauch dieser Methode die »Weltanschauung« des Historismus schlagende Überzeugungskraft
gewönne.[75] Die Methode impliziert Behauptungen über die Wirklichkeit, denen
man sich nicht entziehen kann, sobald man sie gebraucht. Der Gebrauch dieser
Methode gehört indes zusammen mit dem Erwerb historischer Bildung, weshalb
die dogmatische Methode demgegenüber das Ergebnis historisch nicht gebildeter
Zeitalter ist.

Troeltschs Argumentation arbeitet jedoch mit dem Mittel, die Gegenposition als etwas ganz Extremes und darum Unmögliches darzustellen. Es läßt sich
der Standpunkt, der mit einer dogmatischen Methode verbunden ist, jedoch so
auffassen, daß er durchaus den Gebrauch der historischen Methode zuläßt, ohne damit den Historismus anerkennen zu müssen. Man kann sehr wohl eine
Heilsgeschichte vertreten und zugleich wahrnehmen, daß diese in die Gesamtgeschichte hineinverflochten ist und ihre Ereignisse Analogien in der Gesamtgeschichte hat. Man kann diesen größeren Zusammenhang studieren, um daraus
Rückschlüsse für das Verständnis der Heilsgeschichte zu ziehen. Man kann
sogar – das wird im einzelnen noch zu zeigen sein – vertreten, daß die Lehren und
Einrichtungen, die der christlichen Heilsgeschichte zugerechnet werden, sich
Elemente aus dem außerchristlichen Bereich eingliedern. Beide Bereiche sind
durch den Vorgang der Assimilation verbunden, so wie Newman ihn beschrieben
hat. Es ist von einem »dogmatischen« Standpunkt aus, wie ihn Luther oder Barth
vertreten haben, auch überhaupt gar nicht beabsichtigt, Heilsgeschichte und
Profangeschichte als etwas schlechthin voneinander Getrenntes aufzufassen. Die
Heilsgeschichte wäre dann um ihren Sinn gebracht, handelt es sich doch um das
Heil der ganzen Welt.

Als ein besonders treffendes Beispiel, dies zu illustrieren, sei hier ein Gedanke des Athanasius genannt. In ›De incarnatione verbi‹ erklärt Athanasius:
»Wie wenn ein mächtiger König in irgendeine große Stadt kommt und darin auch
nur in *einem* Hause Wohnung nimmt, sicher eine solche Stadt aller Ehre ge-
würdigt wird und kein Feind oder Räuber mehr sie anfällt und unterjocht, wie ihr
vielmehr wegen des Königs, der darin auch nur in *einem* Hause wohnt, alle
Aufmerksamkeit geschenkt wird, so war es auch der Fall beim König aller Dinge.
Denn damit, daß er in unsere Heimat kam und in einem unserem Leibe gleichen
Körper wohnte, hat jede feindliche Nachstellung gegen die Menschen ein Ende
genommen [...] Das Menschengeschlecht wäre verloren gewesen, wenn nicht der

---

[74]   Schriften 2, 732.

[75]   Schriften 2, 737–739, vgl. Schriften 2, 397: »Die Bestimmung des Wesens [des Chris-
tentums] ist allerdings eine rein historische Aufgabe. Aber ›rein historisch‹ bedeutet eine
ganze Weltanschauung.«

Herr und Heiland aller, der Sohn Gottes, gekommen wäre, um dem Tode ein Ende zu machen.«[76] Athanasius zieht hier sogar eine Analogie aus dem profanen Bereich heran, um die Wirksamkeit der Menschwerdung Gottes verständlich zu machen. Seine Erklärung macht gerade dies deutlich, daß das Herausheben der einen Existenz Jesu von Nazareth als des menschgewordenen Gottes Heilsbedeutung für das ganze Menschengeschlecht hat.

Der vom dogmatischen Standpunkt aus argumentierende Theologe nennt allerdings nicht den gesamten Geschichtszusammenhang als solchen eine Heilgeschichte,[77] sondern wählt bestimmte Ereignisse aus ihr aus, die für das Ganze Heilsbedeutung haben, so daß er sich unter der Fülle von Wahrheitsansprüchen von Religionen und Philosophien für eine bestimmte Religion entscheidet – ohne zu verleugnen, daß sie Analogien zu anderen Religionen und zu Philosophien haben mag. Es handelt sich dabei indes um eine Analogie, wie sie Newman in dem oben zitierten Text aus seinem Essay über Milman dargelegt hat: das christliche Analogat befindet sich auf einer höheren Stufe als das außerchristliche; es handelt sich um das Verhältnis zwischen einem Urbild und unvollkommenen Abbildern.

Für Troeltsch hingegen kann die Wahrheit in religiösen Dingen nur in dem Gesamtzusammenhang der Geschichte gefunden werden. Damit geht er aber über den bloßen Gebrauch einer Methode hinaus und trifft eine Entscheidung; er bezieht eine bestimmte Position, nämlich bei der Weltanschauung des Historismus. Von diesem Gesamtzusammenhang der Geschichte sagt er dann, Gott sei »in den Zusammenhang eines [...] jede lebendige Bewegung nur als Bewegung des Gesamtzusammenhanges schaffenden Zweckwillens eingeschlossen«.[78] Hier kommt Troeltsch wieder auf seine teleologische Auffassung der Weltgeschichte zu sprechen: »daß die Geschichte kein Chaos ist, sondern aus einheitlichen Kräften hervorgehend einem einheitlichen Ziele zustrebt. Für den ethisch und religiös gläubigen Menschen ist sie eine geordnete Folge, in der die zentrale Wahrheit und Tiefe des menschlichen Geisteslebens aus dem transzendenten Grunde des Geistes unter allerhand Kampf und Irrung, aber auch mit der notwendigen Konsequenz einer normal begonnenen Entwicklung emporsteigt.«[79]

---

[76]   De incarnatione verbi 9. Des heiligen Athasasius Schriften Gegen die Heiden, Über die Menschwerdung, aus dem Griech. übers. v. Anton Stegmann, Kempten/München 1917 (= Des hl. Athanasius ausgewählte Schriften aus dem Griech. übers., Bd. 2 = Bibliothek der Kirchenväter² 31, 93 / Athanasius: Contra Gentes. De Incarnatione. Hrsg. u. übers. v. Robert W. Thomson (griech.-engl.), Oxford 1971, 154,17–28.

[77]   »Anschauung von der Religionsgeschichte als einer fortschreitenden Offenbarung«, Troeltsch, Schriften 2, 730.

[78]   Schriften 2, 743; hier innerhalb einer negativen Formulierung, welche die dogmatische Methode charakterisieren soll.

[79]   Schriften 2, 747.

Damit ergibt sich aber, daß Wahrheit dem Christentum nur zugesprochen werden kann gemäß dem Ort, den es innerhalb dieser teleologischen Bewegung einnimmt, und es ergibt sich, daß religiöse Wahrheit und Christentum zweierlei sind: sie können miteinander zur Deckung kommen, sind aber nicht miteinander identisch. So behauptet Troeltsch zwar, daß das Christentum die höchste sittliche und religiöse Macht sei[80] und führt aus:»Hierin [in der Religion der Propheten Israels und in der Person Jesu] bezeugt sich eine religiöse Kraft, die dem sie innerlich Nachempfindenden als der Abschluß der übrigen religiösen Bewegungen sich darstellt und den Ausgangspunkt einer neuen Phase der Religionsgeschichte bildet, in der bisher nichts neues und höheres hervorgetreten ist und in der ein solches auch für uns heute nicht denkbar ist, so vielfache neue Formen und Verbindungen dieser rein innerliche und persönliche Glaube an Gott noch eingehen möge. Das ist nun freilich keine dogmatische Absolutheit, keine Entgegensetzung des Christentums gegen die Historie und keine Herausnahme aus ihrem Fluß, ihrer Bedingtheit und ihrer Veränderlichkeit, aber es ist ein Abschlußpunkt, der von einer geschichtsphilosophisch-historischen Denkweise aus erreichbar und für den religiösen Menschen genügend ist. Mehr bedürfen wir nicht und mehr können wir nicht leisten.«[81] Aber damit deutet er bereits unmißverständlich genug an, daß die Entwicklung über das Christentum hinausgehen könnte, wenngleich er diesen Punkt noch nicht in Sicht hat. In seinem Aufsatz über das Wesen des Christentums sagt er:»Es wäre freilich eine Grenze denkbar, über die hinaus diese Bestätigung [des Christentums] nicht mehr möglich wäre und also die gegenwärtige Subjektivität eine Hinausentwicklung über das Christentum wäre. Das könnte aber erst eine viel spätere Entwicklungsstufe wirklich feststellen. Unser eigenes Gefühl ist voll berechtigt unsere Positionen als christlich anzusehen und kann es der Zukunft überlassen zu entscheiden, ob wir damit eine Bewegung über das Christentum hinaus oder innerhalb seiner selbst vollziehen. Das sind noch sehr ferne Zukunftsfragen [...]«.[82]

Troeltsch geht mit seiner Einschätzung von dem Telos, auf welches die Geschichte zuläuft, wieder über eine rein historische Betrachtungsweise hinaus. Eine solche hingegen ist jedoch auch mit der Möglichkeit vereinbar, daß die Geschichte nicht nur ein Telos hat, an welchem sich die Wahrheit unverhüllt zeigen wird, sondern daß der Gott, der sich am Ende der Geschichte zeigt, auch in der Mitte der Geschichte sich niederlassen kann, dann freilich in verhüllter Gestalt. Das Christentum behauptet aber nun, daß gerade dies der Fall sei. Es bekennt sich zum dem in den Lauf der Geschichte hinabgestiegenen Gott in der

---

[80]   Schriften 2, 746.
[81]   Schriften 2, 748. Damit spricht Troeltsch wesentliche Thesen seiner Schrift ›Die Absolutheit des Christentums und die Religionsgeschichte‹ von 1902 an.
[82]   Schriften 2, 445 f., ähnlich 439.

festen Erwartung, daß dieser sich am Ende der Zeiten zu ihm bekennen werde (Mk 8,38; Mt 10,32 f.). Es beansprucht damit, jetzt schon mit der Wahrheit verbunden zu sein, die dann erst für alle unwiderleglich offenbar sein wird. Die Art, mit der das Christentum dann aber jetzt schon mit der Wahrheit verbunden ist, ist die Art des Glaubens im Unterschied zu der Vernunft als der dem Menschen eigenen Einsichtsfähigkeit. Es ist dann genau so, wie Newman es dargelegt hat: aus der Inkarnation entspringen die Prinzipien des Christentums, unter denen auch der Glaube ist. Der Glaube als »die absolute Annahme des göttlichen Wortes mit einer inneren Zustimmung [...], gegebenenfalls im Gegensatz zum Zeugnis der Sinne und des Verstandes«.[83] Diese Eigenart des Glaubens, um es mit Luther zu sagen, »sich auf Tatsachen zu richten, die nicht in Erscheinung treten«, und daß das, was geglaubt wird, verborgen ist »unter dem entgegengesetzten Gegenstand, der entgegengesetzten Wahrnehmung und Erfahrung«,[84] legt Newman dar in einer Auseinandersetzung mit Locke. Dies ist für uns auch darum aufschlußreich, weil die Position Troeltschs durch Locke vorbereitet ist.

Locke hatte erklärt: »Alles, was Gott offenbart hat, ist gewiß wahr; darüber besteht kein Zweifel. Das ist der eigentliche Gegenstand des Glaubens. Aber ob es eine göttliche Offenbarung sei oder nicht, darüber muß die Vernunft richten.« »Wie ein Mensch erkennen kann, ob er (ein Liebhaber der Wahrheit um der Wahrheit willen) ist, das ist der Untersuchung wert; und ich denke, es gibt dieses eine untrügliche Merkmal dafür, nämlich daß ein Satz nicht mit größerer Gewißheit vertreten wird, als es die Beweise gewährleisten, auf die er sich stützt. Wer immer über dieses Maß der Zustimmung hinausgeht, nimmt – das ist klar – die Wahrheit nicht aus Liebe zu ihr an, liebt nicht die Wahrheit um der Wahrheit willen, sondern wegen eines anderen Nebenzwecks.«[85] Diese Ausführungen

---

[83] Newman, Werke 8, 282 / Dev. 325, »[...] faith [...] being the absolute acceptance of the divine Word with an internal assent, in opposition to the informations, if such, of sight and reason.«

[84] Luther, De servo arbitrio, Weimarer Ausgabe 18, 633,7–9: »[...] fides est rerum non apparentium. Ut ergo fidei locus sit, opus est, ut omnia quae creduntur, abscondantur. Non autem remotius absconduntur, quam sub contrario obiectu, sensu, experientia.«

[85] Bei Newman, Werke 8, 283 f. / Dev., 327: »Whatever God hath revealed is certainly true; no doubt can be made of it. This is the proper object of Faith; but, whether it be a divine revelation or no, reason must judge.« »How a man may know whether he be [a lover of truth for truth‹s sake] is worth inquiry; and I think there is this one unerring mark of it, viz. the not entertaining any proposition with greater assurance than the proofs it is built upon, will warrant. Whoever goes beyond this measure of assent, it is plain, receives not truth in the love of it; loves not truth for truth‚s sake, but for some other by-end.« John Locke, An Essay concerning Human Understanding, 1690, Buch IV, Kap. 18, Nr. 10, Ausgabe hrsg. v. Alexander Campbell Fraser, Oxford 1894 / New York 1959, Bd. 2, 425; Buch IV, Kap. 19, Nr. 1, ebd., Bd. 2, 429.

richten sich gegen einen Glauben, der glaubt, ohne einen Beweis der Vernunft zu haben, daß es eine göttliche Offenbarung ist, an die er glaubt. Glaube wäre dann etwas, was nicht einer reinen, unbedingten Liebe zur Wahrheit entspringt.

Newman erwidert darauf: »Es scheint ihm [Locke] nicht eingefallen zu sein, daß unser ›Nebenzweck‹ der Wunsch sein könnte, unserem Schöpfer zu gefallen, und daß das Fehlen eines wissenschaftlichen Beweises für unsere Vernunft durch unsere Liebe wettgemacht werden könnte.«[86] Glaube verfügt also über eine eigene Gewißheit darüber, daß er Gott glaubt, der die Wahrheit ist. Er enthält also nicht einen Mangel von Liebe zur Wahrheit, sondern er ist Liebe zur Wahrheit, indem er Vertrauen in die Wahrhaftigkeit Gottes ist. Wenn man hingegen nicht in dieser Weise glaubt, dann geschieht das aus Mangel an Liebe zu Gott. Die grundsätzliche Bereitschaft von Troeltsch, dem Christentum und damit Christus die Treue aufzukündigen, wenn die eigene Subjektivität in ihrem Wahrheitsdurst zu einem neuen, höheren religiösen Zukunftsideal kommen sollte,[87] ist demzufolge Ergebnis dieses Fehlens von Glauben und damit von Liebe zu dem, der nicht nur das Ziel der Geschichte ist, sondern sich auch selbst verborgen in die Geschichte begeben hat.

Die Christen befinden sich mit dem Glauben an einen solchen Gott allerdings in der Situation, die Luther in der siebten *nota ecclesiae* in ›Von den Konziliis und Kirchen‹ nennt: sie sind von anderen Menschen verachtet, und zwar nun deswegen, weil sie glauben und auffordern zu glauben, ohne einen vernünftigen Beweis zu geben. Dies ist genau der Eindruck, den sie auf ihren ersten bedeutenden Kritiker, Celsus, gemacht haben, und Newman zögert auch nicht, die Äußerungen des Celsus zu zitieren.[88] Diesen Eindruck werden die Christen nie völlig vermeiden können. Zugleich aber bringt ihr Glaube Theologie hervor, das heißt, die Erforschung dessen, was geglaubt wird, aufgrund einer »liebevollen Wißbegierde«, eine »fides quaerens intellectum«.[89] Dies ist aber nur

---

[86] Newman, Werke 8, 284 / Dev., 328: »It does not seem to have struck him that our ›by-end‹ may be the desire to please our Maker, and that the defect of scientific proof may be made up to our reason by our love to Him.«

[87] Troeltsch, Schriften 2, 439: »Und dabei ist eines sicher, daß jeder, der in seine Wesensbestimmung ein religiöses Zukunftsideal aufnimmt, das mit den Grundideen des historischen Christentums innerlich unverträglich ist, dessen früher oder später inne werden und dann seine neue Auffassung gegen das Christentum abgrenzen und von der christlichen Gemeinde sich zurückziehen wird. Die Menschen, die sich um diese Dinge bemühen, sind [...] doch wirklich wahrheitsdurstige Menschen, und eine solche innere Unmöglichkeit würde sich ihnen nicht lange verbergen.«

[88] Newman, Schriften 8, 285 / Dev., 328. Die Stelle in der Schrift des Celsus ›Das wahre Wort‹ findet sich bei Origenes, Contra Celsum I,9.

[89] Newman, Schriften 8, 292, im Kontext von 291–293 und 282 / »loving inquisitiveness«, Dev., 337 / 336–338; 325.

möglich, wenn der Glaube nun doch davon überzeugt ist, nichts als eine Vorwegnahme von einer Erfassung der Wahrheit zu sein, die den menschlichen Verstand vollständig befriedigt.

6. Das Schriftprinzip

Die Ausführungen Luthers und Karl Barths über das Schriftprinzip legen nahe, daß auf sie genau die Kritik zutrifft, die Newman an der Position einer »sagenhaften ursprünglichen Einfachheit«, einer »phantastischen Reinheit« geäußert hat, einer Position, die vor allem verkennt, daß im Bereich der Geschichte eine Idee nur durch einen Prozeß der Entwicklung präsent sein kann: »Ihre Anfänge sind nicht der Maßstab ihrer Fähigkeiten noch ihres Umfangs. Zuerst weiß niemand, was sie ist oder was sie wert ist [...] Sie wandelt sich mit ihnen [mit den Formen, unter denen sie erscheint], um dieselbe zu verbleiben. In einer höheren Welt ist es anders, aber hienieden heißt leben sich wandeln und vollkommen sein heißt sich oft gewandelt zu haben.«[90]

Diese Gedanken Newmans scheinen auszuschließen, daß in seiner Auffassung des Christentums als eines Wesens in der Geschichte sich ein Schriftprinzip fände; es wäre lediglich für ein Traditionsprinzip argumentiert. »Tradition« wäre dann die fortschreitende Veränderung des Christentums, in welcher die Idee des Christentums sich allmählich darstellt. Allein, das ist nicht so. Unter der Darstellung der Prinzipien des Christentums, deren Kontinuität er als ein Kriterium einer echten Entwicklung ansieht, findet sich auch die Heilige Schrift, genauer gesagt: die Schrift und ihre mystische Auslegung.[91] Dort erklärt Newman: »Die Theologen der Kirche sehen in jedem Zeitalter ihre Aufgabe darin, sich nach der Schrift zu richten, sich auf die Schrift zu berufen zum Beweis ihrer Schlüsse [...] Von der Schrift kann man sagen, sie sei das Medium, in dem der Geist der Kirche seine Energie entfaltet und sich entwickelt hat.« Diese These über das Selbstverständnis der Kirche wird belegt durch eine Reihe von Äußerungen gegenre-

---

[90] Werke 8, 41, vgl. 29: »Entsprechend der Natur des menschlichen Geistes ist Zeit notwendig für das volle Verständnis und die Vollendung großer Ideen.« / Dev., 40: »Its beginnings are no measure of its capabilites, nor of its scope. At first non one knows what it is, or what it is worth [...] an old principles reappear under new forms. It changes with them in order to remain the same. In a higher world it is otherwise, but here below to live is to change, and to be perfect is to have changed often.« / 29: »From the nature of human mind, time is necessary for the full comprehension and perfection of great ideas«.

[91] In der einleitenden Auflistung der Prinzipien des Christentums ist an fünfter Stelle von der Notwendigkeit des mystischen Sinns der Schrift die Rede: Werke 8, 282 / Dev., 325. In der Entfaltung dieses Punktes geht es dann um »Scripture and its Mystical Interpretation«, Werke 8, 293-299 / Dev., 338-346.

formatorischer Theologen der tridentinischen Kirche.[92] Allerdings wird von der Schrift nur eine materiale, nicht eine formale Suffizienz behauptet: der ganze katholische Glaube kann zwar aus der Schrift bewiesen werden, dies geht jedoch nur mit Hilfe der Tradition, denn der Schrift mangelt es selbst an Klarheit.[93] Aus diesem Grunde ist eine »mystische Interpretation« der Schrift vonnöten, die über den Buchstabensinn hinausgeht.[94]

Vom Standpunkt des *sola scriptura* und der *claritas scripturae* aus kann zunächst nur konstatiert werden, daß keine Vermittlung mit einem solchen Standpunkt möglich ist. Es ist dann auch fragen, wie es sich um »Beweise« katholischer Lehre handeln kann, wenn der Wortlaut der Schrift nicht zwingend das ergibt, was bewiesen werden soll. Schließlich: warum beruft man sich überhaupt auf die Schrift, wenn man das, was man sagen will, doch schon aus anderen Quellen weiß. Darüber hinaus ist zweifelhaft, ob das Vorherrschen der Argumentation mit dem mystischen Schriftsinn denn wirklich durchgehend charakteristisch ist für die Schriftauffassung der »katholischen Kirche«. Ein für die römisch-katholische Kirche so maßgeblicher Theologe wie Thomas von Aquin hat erklärt: »Nur der Wort-Sinn kann zur Grundlage des Beweises genommen werden, nicht aber etwa der allegorische.«[95]

Es kann jedoch vom evangelischen Standpunkt aus eine *particula veri* in Newmans Auffassung des Schriftprinzips gefunden werden; es kann, ähnlich wie bei dem Kriterium der »fortdauernden Lebenskraft« durch eine gewisse Verschiebung der Aussage eine Übereinstimmung gefunden werden. Dabei geben Bemerkungen Newmans selbst eine Unterstützung. Führt doch Newman das Prinzip der Schrift und ihrer Auslegung ein als ein Prinzip, das sich aus der Inkarnation als Quelle ergibt. »Worte«, erklärt er dazu, »müssen dazu dienen, neue Ideen auszudrücken, und werden mit einer sakramentalen Funktion betraut.« Das verweist zurück auf die zuvor geäußerte Überlegung: »Die Lehre von der Menschwerdung deutet auf eine göttliche Gabe hin, die durch ein materielles sichtbares Medium erlangt wird, und zwar darum, weil Himmel und Erde in der

---

[92]   Werke 8, 293f. / Dev., 339: »The divines of the Church are in every age engaged in regulating themselves by Scripture, appealing to Scripture in proof of their conclusions [...] Scripture may be said to be the medium in which the mind of the Church has energized and developed.« Newman zitiert Alfonso Salmerón (1515–85) und Cornelius a Lapide (1567–92).

[93]   Werke 8, 296 mit Anm. 516 /Dev. 342.

[94]   Werke 8, 296–299 mit dem Kommentar der Herausgeber in Anm. 518–520 / Dev., 342–346. Newman beruft sich dazu besonders auf die Bibelauslegung der orthodoxen Kirchenväter im Gegensatz zu der antiochenischen Exegetenschule (Theodor von Mopsuestia, Diodor von Tarsus) und der jüdischen Exegese.

[95]   »cum omnes sensus fundentur super unum, scilicet litteralem; ex quo solo potest trahi argumentum, non autem ex iis quae secundum allegoriam dicuntur«, Summa Theologica I, 1, 10, ad 1.

Menschwerdung vereint sind. Das heißt, sie begründet das sakramentale Prinzip als etwas der Idee des Christentums Eigentümliches und als sein Kennzeichen.«[96]

Dies stimmt durchaus mit der Überzeugung Luthers überein, daß Jesus Christus selbst in der Schrift enthalten ist: »Nimm Christus aus der Heiligen Schrift, was wirst du außerdem noch darin finden?«[97] Die Schrift muß in zwei Dimensionen betrachtet werden. Nur in einer, der vordergründigen Dimension, ist sie ein Gewebe von Worten. In ihrer inneren Dimension ist sie eine Sache. Diese Sache ist Jesus Christus selbst. Diese beiden Dimensionen verhalten sich zueinander nicht lediglich so wie Zeichen und Bezeichnetes. Sondern beide sind eng miteinander verbunden, wie in einer sakramentalen *unio:* Wer die Heilige Schrift erfaßt, umfaßt damit Jesus Christus selbst.[98] Aus diesem Grunde spricht Luther auch von der zwiefachen Klarheit der Schrift: »eine äußerliche im Dienst des Wortes gesetzte und eine andere, in der Erkenntnis des Herzens gelegene.« Nur die innere Klarheit erfaßt nicht bloß die Worte, sondern auch die Sache, die mit der Schrift verbunden ist, also Jesus Christus: »Wenn du von der inneren Klarheit sprichst, nimmt kein Mensch auch nur ein Jota in der Schrift wahr, wenn er nicht den Geist Gottes hat. Alle haben ein verfinstertes Herz, so daß sie, mögen sie auch alles, was in der Schrift steht, sagen und vorzubringen wissen, trotzdem nichts davon wahrnähmen oder wahrhaft erkennten.«[99] Es ist also möglich, daß die äußere Klarheit, welche durch die Mittel der Grammatik geschaffen wird, den Sinn der Worte erklärt und dunklere Stelle aus hellen erschließt, einhergeht mit dem völligen Fehlen innerer Klarheit. Umgekehrt ist es denkbar, daß innere Klarheit gegeben ist, auch wenn es an einem Verständnis der Worte zwar nicht völlig, aber doch weitgehend mangelt.

---

[96] Werke 8, 282 / Dev., 325: »Words must be made to express new ideas, and are invested with a sacramental office.« »The doctrine of the Incarnation is the announcement of a divine gift conveyed in a material and visible medium, it being thus that heaven and earth are in the Incarnation united. That is, it establishes in the very idea of Christianity the *sacramental* principle as its characteristic.«

[97] »Tolle Christum e scripturis, quid amplius in illis invenies?«, De servo arbitrio, Weimarer Ausgabe 18, 606,29.

[98] Melanchthon sagt es im Widmungsbrief seiner ›Loci communes‹ von 1521 in der Sprache des Hohenlieds: »cur non hoc literarum genus amplectimur, per quod illabitur spiritus?«, Melanchthons Werke in Auswahl, Bd. II/1, bearb. v. Hans Engelland, fortges. v. Robert Stupperich. 2. Aufl., Gütersloh 1978, 18,19 f. Wer da umarmt wird, wenn die Heilige Schrift umarmt wird, ist der Bräutigam, Jesus Christus selbst.

[99] »Duplex [...] claritas scripturae [...] Una externa in verbi ministro posita, altera in cordis cognitione sita, Si de interna claritate dixeris, nullus homo unum iota in scripturis videt, nisi qui spiritum Dei habet, omnes habent obscuratum cor, ita, ut si etiam dicant et norint proferre omnia scriptura, nihil tamen horum sentiant aut vere cognoscant [...]«, Weimarer Ausgabe 18, 609,4-9. Der Gedankengang geht 606-609.

Prinzipiell ist die äußere Klarheit gegeben, weil alle menschlichen Worte grundsätzlich etwas dem Menschen verständliches sind.[100] Das schließt nicht aus, daß die Bedeutung der Worte sich allmählich aufhellen muß. Es erschließt sich dann im Verständnis der Worte etwas, das das Herz des Gläubigen aufgrund seiner inneren Klarheit schon erfaßt hat. Die innere Klarheit leitet dann die Erschließung der äußeren Klarheit.[101] Es geschieht dann das, was Newman meint, wenn er davon spricht, daß eine Idee ihren Gehalt erst im Laufe der Geschichte enthüllt. Man kann hier den Begriff der »realen Zustimmung« (*real assent*) im Unterschied zur »begrifflichen Zustimmung« (*notional assent*) aus Newmans ›Essay in Aid of a Grammar of Assent‹ von 1870 zur Erhellung des Sachverhaltes einführen. Demnach würde die »mystische Auslegung« oder die »Tradition« als Auslegerin der Heiligen Schrift so verstanden, daß sie im Wort-Sinn das erkennt, was der Glaube »auf reale Weise« schon in der Schrift »erfaßt« hat. In diesem Fall sind »mystische Auslegung« und »Tradition« mit dem Prinzip des *sola scriptura* vereinbar, und es handelt sich nicht um ein selbstherrliches Traditionsprinzip, gemäß dem die Tradition sich der Kritik durch die Schrift entzieht und die Schrift nur als Material gebraucht, das auszudrücken, was sie zuvor schon weiß.

Newman erklärt, was er mit »realer Zustimmung« meint, durch ein Beispiel. Es gibt Schüler, sagt er, die in der Schule auf dem Gebiet der begrifflichen Zustimmung schwach sind, dann aber, im Beruf, »ein Auge fürs Fach« entdecken. »Und wenn sich neue Fragen auftun und Argumente auf der einen und anderen Seite in langer Reihe aufmarschieren, dann bilden sie sich mit einer natürlichen Leichtigkeit und Promptheit ihre Ansichten und geben ihre Entscheidung aus ihrer klaren Erfassung der Lage und des Ergebnisses der ganzen strittigen Materie, als hätten sie nicht nötig zu überlegen, als wäre sie vielmehr vor ihren Augen auf einer Landkarte aufgezeichnet.«[102] Diese Überlegenheit ist aufgrund der inneren Klarheit der Schrift gegeben. Sie muß sich aber immer wieder aufs Neue beweisen, wenn sich neue Fragen stellen, und in der Beantwortung dieser Fragen wird selbst Neues formuliert; in diesem Neuen äußert sich aber genau das, was auf reale Weise, aufgrund der inneren Klarheit schon erfaßt ist. Dieses Neue

---

[100] Weimarer Ausgabe 18, 606,16–39.

[101] Dies wird besonders deutlich, wenn Luther erklärt, die Arianer hätten deswegen nicht die Dreieinigkeit Gottes erkannt, weil ihr Herz verfinstert war (2. Kor 4,3 f.): Weimarer Ausgabe 18, 608,9–609,3, vgl. 607,9–14.

[102] John Henry Newman: Entwurf einer Zustimmungslehre. Durchges. Neuausgabe d. Übers. v. Theodor Haecker, Mainz 1961 (= Ausgewählte Werke, Bd. 7), 53 / An Essay in Aid of a Grammar of Assent, Westminster, Md. 1973, 76: »And when new questions are opened, and arguments are drawn up on one side and the other in long array, they with a natural ease and promptness form their views and give their decision, as if they had no need to reason, from their clear apprehension of the lie and issue of the whole matter in dispute, as if it were drawn out in a map before them.« Vgl. Werke 8, 55 /Dev., 56 f.

muß zugleich auch immer ausgewiesen werden an der Textgestalt der Heiligen Schrift, es muß sich einfügen in das Verständnis, das man aufgrund der äußeren Klarheit von ihr haben kann.

7. Die Assimilation von Ideen

Nachdem gezeigt wurde, daß der Grundsatz von der Notwendigkeit einer Entwicklung der christlichen Lehre, so wie ihn Newman vorgetragen hat, durchaus vereinbar ist mit dem Prinzip des *sola scriptura*, soll nun gesehen werden, wie sich gerade ausgehend von diesem Prinzip eine Entwicklung ergibt. Dabei wollen wir auf das Kennzeichen einer echten Entwicklung schauen, von dem wir gesehen haben, daß es vor allem einen Wandel des am Anfang Gegebenen in Rechnung stellt: das Vermögen der Assimilation.

In seinen Ausführungen über die Hermeneutik der Heiligen Schrift im Band I/2 der ›Kirchlichen Dogmatik‹ sagt Karl Barth: »Irgendeine *Philosophie* d. h. irgendeine selbstgeformte Konzeption hinsichtlich dessen, wie Alles im Grunde sei und sich verhalten möge [...] hat jeder, auch der einfachste Bibelleser.«[103] »Es ist also keine sinnvolle theologische Kritik, die etwa nur in der Feststellung beruhen würde, *daß* die theologische Äußerung, die ihren Gegenstand bildet, mehr oder weniger dichte Spuren der philosophischen Bildung ihres Urhebers verrät, *daß* in ihr von irgendeiner philosophischen Begrifflichkeit Gebrauch gemacht worden ist.«[104] Die Alternative wäre nur, zu einer anderen Philosophie überzugehen – oder sich ganz der Aufgabe der Schrifterklärung zu entziehen. Entscheidend ist aber laut Barth nicht das »Daß«, sondern das »Wie« des Gebrauchs der von uns mitgebrachten Denkmöglichkeiten, d. h. Philosophien. Darum stellt Barth fünf Regeln für ihren rechten Gebrauch auf:[105] 1. Man muß sich ihrer bewußt sein – und das besagt auch: ihres Unterschiedes von dem Schriftwort, dessen Gegenstand Gottes Offenbarung in Jesus Christus ist. Eine Eignung dieser Denkweise zum Verständnis der Heiligen Schrift besitzt sie nicht von sich aus. Sie kann ihr nur zugeeignet werden durch die Gnade. 2. Von seiten des Menschen aus ist der Gebrauch dieser Denkweise darum nur ein Versuch. Zur besseren Erklärung der Schrift – aber nur aus diesem Grunde – kann dann aber ein Wechsel zu einer anderen Philosophie notwendig werden. 3. Keine Denkweise darf aber der Schrift gegenüber absolut gesetzt werden. 4. Es gibt keinen grundsätzlichen Vorzug einer Philosophie vor der anderen zum Zwecke der Schrifterklärung. Man darf auch nicht erwarten, daß die Geschichte der Philosophie einen solchen Vorzug erweisen werde. 5. Dieser Gebrauch einer

---

[103]   KD I/2, 816.
[104]   KD I/2, 818.
[105]   KD I/2, 818–825.

Denkweise muß bestimmt sein von dem Text der Bibel und von dem Gegenstandsbild, das sich in diesem spiegelt. Geschieht das aber, dann gilt: »Die Philosophie, und zwar grundsätzlich jede Philosophie kann im Dienst des Wortes Gottes kritisiert werden und dann auch legitime kritische Kraft gewinnen, kann erleuchtet werden und dann auch wirklich erleuchten, kann in Bewegung gebracht werden und dann auch selbst bewegen.«[106]

Ist dem aber so, dann haben wir hier genau den Vorgang der Assimilation vor uns, den Newman beschrieben hat. Das Subjekt der Assimilation ist das Christentum, d. h. letztlich das in ihm wirkende Wort Gottes. Die Denkweisen, welche das Christentum umgeben, sind das Objekt der Assimilierung. Im Prozeß des Verstehens der Heiligen Schrift werden diese Denkweisen angeeignet. Diese gewinnen dadurch aber gerade selbst an erhellender Kraft und verhelfen dem Christentum dazu, sich selbst darzustellen und zu entfalten.

8. Erstes Resümee

Wir können nun das Ergebnis der Konfrontation der von Luther und Barth vertretenen Position mit den Einwänden von seiten Troeltschs und Newmans zusammenfassen. Luther und Barth – übrigens auch Newman, wenn er nicht nur als Historiker arbeitet, sondern auf die Wahrheitsfrage antwortet – vertreten die »dogmatische Methode«. Sie glauben an eine Erlösung durch die Heilstatsache des Todes und der Auferstehung Jesu Christi, den menschgewordenen Gott. Sie meinen aber nun eben nicht, daß die Heilsgeschichte hermetisch der Profangeschichte gegenüber abgeschlossen sei. Sie steht vielmehr in Relation zu ihr. In ihr geschieht die Erlösung der ganzen Welt. Das Schriftprinzip, das Luther und Barth vertreten, ist nicht aufzufassen als eine sterile, puristische Einengung auf genau die Gedanken und Vorstellungen, welche die Propheten und Apostel gehabt haben (oder gehabt haben dürften), sondern als die fortgesetzte Regierung der Kirche durch das Wort Gottes, also letztlich durch Jesus Christus selbst. Im Verlauf dieser Regierung werden Gedanken und Vorstellungen, die den Autoren der Schrift nicht zueigen waren, angeeignet. Es ereignet sich Assimilation und damit Entwicklung.

Darf man den Standpunkt, den Martin Luther und Karl Barth einnehmen, als repräsentativ für »evangelisches Christentum« und »evangelische Theologie« annehmen, dann folgt aus diesem Ergebnis auch die evangelische Stellungnahme zu dem römischen Katholizismus, wie ihn John Henry Newman vertritt, und zum Neuprotestantismus von Ernst Troeltsch. Es ist deutlich genug geworden, daß der reformatorische Protestantismus dann nicht der »erste Akt« einer Handlung ist,

---

[106] KD I/2, 824. Zum Begriff des »Gegenstandsbildes« s. ebd., 811–815.

in welcher der Neuprotestantismus den »zweiten Akt« darstellt.[107] Vielmehr ist der Neuprotestantismus etwas wesentlich Verschiedenes, getrennt von dem evangelischen Christentum dadurch, daß er das Schriftprinzip und die Inkarnation als das Zentralprinzip des Christentums verworfen hat. Der Neuprotestantismus ist eine spezifische Verfallserscheinung des alten Protestantismus, entstanden durch die Herauslösung bestimmter Elemente desselben. Das besagt aber keineswegs, daß der reformatorische Protestantismus, das evangelische Christentum, oder gar das Christentum überhaupt denselben Weg gehen *müßten*.

Zum römischen Katholizismus indes besteht eine wesentlich größere Nähe. Allerdings verlangt die evangelische Theologie diesem gegenüber eine Scheidung an bestimmten Punkten. Zwei dieser Punkte sind hier herausgearbeitet worden: Erstens ist zu entscheiden, ob unter der »fortdauernden Lebenskraft« des Christentums, welche ein historische Beobachter diesem attestiert, eine Eigenschaft zu verstehen ist, welche dem Christentum natürlich zueigen ist, oder ob sie sich der Führung der Kirche durch Christus und seinem erbarmenden Eingreifen angesichts der Unzulänglichkeit der Christen verdankt. Ist das erste der Fall, dann handelt es sich beim römischen Katholizismus um eine Religion wie jede andere in der Weltgeschichte, wenngleich mit spezifischen Elementen des Christentums und, weshalb auch immer, bislang von einer besonders großen Lebenskraft. So etwas wird man aber auch bei anderen Religionen finden können. Ist das Zweite der Fall, dann stimmt an diesen Punkt der Katholizismus mit den Kriterien evangelischer Theologie überein.

Zweitens ist zu entscheiden, ob das Geltendmachen eines Traditionsprinzips neben dem Schriftprinzip eine mehr oder minder kaschierte Entthronung des Schriftprinzips bedeutet oder ob es bei der »Tradition« um die Fruchtbarkeit des Schriftprinzips geht und um eine, allerdings nicht unwidersprechliche Leitlinie, durch welche sich neue Formungen des Christentums in Übereinstimmung mit seinem Wesen finden lassen.[108] Ist das erste der Fall, dann ist auch

---

[107] »Auch der Umstand braucht uns nicht irre zu machen, daß das freie Christentum gegenüber dem alten Protestantismus mit der Annahme der ganzen universalen historischen Denkweise allerdings etwas neues bedeutet und von hier aus auch an vielen anderen Punkten das Wesen anders zu bestimmen genötigt ist [...] Wenn man nicht im Katholizismus das ›Wesen‹ erblickt und im Protestantismus eine bloße beginnende Zersetzung des Christentums, wenn man vielmehr im letzten eine neue Wesensbildung, entsprechend der historischen Gesamtlage und genährt aus der Bibel, sieht, dann wird man in diesen modernen Neubildungen nichts Unerhörtes und das Wesen Zerstörendes sehen können, sondern nur sozusagen den zweiten Akt des Protestantismus, der der total veränderten Gesamtlage entspricht.« Ernst Troeltsch, Schriften 2, 447.

[108] Karl Barth spricht hier von der Autorität der Kirche als der Autorität der Väter und älteren Brüder (KD I/2, 637–639), der älteren und erfahreneren Mitschüler als der Kirchenlehrer (ebd., 677 f.).

hier die Trennung vom Christentum vollzogen, mögen noch so viele christliche Elemente vorhanden sein. Ist das zweite der Fall, besteht auch hier eine Übereinstimmung mit der evangelischen Theologie.

9. Das evangelische Christentum in der Geschichte

Wir haben herausgearbeitet, unter welchen Bedingungen das Christentum in der Geschichte existiert, wenn man den Grundsätzen evangelischer Theologie folgt. Diese Bedingungen gelten für das Christentum aller Zeiten im umfassendsten Sinn, d. h. unter Einschluß der Geschichte Israels als des Volkes Gottes und der Geschichte aller Menschen, die sich durch die Verheißung Gottes führen lassen, die Gott in Jesus Christus erfüllt hat. Zugleich ist aber evangelische Theologie selbst die Theologie bestimmter Gestaltungen des Christentums, bestimmter Kirchen oder auch kirchlicher Gemeinschaften, die sich unmittelbar oder mittelbar der Reformation – oder den Reformationen – des 16. Jahrhunderts verdanken – die *reformatio* des Tridentinischen Konzils ausgenommen. Man kann hier vom reformatorischen oder vom älteren Protestantismus sprechen und von dem Protestantismus späterer Zeit bis zur Gegenwart, welcher vom »Neuprotestantismus« unversehrt geblieben ist oder ihn, wie Karl Barth, wieder überwunden hat. Evangelisches Christentum oder Protestantismus in diesem Sinne ist nur ein Teil des gesamten Christentums. Newman meinte deswegen, überhaupt gar nicht untersuchen zu müssen, ob das protestantische Christentum nicht etwa übereinstimme mit dem Christentum in der Gesamterstreckung seiner Geschichte: »[...] zum mindesten ist das Christentum der Geschichte nicht der Protestantismus.« Newman äußerte: »Der Protestantismus hat das auch immer so empfunden. [...] Das zeigt sich an dem bereits erwähnten Entschluß, sich mit dem historischen Christentum überhaupt nicht abzugeben und ein Christentum aus der Bibel allein zu formen [...]«. Die Zeit zwischen den Konzilien von Nicäa und Trient müßte vom Protestantismus auf jeden Fall übersprungen werden. »Tief in die Geschichte eindringen«, meinte Newman darum, »heißt aufhören Protestant zu sein.«[109]

Es soll hier gezeigt werden, daß das Gegenteil der Fall ist. Es soll aber zu Beginn dieser Überlegungen zunächst festgestellt werden, welches Gewicht sie haben. Denn es darf nicht darum gehen, aus dem, was in der Geschichte »Christentum« genannt wurde und genannt wird, zu folgern, was das Wesen des wahren Christentums sei. Das wäre in der Tat ein Widerspruch gegen die Grundsätze evange-

---

[109]   Werke 8, 10 f. / Dev., 7 f.: »[...] at least the Christianity of history is not Protestantism.« »And Protestantism has ever felt so. [...] This is shown in the determination already referred to of dispensing with historical christianity altogether, and of forming a Christianity from the bible alone [...] To deep in history is to cease to be a Protestant.«

lischer Theologie. Es könnte sein, daß alle Lehre und alles Leben derer, die Christen genannt werden, dem christlichen Glauben widerspricht. Jedoch muß es nicht so sein. Es soll gezeigt werden, daß Christentum im Sinne der evangelischen Auffassung durchaus geschichtsfähig ist – immer unter dem genannten Vorbehalt. Denn erstens steht der Protestantismus durchaus auch in einem positiven Zusammenhang zu der Geschichte vor ihm, die Geschichte des »Christentums« genannt wird, also zur vorreformatorischen Tradition. Zweitens muß der Widerspruch gegen eine bislang gültige Tradition nicht besagen, daß man sich von der Geschichte überhaupt abwendet. Für den reformatorischen Protestantismus gilt dies jedenfalls nicht. Drittens war dieser Protestantismus selbst imstande, eine Tradition zu schaffen, ein evangelisches Christentum, das in der Geschichte existiert und nicht der erste Akt einer Korruption des Christentums ist, dessen zweiter Akt der Neuprotestantismus wäre.

9.1 Das Anknüpfen des Protestantismus an die vorreformatorische Kirche

Martin Luther hat im Jahre 1516 erstmals einen anonymen mystischen Traktat des 14. Jahrhunderts unter dem Titel ›Theologia Deutsch‹ im Druck herausgegeben. In der Vorrede zur zweiten Auflage von 1518 schreibt er: »diß edle Buchleyn, alß arm und ungesmuckt es ist yn worten und menschlicher weißheit, alßo und vill mehr reycher und ubirkostlich is es in kunst und gotlicher weißheit. Und das ich nach meynem alten narren rüme, ist myr nehst der Biblien und S. Augustino nit vorkummen eyn buch, dar auß ich mehr erlernet hab und will, was got, Christus, mensch und alle ding seyn. Und befinde nu aller erst, das war sey, das etlich hochgelerten von uns Wittenbergischen Theologen schimpflich reden, also wolten wir new ding furnehmen, gleych alß weren nit vorhiyn und anderwo auch leut geweßen. Ja freylich seynn sie geweßen. Aber gottis tzoren, durch unser sund vorwircket, hatt uns nit laßen wirdig seyn die selben zu sehen ader hören, dann am tag ists, das in den Universiteten eyn lang zeyt sulchs nit gehandelt, dohynn bracht ist, das das heylig wortt gottis nit allein unter der bangk gelegen, sundernn von staub und mutten nahend vorweßet. Leß dis buchlein wer do will, unnd sag dann, ab die Theologey bey unß new adder alt sey, dann dißes Buch ist yhe nit new [...]«.[110]

Luther versucht hier angesichts des Vorwurfs, die Wittenberger Reformation sei etwas Neues, einen Traditionsbeweis für sie zu führen. Dies geschieht nun gerade nicht mit einem triumphalistischen Gestus. Die Tradition, in die Luther

---

[110] Weimarer Ausgabe 1, 378,18–379,7, abgedr. bei: ›Der Franckforter‹, Theologia Deutsch. In neuhochdt. Übers., hrsg. u. mit einer Einleitung vers. v. Alois M. Haas, Einsiedeln 1980, 28 f.

sich einreiht, ist, ganz der siebten *nota ecclesiae* entsprechend, von der Kirche verachtet worden, welche in Geltung stand. Es handelt sich um die mystische Tradition des Christentums, und in durchaus origineller Weise stellt Luther seine reformatorische Rechtfertigungslehre auf einen Platz innerhalb des Grundkonzept dieser Art von Theologie.[111] Vor allem die durch Heiko Augustinus Oberman begonnene Forschungstradition hat gezeigt, in welch weitem Maße die Reformation an bestimmte mittelalterliche Traditionen anknüpft. Dies gilt nun nicht nur für die Reformation, sondern auch für die lutherische Orthodoxie des 17. Jahrhunderts.[112] Daß die reformatorische und altprotestantische Dogmatik – die lutherische wie wie reformierte – auf den Dogmen der Alten Kirche aufbaut, deren Bekenntnisse auch im ›Konkordienbuch‹ von 1580 an erster Stelle stehen, ist bekannt. Kennzeichnend ist die Stellungnahme, die Johann Gerhard, im Widmungsschreiben seiner ›Patrologia‹ von 1653 formuliert – wobei die »patres« für ihn bis in die jüngste Vergangenheit reichen und auch gegenreformatorische Theologen einschließen: »diese [die Lutheraner] lehnen zwar die Schriften der Väter weder absolut ab, noch schätzen sie sie gänzlich gering, sondern erkennen sie vielmehr dankbar als göttliche Gaben an, welche Gott in ihnen gütig gekrönt hat, und gerne bekennen sie, daß die Schriften der Väter nutzbringend entfaltet werden können sowohl zur Erkenntnis der Kirchengeschichte und der alten Häresien, als auch zum besseren Verständnis der Heiligen Schrift. Sie bestreiten jedoch andererseits, daß die Schriften der Väter die Regel des Glaubens seien, die einzige oder vorzüglichste Norm des Glaubens oder der Auslegung der Schrift. Sie erinnern vielmehr weislich daran, daß die Heilige Schrift, das Wort Gottes, in der Bibel zusammengefaßt, das einzige Prinzip des Glaubens ist und die Norm der Artikel des Glaubens, gemäß der nicht nur die Schriften der neuen Lehrer der Kirche, sondern auch die der Alten Kirche, wie angesehen sie auch immer sein mögen, zu beurteilen sind [...]«.[113]

---

[111] Dazu Sven Grosse, Der junge Luther und die Mystik. Ein Beitrag zur Frage nach dem Werden der reformatorischen Theologie. In: Gottes Nähe unmittelbar erfahren. Mystik im Mittelalter und bei Luther. Hrsg. v. Berndt Hamm u. Volker Leppin, Tübingen 2007 (= Spätmittelalter und Reformation. Neue Reihe 36), 187–235.

[112] Johann Anselm Steiger, Fünf Zentralthemen der Theologie Luthers und seiner Erben. Communicatio – Imago – Figura – Maria – Exempla, Leiden u. a. 2002 (= Studies in the History of Christian Thought 104), xi–xx; insbes. xixf.

[113] »Dum hi [Lutherani] Patrum qvidem scripta nec rejiciunt, absolutè loqvendo, nec parvi omnino aestimant, sed contrà grato potius animo agnoscentes dona divina, qvae DEUS in illis benignè coronaverit, & utiliter cum propter Historiae Ecclesiasticae veterumqve haeresium cognitionem, tum verò propter meliorem quoqvae Scripturae Sacrae intelligentiam evolvi Patrum Scripta posse, lubentes fatentur: negantes tamen interim, patrum Scripta fidei esse regulam ac credendi vel Scripturam exponendi unicam vel primariam normam: quin prudenter potius monentes, Sacram Scripturam sive verbum DEI Bibliis comprehensum unicum

9.2 Der Widerspruch des Protestantismus gegen bisherige Traditionen

All das soll nun nicht übersehen lassen, daß die Reformation sich sehr wohl gegen bestehende Traditionen gewandt hat und einen Bruch mit ihnen vollzogen hat. Abgesehen von der dogmatischen Frage, ob sie dies zu Recht getan hat, und der historischen Frage, ob nicht manche der von ihr angegriffenen Positionen wirklich von ihrer Kritik getroffen sind, ist hier zu überlegen, ob dadurch das reformatorische Christentum zu etwas ungeschichtlichem wurde. Diese Frage ist zu verneinen. Geschichte ist eben nicht nur Entwicklung. Sie kann auch Bruch sein. Das eine und das andere kann dabei, in verschiedener Hinsicht, zugleich der Fall sein. Es bleiben gewisse Übereinstimmungen mit Ideen, Einrichtungen, Mentalitäten, die bislang herrschten, aber in bestimmten Punkten tritt man in Gegensatz zu ihnen. Dieser Gegensatz ist auch erst möglich auf dem Hintergrund des Gemeinsamen.

Die lutherische Reformation bricht mit der Tradition in der Kritik einer nicht-augustinischen Rechtfertigungslehre, in der Umgestaltung der Sakramentenlehre, die auf das Wort Gottes hin konzentriert wird, in der Ablehnung der Auffassung, die Eucharistie sei ein Sühnopfer, in der Lehre von der Kirche mit der Ablehnung eines Opferpriestertums, eines unumschränkten Lehramtes, eines Papsttums und des Mönchtums als eines hervorgehobenen Standes.[114] All diese Verwerfungen hatten auch eine positive Seite. Das heißt: es wurde etwas Neues an die Stelle des Verworfenen gesetzt. Davon wird exemplarisch im nächsten Punkt (10.3) die Rede sein.

Der Bruch mit dem Bisherigen ist verbunden mit dem Setzen von etwas Neuem. Er ist aber auch verbunden und wird begründet mit der Zuwendung zu etwas Altem. Die Reformation rechtfertigt sich mit der Heiligen Schrift. Dies ist, wie wir gesehen haben, nicht in erster Linie eine Rückbesinnung auf eine frühere Epoche in der Geschichte des Volkes Gottes, sondern eine Rückkehr in das Gehorsamsverhältnis Gott gegenüber nach dem Urbild der Propheten und Apostel. Damit ist es aber in zweiter Linie auch eine Rückwendung zu dieser früheren Epoche, insbesondere zu der urchristlichen Zeit. Es ist hier von einer Berührung von Kulturen in der Zeit zu sprechen (*contacts between civilizations in time*), wie es sie oft in der Weltgeschichte gegeben hat, so wie es auch Berührungen von

---

credendi principium esse & articulorum fidei normam, juxta qvam de novitiorum non solum, sed & primitivae Ecclesiae Magistrorum scriptis, quocunque tandem veniant nomine, judicandum sit [...]«, Johannis Gerhardi, SS. Theologiae Doctoris ejusdemque in Academia Jenensi Professoris publici Patrologia, sive de primitivae Ecclesiae Christianae Doctorum Vita ac Lucubrationibus Opusculum posthumum [...] Editio Tertia, Gerae [...] Anno M.DC.LXXIII, fol. a2 r. Benutzt wurde das Exemplar der Universitätsbibliothek München, 8⁰ P. Eccl. 257.
[114] Dazu kurzgefaßt Sven Grosse, Der junge Luther und die Mystik (Anm. 111), 233 f.

Kulturen im Raum gibt.[115] In einer Ableitung vom Schriftprinzip ist mit der Lehre auch das Leben der ersten Kirche, der *ecclesia primitiva* oder *ecclesia apostolica* (insbes. nach Apg 2,42–47; 4,32–35) immer für die spätere Kirche ein Vorbild gewesen, nach dem sie zu leben und sich zu korrigieren getrachtet hat.[116] Es hat darum immer wieder *reformationes* gegeben im eigentlichen Sinne des Wortes: Zurück-Bildungen, Wiedergewinnungen der früheren Gestalt der Kirche. Die Reformation des 16. Jahrhunderts ist nur ein besonders hervorstechender Fall. Reformationen gehören – *ecclesia semper reformanda* – zum Wesen der Kirche.

Man kann dies mit dem Vorgang der Entschlackung oder der Mauserung im organischen Leben vergleichen. Ein lebendiges Wesen kann nicht nur ständig etwas anhäufen, es muß auch etwas wieder ablegen. Doch wird hier eigentlich die Analogie zum organischen Leben überschritten. Denn der Mensch verfügt über die Fähigkeit zur Reflexion: er beugt sich über sich selbst wie auch über anderes. Er kann damit auch heraustreten aus dem Fluß der Geschichte, in welchem eines auf das andere folgt, und sich an einer länger zurückliegenden Zeit orientieren, und damit einen Schnitt setzen zwischen sich selbst und der bis dahin andauernden Tradition und zwischen dieser und der Epoche, die als vorbildlich erachtet wird. Es ist klar, daß durch diese Rückorientierung keine Nachahmung, keine Wiederholung der vergangenen Epoche zustandekommt. Je vitaler die Rückbesinnung ist und wirklich nach dem Vorbild des Alten Lehre und Leben gestalten will, desto mehr schafft sie Neues. Sie findet zu Neuem, weil sie nach Wegen sucht, wie sie das Alte wieder verwirklichen kann. Je mehr es ihr an Vitalität mangelt, desto mehr gerät sie zu einem sterilen Purismus.[117] Die lutherische Reformation des 16. Jahrhunderts hat gerade dadurch Neues geschaffen, weil sie

---

[115] Arnold J. Toynbee, Der Gang der Weltgeschichte, Bd. 2, Zürich u. a. 1958, (Teil X), 241 f. Toynbee spricht hier von einer »Renaissance« und unterscheidet sie vom »Archaismus« dadurch, daß dieser in einen Zustand der früheren, vorbildlichen Kultur zurück will, welcher sehr verschieden ist von dem eigenen. Unglücklicherweise gebraucht Toynbee die Metapher einer Totenbeschwörung. Dabei handelt es sich bei einer Renaissance um einen Beweis der Lebenskraft einer vergangenen Kultur. Seine Behandlung der Renaissancen religiöser Ideale und Institutionen, ebd., 257–262, gerät in dem Vergleich zwischen dem bilderstürmenden byzantinischen Kaiser Leo dem Syrer und Luther doch recht schief. In der Originalausgabe handelt es sich um: A Study of History, Bd. 9, Oxford 1954, 1–5; 86–96.

[116] Dazu Arnold Angenendt, Geschichte der Religiosität im Mittelalter. 2. Aufl., Darmstadt 2000, 223–226.

[117] Am Beispiel von Johannes Gerson, der die neue Erscheinung der *devotio moderna* fördert, weil er beseelt ist von einer Erneuerung der Theologie und Frömmigkeit nach dem Vorbild Bonaventuras, ist dies aufgezeigt bei Sven Grosse, Johannes Gerson und Bonaventura. Kontinuität und Diskontinuität zwischen Hoch- und Spätmittelalter. In: Herbst des Mittelalters. Fragen zu Bewertung des 14. und 15. Jahrhunderts. Hrsg. v. Jan A. Aertsen u. Martin Pickavé, Berlin/New York 2004 (= Miscellanea Medievalia 31), 340–348, insbes. 347 f.

sich am Alten, d. h. an der apostolischen Verkündigung orientiert hat und dabei sich nicht durch die Tradition hat hindern lassen. Sie hat damit aber nichts wesentlich anderes getan, als die Kirche zuvor schon getan hat. Luther hat sich dafür auf Bernhard von Clairvaux berufen und bei ihm sogar ein Gleichnis aus der Natur gefunden: »S. Bernhard rhümet, das er seinen verstand habe gelernt von den Beumen als Eichen und Tannen, die seien seine Doctores gewest, das ist, Er hab seine gedancken unter den Beumen aus der Schrifft geübet und kriegt, Spricht auch, das er die heiligen Veter wol hochhalte Aber nicht alles achte, was sie gered haben. Setzet ein solches ursach und gleichnis: Er woll lieber aus dem Born selbs, weder aus den bechlin trinken, wie denn alle Menschen thun, wo sie aus der quelle mügen trincken, der bechlin wol vergessen, on das sie des Bechlins zum Born zu komen nützlich brauchen. Also muß doch die Schrifft meister und richter bleiben, oder wo man den bechlin zu seer nachgehet, füren sie uns zu weit vom Born und verlieren beide schmack und krafft, bis sie in das gesaltzen Meer sich verfliessen und verlieren, wie es geschehen ist unter dem Bapstum.«[118] Wenn man sich zur Quelle hin orientiert, kann man den Bachlauf als Wegweiser nutzen, wird aber nicht mehr aus ihm trinken.

Es wurde bereits gesagt, daß mit der Reformation als Rückwendung ein doppelter Schnitt gesetzt wird, der das Mittlere zu sich in eine Distanz setzt, zumindest in der Weise, wie Luther es hier gesagt hat: man wird es vorziehen, aus der Quelle und nicht aus dem Bach zu trinken. Das ist unvermeidlich, und es wird daraus ersichtlich, daß eine Konvergenz stattfinden mußte zwischen Renaissancehumanismus und der Reformation des 16. Jahrhunderts. Francesco Petrarca hat den Begriff des »dunklen Zeitalters« geschaffen, das zwischen ihm und der von ihm verklärten Antike stünde. Humanisten des 15. Jahrhunderts haben die von Petrarca erhoffte Wiederkehr der Antike anbrechen sehen.[119] Damit ging eine Bereitschaft zum Traditionsabbruch einher.[120] Wo Humanisten eine solche Geisteshaltung verbreitet haben, war die Hinwendung zur Reformation im 16. Jahrhundert vorbereitet.

---

[118]   Von den Konziliis und Kirchen, Weimarer Ausgabe 50, 519,32–520,10. Die »Eichen und Tannen« werden hier genannt als Gegensatz zu einer Theologie, die von menschlichen Lehrern abhängig ist. Siehe dazu Theo Bell, Divus Bernhardus. Bernhard von Clairvaux in Martin Luthers Schriften, Mainz 1993 (= Veröffentlichungen des Instituts für Europäische Geschichte Mainz. Abt. Religionsgeschichte 148), 383.

[119]   Theodor E. Mommsen, Petrarch's Conception of the Dark Ages. In: Speculum 17, 1942, 226–242.

[120]   Dazu Sven Grosse, Renaissancehumanismus und Reformation. Lorenzo Valla und seine Relevanz für die Kontroverse über die Willensfreiheit in der Reformationszeit. In: Kerygma und Dogma 48, 2002, 295; 297.

9.3 Die Traditionsbildung des Protestantismus

Die Traditionsfähigkeit oder Geschichtsfähigkeit des Protestantismus muß sich gerade darin erweisen, daß das Prinzip, welches die Kirche überhaupt erst zur Kirche macht, auch imstande ist, in der Geschichte wirksam zu werden. Dieses Prinzip ist nicht die sichtbare Christlichkeit der Christen, denn diese ist nicht zuverlässig. Die Christen sind vielmehr Christen, weil sie dem Wort Gottes glauben und sich immer wieder an ihm aufrichten können, mag auch ihr Lehren und Leben ein schlechtes oder irreführendes Zeugnis für ihre Christlichkeit sein. Wenn Luther darum definiert: »es weis, Gott lob, ein kind von sieben jaren, was die Kirche sey, Nemlich die heiligen gleubigen und die Scheflin, die jres Hirten stim hören«, so erläutert er sogleich: »Diese heiligkeit stehet [...] im wort Gottes und rechtem glauben.«[121] Der Ausgangspunkt Luthers für die Geschichtsfähigkeit dieses Prinzips ist der Vergleich, der in Jes 55,10 f. zwischen der Wirksamkeit des Regens und der des Wortes Gottes angestellt wird: auch dieses kehrt nicht un-verrichteter Dinge zu Gott zurück. Aus diesem Grunde nennt Luther die Predigt von Gottes Wort als erste der *notae ecclesiae*: »Wo du nu solch wort hörest odder sihest predigen, gleuben, bekennen und darnach thun, da habe keine zweivel, das gewislich daselbs sein muß ein rechte Ecclesia sancta Catholica, ein Christlich heilig Volck, wenn jr gleich seer wenig sind [...] [folgt Jes 55,11] Denn Gottes wort kan nicht on Gottes volck sein, widerumb Gottes Volck kan nicht on Gottes wort sein [...]«.[122]

Protestantismus als besondere Ausbildung des Christentums in der Ge-schichte ist mithin charakterisiert durch die besondere Konzentration auf das Wort Gottes als Prinzip der Kirche. Dies zeigt sich gerade an der Neudefinition des priesterlichen Amtes. Der besondere Charakter sowohl der römisch-katholischen Kirche als auch der Ostkirchen kann bestimmt werden durch ein wesentliches Element, nämlich die Eucharistie als das Darbringen eines Sühneopfers und durch das Amt des Priesters, welcher dieses Opfer darbringt. Wenn Luther in ›De captivitate Babylonica‹ erklärt, »daß der, welcher das Wort nicht predigt, wozu er selbst durch die Kirche berufen ist, keinesfalls ein Priester ist, und das Sakrament der Weihe nichts anderes sein kann, als ein Ritus, Prediger in der Kirche zu erwählen«[123] – worauf Mal 2,7 folgt –, dann handelt es sich um eine Umdefinition und Neudefinition des zentralen Amtes in der Kirche: es ist kein im eigentlichen

---

[121]   Schmalkaldische Artikel III, 12, Weimarer Ausgabe 50, 250,1–4. 7–11.

[122]   Von den Konziliis und Kirchen, Weimarer Ausgabe 50, 629,28–35.

[123]   »ut is, qui non praedicat verbum, ad hoc ipsum per Ecclesiam vocatus, nequaquam sit sacerdos, et sacramentum ordinis esse non possit quam ritus quidam eligendi Concionatoris in Ecclesia.«, De captivitate Babylonica ecclesiae praeludium, Weimarer Ausgabe 6, 564,15–17.

Sinne priesterliches Amt mehr, mit dem Darbringen eines Opfers betraut, sondern ein Amt, welches der Verkündigung von Gottes Wort gewidmet ist.

Dieser Gedankengang schließt nicht aus, daß auch außerhalb einer Gemeinschaft, die durch ein solches kirchliches Amt gestaltet ist, das Wort Gottes gepredigt werden könne und also Kirche da sei. Das Geschehen der Wortverkündigung wird hier nur eben zu einem Element, welches die Wirklichkeit einer kirchlichen Gemeinschaft in der Geschichte in zentraler Weise prägt und sie damit unterscheidet von einer kirchlichen Gemeinschaft, welche durch das Priestertum in Verbindung mit dem sakramentalen Opfer geprägt ist. Beide Gestaltungen verhalten sich als inkommensurabel zueinander, und es ist nicht sinnvoll, die eine von der anderen her zu beurteilen und einen »defectus« zu konstatieren.[124]

Ein weiteres wesentliches Element evangelischen Christentums, das sich aus dem Prinzip des Wortes Gottes ergibt, ist das Priestertum aller Gläubigen und der Ausschluß einer Hierarchie oder Ständegliederung in der Kirche: »Dan alle Christen sein warhafftig geystlichs stands, unnd ist unter yhn kein unterscheyd, denns ampts halben allein, wie Paulus i. Corint. xii [1. Kor 12,12 ff.] sagt, das wir alle sampt eyn corper seinn, [...] das macht allis, das wir eine tauff, ein Evangelium, eynen glauben haben, unnd sein gleyche christen, den die tauff, Evangelium und glauben, die machen allein geistlich und Christen volck [folgen 1. Ptr 2,9; Apk 5,10]«.[125]

Auch dies schließt nicht aus, daß es in der Christenheit überhaupt hierarchische Gestaltungen von Kirche und eine Gliederung in Stände geben kann, solange diese Hierarchie und die Gliederung in Stände nicht die Predigt von Gottes Wort und den Glauben an die Verheißungen Gottes, die in der Taufe oder im Sakrament des Altars enthalten sind, hindern – vielmehr ihnen womöglich dienen. Andererseits ist mit dem Priestertum aller Gläubigen ein Strukturprinzip gegeben, welches das evangelische Christentum von anderen Formen des Christentums unterscheidet.

10. Abschließende Überlegungen

Diese beiden Elemente – die Leitung der Gemeinde durch das Wort Gottes und dem ihm dienenden Amt des Predigers, sowie das allgemeine Priestertum aller Gläubigen – mögen genügen, um die spezifische Eigenart evangelischen Christentums in der Kirchengeschichte aufzuweisen. Diese Variante des Christentums

---

[124] Wie dies das Ökumenismus-Dekret des Zweiten Vatikanischen Konzils tut, Unitatis redintegratio, Kap. III, Art. 22, Lexikon für Theologie und Kirche. 2. Aufl., Ergänzungsbd. 2: Das Zweite Vatikanische Konzil. Dokumente u. Kommentare. Konstitutionen, Dekrete u. Erklärungen lat. u. dt. Teil II. Hrsg. v. Heinrich Suso Brechter u. a., Freiburg 1967, Sp. 118.
[125] An den christlichen Adel deutscher Nation, Weimarer Ausgabe 6, 407,13–19.

unterscheidet sich deutlich von anderen; andererseits ist nicht zu sehen, daß sie die Einleitung eines Zersetzungsprozesses darstellen sollte. Die Grundsätze evangelischer Theologie, die Kirche und ihre Geschichte betreffend, wirken mithin zweifach: als ein kritisches und als ein genetisches Prinzip. Es gibt jeweils eine universelle und eine konfessionell-partikulare Anwendung dieser Prinzipien. »Kritisch« heißt dabei prüfend und scheidend: Was geprüft wird, ist das, was in der Geschichte den Namen hat, »Christentum« und »Kirche« zu sein. Es wird geprüft und geschieden nach dem Kriterium, daß Kirche in Wahrheit nur dort existiert, wo Bindung an Gottes rechtfertigendes Wort ist. »Genetisch« wird dieses Prinzip dort, wo durch es Kirche gestaltet wird. Dies gilt, in einer besonderen Konzentration auf dieses Prinzip, für das evangelische Christentum. Damit ist keineswegs ausgeschlossen, sondern eingeschlossen, daß evangelisches Christentum selbst auch dem kritischen Prinzip des Wortes Gottes unterworfen ist. Lediglich den Namen »evangelisch« oder »protestantisch« zu führen und zu behaupten, dies zu sein, kann hier nicht genügen.

Kehren wir nun zu der eingangs gestellten Frage zurück: Welchen Aufschluß über die Frage »Was ist das Christentum?« bringt die Betrachtung des Weges, den das Christentum in der Geschichte genommen hat? Christentum ist freilich eine Tatsache der Geschichte. Es ist jedoch, folgt man den Überzeugungen evangelischer Theologie, noch mehr. Es ist eigentlich etwas in eine Relation Gesetztes. Diese ist die Relation zwischen Jesus Christus und dem Sein der Kirche in der Geschichte. Sie ist von der einen Seite durch Gnade und Erbarmen, von der anderen Seite durch den Glauben bestimmt. Aus dieser Relation wird aber Geschichte hervorgebracht.

Die Erörterung dieser Frage führt sowohl zu Überlegungen über das Wesen der Kirche und der christlichen Lehre als auch über Wesen und Struktur der Geschichte, sowie über die Stellung und die Aufgaben evangelischer Kirchengeschichtsschreibung.[126] Darüber hinaus führt sie aber zu Entscheidungen im Gegenüber noch heute bestehender Konfessionen und theologischer Schulen. Die

---

[126] Zitiert sei hier der abschließende Satz von Gerhard Ebelings Habilitationsvortrag ›Kirchengeschichte als Geschichte der Auslegung der Heiligen Schrift‹: »Die gegebene Definition bestimmt damit schließlich den theologischen Charakter der *kirchengeschichtlichen Disziplin.* Die kirchengeschichtliche Arbeit dient der radikalen kritischen Destruktion alles dessen, was sich im Laufe der Geschichte zwischen uns und Christus gestellt hat, ohne auf ihn hinweisende Auslegung der Heiligen Schrift zu sein. Sie dient ferner dem Aufweis des unendlichen Reichtums des Wortes Gottes in seiner Auslegung in die Welt hinein bei seinem Gang durch die Geschichte. Und insofern dient sie einer Selbsterkenntnis und Bezeugung der Kirche, wie wir sie so aus der Schrift allein nicht gewinnen können, wie wir sie aber allein durch die Schrift in der Geschichte erkennen.« In: Gerhard Ebeling, Wort Gottes und Tradition. Studien zu einer Hermeneutik der Konfessionen, Göttingen 1964 (= Kirche und Konfession 7), 9–27, hier 27.

Frage »Was ist das Christentum?« läßt sich eindeutig beantworten, jedoch mit einer Eindeutigkeit, welche die Vielheit von Entwicklungsstadien und konfessionellen Eigenbildungen berücksichtigt. Die Berücksichtigung dieser Vielheit schließt indes nicht aus, daß man im Einzelfall auch zu dem Urteil kommen kann, daß nicht eine Variante des Christentums vorliegt, sondern eine Entwicklung, die zu seinem Ende führen würde.

Nachweise der Erstveröffentlichungen

Hermeneutik und Auslegung des Römerbriefs bei Origenes, Thomas von Aquin und Luther, in: Auslegung und Hermeneutik der Bibel in der Reformationszeit, hg. von Christine Christ-von Wedel und Sven Grosse, Berlin/New York 2017 (Historia Hermeneutica. Series Studia 14), 3–26.

Wendepunkte der Mystik. Bernhard – Seuse – Luther, in: Frömmigkeit – Theologie – Frömmigkeitstheologie. Contributions to European Church History. Festschrift für Berndt Hamm zum 60. Geburtstag, hg v. Gudrun Litz, Heidrun Munzert and Roland Liebenberg, Leiden/Boston 2005 (Studies in the History of Christian Traditions 124), 281–295.

Die Nützlichkeit als Kriterium der Theologie bei Philipp Melanchthon, in: Melanchthon und die Neuzeit, hg. v. Günter Frank und Ulrich Köpf, Stuttgart-Bad Cannstatt 2003 (Melanchthon-Schriften der Stadt Bretten 7), 69–93.

Abgründe der Physikotheologie: Fabricius – Brockes – Reimarus, in: Das Akademische Gymnasium zu Hamburg (gegr. 1613) im Kontext frühneuzeitlicher Wissenschafts- und Bildungsgeschichte, hg. v. Johann Anselm Steiger in Zusammenarbeit mit Martin Mulsow und Axel E. Walter, Berlin/Boston 2017 (Frühe Neuzeit 207), 319–339.

Gehört Schleiermacher in den Kanon christlicher Theologen?, in: Sven Grosse (Hg.), Schleiermacher kontrovers, Leipzig 2019, 83–118.

Die Wendung im theologischen Denken Karl Barths zu Beginn des Ersten Weltkriegs, in: Kerygma und Dogma 65 (2019), 202–232.

Radical Orthodoxy. Darstellung und Würdigung einer herausfordernden Theologie, in: Radical Orthodoxy. Eine Herausforderung für Christentum und Theologie nach der Säkularisierung, hg. von Sven Grosse und Harald Seubert, Leipzig 2017, 13–38.

Die Neuzeit als Spiegelbild des antiken Christentums, in: Das Christentum an der Schwelle der Neuzeit. Drei Studien zur Bestimmung des gegenwärtiges Ortes des Christentums, Kamen: Hartmut Spenner (Texte und Studien zum Protestantismus des 16. bis 18. Jahrhunderts 6), 2010, 1–50.

Konkurrierende Konzepte von Toleranz in der frühen Neuzeit, in: Das Christentum an der Schwelle der Neuzeit. Drei Studien zur Bestimmung des gegenwärtiges Ortes des Christentums, Kamen: Hartmut Spenner (Texte und Studien zum Protestantismus des 16. bis 18. Jahrhunderts 6), 2010, 51–96.

Christentum und Geschichte: Troeltsch – Newman – Luther – Barth, in: Das Christentum an der Schwelle der Neuzeit. Drei Studien zur Bestimmung des gegenwärtiges Ortes des Christentums, Kamen: Hartmut Spenner (Texte und Studien zum Protestantismus des 16. bis 18. Jahrhunderts 6), 2010, 97–155.

Veröffentlichungen Sven Grosse

Stand: April 2021

I. Bücher

I.1. Bücher ganz oder teilweise in eigener Verfasserschaft

1. Heilsungewißheit und Scrupulositas im späten Mittelalter. Studien zu Johannes Gerson und Gattungen der Frömmigkeitstheologie seiner Zeit, Tübingen 1994 (Beiträge zur historischen Theologie 85).
2. Gott und das Leid in den Liedern Paul Gerhardts, Göttingen 2001 (Forschungen zur Kirchen- und Dogmengeschichte 83).
3. Das Christentum an der Schwelle der Neuzeit. Drei Studien zur Bestimmung des gegenwärtiges Ortes des Christentums, Kamen: Hartmut Spenner (Texte und Studien zum Protestantismus des 16. bis 18. Jahrhunderts 6), 2010. Enthält:
3.1. Die Neuzeit als Spiegelbild des antiken Christentums, 1–50 [wurde bereits zuvor separat veröffentlicht, s. in dieser Liste II.20].
3.2. Konkurrierende Konzepte von Toleranz in der frühen Neuzeit, 51–96.
3.3. Christentum und Geschichte: Troeltsch – Newman – Luther – Barth, 97–155.
4. Theologie des Kanons. Der christliche Kanon, seine Hermeneutik und die Historizität seiner Aussagen. Die Lehren der Kirchenväter als Grundlegung der Lehre von der Heiligen Schrift, Wien/Zürich 2011 (Studien zu Theologie und Bibel 4).
5. [zusammen mit Andreas Schmidt] Die Rückgewinnung des Vertrauens. Ökumene als Konfliktbewältigung, St. Ottilien 2014.
6. Ich glaube an die Eine Kirche. Eine ökumenische Ekklesiologie, Paderborn 2015.
7. Theologie und Wissenschaftstheorie, Paderborn 2019.

I.2. Herausgegebene Werke und Übersetzungen

1. [Herausgeber zusammen mit Armin Sierszyn] Johannes Calvin – Streiflichter auf den Menschen und Theologen. Vorträge und Tagungsbeiträge an der Staatsunabhängigen Theologischen Hochschule Basel zum Calvin-Jahr 2009, hg. v. Sven Grosse u. Armin Sierszyn, Wien/Zürich 2011 (Studien zu Theologie und Bibel 5).

2. [Herausgeber zusammen mit Gianfranco Schultz] Möglichkeit und Aufgabe christlichen Philosophierens, hg. v. Sven Grosse u. Gianfranco Schultz, Wien/Zürich 2011 (Studien zu Theologie und Bibel 6).

3. [Herausgeber zusammen mit Herbert Klement] Für eine reformatorische Kirche mit Biss. Festschrift für Armin Sierszyn zum 70. Geburtstag, hg. v. Sven Grosse u. Herbert Klement, Wien/Zürich 2013 (Studien zu Theologie und Bibel 9).

4. [Herausgeber zusammen mit Christine Christ-von Wedel und Berndt Hamm]: Basel als Zentrum des geistigen Austauschs in der frühen Reformationszeit, hg. v. Christine Christ von Wedel, Sven Grosse u. Berndt Hamm, Tübingen 2014 (Studies in the Late Middle Ages, Humanism and the Reformation 81).

5. [Herausgeber gemeinsam mit Christine Christ-von Wedel] Auslegung und Hermeneutik der Bibel in der Reformationszeit, Berlin/New York 2017 (Historia Hermeneutica. Series Studia 14).

6. [Herausgeber gemeinsam mit Harald Seubert] Radical Orthodoxy. Eine Herausforderung für Christentum und Theologie nach der Säkularisierung, Leipzig 2017.

7. [Übersetzer und Herausgeber gemeinsam mit Peter Litwan, unter Mitarbeit von Florence Becher-Häusermann] Philipp Melanchthon, Loci praecipui theologici 1559, lat.-dt., Bd. 1, Leipzig 2018.

8. [Herausgeber, unter Mitarbeit von Benjamin Splitt] Johan Bouman, Augustinus. Die Theologie seiner Predigten über die Psalmen, Paderborn 2019.

9. [Herausgeber] Schleiermacher kontrovers, Leipzig 2019.

10. [Übersetzer und Herausgeber gemeinsam mit Peter Litwan, unter Mitarbeit von Florence Becher-Häusermann] Philipp Melanchthon, Loci praecipui theologici 1559, lat.-dt., Bd. 2, Leipzig 2020.

II. Artikel in Büchern und Zeitschriften

1. Zum Verhältnis von Mentalitäts- und Theologiegeschichtsschreibung. Methodologische Überlegungen am Beispiel der Frömmigkeitstheologie, in: Zeitschrift für Kirchengeschichte 105 (1994), 178–190.

2. Existentielle Theologie in der vorreformatorischen Epoche am Beispiel Johannes Gersons. Historische Überlegungen zum ökumenischen Disput, in: Kerygma und Dogma 41 (1995), 80–111.

3. Theologie und Schönheit. Überlegungen zur geistlichen Poetik in den Liedern Paul Gerhardts, in: Theologische Beiträge 31 (2000), 294–309.

4. Spiritus ante faciem nostram Christus Dominus. Zur Christozentrik der Mystik Bernhards von Clairvaux, in: Theologie und Philosophie 76/2 (2001), 185–205.

5. Der Zorn Gottes. Überlegungen zu einem Thema der Theologie bei Tertullian, Origenes und Laktanz, in: Zeitschrift für Kirchengeschichte 112 (2001), 147–167.

6. Renaissancehumanismus und Reformation. Lorenzo Valla und seine Relevanz für die Kontroverse über die Willensfreiheit in der Reformationszeit, Kerygma und Dogma 48 (2002), 276–300.

6a: Abridged English version: Renaissance-Humanism and Reformation: Lorenzo Valla and his Relevance to the Controversy Concerning the Freedom of the Will during the Reformation Era, in: Luther Digest. An Annual Abridgment of Luther Studies 13 (2005), 42–47.

7. Die Nützlichkeit als Kriterium der Theologie bei Philipp Melanchthon, in: Melanchthon und die Neuzeit, hg. v. Günter Frank und Ulrich Köpf, Stuttgart-Bad Cannstatt 2003 (Melanchthon-Schriften der Stadt Bretten 7), 69–93.

8. Theodizee im Bittgebet. Melanchthons Position zum Theodizeeproblem, in: Neue Zeitschrift für Systematische Theologie, 46/2 (2004), 149–167.

9. Christliche Apologetik als Integration und Konfrontation. Grundstrukturen der Apologetik Tertullians, in: Theologie und Philosophie 79 (2004), 161–173.

10. Johannes Gerson und Bonaventura. Kontinuität und Diskontinuität zwischen Hoch- und Spätmittelalter, in: Herbst des Mittelalters. Fragen zu Bewertung des 14. und 15. Jahrhunderts, hg. v. Jan A. Aertsen und Martin Pickavé, Berlin/New York 2004 (Miscellanea Medievalia 31), 340–348.

11. Der Richter als Erbarmer. Ein eschatologisches Motiv bei Bernhard von Clairvaux, im Dies irae und bei Bonaventura, in: Theologische Quartalschrift 185 (2005), 52–73.

12. Wendepunkte der Mystik. Bernhard – Seuse – Luther, in: Frömmigkeit – Theologie – Frömmigkeitstheologie. Contributions to European Church History. Festschrift für Berndt Hamm zum 60. Geburtstag, hg v. Gudrun Litz, Heidrun Munzert and Roland Liebenberg, Leiden/Boston 2005 (Studies in the History of Christian Traditions 124), 281–295.

13. Fünffeckichte Brustwehr, Schmerzens-Schauspiel, gespießte Fledermauß. Die Passionsbetrachtung im ›Pentagonum Christianum‹ des Johann Hülsemann, in: Passion, Affekt und Leidenschaft in der Frühen Neuzeit, hg. v. Johann Anselm Steiger in Zusammenarbeit mit Ralf Georg Bogner, Ulrich Heinen, Renate Steiger, Melvin Unger und Helen Watanabe-O'Kelly, Bd. 1, Wiesbaden 2005 (Wolfenbütteler Arbeiten zu Barockforschung 43), 391–404.

14. Der junge Luther und die Mystik. Ein Beitrag zur Frage nach dem Werden der reformatorischen Theologie, in: Gottes Nähe unmittelbar erfahren. Mystik im Mittelalter und bei Luther, hg. v. Berndt Hamm und Volker Leppin (Spätmittelalter und Reformation. Neue Reihe 36), Tübingen 2007, 187–235.

15. Geistliche Poesie und geistliche Poetik zwischen Poesie und Theologie. Zu Johann Heinrich Feustkings› Vorbericht seiner Ausgabe von Paul Gerhardts Liedern von 1707 mitsamt einem kommentierten Abdruck des Vorberichts, in: Daphnis. Zeitschrift für Mittlere Deutsche Literatur und Kultur der Frühen Neuzeit (1400–1750) 36 (2007), 295–322.

16. Paul Gerhardt zum 400. Geburtstag, in: CA. Das lutherische Magazin für Religion, Gesellschaft und Kultur, Heft 2007 / III, 79–85.

17. Die Spiritualität der Lieder Paul Gerhardts. Zum 400. Geburtstag des Dichters und Theologen, in: Stimmen der Zeit, Heft 8, August 2007, 543–555.

18. Anfechtung und Verborgenheit Gottes bei Luther und bei Paul Gerhardt, in: ›Unverzagt und ohne Grauen‹ – Paul Gerhardt, der ›andere‹ Luther, hg. v. Albrecht Beutel u. Winfried Böttler, Berlin 2008 (Beiträge der Paul Gerhardt-Gesellschaft 4), 13–32.

19. Melanchthons Wendung zur Trinitätslehre, in: Kerygma und Dogma 54 (2008), 264–289.

20. Die Neuzeit als Spiegelbild des antiken Christentums, in: Innovation durch Wissenstransfer in der Frühen Neuzeit (1400-1800), hg. v. Johann Anselm Steiger, Sandra Pott u. Marc Föcking, Amsterdam 2010 (Chloe. Beiheft zu Daphnis 41), 79–123 [aufgenommen in I.1., Nr. 3 = Nr. 3.1].

21. Schönheit und Theodizee – Zur geistlichen Poetik in den Liedern Paul Gerhardts, in: Geist und Heiliger Geist. Philosophische und theologische Modelle von Paulus und Johannes bis Barth und Balthasar, hg. v. Edith Düsing, Werner Neuer u. Hans Dieter Klein, Würzburg 2009 (Geist und Seele 6), 277–289.

22. Philipp Melanchthon: Die Loci communes, in: Kanon der Theologie. Schlüsseltexte im Portrait, hg. v. Christian Danz, Darmstadt 2009, 212–218, 2. Aufl.: 2010, 3. Aufl.: 2012.

22a. Publikation von Nr. 22 als Hörbuch, Teil von: Christian Danz, Sven Grosse, Georg Plasger: Luther, Calvin, Melanchthon. Ihre Schlüsseltexte im Portrait, Auditorium Maximum (Wissenschaftliche Buchgesellschaft), Darmstadt, 2009.

23. Geist und Buchstabe. Varianten eines biblischen Themas in der Theologiegeschichte, in: Jahrbuch für biblische Theologie 24 (2009) 2011, 157–178.

24. Der Messias als Geist und sein Schatten. Leiblichkeit Christi und Mystik in der Alten Kirche und bei Bernhard von Clairvaux, in: Analecta Cisterciensia 58 (2008), 170–222.

25. Heilsgewißheit des Glaubens. Die Entwicklung der Auffassungen des jungen Luther von Gewißheit und Ungewißheit des Heils, in: Luther-Jahrbuch 77 (2010), 41–63.

26. Salvation and the Certitude of Faith. The Development of Young Luther's Concept of the Certitude and Incertitude of Salvation [überarbeitete, erweiterte und übersetzte Fassung von Nr. 25], in: Pro Ecclesia 20/1 (2011), 64–85.

27. Die fröhliche Schiffahrt. Luther und Calvin zu unfreiem Willen und Prädestination, in: Johannes Calvin – Streiflichter auf den Menschen und Theologen. Vorträge und Tagungsbeiträge an der Staatsunabhängigen Theologischen Hochschule Basel zum Calvin-Jahr 2009, hg. v. Sven Grosse u. Armin Sierszyn, Wien/Zürich 2010 (Studien zu Theologie und Bibel 5) [siehe I.2, Nr. 1], 79–97.

28. Koreferate zu den Beiträgen von Emil Angehrn, Zur Begründung des metaphysischen Denkens bei Platon, in: Möglichkeit und Aufgabe christlichen Philosophierens, hg. v. Sven Grosse und Gianfranco Schultz, Wien/Zürich 2011 [siehe I.2, Nr. 2], 32–36, und Hans Christian Schmidbaur, Wein und Wasser. Des Thomas von Aquin Verhältnisbestimmung von Theologie und Philosophie ebd., 50–53.

29. Neuevangelisierung und Zukunft der Kirche. Eine Stellungnahme zu Joseph Ratzingers Überlegungen aus lutherischer Sicht, in: Christian Schaller (Hg.), Kirche-Sakrament und Gemeinschaft. Zu Ekklesiologie und Ökumene bei Joseph Ratzinger, Regensburg 2011 (Ratzinger-Studien 4), 333–364.

30. Johann Rists Übertragung der lateinischen Passionssalven als Beispiel für die lutherische geistliche Dichtung des 17. Jahrhunderts, in: Hamburg. Eine Metropolregion zwischen früher Neuzeit und Aufklärung, hg. v. Johann Anselm Steiger und Sandra Richter, Berlin 2012 (Metropolis: Texte und Studien zu Zentren der Kultur in der europäischen Neuzeit), 77–89.

31. Die Macht der Bilder an der Schwelle zum Jenseits. Sterbetrost im Dialog Axiochos, in der Bilder-Ars und bei Martin Luther, in: Ps.-Platon, Über den Tod, hg. v. Irmgard Männlein-Robert, Tübingen 2012 (SAPERE 20), 183–206.

32. Fundamentalkommunikation. Luther, Karlstadt und Sebastian Franck im Disput über die Medialität der Bibel, in: Medialität, Unmittelbarkeit, Präsenz. Die Nähe des Heils im Verständnis der Reformatoren, hg. v. Johanna Haberer and Berndt Hamm, Tübingen 2012 (Studies in the Late Middle Ages, Humanism and the Reformation 70), 99–116.

33. Mystik bei Bonaventura und Luther, in: Wissenschaft und Weisheit, 76/2/ (2013), 197–213.

34. ›Radical Orthodoxy‹. Darstellung und Würdigung einer herausfordernden Theologie, in: Neue Zeitschrift für Systematische Theologie und Religionsphilosophie, 55 (2013), 437–464.

35. Theologie als Wissenschaft,in:Für eine reformatorische Kirche mit Biss. Festschrift für Armin Siersyzn zum 70. Geburtstag, hg. v. Sven Grosse u. Herbert Klement, Wien/ Zürich 2013 (Studien zu Theologie und Bibel 9), 359–381 [I.2., Nr. 1].

36. Die Emergenz lutherischer Theologie in Basel: Capitos Lutherausgabe von 1518, in: Basel als Zentrum des geistigen Austausches in der frühen Reformationszeit, hg. v. Christine Christ von Wedel, Sven Grosse u. Berndt Hamm, Tübingen 2014 (Studies in the Late Middle Ages, Humanism and the Reformation 81), 149–177 [I.2., Nr. 4].

37. La mistica in Bonaventura e in Lutero, in: Lutero e la Mistica, ed. by Franco Buzzi, Dieter Kampen and Paolo Ricca, Torino / Italy 2014 (Pubblicazioni dell'Accademia di Studi Luterani in Italia 1 / Martino Lutero, Opere scelte. Volume supplementare 3), 231–250 [Italienische Version von Nr. 33, übers. v. Roberto Tresoldi].

38. Sterbens-Kunst. Eine Anleitung aus den Himmlischen Liedern des Johann Rist, in: Johann Rist (1607–1667). Profil und Netzwerke eines Pastors, Dichters und Gelehrten, hg. von Johann Anselm Steiger und Bernhard Jahn in Zusammenarbeit mit Axel E. Walter, Berlin/Boston 2015 (Frühe Neuzeit 195), 301–320.

39. Das Alte Testament als Ἀρχη oder Warum man auf das Alte Testament nicht verzichten kann in: Die Königsherrschaft Jahwes. Festschrift zur Emeritierung von Herbert H. Klement, hg. von Harald Seubert und Jacob Thiessen, Wien/Zürich 2015 (Studien zu Theologie und Bibel 13), 239–258.

40. Wie führe ich einen Menschen zum Glauben? Augustins Schrift ›De catechizandis rudibus‹, in: Christozentrik. Festschrift zur Emeritierung von Armin Mauerhofer, hg. von Jürg H. Buchegger und Stefan Schweyer, Wien/Zürich 2016, 149–162.

41. Bibel und Ökumene: Grundlagen, in: Erkennen und Lieben in der Gegenwart Gottes. Festschrift für Werner Neuer zum 65. Geburtstag, hg. von Stefan Felber, Wien/Zürich 2016 (Studien zu Theologie und Bibel 18), 129–141.

42. Vorwort von: Auslegung und Hermeneutik der Bibel in der Reformationszeit, hg. von Christine Christ-von Wedel und Sven Grosse, Berlin/New York 2017 (Historia Hermeneutica. Series Studia 14), IX–XVII [I.2., Nr. 5].

43. Hermeneutik und Auslegung des Römerbriefs bei Origenes, Thomas von Aquin und Luther, in: Auslegung und Hermeneutik der Bibel in der Reformationszeit, hg. von Christine Christ-von Wedel und Sven Grosse, Berlin/New York 2017 (Historia Hermeneutica. Series Studia 14), 3–26 [I.2., Nr. 5].

44. Einführung zu: Radical Orthodoxy. Eine Herausforderung für Christentum und Theologie nach der Säkularisierung, hg. von Sven Grosse und Harald Seubert, Leipzig 2017, 7-11 [I.2., Nr. 6].

45. Radical Orthodoxy. Darstellung und Würdigung einer herausfordernden Theologie, in: Radical Orthodoxy. Eine Herausforderung für Christentum und Theologie nach der Säkularisierung, hg. von Sven Grosse und Harald Seubert, Leipzig 2017, 13-38 [I.2., Nr. 6; leicht veränderte Fassung von Nr. 34].

46. [als Interviewer von John Milbank] John Milbank, Radical Orthodoxy: Ein Rough Guide für deutschsprachige Leser. Interview mit Sven Grosse, in: Radical Orthodoxy. Eine Herausforderung für Christentum und Theologie nach der Säkularisierung, hg. von Sven Grosse und Harald Seubert, Leipzig 2017, 39-72 [I.2., Nr. 6; Übersetzung des Interviews durch Christoph Schneider].

47. Sola Scriptura. Un principio de la Reforma en reflexión ecuménica [Sola Scriptura. A Principle of the Reformation in Ecumenical Reflection], in: Scripta Theologica 49 (2017), 151-170. [übersetzt von Manfred Svensson]

48. Martin Luther: Rechtfertigung und Mystik, in: Mystik als Kern der Weltreligionen? Eine protestantische Perspektive, hg. v. Wolfgang Achtner, Fribourg/Stuttgart 2017 (Studien zur christlichen Religions- und Kulturgeschichte 23), 302-317.

49. Abgründe der Physikotheologie: Fabricius – Brockes – Reimarus, in: Das Akademische Gymnasium zu Hamburg (gegr. 1613) im Kontext frühneuzeitlicher Wissenschafts- und Bildungsgeschichte, hg. v. Johann Anselm Steiger in Zusammenarbeit mit Martin Mulsow und Axel E. Walter, Berlin/Boston 2017 (Frühe Neuzeit 207), 319-339.

50. System der Theologie, in: Philipp Melanchthon. Der Reformator zwischen Glauben und Wissen. Ein Handbuch, hg. v. Günter Frank in Zusammenarbeit mit Axel Lange, Berlin/Boston 2017, 333-345.

51. Thomas Aquinas, Bonaventure, and the Critiques of Joachimite Topics from the Fourth Lateran Council until Dante, Chapter, in: A Companion to Joachim of Fiore, ed. by Matthias Riedl, Leiden 2017 (Brill‹s Companions to the Christian Tradition 75), 144-189. [übersetzt v. Daniel O'Connell]

52. The Understanding and Critique of Thomas Aquinas in Contemporary German Protestant Theology, in: Aquinas among the Protestants, ed. by David VanDrunen and Manfred Svensson, Hoboken, NJ, USA, 2017, 149-165.

53. Luther and Radical Orthodoxy, in: Radical Orthodoxy. Theology, Philosophy, Politics, Vol. 4, Number 2 (December 2017), 229-251 / Radical Orthodoxy Journal: http://journal.radicalorthodoxy.org/index.php/ROTPP/article/view/154/106

54. Hans Urs von Balthasars typologische Ekklesiologie und ihre ökumenische Relevanz, in: Zeitschrift für katholische Theologie 140/1, 2018, 31-48.

55. Vorwort zu: Philipp Melanchthon, Loci praecipui theologici 1559, Lat.-Dt., übers. u. hg. v. Peter Litwan und Sven Grosse, Bd. 1, Leipzig 2018, XIII-XVII [I.2., Nr. 7].

56. Vorwort zu: Johan Bouman, Augustinus. Die Theologie seiner Predigten über die Psalmen, hg. v. Sven Grosse, Paderborn 2019, 7-9 [I.2., Nr. 8].

57. Melanchthon als Theologe des lutherischen Bekenntnisses, in: Jahrbuch des Martin-Luther-Bundes 66 (2019), 25-41.

58. Melanchthons reife Theologie der Rechtfertigung, in: Református Szemle [Zeitschrift des Protestantisch-Theologischen Instituts Cluj-Napoca, Rumänien] 111 (2019), 523–533. [teilweise identisch mit Nr. 57]
59. Vorwort zu: Sven Grosse (Hg.), Schleiermacher kontrovers, Leipzig 2019, 7–11 [I.2, Nr. 9].
60. Gehört Schleiermacher in den Kanon christlicher Theologen?, in: Sven Grosse (Hg.), Schleiermacher kontrovers, Leipzig 2019, 83–118 [I.2, Nr. 9].
61. Die Wendung im theologischen Denken Karl Barths zu Beginn des Ersten Weltkriegs, in: Kerygma und Dogma 65 (2019), 202–232.
62. Lutherische Theologie und Wissenschaftstheorie:
62.a: Online-Publikation auf Deutsch: http://ui.eelk.ee/index.php/et/yldinfo/uudised/995-luterlik-teoloogia-ja-teadusteooria-kylalisloeng-2019
62.b: Online-Publikation auf Estnisch, übers. v. Thomas-Andreas Põder: https://kjt.ee/2019/10/luterlik-teoloogia-ja-teadusteooria/,
62.c: Druck-Publikation auf Deutsch: Jahrbuch des Martin-Luther-Bundes 67 (2020), 135–148.
63. Unglaubliche Demut. Das Paradox der Christologie bei Augustin, in: Theologie und Philosophie 94 (2019), 481–497.

III. Rezensionen

1. Rezension von: Mark S. Burrows, Jean Gerson and De Consolatione Theologiae (1418). The Consolation of a Biblical and Reforming Theology for a Disordered Age, Tübingen 1992 (Beiträge zur historischen Theologie 78), in: Zeitschrift für Kirchengeschichte 196 (1995/2), 264–266
2. Rezension von: Arnold Angenendt, Geschichte der Religiosität im Mittelalter, Darmstadt 1997, in: Theologische Literaturzeitung 125/11 (2000), 1167–1172.
3. Rezension von: Guillaume Henri Marie Posthumus Meyjes, Jean Gerson – Apostle of Unity: his church politics and ecclesiology, Leiden u. a. (Brill) 1999 (Studies in the history of Christian thought 94), in: Nederlands Archief voor Kerkgeschiedenis 82 (2002), 136–141.
4. Rezension von: Elke Axmacher, Johann Arndt und Paul Gerhardt. Studien zur Theologie, Frömmigkeit und geistlichen Dichtung des 17. Jahrhunderts, Tübingen 2001 (Mainzer Hymnologische Studien 3), in: Zeitschrift für Bayerische Kirchengeschichte, 71 (2002), 274–278.
5. Rezension von: Johann Gerhard, Ein und fünfftzig gottselige, christliche evangelische Andachten oder geistreiche Betrachtungen. Poetisch bearb. von Burcard Großmann, hg. v. Johann Anselm Steiger, Stuttgart-Bad Cannstatt, 2001 (Doctrina et Pietas I.4), in: Theologische Literaturzeitung 128/6 (Juni 2003), 639 f.
6. Rezension von: Johann Anselm Steiger, Fünf Zentralthemen der Theologie Luthers und seiner Erben. Communicatio – Imago – Figura – Maria – Exempla, Leiden u. a. 2002 (Studies in the History of Christian Thought 104), in: Theologische Literaturzeitung 129/4 (April 2004), 398–400.

7. Rezension von: Claudia Resch, Trost im Angesicht des Todes. Frühe reformatorische Anleitungen zur Seelsorge an Kranken und Sterbenden (Pietas Liturgica 15), Tübingen und Basel 2006, in: Zeitschrift für historische Forschung 2008, 142–143.

8. Rezension von: Johann Anselm Steiger, »Geh' aus, mein Herz, und suche Freud'«. Paul Gerhardts Sommerlied und die Gelehrsamkeit der Barockzeit (Naturkunde, Emblematik, Theologie), Berlin/New York 2007, in: Zeitschrift für Bayerische Kirchengeschichte 79 (2009), 268–270.

9. Rezension von: Paul Gerhardt-Dichtung, Theologie, Musik. Wissenschaftliche Beiträge zum 400. Geburtstag, hg. v. Dorothea Wendebourg, Tübingen 2008, in: Zeitschrift für Kirchengeschichte 120 (2009), 428 f.

10. Rezension von: Berndt Hamm/Michael Welker, Die Reformation. Potentiale der Freiheit, Tübingen 2008, in: Luther 80 (2009), 127–129.

11. Rezension von: Religion nach Kant. Ausgewählte Texte aus dem Werk Johann Heinrich Tieftrunks (1759–1834), hg. u. eingel. v. Ulrich L. Lehner, Nordhausen 2007 (Religionsgeschichte der frühen Neuzeit 3), in: Zeitschrift für Kirchengeschichte 121 (2010), 281 f.

12. Rezension von: George Hunsinger, The Eucharist and Ecumenism, New York 2008, in: Theologische Zeitschrift Basel 66 (2010), 280 f.

13. Rezension von: Das Geheimnis der Dreieinigkeit im Zeugnis der Kirche. Trinitarisch anbeten – lehren – leben. Ein bekenntnis-ökumenisches Handbuch, hg. im Auftrag der Internationalen Konferenz Bekennender Gemeinschaften von Peter P. J. Beyerhaus in Zusammenarbeit mit Peter C. Düren, Dorothea R. Killus u. Werner Neuer, Nürnberg/Augsburg 2009, in: Theologische Beiträge 42 (2011), 374–376.

14. Rezension von: Andreas Schmidt, Jesus der Freund, Würzburg 2011 (Studien zur systematischen und spirituellen Theologie 48), in: Theologische Beiträge 43 (2012), 262 f.

15. Rezension von: John Milbank, Simon Oliver (Hgg.), The Radical Orthodoxy Reader, London/New York 2009, in: Theologische Literaturzeitung 137 (2012), 963–966.

16. Rezension von: Martin Bucer, Briefwechsel, Bd. VII, (Oktober 1531–März 1532), hg. u. bearb. v. Wolfgang Simon, Berndt Hamm u. Reinhold Friedrich, in Zusammenarbeit mit Matthieu Arnold, Leiden/Boston 2008 (Studies in Medieval and Reformation Traditions 136) und Martin Bucer, Briefwechsel, VIII (April 1532–August 1532), hg. u. bearb. v. Wolfgang Simon, Berndt Hamm u. Reinhold Friedrich, in Zusammenarbeit mit Matthieu Arnold u. Christian Krieger, Leiden/Boston 2011 (Studies in Medieval and Reformation Traditions 153), in: Historische Zeitschrift 295 (2012), 182–184.

17. Rezension von Berndt Hamm, Ablass und Reformation. Erstaunliche Kohärenzen, Tübingen 2016, in: Europäische Theologische Zeitschrift 27 (2018), 99 f.

18. Rezension von: Ulrich Moustakas, Theologie im Kontext von Wissenschaftstheorie und Hermeneutik (THEOS-Studienreihe Theologische Forschungsergebnisse 132), Hamburg 2017, in: Theologische Literaturzeitung 143 (2018), 820–822.

19. Rezension von: Werner Thiede (Hg.), Karl Barth Theologie der Krise heute. Transfer-Versuche zum 50. Todestag, Leipzig 2018, in: Theologische Rundschau (83) 2019, 329–334.

20. Rezension von: Benedikt Paul Göcke (Hg.), Die Wissenschaftlichkeit der Theologie, Bd. 1: Historische und systematische Perspektiven, Münster 2018, und: Monika Fuchs/Marco Hofheinz (Hgg.), Theologie im Konzert der Wissenschaften, Stuttgart 2018, in: Theologische Literaturzeitung 144 (2019),1192–1194.

IV. Lexikonartikel

1. »Gerson, Johannes«, in: Metzler Lexikon christlicher Denker, hg. v. Markus Vinzent in Zusammenarbeit mit Ulrich Volp und Ulrike Lange, Stuttgart/Weimar 2000, 274 f.
2. »Gerhardt, Paul(us)«, in: Die Musik in Geschichte und Gegenwart, 2. Aufl., Bd. 7 (2002), 775–780.
4. »De mystica theologia (Jean Gerson)«, in: Lexikon der theologischen Werke, hg. v. Michael Eckert, Eilert Herms, Bernd Jochen Hilberth und Eberhard Jüngel, Stuttgart 2003, 186 f.
4. »Contra vanam curiositatem studentium, lectiones duae (Jean Gerson)«, in: Lexikon der theologischen Werke, hg. v. Michael Eckert, Eilert Herms, Bernd Jochen Hilberth und Eberhard Jüngel, Stuttgart 2003, 129 f.
5. »Compendium locorum theologicorum (Leonhard Hutter)«, in: Lexikon der theologischen Werke, hg. v. Michael Eckert, Eilert Herms, Bernd Jochen Hilberth und Eberhard Jüngel, Stuttgart 2003, 117 f.
6. »Capito, Wolfgang, Fabricius«, in: Frühe Neuzeit in Deutschland 1520–1620. Literaturwissenschaftliches Verfasserlexikon hg. v. Wilhelm Kühlmann et al. ›Bd. 1, Berlin 2011, 468–476.
7. »Jud, Leo« (mit Matthias Dietrich),in:Frühe Neuzeit in Deutschland 1520–1620. Literaturwissenschaftliches Verfasserlexikon hg. v. Wilhelm Kühlmann et al., Bd. 3, Berlin 2014, 488–496.
8. »Gewissen V. systematisch-theologisch«, Evangelisches Lexikon für Theologie und Gemeinde, 2. Aufl., hg. v. Heinzpeter Hempelmann und Uwe Swarat, Bd. 2, Holzgerlingen 2019, 611–615.
9. »Konfession / Konfessionalismus«, Evangelisches Lexikon für Theologie und Gemeinde, 2. Aufl., hg v. Heinzpeter Hempelmann und Uwe Swarat, Bd. 2, Holzgerlingen 2019, 2037–2040.
10. »Kontroverstheologie«, Evangelisches Lexikon für Theologie und Gemeinde, 2. Aufl., hg. v. Heinzpeter Hempelmann und Uwe Swarat, Bd. 2, Holzgerlingen 2019, 2090 f.

Register

Personenregister

Aaron 26
Abraham 27; 115
Abrams, Philip 257
Achtner, Wolfgang 318
Adam 30; 103
Aertsen, Jan A. 304; 315
Agricola, Johann, von Eisleben 230
Albrecht, Christian 58
Alexander, Gerhard 84
Andresen, Carl 202
Angenendt, Arnold 304; 329
Anselm von Canterbury 95; 178
Apelles 55
Apuleius von Madaura 199; 203-204;
  216
Aristoteles 53-54; 224; 230
Arndt, Johann 73; 77; 123; 319
Arnold, Matthieu 320
Artz, Johannes 46; 120; 265
Athanasius 37; 95; 124; 288-289
Auerbach, Erich 9; 192 -193
Augustinus, Aurelius 9; 22; 26; 29-32;
  38; 78; 95; 100-101; 124; 158; 170;
  175; 179; 181; 187; 193; 200-208;
  214-216; 219; 221; 225; 232; 234; 275;
  280-281; 283; 314; 317-319
Augustinus, Urbanus Rhegius 230
Axmacher, Elke 77; 319
Axt-Piscalar, Christine 145

Bähring, Zacharias 4
Bainton, Roland H. 229-233; 236; 239;
  241; 245-246
Balthasar, Hans Urs von 12; 17; 36-37;
  46; 123; 135; 169; 316; 318
Bammel, Caroline P. Hammond 18
Barnard, Leslie William 195
Barner, Wilfried 84; 124
Barth, Fritz 148

Barth, Karl 5; 8-10; 29; 93-95; 110;
  114; 116; 120; 123; 125-127; 129-142;
  144-161; 168-169; 179-180; 265; 267;
  278; 283-286; 288; 293; 297-300;
  311-313; 316; 319-320
Barth, Ulrich 90; 93-94; 116; 118; 121;
  124-126; 148; 191-192; 208; 223;
  227-228
Bartuschat, Wolfgang 251
Bauer, Dieter R. 38
Bayer, Oswald 16
Bayle, Pierre 246-249; 251; 253;
  255-257
Becher-Häusermann, Florence 314
Becker, Bruno 241
Becker, Carl 196
Beierwaltes, Werner 36
Beintker, Michael 131; 135-136; 150;
  155; 161
Bell, Theo 305
Bellius, Martinus 230-231
Berg, Dieter 226
Bernhard von Clairvaux 5; 8; 16;
  19-20; 33; 35; 38-40; 42-43; 45; 118;
  183; 305; 312; 314-316
Berwald, Olaf 47; 58
Besier, Gerhard 261
Bethmann-Hollweg, Theobald von 148
Beutel, Albrecht 13; 71; 315
Beyer, Michael 58
Beyerhaus, Peter P. J. 320
Beyschlag, Karlmann 37
Biehler, Birgit 88-89
Biel, Gabriel 178
Bietenhard, Hans 33
Bihlmeyer, Karl 42-43
Bizer, Ernst 55-57
Blanc, Cécile 12
Blondel, M. 165

256; 258–260; 263; 265–266; 278–283;
286; 288; 291–293; 295–296; 398;
301–303; 305–306; 311–313; 315–320
Lutz, Heinrich   245

Macmaster, R. K.   242
Männlein-Robert, Irmgard   317
Mahlmann, Theodor   131; 151
Maimbourg, M.   257
Marcion   33; 37; 91; 181; 194–195; 219
Marcovich, Miroslav   14; 275
Marheineke, Philipp Konrad   93
Maria   21; 101; 180; 302; 319
Matern, Hermann   129
Mathiez, Albert   261
Mauerhofer, Armin   317
Maurer, Wilhelm   47; 49; 54–56; 58
May, Gerhard   53
Mayers, Johann Friedrich   75
McCormack, Bruce   131; 134–135;
   159–160
McGinn, Bernard   36; 40; 44
McNally, James Richard   47
Mead, Sidney E.   258
Mehlhausen, Joachim   191–192
Melanchthon, Philipp   5; 8; 47–70; 79;
   85; 295; 311; 314–316; 318–319
Meijering, Eginhard Peter   51; 59; 69
Merz, Georg   279
Meyjes, Guillaume Henri Marie Posthu-
   mus   248; 319
Migne, Jacques-Paul   234; 256
Milbank, John   126–127; 163–175;
   177–178; 180; 182; 186; 318; 320
Milman, Henry Hart   274–275; 289
Miriam, Schwester des Mose und Aaron
   26
Mohammed   279
Möller, Kurt Detlev   71; 78; 86
Moltmann, Jürgen   148
Mommsen, Theodor E.   303
Montinari, Mazzino   263
Moore, LeRoy   245–246; 258
Mose   20; 22–26; 33; 78
Moustakas, Ulrich   318

Mühlen, Karl Heinz   56
Muller, Richard   12
Mulsow, Martin   311; 318
Munier, Charles   198
Munzert, Heidrun   311; 315
Murton, John   243; 245

Natorp, Paul   139
Naumann, Friedrich   136; 152; 154
Negel, Joachim   137
Neuer, Werner   316–317; 320
Newman, John Henry   5; 9–10; 46; 120;
   161; 179; 265–267; 271–279; 281; 286;
   288–289; 291–294; 296–298; 300;
   312–313
Newton, Isaac   170
Nidditch, Peter H.   218
Nietzsche, Friedrich   224; 263
Nottmeier, C.   140

Oberman, Heiko Augustinus   46; 51;
   302
Obst, Michael A.   140
Ockham, Wilhelm von   88; 185
Oeing-Hanhoff, Ludger   95
Ohst, Martin   236
O'Kelly, Helen Watanabe   315
O'Connell, Daniel   318
Oliver, Simon   127; 165; 167–168;
   170–171; 175–176; 181; 183; 185; 187;
   320
Olthuis, James Herman   186
Origenes   5; 7; 11–33; 40; 200; 275;
   292; 311; 314; 317
Osthövener, Claus-Dieter   94; 145; 148

Pammachius   15
Paulus von Tarsus   11; 17; 20–26;
   29–31; 33; 35; 55; 66; 117; 132; 171;
   173; 207; 307; 316
Pelagius   29; 30; 99–100; 102; 107; 117;
   178–179
Pellican, Konrad   230
Penn, William   260
Peterson, Erik   177

Begriffsregister